Tala svenska

Schwedisch

B1–B2

Lehrbuch

von
Erbrou Olga Guttke

Zeichnungen:
Stefan Guttke

GROA
VERLAG

Danksagung

Der Verlag bedankt sich von ganzem Herzen bei Frauke Natusch und Ann-Christine Olofsson, die die enorme Arbeit auf sich genommen haben, dieses Lehrbuch durchzusehen. Tausend Dank für die Korrektur, fachliche Durchsicht, Geduld, große Unterstützung und nicht zuletzt das enorme Engagement bei diesem Projekt!
Weiter möchten wir uns bei allen Kursteilnehmerinnen und Kursteilnehmern, die uns mit Tipps, Kritik und Erprobung der Übungen geholfen haben, ganz herzlich bedanken.
Die Sprecher haben eine fantastische Arbeit bei den Aufnahmen geleistet! Ett stort tack!
Ein großes Dankeschön für die freundliche Bereitstellung von Texten, Musik und Fachartikeln.
Ein herzliches Dankeschön an Westermann Druck Zwickau für die Unterstützung bei der Buchherstellung.

Hinweis: Die Personen auf den Bildern stehen in keinem Zusammenhang mit den betreffenden Texten, es sei denn, dies ist unter einem Bild ausdrücklich vermerkt.

Illustrationen und Gestaltung: Stefan Guttke
Umschlagfoto: Samuel Sander
Druck: Westermann Druck Zwickau

Zu diesem Lehrbuch ist erhältlich:
Tala svenska B1-B2 Übungsbuch   ISBN 978-3-933119-13-1

1. Auflage

Druck 2   Jahr 2023

Alle Drucke dieser Auflage sind inhaltlich unverändert und können im Unterricht nebeneinander verwendet werden.

© 2014 GROA Verlagsgesellschaft mbH, Plön

Das Werk und seine Teile sind urheberrechtlich geschützt. Jede Verwertung in anderen als den gesetzlich zugelassenen Fällen bedarf deshalb der vorherigen schriftlichen Einwilligung des Verlags.
Hinweis zu § 52a UrhG: Weder das Werk noch seine Teile dürfen ohne eine schriftliche Einwilligung des Verlags eingescannt und in ein Netzwerk eingestellt werden. Das gilt auch für Intranets von Bildungseinrichtungen.

Die in diesem Lehrwerk angegebenen Internetadressen wurden vor Drucklegung geprüft (Stand: Oktober 2014). Der Verlag übernimmt keine Gewähr für die Aktualität und den Inhalt dieser Adressen oder solcher, die mit ihnen verlinkt sind.

ISBN 978-3-933119-03-2

Besuchen Sie uns im Internet: **www.groa.de**
E-Mail: kundenservice@groa.de

Liebe Schwedischlernende, liebe Schwedischlehrende,

Tala svenska B1-B2 ist der dritte Teil des Lehrwerks *Tala svenska*. Das Buch richtet sich an fortgeschrittene Schwedischlernende ab B1-Niveau. Es führt in 11 umfangreichen und anregend gestalteten Abschnitten durch ein breites Themenspektrum bis auf das Niveau B2.
Das Lehrwerk orientiert sich an dem Gemeinsamen Europäischen Referenzrahmen und bereitet auf Basis von *Tala svenska A2-B1* auf die Prüfungen *Swedex B1* und *Swedex B2* vor.

Tala svenska B1-B2 besteht aus einem Lehrbuch (mit Begleitheft) und einem Übungsbuch und bietet eine Fülle von Aufgaben für die Fertigkeiten Sprechen, Lesen, Hören und Schreiben. Der Schwerpunkt liegt aber auf der mündlichen Kommunikation: Nacherzählen, Diskutieren, Debatten führen, Gedanken austauschen und über eigene Erfahrungen berichten. Präsentationen, oft auf Basis von Internetrecherchen, trainieren den selbstständigen, souveränen Umgang mit der Sprache.
Tala svenska B1-B2 unterstützt das individuelle Lernen u. a. durch Lerntipps, Vokabellisten, eine auf Deutsch erklärte Grammatik, Lösungsschlüssel, Transkripte der Hörtexte und Redemittel-Checklisten.

Da auf diesem sprachlichen Niveau die schriftliche Produktion einen anderen Stellenwert hat, bietet *Tala svenska B1-B2* auch Übungen und Regeln zur Rechtschreibung.
Die Grammatik ist ebenfalls ein wichtiger Bestandteil der Sprachbeherrschung. Die Erarbeitung grammatischer Strukturen ist an Themen und Sprachhandlungen gebunden. Vorhandene Kenntnisse werden nicht nur ausgebaut, erweitert und vertieft, sondern auch durch Wiederholung gefestigt.

Wie schon in den ersten beiden Bänden fördert *Tala svenska B1-B2* die Kreativität. Zu Bildern assoziieren, diskutieren, Debatten führen, Spiele spielen, Interviews gestalten, kleine Gedichte verfassen u.v.m. machen den Unterricht abwechslungsreich und spannend!

Spaß haben mit und an der Sprache ist Programm!

Ha det så roligt och lycka till!

Ihre Erbrou Olga Guttke

Einleitung

Zeichenerklärung

ÖB 6		*övningsbok* - Verweis auf das Übungsbuch, Übung 6
🔘 18		zu dieser Übung gibt es eine Einspielung auf der CD 1, Track 18
🎵🔘 4		der betreffende Text ist auf der CD 1, Track 4, mit Sprechpausen zum Training der Satzintonation eingespielt
		Gruppenübung (gesamter Kurs)
		Kleingruppenübung (3 bis 5 Kursteilnehmer)
		Partnerübung (2 Kursteilnehmer)
		Grammatik
		starke Verben
		Internetübung
TALA SVENSKA		Sprechübung, interaktive Übung
		interkulturelle Kompetenz

Die Auftaktseiten
Die Auftaktseiten geben u. a. Auskunft über das Lernziel, die Themenbereiche, Wortfelder und Grammatik des jeweiligen Abschnitts. Mehrere Fotos mit einer dazugehörigen Übung führen in das Thema ein.

Die Texte
Tala svenska B1-B2 bietet eine Fülle unterschiedlicher Textsorten, wie z. B. Reportagen, Glossen, Interviews, Artikel und Gedichte. Die Texte behandeln die Themen des Abschnitts in verschiedenen Aspekten und bieten die Basis für eigenes Erzählen und Diskutieren. Sie erweitern den Wortschatz und sind zum Teil auf CD eingespielt.

Die Tala svenska-Übungen
Die vielen interaktiven Tala svenska-Übungen führen Sie in verschiedene Situationen hinein. Sie geben Raum für einen kreativen Umgang mit der Sprache. In den Tala svenska-Übungen werden außerdem wichtige Redemittel präsentiert und gefestigt.
Einige Aufgaben sollen mit Hilfe des Internets vorbereitet werden ("Internetübung"). Hier ist das Thema vorgegeben, aber die Recherchen und Präsentationen können ganz individuell nach Interessen und Vorlieben durchgeführt werden. Die Aufgaben können im Unterricht (falls ein Internetzugang vorhanden ist) oder zu Hause vorbereitet werden.

Die Grammatik
Tala svenska B1-B2 konzentriert sich auf die Vertiefung und Wiederholung grammatischer Strukturen. Sie sind innerhalb der Abschnitte in Grammatik-Kästchen mit Beispielen aus dem alltäglichen Sprachgebrauch dargestellt.

Die Grammatik-Übung im Anschluss ist der erste Schritt in das grammatische Moment. Bei den meisten Übungen ist es ratsam, sie gemeinsam in der ganzen Gruppe durchzugehen. Diese abwechslungsreich gestaltete Übung dient der Festigung, und aufkommende Fragen können gleich geklärt werden. Die Lösungen zu einigen Übungen finden Sie im Anhang dieses Buches.

Auf den meisten Seiten sind am unteren Rand starke Verben aus den Texten der jeweiligen Seite abgedruckt. So haben die Lernenden die Verben bei Bedarf im Blick und können sie sich besser einprägen.

Die ausführliche deutsche Erklärung zu den einzelnen grammatischen Momenten finden Sie im Begleitheft (Lektionswortschatz und Grammatik) abschnittweise gebündelt. Sie ist eine Ergänzung zu den Grammatik-Kästchen und eignet sich durch die dazugehörige alphabetische Übersicht auch zum Nachschlagen.

Im Anhang dieses Lehrbuchs finden Sie Übersichten zur schwedischen Grammatik, Wortbildung und Rechtschreibung.

Die Aussprache

In jedem Abschnitt finden Sie einen Spot zur Aussprache, der auf CD eingesprochen ist. So kann über das Hören und Nachsprechen die Aussprache effektiv gelernt werden. Zusätzlich sind kurze Textabschnitte und Texte mit Nachsprechpausen eingesprochen, damit die Satzintonation trainiert und gefestigt werden kann.

Interkulturelle Kompetenz

Im Umgang mit Schweden ist nicht nur die sprachliche Kompetenz gefragt. Wie verhält man sich in Schweden in bestimmten Situationen? Wie kann man Fettnäpfchen vermeiden? Unter dieser Rubrik gibt es einige Antworten.

Die Vokabeln

Im Anhang finden Sie das Wörterverzeichnis Schwedisch - Deutsch. Zusätzlich enthält das kleine Büchlein (Lektionswortschatz und Grammatik) chronologisch geordnete und abschnittweise dargestellte Wörterverzeichnisse. Auch Besonderheiten werden erläutert.

Allerdings ist auf diesem sprachlichen Niveau die Nutzung eines Wörterbuchs unerlässlich.

An der Tafel stehen Wörter, die für die betreffende Aufgabe benötigt werden. Im Zusammenhang mit Hörverständisübungen ist es ratsam, erst die Bedeutung der Wörter an der Tafel zu klären bzw. nachzuschlagen, bevor die Übung durchgeführt wird.

Zur Kommasetzung: Zum besseren Textverständnis und als Phrasierungshilfe beim lauten Lesen sind in den Texten mehr Kommas gesetzt, als im Schwedischen üblich. Die Kommasetzung wird allgemein im Schwedischen freier gehandhabt als im Deutschen.

Innehåll

	Teman	Texttyper
11 Avsnitt 0	**Hej och välkommen!** • lära känna varandra	• utdrag ur ett studieprogram
15 Avsnitt 1	**Språk och nationalitet** • kroppsspråk • länder och språk i Europa • slangord, importord och anglicismer i svenskan • spinnord och morrord • statistik • språkcafé	• faktatext • intervju • utdrag ur roman • dikt • enkät • statistik
26 Avsnitt 2	**Dröm och verklighet** • drömmar • universum • krig och fred • drömsemester • diskutera kring en tes • optiska illusioner	• dialog • blogg • faktatext • artikel • reportage • dikt
36 Avsnitt 3	**Skola och utbildning** • skola • studier och forskning • det svenska utbildningssystemet • folkhögskolan i Sverige • utbildningsvägar • kontorsmaterial	• artikel • faktatext • intervju • notis • snabbfakta (statistik)
47 Avsnitt 4	**Tidningar och tidskrifter** • dagspress och tidskrifter • nyheter • brott och rättskipning • personbeskrivning • reklam • nyheter	• annons • artikel • definition • dialog • dikt • faktatext • kåseri • notis
59 Avsnitt 5	**Jobb och karriär** • jobb och karriär • möte • anställningsintervju • platsansökan • starta eget - risker och chanser • två svenska konstnärer	• anekdot • porträtt • annons • utdrag ur • dialog roman • dikt • mejl • notis • ordspråk • platsansökan

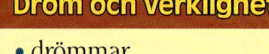

Kommunikation	Grammatik/ ordbildning	Uttal	Rättstavning/ skrivträning
• tala om egenskaper • tala om en bild			• kursbeskrivning
• förknippa ngt • definiera ngt • uttrycka inexakthet • samtycka/inte samtycka • ta ställning till ngt • tillägga ngt • uttrycka en motsättning	• nationalitetsbeteckningar • interjektioner • tempusformer (repetition) • suffix för att bilda verb	• ordaccenterna	• kort ä-ljud • kort å-ljud • dikt • personlig bakgrund (ÖB)
• uttrycka framtid, en vilja, en plikt eller ett bud • uttrycka hopplöshet • uttrycka en önskan, en längtan • uttrycka en hypotes • be ngn hövligt • förstärka ord • redovisa ngt • diskutera för- och nackdelar	• konjunktiv • konditionalis • hjälpverbet skola (ska) • några indefinita pronomen • förstärkande prefix	• c, s, z och sc	• s-ljudet i importord • sammanfattning • kommentar (ÖB) • brev (ÖB)
• ange ett textställe • ange mått • uttrycka likheter och skillnader • uttrycka en förmodan • räkna • ange bråk- och decimaltal • be om ursäkt • reagera på en ursäkt • tala om egenskaper	• de fyra räknesätten • decimaltal och bråk • substantiverade grundtal • konjunktioner • suffix som bildar personord (1)	• Substantiv med suffixet -or	• k-ljudet före t • minidialoger • meddelande (ÖB) • text om skoltiden (ÖB)
• berätta om en nyhet • framhäva ngt • inleda ett samtal • fortsätta sin berättelse • kommentera ngt • jämföra • viktighetsbedömning • personbeskrivning	• s-passiv och bli + perfekt particip (repetition) • utbrytning • maskulinsuffixet -e • suffix - verb som blir adjektiv	• initialförkortningar	• j-ljudet • reklamtext • blogginlägg • insändare • tidningsnotis (ÖB) • mejl (ÖB)
• inleda och avsluta ett möte • besluta ngt • avbryta ngn • ta ställning, protestera • begära ordet • ge stöd • be om förtydligande • be om en tjänst/svara på det • tala om sitt jobb	• adverb som uttrycker motsats, följd, slutsats och villkor • de reflexiva possessiva pronomenen sin, sitt, sina (repetition) • deponens (repetition) • suffix som bildar personord (2)	• frågeintonation	• dubbel konsonant • mötesprotokoll • platsansökan (ÖB) • kallelse (ÖB)

Innehåll

Teman   **Texttyper**

71   Avsnitt 6

Migration och relation
- fördomar och generaliseringar
- migration och asyl
- tros- och relationsfrågor
- vänskap
- kulturkrock
- ge råd
- tolka en bild

- anekdot
- bön
- dikt
- faktatext
- idiom
- insändare och svar
- intervju
- kåseri

83   Avsnitt 7

Vanligt och ovanligt
- ljud och buller
- sinnesintryck
- en utmanande resa
- instruktioner
- smak och musik
- vanor och ovanor
- spela kort
- pinsamma situationer

- artikel   "saga"
- definition   spelregel
- dikt
- instruktion
- meddelande
- mejl
- notis
- recept

96   Avsnitt 8

Ideellt och socialt
- svåra ord
- välgörenhet
- filantropi
- hemlöshet
- försäkringar
- försäkringssystemet i Sverige
- scouting

- annons
- artikel
- blogg
- broschyr
- idiom
- mejl
- reportage

109   Avsnitt 9

Natur och miljö
- landskapstyper
- naturord i ortsnamn
- träd och trädkramare
- miljöproblem
- tillsatser i livsmedel
- nationalparker i Sverige
- naturfenomen
- väder
- hålla föredrag

- artikel
- definition
- dikt
- faktatext
- frågespalt

124   Avsnitt 10

Politik och näringsliv
- hur en kommun styrs
- politik och samhälls-service
- ekonomi i siffror
- kundsamtal
- klagomål
- problem i glesbygden
- svenska produkter
- presentera statistik
- presentera ett företag

- anekdot
- artikel
- citat
- intervju
- katalogsida
- reportage
- statistik
- tidingsnotis

139   Avsnitt 11

Tid och tider
- tid och tidsperspektiv
- tidspress
- levnadsbeskrivning
- ismer
- läsning och läsvanor
- stilar och arkitektur
- tekniska innovationer
- historien om Göta kanal

- citat
- kort berättelse
- dikt
- faktatext
- levnadsbeskrivning
- kåseri
- reportage

Kommunikation	Grammatik/ ordbildning	Uttal	Rättstavning/ skrivträning
• uttrycka missnöje, rädsla, hopp, positioner • ge råd • visa förståelse • behöva ngt • omformulera ngt • argumentera	• infinitiv och bisats utan *att* • de modala hjälpverben *böra* och *lär* • adjektiv efter vissa ord (repetition) • suffixen *-dom* och *-skap*	• *kille, kö, människa* och andra ord	• sje-ljudet i inhemska ord • haiku • mejl • insändare och svar • beskrivning (ÖB) • gratulationskort (ÖB) • kondoleanskort (ÖB)
• beskriva ngt • tala om ngt man gillar • tala om sinnesintryck • värdera ngt • dela en åsikt • påpeka ngt • presentera ett musikstycke • tala om känslor • tala om ngt pinsamt	• genitiv och prepositioner som uttrycker ägande, tillhörighet och relation • partikelverb och partikeladverbial • perfekt particip (repetition) • suffix - verb som blir substantiv	• partikelverb	• ng-ljudet • mejl • brev • meddelanden • recension (ÖB) • instruktion (ÖB)
• inleda ett yttrande • referera ngt • övertyga/övertala ngn • låta sig övertygas • fråga ngt • bedöma ngt • diskutera kring för- och nackdelar • känna tvivel • argumentera	• homonymer • konjunktionerna *att, ifall, om* och *huruvida* • satsadverb ("vandrande adverb") • suffixen *-het, -lek, -nad* och *-vis*	• sammansättningar med *liv* och *hav*	• sje-ljudet i importord • mejl • berättelse (ÖB)
• beskriva en bild • beskriva läget • uttrycka en hypotes • inleda, hålla och avsluta ett föredrag • ta upp en sak • jämföra • uppmana • inleda indirekta frågor • sammanhangsmarkeringar	• två verb sammankopplade med *och* • verbets s-form i absolut betydelse • subjunktioner • indirekta frågor och prepositionens plats • suffix - substantiv som blir adjektiv	• två verb sammankopplade med *och*	• enkelskrivning av konsonant • tidningsnotis • dikt • uppsats (ÖB) • vykort (ÖB)
• uttrycka belåtenhet • ta ställning • tala om diagram • beskriva en produkt • be om information • klaga och ta emot klagomål • tala om problem • föreslå en lösning • göra ett yttrande	• prepositioner • superlativ i obestämd och bestämd form • artikellös form av substantiv • prefix med negerande och nedsättande betydelse	• slutintonation	• ljudförbindelsen *ks* • blogginlägg • svar på klagomål (ÖB) • reklamation (ÖB) • bedömning (ÖB)
• tala om tid • berätta om minnen • göra en levnadsbeskrivning • tala om olika perioder i livet • ord som för framåt • exemplifiera • tala om tekniska innovationer • argumentera, uttrycka en åsikt • att inte hålla med	• reflexiva verb • transitiva och intransitiva verb • suffixen *-mässig* och *-ism*	• vokalkedjor	• tje-ljudet • texta en affisch • brev • bokrecension (ÖB) • återberättelse (ÖB)

Innehåll

154 **Spel**
- Berätta om ...
- Verbspelet
- Vad hände(r) sedan?
- Fastighetsspelet
- Tidsspelet

163 **Alfabetisk ordlista**
- svenska - tyska

179 **Översikter**
- Grammatik
- Ordbildning
- Stavning - några viktiga regler

195 **Facit**

212 **Sverigekarta**

Hej och välkommen! Avsnitt 0

Välkommen till *Tala svenska B1-B2*. Vad roligt att du har bestämt dig för att fortsätta läsa svenska! Du kommer att få syssla med intressanta teman, tala mycket svenska, läsa många spännande texter och fördjupa dina kunskaper i svenska språket.

Den här förhandslektionen är framför allt tänkt för alla som deltar i nya gruppsammansättningar, där kursdeltagarna inte eller bara delvis känner varandra. Naturligtvis kan de första sidorna också ses som en mjukstart. Ha det så roligt och lycka till!

Avsnitt 0

1 **Presentera dig!**

 Presentera dig för gruppen. Frågorna hjälper dig.
Vad heter du? Var bor du? Är du gift/sambo/särbo/singel? Har du barn/barnbarn? Vad har du för yrke? Vad har du för hobby? Hur länge har du läst svenska? Hur ofta är du i Sverige?

2 **Jag vill läsa svenska**

Jag vill fortsätta läsa svenska därför att ...

- ☐ jag har vänner i Sverige.
- ☐ jag har barn (och barnbarn) i Sverige.
- ☐ jag har ett fritidshus i Sverige.
- ☐ jag tänker studera i Sverige.
- ☐ jag skulle vilja göra B1/B2 - testet.
- ☐ jag tänker bosätta mig i Sverige.
- ☐ jag gillar språket.
- ☐ jag semestrar regelbundet i Sverige.
- ☐ min flickvän/pojkvän är svenska/svensk.
- ☐ jag är gift med en svenska/svensk.
- ☐ jag har träffat nya vänner i min kurs.
- ☐ jag vill kunna läsa svenska böcker/tidningar.
- ☐ jag vill kunna kontakta svenska myndigheter.
- ☐ jag har kontakt med ett svenskt företag på mitt jobb.
- ☐ jag jobbar inom turism och vill kunna tala svenska.
- ☐ jag älskar den svenska naturen.

 Vad är det som motiverar dig att fortsätta läsa svenska? Kryssa för och berätta sedan för gruppen.

Avsnitt 0

3 Lär dig språk!

Spanska B2 - termin 2

Du kan följa huvuddragen i komplexa texter och kommunicera i stort sett problemfritt. Du kan uttala dig klart och detaljerat om ett stort antal varierande ämnen. Du kan förklara din ståndpunkt i en problemsituation och kan diskutera olika lösningars för- och nackdelar.

Nivå: B2 - termin 2
Dag och tid: Torsdagar 18.00 - 19.30
Startdatum: 8 februari
Antal sammankomster: 12 (24 studietimmar)
Kursnummer: 15693
Kurslokal: Sorögatan 21, Kista
Pris: 1100 kr
Ledare: Pedro Cardoso

Anmäl dig nu!

Franska B1 - termin 1

För dig som har några års franska i bagaget och behärskar franskans grunder. Du kan utan svårigheter delta i samtal. Du vill lära dig mer, öka ordförrådet och träna tal och skrift. Cirkeln innehåller hörförståelseövningar, diskussioner, grammatiska övningar, franska realia och mycket mer. Infödd ledare.

Nivå: B1- termin 1
Dag och tid: Tisdagar 18.30 - 20.00
Startdatum: 26 januari
Antal sammankomster: 12 (24 studietimmar)
Kursnummer: 15628
Kurslokal: Östgötagatan 11a, Södermalm
Pris: 1100 kr
Ledare: Julie Andersson

Engelska för turisten

Det engelska språket är det mest spridda över hela världen.
I cirkeln lär du dig kommunicera på ett enkelt sätt, så att du kan göra dig förstådd i främmande länder. Cirkeln passar både dig som är nybörjare och dig som har läst engelska i skolan och vill friska upp minnet.

Dag och tid: Torsdagar 18.30 - 20.00
Startdatum: 8 februari
Antal sammankomster: 10 (20 studietimmar)
Kursnummer: 15711
Kurslokal: Sorögatan 21, Kista
Pris: 950 kr
Ledare: Lasse Strömstedt

Tyska, repetition/enkel konversation

Vi övar grunderna i tyska språket och skaffar oss inblick i tysk kultur, historia m. m.

Italienska A2 - termin 1

Du kan förstå och föra enkla samtal. Kanske har du några terminers förkunskaper eller har läst språket för länge sedan och vill repetera ingen

 Inom vuxenutbildningen, på studieförbund och universitet, erbjuds en mängd studiecirklar och språkkurser. Man brukar kunna hitta skriftlig information i studieprogram, på nätet eller i kataloger. Gör en egen kursbeskrivning om kursen som ni börjar på just nu. Läs upp texterna för varandra till slut.

Avsnitt 0

4 Det här är jag

prAktisk
Nyfiken
Dominant
pRatsam
gEnerös
Attraktiv

TALA SVENSKA Skriv ditt namn lodrätt på en lapp och hitta ett adjektiv till varje bokstav som passar till dig. Gå sedan omkring i kurslokalen och fråga varandra, vilka egenskaper som är kännetecknande för er.

Vilka egenskaper är typiska för dig?
Jag är ...
Jag tycker att jag är ...

Jag är nog rätt ...
Jag tror jag är ...

5 Bläddra och välj!

TALA SVENSKA Bläddra i läroboken och välj en bild som tilltalar dig särskilt mycket. Varför valde du just den bilden? Berätta!

Jag valde en bild på sidan ... .

Den tilltalar mig därför att ...
Jag gillar den bilden därför att ...

Språk och nationalitet

Avsnitt 1

I det här avsnittet lär du dig bl.a.
- namn på länder och språk i Europa
- att diskutera kring slangord och anglicismer
- att kommentera ny information och statistik
- att uttrycka inexakthet
- att ta ställning till en fråga
- att skriva en dikt
- grammatik - nationalitetsbeteckningar; interjektioner; tempusformer (repetition)
- uttal - ordaccenterna
- stavning - kort ä-ljud

Vad ser ni på bilderna? Beskriv dem! Vilket land förknippar man med vilken bild?

Tulpaner brukar man förknippa med Nederländerna. Fjordar finns i ...

Avsnitt 1

1  **Bilda ord**

ÖB 2

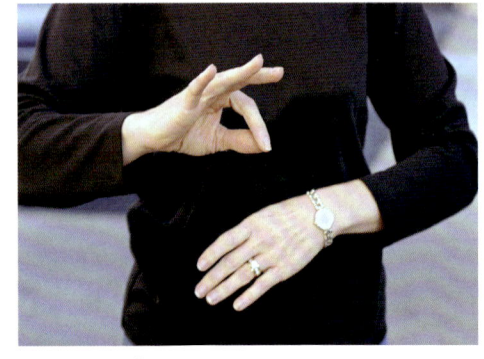

teckenspråk

TALA SVENSKA Bilda ord som är sammansatta med ordet språk. Välj ett ord och definiera innebörden.

Ungdomsspråk är/betyder/innebär ... / Med ... menar man ... / Med ... menas ...

2  **Kroppsspråk**
- Lyssna på cd:n och samordna. Vilken replik passar till vilken bild?
- Lyssna en gång till. Vilken replik/vilka repliker minns ni? Fyll i pratbubblorna. Jämför i gruppen.
- Vad uttrycker gesterna, mimiken eller kroppshållningarna? Vilka är positiva respektive negativa? Diskutera.

Man får inte cykla utan hjälm!

avsky –r
äcklig

 vara, var, varit • välja, valde, valt • bära, bar, burit • få, fick, fått

Avsnitt 1

3a Läs texten. Hur många officiella språk har Europa?

ÖB 3-5

Språk i Europa

De flesta av Europas språk tillhör två helt olika språkfamiljer: den indoeuropeiska och den uraliska. Till de indoeuropeiska språken räknas de baltiska, keltiska, germanska, romanska och slaviska språken. De talas av drygt 90% av Europas befolkning. Till den uraliska språkfamiljen räknas finsk-ugriska språk, t.ex. ungerskan, finskan och estniskan, och samojediska språk, t.ex. samiskan. Maltesiskan på Malta, är det enda semitiska språk som används som officiellt språk i ett europeiskt land.

Baskiskan, som talas i norra Spanien och sydvästra Frankrike, är ett isolerat språk som saknar en känd släkting. I den europeiska delen av Turkiet är turkiskan officiellt språk. Det kalmuckiska språket, som talas vid Europas östra gräns nära Volga, är det enda mongoliska språket i Europa.

Europeiska unionen har 24 officiella språk. EU-medborgare har rätt att kontakta EU:s institutioner på något av de officiella språken och få svar på samma språk. I allmänhet använder EU-kommissionen engelska, tyska och franska som procedurspråk.

I en Eurobarometer-undersökning uppger hälften av EU:s befolkning, att de kan föra en konversation på minst ett främmande språk, medan en stor majoritet i Ungern, Storbritannien, Spanien, Italien och Portugal endast behärskar sitt modersmål.

Europeiska unionen uppmuntrar aktivt alla att lära sig andra EU-språk. Det ger kontakter över gränserna och ökar förståelsen för olika kulturer. Dessutom har det blivit viktigt att kunna röra sig fritt på den inre marknaden i yrkeslivet och privat. EU arbetar också för att regionala språk eller minoritetsspråk ska användas mer.

I Sverige talas och skrivs ca 150 olika språk. De största invandrarspråken är arabiska, kurdiska, persiska, bosniska, kroatiska, serbiska och spanska. Dessutom finns det fem officiella minoritetsspråk: finska, samiska, meänkieli (tornedalsfinska), romani, chib och jiddisch. Svenskt teckenspråk jämställs i språklagen med de nationella minoritetsspråken.

Officiella språk i EU:
bulgariska
danska
engelska
estniska
finska
franska
grekiska
iriska
italienska
kroatiska
lettiska
litauiska
maltesiska
nederländska
polska
portugisiska
rumänska
slovakiska
slovenska
spanska
svenska
tjeckiska
tyska
ungerska

3b
- Gör en lista över minst 10 av Europas länder och språk.

Land	Språk
Sverige	svenska

- Kommentera texten gemensamt i hela gruppen. Använd följande uttryck:

Jag visste inte att ... .
Det förvånar mig att ... .

Det är nytt för mig att ... .
Det är intressant att veta att ... .

Berätta & diskutera: Talar du andra språk utöver ditt modersmål och svenska? • Tycker du det är meningsfullt att vi lär oss främmande språk? • Hur viktigt är det att vi har förståelse för andra kulturer? • Märks det i ditt land att EU främjar språkinlärningen? • Ska man främja språkundervisningen i skolan/på dagis?

© GROA Verlag  *ge, gav, gett* • *kunna, kunde, kunnat* • *skriva, skrev, skrivit* • *finnas, fanns, funnits* • *veta, visste, vetat*

Avsnitt 1

4 Statistik
ÖB 6-7

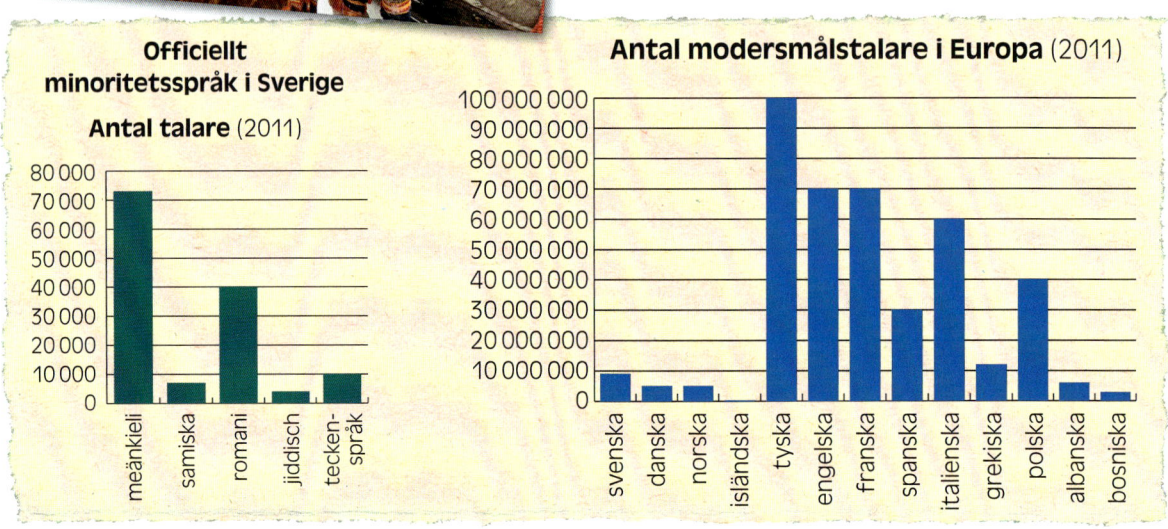

Officiellt minoritetsspråk i Sverige
Antal talare (2011)

Antal modersmålstalare i Europa (2011)

Titta på statistiken och kommentera den. Använd uttrycken på tavlan.

Omkring ... personer i Europa talar engelska.
Bosniska talas av drygt ... personer.

5a Fördjupning - nationalitetsbeteckningar
ÖB 8-9

Läs mer i grammatiken på s. 38

Man	Kvinna	Plural	Adjektiv
en svensk	en svenska	svenskar	svensk, svenskt, svenska
en tysk	en tyska	tyskar	tysk, tyskt, tyska
en spanjor	en spanjorska	spanjorer	spansk, spanskt, spanska
en fransman	en fransyska	fransmän	fransk, franskt, franska
en italienare	en italienska	italienare	italiensk, italienskt, italienska

5b
Träna nationalitetsbeteckningarna. En kursdeltagare börjar t.ex. **"En kvinna/tjej från Sverige är en ..."**. En annan kursdeltagare säger **"... svenska"**.

Andra exempel: A: **En man/kille från Spanien är en ...**   B: **... spanjor.**
                A: **Ett vin från Frankrike är ett ...**   B: **... franskt vin.**

Avsnitt 1

6  Europa

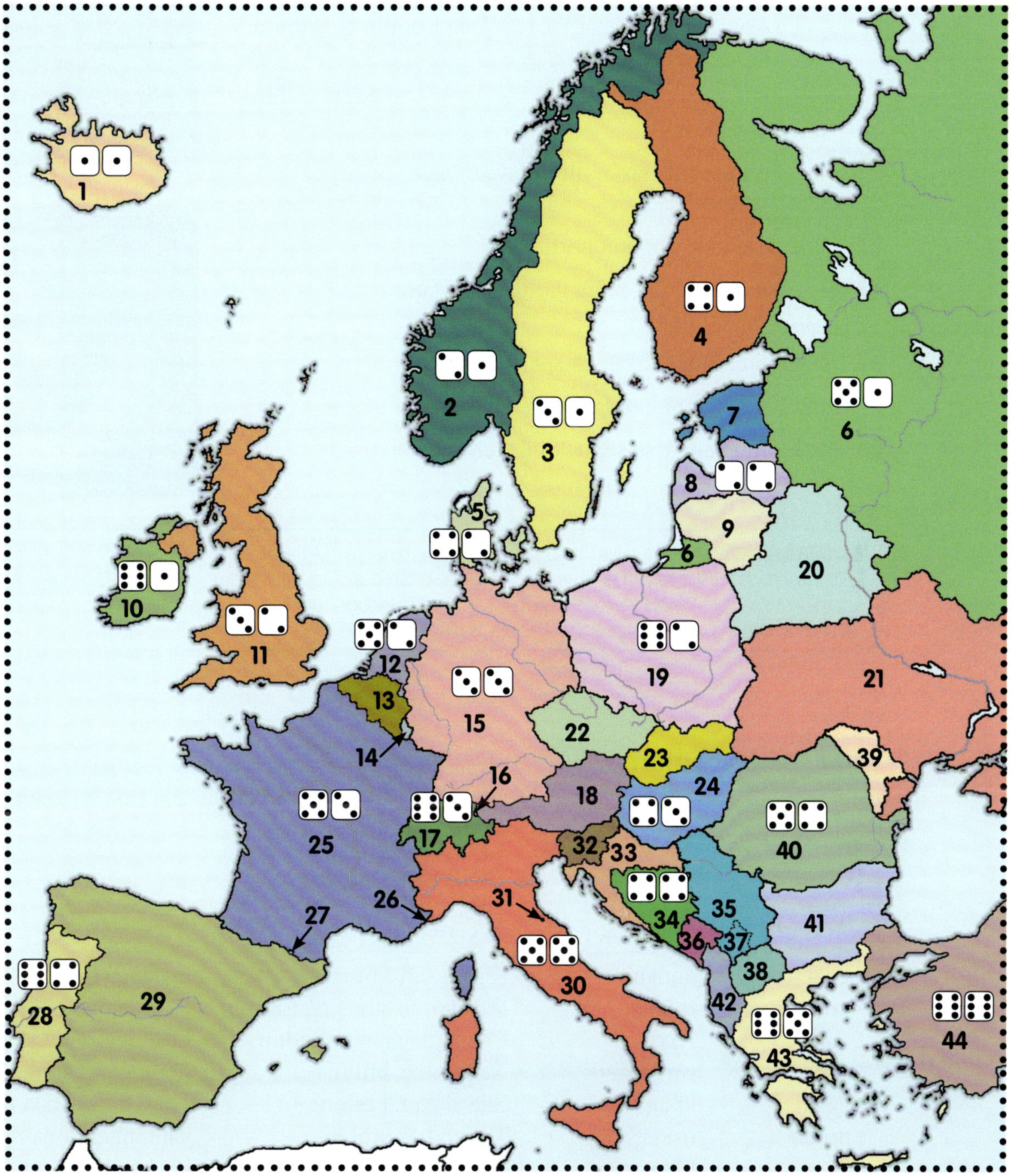

- Vad heter länderna i Europa (1-44)? Du har hjälp av facit på sid. 195.
- Spela med två tärningar. Slå tre kast var med båda tärningarna. Sök efter varje kast upp landet (med dessa tärningar). Du har nu din resrutt genom Europa. Berätta ungefär så här:
Jag reste till Spanien. Där besökte jag mina spanska vänner i Madrid. Pedro är spanjor och Lolita är spanjorska. Jag hade tillfälle att tala mycket spanska. Vi åt spansk mat och drack spanskt vin. Sedan reste jag till Italien. Där träffade jag ... osv. Nästa deltagare fortsätter.

Berätta & diskutera: Har du gjort en längre resa genom Europa eller en världsresa någon gång? Vad upplevde du? Vad åt du?

slå, slog, slagit • äta, åt, ätit • dricka, drack, druckit

Avsnitt 1

7 Olika kulturer

ÖB 11

Lyssna på ett litet citat ur Marianne Fredrikssons bok "Flyttfåglar" och kryssa för rätt eller fel. Läs först igenom glosorna.

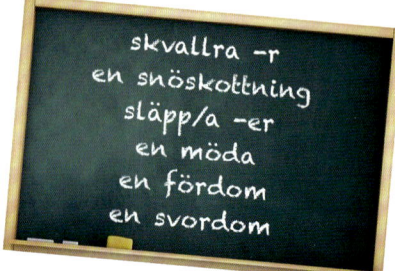

		rätt	fel
1	Mira är svenska.	☐	☐
2	Mira var upprörd, därför att hon inte hade hållit avstånd.	☐	☐
3	Mira skvallrade om grannarna.	☐	☐
4	Svenskarnas sätt att prata går ut på att inte släppa någon nära.	☐	☐
5	Svordomar tänkte Mira på spanska.	☐	☐
6	Mira hade inte råd att köpa veckotidningar.	☐	☐
7	Mira kunde anpassa sig helt till slut.	☐	☐

> **Berätta & diskutera:** Från vilket land kommer Mira, tror du? Motivera ditt svar. • Författaren skriver om kulturskillnader. Vilka faktorer spelar en stor roll? Kan du känna skillnader när du är i Sverige? • Tycker du att svordomar passar till seriös litteratur? • Är det viktigt för dig "att hålla med", "att få vara med" eller "att vara som andra"? • Hur är tyskarnas "sätt att prata"?

8 Uttal - ordaccenterna

Du minns säkert de båda ordaccenterna. Öva då och då, så blir du säker på melodin. Lyssna på cd:n och säg efter.

Accent 1	Accent 2	Accent 1	Accent 2
anden	anden	Fågeln satt i **buren**.	Eva blev **buren**.
tanken	tanken	Det står en stuga på **tomten**.	På julafton kommer **tomten**.
regel	regel	Ulla hade glömt **skeden**.	Livet har olika **skeden**.
världen	värden	Ta den här **biten**.	Lotta blev **biten**.
löken	lökar	Ska vi gå till **bilen**?	Titta, vad många **bilar**!
fisken	fiskar	Ta den här **stolen**.	Jag tänker köpa nya **stolar**.
filten	filtar	Jag letar efter **bollen**.	Jag har glömt mina **bollar**.

Att tala med svenskar

I Sverige är det viktigt att man håller ett visst fysiskt avstånd till andra människor. Visst kan man kramas när man träffar någon man känner rätt bra, men generellt rör man inte vid varandra som man ofta gör i sydliga länder. Man är alltid vänlig och artig, aldrig påträngade eller för personlig. Man talar lågmält och lugnt och avbryter helst inte någon som talar. Svenskarna strävar alltid efter samstämmighet, så det är viktigt att inte för bestämt yttra sin åsikt.

När man träffar bekanta, talar man om vädret och vad man sysslar med, men helst inte om religion, privatekonomi, politik, familjeproblem och annat personligt.

hålla, höll, hållit • gå, gick, gått • sitta, satt, suttit • bli, blev, blivit

Avsnitt 1

9 Tyck till!

Gillar du slangord och anglicismer i svenskan?

Anna Lindblad
studerande
21 år

– Jag hatar förortsslang. Det låter fult och vulgärt. Jag försöker själv vara så korrekt som möjligt i både tal och skrift. Att engelska ord tar sig in i svenskan är väl okej eftersom det är ett sorts världsspråk.

Mia Andersson
högstadie-
elev
15 år

– Jag gillar slang och tycker det är sjukt häftigt med engelska ord. I mitt kompisgäng snackar vi rätt mycket slang. Men riktig förortsslang, det man kallar rinkebysvenska eller miljonsvenska är inget för mig.

Olle Nilsson
översättare
och tolk
53 år

– Ja, man har ju i alla tider tagit in ord från andra språk. Så anglicismer i svenskan känns ok för mig. Slangord däremot använder jag mycket sällan. Men sedan så tycker jag nog att slang passar till den unga generationen. Man talar säkert olika språk i olika åldrar.

Ulrika Ström
lärare
35 år

– Ja, jag tycker det är jätteviktigt att ungdomar känner samhörighet i språket. Och slang bidrar ju till det. Svordomar gillar jag absolut inte! Vad gäller anglicismer, så kan jag tycka ibland att det blir lite väl mycket engelska eller "svengelska". Det är klart att jag som svensklärare anser att vi ska bevara det svenska språket!

- Läs vad personerna tycker och undersök svaren. Vem är för/emot slangord/anglicismer?
- Ta själv ställning till frågan. Använd följande uttryck:

   Jag håller (helt) med ...
   Jag håller inte (alls) med ...
   Jag håller delvis med ... /
   Enligt min mening/åsikt ... / Det är klart att ... / Jag tycker det är helt okej att ... / För mig är det självklart att ... / Jag tycker det är meningsfullt att ... / Däremot är det viktigt att ... / Jag kan tycka att ... / Men sedan så tycker jag nog att ... / Vad gäller ... / Dessutom tycker jag att ...

- Gör var sin egen "Tyck till". Fråga två kursdeltagare och skriv upp svaren. Välj mellan följande frågor: **Ska man bevara dialekter? Är det viktigt att vi alltid talar korrekt? Förstör sms-språket känslan för det korrekta skriftspråket?** Läs upp era "Tyck till".

låta, lät, låtit • ta, tog, tagit • dra, drog, dragit

SAXAT ✂-----

Importord i svenskan

Alla språk har lånat en större eller mindre del av sitt ordförråd från andra språk, särskilt i samband med invandring eller kulturellt inflytande. Under medeltiden lånade svenskan ord från latinet och grekiskan, t.ex. kärra (*carrus*), penna (*penna* fjäder), cykel (*kýklos* ring, krets), kyrka (*kyriakón* Herrens hus).

Under Hansatiden lånade man mest från lågtyskan. Ord som ansikte, gaffel, strumpa, slott, rådhus och betala härrör från denna tid.

De flesta franska lånorden är från 1700-talet under Gustav III:s regering. Sverige hade då många kulturella och kommersiella utbyten med Frankrike och franska var det officiella språket vid hovet och bland de adliga. T.ex. Journalist (*journaliste*), glass (*glace*), affär (*affaire*) och annons (*annonce*) är från denna tid.

Idag tar ungdomar ofta in ord från migranternas språk. Ord som guss, len och aina som betyder flicka, kompis och polis på turkiska, eller sho bre och yani som betyder hej och alltså på arabiska.

Sist men inte minst har engelskans inflytande mycket länge varit stort. Som i franska lånord har stavningen delvis anpassats. Ord som tajt (*tight*), stroke, airbag, boom, coach, sajt (*site*), fejs (*face*), fejka (*fake*) är exempel på ord som används flitigt i svenskan.

Ur **Fredmans epistel 9** av C. M. Bellman

Käraste bröder, systrar och vänner,
si, fader Berg, han skrufvar och spänner
strängarna på fiolen,
och stråken han har i hand.
Ögat är borta, näsan är klufven:
si hur han står och spottar på skrufven
ölkannan står på stolen.
Nu knäpper han lite grand,
grinar
mot solen,
pinar
fiolen,
han sig förvillar,
drillar
ibland.
Käraste bröder, dansa på tå,
handskar i hand och hattarna på!
Si på jungfru Lona -
röda band i skorna,
nya strumpor, himmelsblå!

Ur **Sandor slash Ida** av Sara Kadefors

»Å, jag önskar att jag hade din rumpa!»

Ida låtsas inte höra. Hon fortsätter måla sig, höjer musiken på stereon och nynnar till låten. Sänker. Tänk om mamma vaknar. Tänk om Susanna och Therese fick se hur mamma ser ut nuförtiden. Susanna sitter i sängen och studerar varje rörelse. Hon suckar dramatiskt.

»Ja, du vet, jag kan inte ha såna brallor. Det går bara inte. Jag är för fet. Det är bara att inse. Jag är ett fetto.»

Ida orkar inte säga »du är inte fet», hon vill verkligen inte. Det känns som om hon skulle kvävas, om hon sa de där orden en gång till, som om de skulle stocka sig i halsen på henne och täppa igen för alltid. Kan inte Therese göra det? Men Therese lägger på rouge och verkar inte lyssna. Hon ser ut som en galen kärring när hon frenetiskt suger in kinderna, ögonlocken lyser illigt lila. Nyansen är minst sagt bekant. Är det Idas ögonskugga eller har hon köpt likadan? Varför ta precis samma färg, när det finns en miljon att välja på? Nu greppar hon Idas läppstift också, kladdar ogenerat på i mängder. Susanna glor med stora, våta glosögon.

»Jag måste banta, alltså. Fan, vad snygg du är, Ida.» Therese snörper ihop munnen, uppenbart irriterad över Susannas lovord. Paniken accelererar inom Ida. Hon slänger ner kajalpennan i sminkväskan.

»Sluta nu.»

Lite slang

Kille 1: Shit, vad hungrig jag är. Måste käka på stört.
Kille 2: Vad är tiden?
Kille 1: Typ fem.
Kille 2: Ok, vi drar!

- Läs Bellmans text. Vad tyder på att den är äldre?
- Jobba två och två. Läs en text var, välj mellan "Importord i svenskan" och "Sandor slash Ida". Sammanfatta och återberätta texterna för varandra.
- Ni kan säkert komma på andra svenska ord som är lånade från andra språk. Samla gemensamt!
- Vilka slangord kan du hitta i texterna? Skriv upp dem. Vad betyder de? Känner du till fler?
- Gå in på språkrådets hemsida www.sprakradet.se (nyord). Välj ut fyra av årets nyord och presentera dem för gruppen.

Berätta & diskutera: Till vem riktar sig de olika texterna, tror du? Motivera ditt svar. • Har miljön/åldern/yrket en betydelse för hur vi använder språket? • Finns det situationer där man använder/absolut inte använder svordomar?

Avsnitt 1

Fördjupning - interjektioner Läs mer i grammatiken på s. 39-40

ÖB 24-26

Aj!	Fy!	Blä!	vov	ticktack
Å(h)!	Äsch!	Usch!	kuckeliku	smack
Bravo!	Jävlar!	Hu!	pip	vips
Heja Sverige!	Mums!	Oj!	mjau	plask
Pang!	Attjo!	bä	kvack	plingeling

Vilka interjektioner passar bäst i pratbubblorna?

 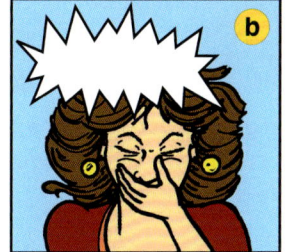  

En liten dikt

ÖB 27

🎵 5

1 ord — Ticktack!
2 ord — Tiden går.
3 ord — Jag blir äldre
4 ord — men känner mig ung.
1 ord — Livet.

🎵 6

Åh!
Små snödroppar
som äntligen blommar!
Solen värmer min kind.
Vår!

TALA SVENSKA Skriv en liten dikt som består av fem rader och elva ord. Börja med en interjektion. Läs upp dikterna för varandra.

© GROA Verlag   *skriva, skrev, skrivit • stå, stod, stått • gå, gick, gått • bli, blev, blivit*

Avsnitt 1

12a 7 Lyssna på intervjun. Vad handlar den om? Läs sedan texten och svara på frågorna i övningsboken.

ÖB 28-30

SPRÅKCAFÉET I GÖTEBORG
Språk i avslappnad miljö:

Tonia Tell-Cerexhe

Språkcaféet i Göteborg är ett nytt slags temacafé, där språk och möten mellan människor står i centrum. Vi intervjuade Tonia Tell-Cerexhe som förverkligade sin dröm.

Tonia, hur kom du på idéen att öppna ett språkcafé?
Jag bodde i USA en tid och det var där idén föddes. Jag var nybliven singel och ville träffa nya vänner. Men det var inte så lätt, krogarna var stökiga och bullriga och jag frågade mig, varför det inte fanns ett café, där folk kunde sitta ner och prata i lugn och ro. Hur som helst, så träffade jag min man. Han är svensk och vi flyttade till Göteborg. Jag försökte få jobb men det var katastrofalt. Jag blev inte ens kallad till intervjuer. Så jag startade ett litet företag och översatte broschyrer och tekniska manualer mellan olika språk. Men jag inspirerades inte ett dugg, tyckte att arbetet var trist och längtade efter levande och intressanta möten. Så en dag kom den där tanken på ett internationellt språkcafé tillbaka.

Esperantoplatsen är ju en härlig adress för ett språkcafé! Är det en slump?
Ja, det var rätt roligt faktiskt. Jag hade letat i flera månader efter en lämplig lokal. Och så en dag gick jag förbi ett tomt hus och kikade in genom fönstret. Det var ett fantastiskt rum med fina valv. Jag ringde fastighetsbolaget direkt. De ville veta adressen och först då såg jag gatuskylten ... Esperantoplatsen. Jag tror inte på Gud, men detta var nog ingen slump!

Kan du berätta lite om din bakgrund?
Jag är uppvuxen i Spanien. Min mamma är belgiska, så jag talade tidigt både spanska, katalanska och franska flytande. Jag älskar språk, så jag studerade till språkvetare och bosatte mig i USA.

Hur fungerar ditt språkcafé?
Ja, här kan man koppla av med en kopp kaffe eller te och njuta av hemlagade bakverk och smörgåsar. Vardagar 11.30-14.30 erbjuder vi en lätt lunch med fräsch grönsaksbuffé och soppa. Vi har flerspråkig personal bakom disken, som tar emot beställningar på svenska eller på de språk som står på menyn för dagen. Sedan på kvällarna, måndag - torsdag har vi drop - in - konversationsträning. Tanken med dessa språkkvällar är att man för en mindre avgift ska få chansen att ta del av ett nytt språk eller praktisera sitt favoritspråk i en avslappnad och stimulerande miljö. Vår konversationsträning leds alltid av en språkkoordinator från det land som står på menyn. Dessutom hyr vi ut lokalerna för t.ex. privata tillställningar och företagsfester.

Jag läste att man kan dansa tango här också.
Ja just det, på lördagar från kl. 14.00 - 17.30 erbjuder vi tango och då är det verkligen hög stämning här!

Vad är det för människor som kommer hit?
Det är en mycket blandad och internationell publik. Det kommer allt från frukost- och lunchgäster, tangodansare, studenter, folk som vill hålla olika språkkunskaper vid liv till singlar som ser det som ett bra sätt att träffa andra i en avslappnad miljö.

Finns det något språk du skulle vilja lära dig?
Ja, tyska skulle jag hemskt gärna vilja kunna. Jag får väl se när jag hinner börja med det. Språkcaféet tar upp all min tid just nu.

Tack Tonia och lycka till i framtiden!

12b
- Träna in nya ord tillsammans en liten stund.
- Läs igenom intervjun tyst för er själva en gång till. Gör sedan följande: En av er är reportern, den andra Tonia. Stäng böckerna och gör en egen intervju. Försök att återge så mycket av texten du minns. Byt sedan roller.

> **Berätta & diskutera:** Tror du att viktiga saker händer dig av en slump? • Finns det något du längtar efter?
> • Är det en fördel, att som Tonia växa upp med flera språk?

vilja, ville, velat • finnas, fanns, funnits • hinna, hann, hunnit • njuta, njöt, njutit • bjuda, bjöd, bjudit

Avsnitt 1

13a Repetition - tempusformer

ÖB 31-36

Läs mer i grammatiken på s. 40-42

Infinitiv	Presens	Preteritum	Perfekt	Pluskvamperfekt	Futur
starta	startar	startade	har startat	hade startat	ska/tänker starta

13b

Skriv ca 20 verb på olika kartotekskort. Ta två kort och hitta på en mening. Försök få in två olika tempusformer, t.ex.:

När vi hade ätit, ringde telefonen.

Jag har precis tagit körkort och får nu äntligen köra själv.

När det hade klarnat för mig, visste jag att jag ville studera.

14 Spinnord och morrord

	+ O −		+ O −		+ O −
traditionell		ekonomisk		populär	
utbildning		snål		kompis	
kapitalist		kärring		socialbidrag	
mysig		upprörd		gubbe	
avancerad		individualist		proffs	
primitiv		hysterisk		oskyldig	

Katten spinner.

Hunden morrar.

TALA SVENSKA Många ord är värdeladdade, dvs. de har en positiv laddning (spinnord) eller en negativ laddning (morrord). Sätt kryss i listan. Är orden morrord, spinnord eller värdeneutrala för dig? Diskutera i smågrupper. Vilka ord är spinnord och vilka är morrord i listan? Vilka ord är alla överens om? Vilka ord uppfattade ni som både spinn- och morrord? Finns det andra ord som ni tycker är värdeladdade?

15 Ord i fokus

ÖB 37-40

Studera tabellerna. Samla fler ord, det finns en hel del i detta avsnitt. Diktera ord för varandra.

STAVNING — Kort ä-ljud, kort å-ljud → regler på s. 189

ä	e	å	o
gräns, ägg	henne, egg	påsk, åtta	post, ofta

ORDBILDNING — Suffix för att bilda verb

-a	-na	-era	-isera
bada	rodna (bli röd)	reagera	dramatisera

Dröm och verklighet

Avsnitt 2

I det här avsnittet lär du dig bl.a.
- ord kring temat dröm, rymden, krig och fred
- en dikt utantill
- att diskutera kring en tes och redovisa resultatet
- att samtala om drömmar
- att sammanfatta en text
- grammatik - konjunktiv; konditionalis; hjälpverbet *skola* (*ska*); några indefinita pronomen
- uttal - c, s, sc och z
- stavning - s-ljudet i importord

- Titta på fotona och samla ord där substantivet dröm ingår, t.ex. drömresa.
- Har du en dröm som du skulle vilja förverkliga?

Jag har alltid drömt om att ... / Jag drömmer om ...

Avsnitt 2

1 Universum

universum - satellit - rymdfärja - sol - måne - astronaut - stjärna - planet - jord - himmel - värld

> Ju mer man vet, desto mera vet man, hur lite man vet.

> Ta vara på ditt liv! För nu är det din stund på _____ (2).
> Vilhelm Moberg

> _____ (1) är ett själs-tillstånd, icke ett ställe.
> Thomas Chalmers

> Jag skulle vilja lämna denna _____ (3), om det funnits en annan.
> Gunnar Ekelöf

Människan har varit på _____ (4) och vi vill utforska _____ (5) mars. _____ (6) är inte längre någon hemlighet. Tror vi. _____ (7) tränas stenhårt, så att de med _____ (8) kan spana in oändligheten. Med _____ (9) har vi koll på _____ (10), vädret, våra fiender och gatorna i New York. Tror vi. Nu är vårt stora hopp _____ (11). Den skulle kunna rädda oss, ge oss energi, så att vi kan fortsätta leva som vi vill. Tror vi.

- Läs texten och citaten och sätt in orden ur rutan i en passande form.
- Vem skulle kunna ha skrivit texten? Vilket yrke har hon/han? Vilket citat tilltalar dig mest? Varför?

2 Större och mindre

Du får nu höra dikten "Större och mindre" av Nils Ferlin. Lyssna på den med stängda böcker tre gånger. Rekonstruera dikten med hjälp av bokstäverna. Du kommer att kunna den utantill rätt snabbt. Läs upp dikten för varandra (gärna utantill). Vilket citat i övning 1 passar till Ferlins dikt?

Större och mindre

V_____ u_____ m_____ o_____ m_____
o_____ j_____ b_____ s_____ o_____ s_____.
U_____ ä_____ m_____
o_____ j_____ b_____ b_____ e_____ p_____,
e_____ l_____ l_____
i o_____.

veta, visste, vetat • ge, gav, gett • ta, tog, tagit • kunna, kunde, kunnat • säga, sa(de), sagt

Avsnitt 2

3a  Lyssna på dialogen med stängda böcker. Vad handlar den om? Lyssna en gång till. Läs sedan dialogen och komplettera texten.

ÖB 3-4

Bevare mig väl!

C: Christine   M: Maria

M: Hej Christine! Hur är det? Är det _____?
C: Ja, gudskelov! Vilken influensa! Det var den värsta jag haft på länge. Och _____ då? Du verkar ha _____ dig.
M: Ja, _____ och lov! Men på jobbet är _____ alla förkylda.
5 Det är hopplöst.
C: Vädret är _____ urdåligt. Man _____ verkligen om vi _____ någon _____ i år?
M: Ja, det vete katten! Förresten, jag _____ att Pelle har köpt den _____ lyxvillan på Horngatan som har _____ till salu rätt _____ nu.
C: Bevare mig _____! Hur har han _____ med det?
10 M: Anna sa, att han har _____ på Lotto. Tio miljoner!
C: Jaså! Verkligen? Ja, somliga har _____. Men om jag _____ på Lotto, _____ jag skänka pengar _____ någon hjälporganisation och _____ köpa en sådan där jättevilla. Det är ju inte _____!
M: Ärligt _____, jag skulle _____ rest en del, om jag _____ haft så mycket pengar. Det är något jag verkligen _____ om.
15 C: Det är klart, visst skulle man _____ resa. Men jag _____ efter mer tid. Hade jag haft pengar och _____, skulle jag börja måla. Det _____ bra för mig. Men du, titta vad _____ det blir. _____ moln!
M: Måtte det inte _____ åska!
C: Nej, det vore dumt. Men nu _____ jag nog kila. Ha det så _____!
M: Detsamma! Hej då!

3b  I texten finns några exempel på konjunktiv och konditionalis. Försök att hitta dem och stryk under dem. Jämför sedan med grammatikrutan. Strök ni under rätt?

Om jag vann mycket pengar, skulle jag resa.

Berätta & diskutera: Spelar du på Lotto? • Hur ofta i så fall? • Vad skulle du göra om du vann riktigt mycket pengar eller hade mer tid?

4  ## Uttal - c, s, z och sc

Viktigt i svenskan är att c, s och z alltid uttalas som ett tonlöst s, sc uttalas som s i några ord. Lyssna på cd:n och träna.

c		s		z		sc
cement	centrifugera	sol	system	zon	zenit	scen
cell	cirka	sedan	läsa	zoo	zink	scenario
center	cykel	sidan	visa	zebra	zinnia	ascendent
citat	cyniker	sin	resa	zigenerska	Zimbabwe	disciplin

Att avsluta ett samtal

När svenskar träffas, t.ex. på stan för en kort pratstund och den ena vill avsluta samtalet, tar hon/han ofta ett steg tillbaka och säger något i stil med "Jaha, nu måste jag nog gå/kila". Så när ni träffar någon för en kort pratstund, kolla in fötterna!

vara, var, varit • få, fick, fått • vinna, vann, vunnit • göra, gjorde, gjort • ha, hade, haft • stryka, strök, strukit

Avsnitt 2

5a  Fördjupning - konjunktiv och konditionalis
ÖB 6-12

Läs mer i grammatiken på s. 45-47

Konjunktiv		Som konjunktiv används
Det vete katten! [Keine Ahnung!]	Leve brudparet!	Måtte det inte bli åska!
Bevare mig väl! [Du meine Güte!]	Det vore toppen!	Jag önskar jag kunde måla.
Gudskelov! [Gott sei Dank!]		Skulle jag kunna få några vykort?

Konditionalis 1

skulle + infinitiv   + preteritum
Anna skulle hämta dig, om hon hade tid.

Konditionalis 2

skulle ha + supinum   + pluskvamperfekt
Jag skulle ha hämtat dig, om jag hade haft bil.

Observera ordföljden i bisatsen: Om Anna hade tid, **skulle** hon hämta dig.
Om jag hade haft bil, **skulle** jag ha hämtat dig.

5b
- Bilda små dialoger med adjektiven som exemplet visar!
  - **Ska vi gå ut och dansa i kväll?**   **- Ja, det vore (skulle vara) trevligt!**

| 1. kul | 3. skojigt | 5. härligt | 7. intressant | 9. fantastiskt |
| 2. fint | 4. roligt | 6. underbart | 8. spännande | 10. snällt |

- Var och en skriver en mening med konditionalis 1 och en med konditionalis 2. Skriv med så stora bokstäver att du kan klippa ut alla ord. Lägg alla lapparna på bordet och pussla ihop meningar. Lägg bägge ordföljderna.

6 Vad skulle du göra?

Vad skulle du göra, om ...

➡ du missade pendeltåget till jobbet en måndagsmorgon?

➡ du stod i kassan i en klädbutik och upptäckte att du inte hade tillräckligt med pengar på dig?

➡ du blev stoppad av polisen och visste att du glömt körkortet?

➡ du vaknade mitt i natten av konstiga ljud i vardagsrummet?

➡ _____

- Läs sms:et. Vad är Saras problem? Hur skulle hon bäst kunna lösa situationen? Diskutera.
- Läs igenom frågorna och hitta på en egen situation. Intervjua sedan varandra. Använd frågorna. Berätta sedan för gruppen, vad din partner skulle göra i dessa situationer.

Om Katrin missade pendeltåget, skulle hon ... .

skola, skulle, skolat • skriva, skrev, skrivit • lägga, la(de), lagt • stå, stod, stått • bli, blev, blivit • gå, gick, gått

Avsnitt 2

7. Två visor
- Känner du till alla orden i rutan?
- Lyssna på visorna av Cornelis Vreeswijk. Vad handlar de om?
- Lyssna en gång till. Vilka ord hörde du? Ringa in dem!

ett konvolut: kuvert med dokument

makt, krig, dröm, gevär, köl, båt, land, politiker, bomb, hot, sömn, fånge, vapen, strid, statsmän, sal, fiende, ruff, militär, kris, stad, fred, konflikt, soldater, krog, gräns, regering

Cornelis Vreeswijk (1937 - 1987) växte upp i Nederländerna. Vid tolv års ålder flyttade han med familjen till Ekerö utanför Stockholm. Han slog igenom under 60-talet som vissångare och skådespelare. Han stod mycket på scen och gav många konserter. Han levde ett hårt turnéliv och hade periodvis ett rätt stormigt privatliv. Med sina texter och sin musik anses han som en av Sveriges största trubadurer.

8. Fyra teser

ÖB 13

- EU-politiker kan inte bidra till en fredligare värld.
- Det är bra att man har avskaffat allmän värnplikt.
- Stormakterna får inte blanda sig i andra länders konflikter.
- Det är okej att exportera vapen.

Välj en tes. A skriver upp vad B tycker och omvänt. Redovisa kort varandras åsikter för hela gruppen. Redovisa så här:

Anna tyckte/sa/nämnde/framhöll att ...
Vidare menade hon/han att ...
Sammanfattningsvis kan vi säga att ...

sitta, satt, suttit • dra, drog, dragit • le, log, lett • dricka, drack, druckit • hålla, höll, hållit • säga, sa(de), sagt

Avsnitt 2

9 Drömbloggen

ÖB 14-17

Drömbloggen.se

För ett par år sedan hade jag en viss dröm som återkom rätt ofta. Den handlade om skolan. Min lärare säger: "Det här ska du kunna till i morgon. Allting!" Och han ger mig högar med böcker. Jag känner mig jättestressad. Vet att jag måste plugga mer så att jag klarar provet. Jag orkar inte. Jag vaknar helt genomsvettig.

Publicerat av: **bubblan**   3 kommentarer

När jag var liten drömde jag ibland att jag blev uppäten av ett lejon. Det smög sig fram mellan träden när jag var ute och lekte. Sen plötsligt hoppade det fram och öppnade sin stora käft, bet mig i armen och började girigt smaska på mig. Jag hörde en röst säga "Du ska dö!" Jag skrek, ropade på hjälp och vaknade helt panikslagen.

Publicerat av: **mjukis**   7 kommentarer

Häromnatten drömde jag att jag blev jagad av en aggressiv hund. Den morrade och skällde och visade tänderna. Jag var livrädd och sprang allt jag orkade. En annan dröm jag ofta har är att jag tappar håret. Det är hur äckligt som helst. Jag är less på alla mardrömmarna.

Publicerat av: **sockertoppen**   2 kommentarer

Jag drömmer ofta om något pinsamt. En dröm är att jag står i kö på Maxi. Jag står där i pyjamas och alla stirrar på mig. Jag är hypernervös och situationen är fruktansvärt pinsam. Jag vill springa därifrån men kan inte. Jag är som fastklistrad i golvet. Sen känner jag att det är vatten överallt. Jag får panik.

Publicerat av: **snurran**   5 kommentarer

Jag ska berätta om två drömmar jag verkligen gillar. Den ena handlar om att jag flyger, högt över trädtopparna. Jag är överlycklig. Det känns underbart att bara sväva där fri som en fågel. I den andra drömmen kör jag motorcykel. Det är en liknande frihetskänsla att liksom glida fram på mjuka vägar. Jag är nog en frihetsälskande person.

Publicerat av: **kattis**   6 kommentarer   🎵 12

- Läs bloggarna och samordna dem med fotona.
  Fotot med ... passar till Bubblans blogg.

- Stryk sedan under alla drömmotiv du kan hitta. Känner du igen några av dessa motiv? Berätta för varandra om en eller flera drömmar ni har haft som barn eller vuxen.

  Som barn drömde jag...   Nu som vuxen drömmer jag ...
  När jag var yngre drömde jag ...   Nu när jag blir äldre drömmer jag ...

smyga, smög, smugit • bita, bet, bitit • skrika, skrek, skrikit • springa, sprang, sprungit • flyga, flög, flugit • glida, gled, glidit

SAXAT

Jag önskar vi hade ...
en värld, där människor har lika värde oavsett bakgrund.
en värld, där vi tar hand om de sjuka och gamla.
en värld, där det inte finns dödsstraff.
en värld, där människor inte svälter.
en värld, där det finns yttrandefrihet.
en värld, där det inte finns något våld.
en värld, där ...

Den rätte

Jag hade tänkt dig blond
och lång över allt förstånd
med en energisk haka,
du, som i dröm och vaka
varit mitt ideal.
Blond högväxt och smal.

Och så kommer du dock
mörk och kortväxt och tjock,
med hakan i nervikt krage
och en början till mage.
Sådan kliver du in
i min själ och mitt skinn.

Allting blev skapt om,
när du kom.
Allting slog du itu.
Du, du!

Erik Lindorm (1889-1941)

Varför drömmer vi?

En dröm är en psykisk upplevelse, som oftast uppträder under den så kallade drömsömnen eller REM-sömnen. Den upplevs normalt sett som fullt verklig medan den pågår, men i samma ögonblick som den upphör brukar vi ofta glömma den. Ibland har vi ett svagt minne av bilder och känslor. Väcks vi under själva drömsekvensen är chansen stor att minnas mer. Starka drömmar, t.ex. mardrömmar eller återkommande drömmar brukar vi däremot komma ihåg rätt bra. Drömmar handlar om att det centrala nervsystemet bearbetar information, men exakt varför vi drömmer finns det olika teorier om. Fysiologiskt kan det handla om att "träna" nervsystemet, psykologiskt om att gå igenom dagens alla intryck. Psykologen Sigmund Freud ansåg att den huvudsakliga anledningen till att man drömmer är att uppfylla sina önskningar och få utlopp för undermedvetna och förträngda begär och behov, som vi inte låter komma fram i vaket tillstånd. En annan psykolog, C. G. Jung, gick ännu längre, när han påstod att drömmar även kan vara en djup omedveten kunskap om vår själ.
Vi har våra drömmar för att vara i psykisk och känslomässig balans. Vi bearbetar olika situationer under natten för att inte tappa fotfästet i vardagen.

Ur Tyskarna har hittat sin Bullerbü av Berthold Franke

För många tyskar är Sverige just "Astrid Lindgren-land", ett slags imaginärt "Storbullerby" i norr. Den lilla byn, bestående av inget annat än tre söta hus, får stå som symbol för den mycket speciella tyska drömmen om Sverige, som egentligen är en dröm om en förlorad och därför så intensivt frammanad barndom. Bullerby är alltså en tysk utopi, helt i enlighet med Ernst Blochs berömda definition "något som ger oss en glimt av en förlorad barndom, men där ännu ingen varit, kort och gott: hem". Utgångspunkten är en odefinierbar längtan. Astrid Lindgrens texter lyfte fram denna djupa, ditintills okanaliserade längtan och satte ord på den. Hennes böckers ojämförliga dragningskraft och deras i sin tur präglande kraft på den tyska Sverigebilden förstås bäst, när vi konstaterar att berättelser och karaktärer är genomsyrade av, omvälvda av och amalgamerade med denna längtan.

Översättning Peter Sjöberg, SvD

- Jobba två och två. Läs texten "Jag önskar vi hade ..." och fortsätt på samma sätt. Skriv så många önskningar ni kan komma på.
- Läs dikten "Den rätte" tillsammans i hela gruppen. Hitta gemensamt, (t.ex. en mening var) på en liten berättelse med överskriften "Blind date", där ni återanvänder temat och ca 7 ord från dikten.
- Jobba två och två. En av er läser texten "Tyskarna har hittat ...", den andre texten "Varför drömmer vi?". Återberätta texterna för varandra. Använd följande uttryck:

Texten handlar om ... Vidare/dessutom ...
Författaren säger/framhåller/nämner att ... I texten förklaras/beskrivs/sägs det ...

Berätta & diskutera: Har ni (haft) liknande ideal som i dikten? • Hur vet man att man har träffat "den rätte"? • Kan ni känna igen denna längtan som B. Franke skriver om? • Håller ni med om att Sverige är drömmen om en förlorad barndom eller ett förlorat hem för många tyskar? • Finns det andra orsaker till att Astrid Lindgrens böcker har blivit så populära?

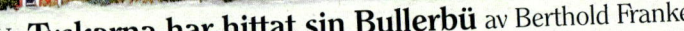

Avsnitt 2

Fördjupning - det modala hjälpverbet *skola (ska)*   Läs mer i grammatiken på s. 47-48

ÖB 23-25

> Jag **ska** börja på zonterapi idag.
> Nu **ska** du vara snäll!
> Man **ska** kunna en hel del när man tar körkort.
> Man **ska** inte ljuga.
> **Ska** vi hjälpa dig?
> Bilden **ska** föreställa en vas eller två ansikten i profil.

- I drömbloggarna på sidan 31 finns tre meningar där hjälpverbet *ska* ingår. Vilka?
- Titta på fotona på sidan 26. Hitta på meningar som på något sätt har anknytning till dessa bilder och där hjälpverbet *ska* ingår.

> Jag ska köpa ny bil.

> Man ska alltid sola med solkräm.

 **Optiska illusioner**

a

b

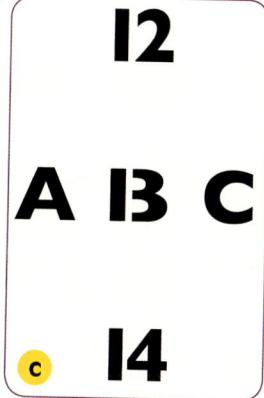
c

d

e

f

g

h

TALA SVENSKA   Titta på illusionerna och analysera dem. Vad ska de föreställa? Vad ska man kunna se? Diskutera!

Bilden ska föreställa ... / Man ska kunna se ... / Det ser ut som om ...

skola, skulle, skolat • finnas, fanns, funnits • kunna, kunde, kunnat

Avsnitt 2

12a Läs texten och svara på frågorna i övningsboken.
ÖB 29-30

För somliga är drömsemestern häst och vagn

Vad gör en äventyrslysten storstadsfamilj som vill prova på något nytt?
Familjen Nilsson-Åstedt hyrde häst och vagn och rullade genom Värmlands skog- och sjörika sagolandskap.

I sex dagar var Olle, Karin och deras tre barn, Anna 14, Eva 12 och Lasse 8, på väg med häst och Westernvagn.
- Vi har paddlat kanot en del tidigare och ett par gånger har vi semestrat utomlands. Men i år ville vi prova på något helt nytt. Så när vi läste om det här, var vi fast! Vi behövde koppla av från allt, slippa upplevelsestress och få tid att bara vara tillsammans. Dessutom är det ett klimatsmart sätt att semestra på, säger Karin och ler.

Vagnarna är byggda efter amerikanska fåraherdevagnar, en vagn med kapell som är regntätt. Dessutom är vagnarna utrustade med hydrauliska bromsar, berättar Olle och förklarar att det är av säkerhetsskäl och för att avlasta hästarna, när det går nerför.

- Terrängen är ju bitvis rätt kuperad i Värmland, säger han.
- Varje morgon förvandlades vagnen från sovhytt till kök. Allt på en yta av ungefär 6 kvadratmeter. Barnen tältade, annars hade vi inte fått plats, utbrister Karin och skrattar.

Hästarna är trygga, barnvänliga och trafiksäkra. Men varken Karin eller Olle är vana att umgås med hästar. De bägge flickorna, Anna och Eva, är desto bättre på det.
- De är helt galna i hästar och rider jättemycket på sin fritid. Det var de som körde och tog hand om hästarna den mesta tiden. Så för tjejerna var hästsemestern rena drömmen, säger Olle och visar några foton på Eva, när hon ryktar och matar stoet Elvira.
- Men vi båda vågade faktiskt hålla i tömmarna och köra åtskilliga gånger vi också, invänder Karin och tittar ömt på sin man.
Utrustningen består av elstängsel, spade, ryktpåse, foder och allt annat som behövs för hästarnas skötsel. Dessutom har man med sig flera vattendunkar, karta, myggnät m.m.
- Spritkök, köksutrustning och luftmadrasser hade vi med oss själva, påpekar Olle.
Proviant får man ta med sig för hela resan, för det finns ingen möjlighet att handla.
- Det där med maten var faktiskt ett äventyr. Vissa matvaror som korv, kött och mjölk kylde vi ner i sjön under natten, där vi campade. Det gick kanonbra. Men de sista två dagarna var maten nästan slut. Vi var superhungriga. Man känner sig konstig när ens mage kurrar nästan hela dagen. Lasse fiskade en och annan abborre och vi plockade svamp och bär, och levde på det lilla vi hade kvar. Att man klarar sig så pass bra på så lite var faktiskt lärorikt, betonar Karin.
Varje ekipage åker enligt en planerad rutt och samtliga lägerplatser ligger vid sjöar med bad och fiskemöjligheter.
- Ja, det var urskönt! Färden gick längs fina skogsvägar och man levde mitt i vildmarken. Vi njöt verkligen av djuren, naturen och samvaron.

Text: Wanda Ottosson

12b
- Vad finns det för fördelar/nackdelar med att semestra på detta sätt? Diskutera.
- Läs texten en gång till. Skriv en sammanfattning av artikeln. Läs upp texterna för gruppen.

Texten handlar om ...   Vidare/dessutom ...   Framför allt ...
... säger/berättar/betonar/påpekar/nämner att ...   I texten förklaras/beskrivs ...

göra, gjorde, gjort • slippa, slapp, sluppit • le, log, lett • njuta, njöt, njutit • gå, gick, gått

Avsnitt 2

13a Fördjupning - några indefinita pronomen

ÖB 31, 35-37

Läs mer i grammatiken på s. 48-50

varje	flera	åtskilliga	en och annan
båda	hel, helt, hela	samtliga	all, allt, alla
bägge	viss, visst, vissa	en del	annan, annat, andra
man/en/ens	somliga	ett par	någon, något, några

13b

- Jobba parvis. Det finns en hel del indefinita pronomen i texten 12a. Stryk under dem och jämför med grammatikrutan.
- Titta på fotot. Vad finns bakom dörren, tror du? Fundera en stund och berätta för gruppen. Använd så många pronomen du kan.

14 Är du äventyrslysten?

klippklättring
forsränning
dressinåkning
att bo i trädhus
älg- bäver- eller vargsafari

fallskärmshoppning
timmerflottsfärd
att bo på ishotell
åktur med hundspann
ballongflygning

- Är du äventyrslysten? Fråga varandra och svara.

  Skulle du vilja pröva på ... / Skulle du kunna tänka dig att pröva på ...?
  Javisst!/Självklart! Det hade varit superkul/kanonbra!
  Jag vet inte ... / Kanske ... / Jag tror inte jag vågar.
  Aldrig i livet! / Det är ingenting för mig!
  ... men däremot skulle jag vilja pröva på...

- Välj en aktivitet som du skulle vilja veta mer om och försök få fram fakta från nätet. Gör en liten presentation.

15 Ord i fokus

ÖB 38-41

Studera tabellerna. Samla fler ord, det finns några i detta avsnitt. Diktera ord för varandra.

STAVNING: S-ljudet i importord → regler på s. 189

c	sc	z
citron	sceningång	zon

ORDBILDNING: Förstärkande prefix

jätte-	super-	ur-	kanon-	hyper-	över-	ultra-
jättefin	superkul	urlöjlig	kanonhård	hyperkänslig	överaktiv	ultraradikal

välja, valde, valt • vilja, ville, velat • veta, visste, vetat • få, fick, fått

Skola och utbildning

Avsnitt 3

I det här avsnittet lär du dig bl.a.
- ord kring temat skola, studier och forskning
- lite om det svenska utbildningssystemet
- att uttrycka likheter och skillnader
- att uttrycka mått
- uttryck i samband med att be om ursäkt
- att berätta om din utbildningsväg
- grammatik - de fyra räknesätten; decimaltal; substantiverade grundtal och bråk; konjunktioner
- uttal - substantiv med suffixet *-or*
- stavning - k-ljudet före t

Vad tänker du på när du ser bilderna? Associera kring temat skola och studier.

Jag tänker på ... **Det påminner mig om ...**
Jag minns ... **Jag kommer ihåg ...**

Stödorden hjälper dig: elev, betyg, skolgård, rast, mobbning, lov, kompisar, lärare, skoltrött, skolka, gäng, plugga, läxor

Avsnitt 3

1a Vad vet du redan om det svenska utbildningssystemet? Berätta! Läs sedan texten.

ÖB 1-5

Det svenska utbildningssystemet

Det svenska officiella skolsystemet består av dels den obligatoriska skolan, dels de frivilliga skolformerna. Undervisningen i hela det offentliga skolväsendet är avgiftsfri. För det mesta har eleverna eller deras föräldrar inga kostnader för t.ex. läromedel, skolmåltider, hälsovård och skolskjutsar.

Det vanligaste är att barnen går i kommunal skola nära hemmet. Man har dock rätt att välja en annan kommunal skola eller en friskola. Elevens hemkommun ger skolan bidrag per elev och skolår.

Läsåret, som är indelat i höst- och vårtermin, börjar normalt i slutet av augusti och varar till mitten av juni kalenderåret efter. Totalt omfattar läsåret cirka 40 veckor. Det finns fyra längre lov: jullov, påsklov, sportlov i februari och sommarlov, som i Sverige är 10 veckor.

Förskoleklassen är en frivillig skolform för sexåringar. Den ska stimulera varje barns utveckling och lärande och lägga grunden för den fortsatta skolgången.

Till den obligatoriska skolan räknas grundskolan, sameskolan, specialskolan för döva och hörselskadade samt särskolan för elever med begåvningsmässiga funktionsnedsättningar. Den nioåriga grundskolan som är indelad i tre treåriga stadier, låg-, mellan- och högstadiet, omfattar alla barn mellan sju och sexton år. Samers barn kan få utbildning och en samisk inriktning i sameskolan. Utbildningen motsvarar grundskolans första sex år. Specialskolan omfattar tio årskurser.

Nästan alla elever i grundskolan fortsätter direkt till gymnasieskolan. Gymnasieutbildningen är uppdelad i 18 nationella program, sex högskoleförberedande program och tolv yrkesprogram. Alla är treåriga. Vid sidan av dessa utbildningar finns också specialutformade och individuella program. Dessutom finns det ett lärlingsprogram, vilket innebär att man kan kombinera en yrkesutbildning på ett företag med studier i skolan. När eleverna avslutar sin gymnasieutbildning säger man att de "tar studenten".

Det finns också en gymnasiesärskola, som är fyraårig och mer yrkesinriktad.

Fram till dess ungdomarna har fyllt 20 år har de rätt att påbörja en gymnasieutbildning. Därefter finns möjlighet till olika former av kommunal vuxenutbildning, som omfattar grundläggande vuxenutbildning, motsvarande grundskolan, gymnasieskolan och särvux, en utbildning som motsvarar grundsärskolan och gymnasiesärskolan.

Svenska för invandrare, sfi, ska ge nyanlända migranter kunskaper i det svenska språket och det svenska samhället.

Drygt en tredjedel av eleverna fortsätter att studera på universitet, högskola eller yrkeshögskola inom tre år efter gymnasieskolans slut. Man kan studera enstaka kurser eller någon utbildningslinje.

Efter www.skolverket.se

1b Hitta synonymerna i texten. Ange var exakt i texten ordet står.
Synonymen till *inte valfri* är *obligatorisk*. Det står i första stycket, rad två.

inte valfri, bestå av, utgifter, betyda, ca 33 %, skolåret, semester, inspirera, sammankoppla, allt som allt, utan hörsel, därutöver, gratis, kännedom

© GROA Verlag   stå, stod, stått • ge, gav, gett • lägga, la(de), lagt • sätta, satte, satt • bära, bar, burit   37

Avsnitt 3

2 Likheter och skillnader

Likheter	Skillnader
2 terminer	

- Jobba parvis. Använd texten 1a och jämför det svenska skolsystemet med skolsystemet i ert land. Skriv upp likheter och skillnader.
- Resonera sedan gemensamt i hela gruppen. Använd följande uttryck:

Skillnaden är att ...   Bägge skolsystemen ...   Precis som i Sverige ...
Medan man i Sverige har ...   I ... har man däremot ...

3 Fotofällor

 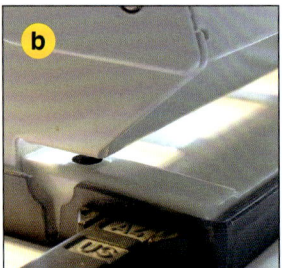 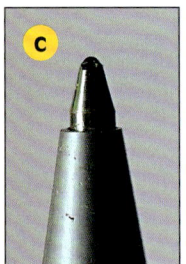 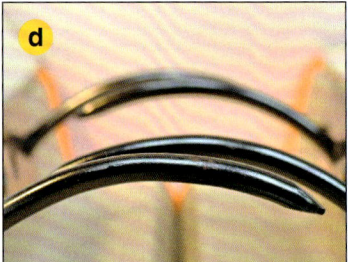
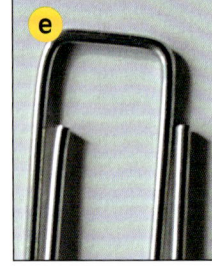    
   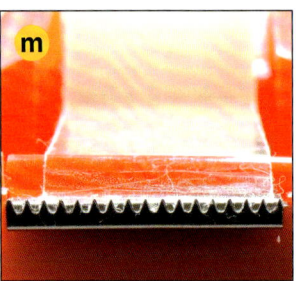

Här ser du en del saker man kan behöva, när man deltar i en studiecirkel, går i skolan eller studerar. Kom gemensamt fram till vad det är för föremål. Om du vänder på boken hittar du svaren.

Bild a ... är nog en/ett ...   Kan det vara en/ett ... ?
Det kan vara en/ett ...   Vad tror du att det är?
Det skulle kunna vara en/ett ...   Det ser ut som en/ett ...

a: en sax, b: ett hålslag, c: en kulspetspenna, d: en pärm, e: ett gem, f: en överstrykningspenna, g: en häftapparat, h: ett pennfodral, i: en miniräknare, j: en pennvässare, k: en passare, l: en blyertspenna, m: en tejp/en tejphållare.

Avsnitt 3

4a  **Fördjupning - de fyra räknesätten och decimaltal** Läs mer i grammatiken på s. 52

ÖB 8

Addition	2 + 2 = 4	Två plus två är (lika med) fyra.
Subtraktion	12 - 8 = 4	Tolv minus åtta är (lika med) fyra.
Multiplikation	6 · 6 = 36	Sex gånger sex är (lika med) trettiosex.
Division	15 : 3 = 5	Femton delat med tre är (lika med) fem.

Decimaltal

0,07 (noll komma noll sju)   Pengar: 5,90 kr   (fem och nittio)
5,2   (fem komma två)   Längd: Staffan hoppade 6,10 m. (sex och tio)
                                                    Hanna är 1,70 m.   (en och sjuttio)

4b  Läs uppgifterna så flytande som möjligt. Hitta sedan på egna uppgifter till varandra.

1. 67-13=54
2. 17+7=24
3. 9·9=81
4. 45:5= 9
5. 88+13=101
6. 57-5=52
7. 48:6=8
8. 5·4=20
9. 36:4=9
10. 18·5=90
11. 0,05
12. 26,7
13. 197,9
14. 0,2
15. 84,5
16. Det kostar 8,90 kr.
17. Johan är 1,94 m.
18. Han hoppade 5,05 m.
19. Eva är 1,80 m.
20. Det kostade 47,50 kr.

5 **Genomsnittet**

Räkna ut genomsnittet. Välj ett tema var, t.ex. längden, åldern, vikten, skonummer, antal syskon, antal dagar om året som ni är i Sverige m.m. Gå omkring i kurslokalen och fråga varandra. Räkna och redovisa till slut era resultat.

Genomsnittslängden/-vikten/-åldern är ...
Medellängden/-vikten/-åldern är ...
Gruppen har skonummer ... i genomsnitt.

6 **Mät själv!**

ÖB 10

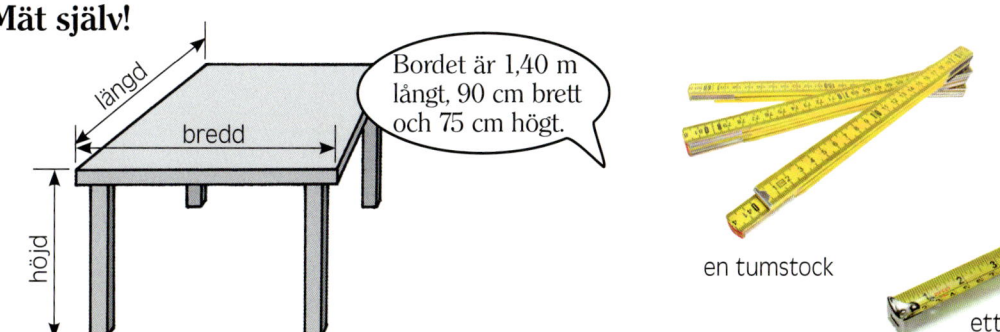

Bordet är 1,40 m långt, 90 cm brett och 75 cm högt.

en tumstock

ett måttband

Mät olika föremål i kurslokalen, t.ex. en penna, läroboken, ett radergummi, ett skrivblock, en stol, ett bord, en väska, en mobil m.m. Jämför sedan i hela gruppen.

Min/Mitt ... är ... cm lång(t)/bred (brett)/hög(t).
Min/Mitt ... är ... cm på längden/på bredden/på höjden.

Avsnitt 3

7 🔊 14 En intervju på skolgården
ÖB 12-13

Lyssna på samtalet och svara muntligt på frågorna.

1. I vilken klass går Palle, Mia och Lasse?
2. Varför gillar ungdomarna sin skola?
3. Vilka ämnen gillar Mia, Palle och Lasse?
4. Vad är skolan känd för?
5. Hur är kuratorerna?
6. Finns det andra orsaker till att skolan är så lugn?
7. Varför skolkade Lasse och Palle? Vad hände?
8. Hur är betygssystemet?
9. Vad menar Palle med att han ska "ge järnet" i nian?
10. Vad tänker Lasse och Mia välja för program?

schyst
ett missbruk
skolka -r
tryggt
en kurator
målrelaterad

Schema för elever i åttan

NO naturorientering (biologi, kemi, fysik, teknik)
SO samhällsorientering (geografi, historia, religion och samhällskunskap)
SP.V språkval (tyska, franska, spanska eller engelska)
HK hemkunskap
LÄXH. läxhjälp
LIVSK livskunskap
MU musik
MA matematik
SV svenska
ENG engelska

Skolrestaurangen

Grupparbete i biologi

> **Berätta & diskutera:** Titta på schemat och resonera kring det. Finns det något som förvånar dig? • Vilka ämnen gillade du, när du gick i skolan? • Vilka tyckte du inte om? • Vilka ämnen var du bra i/inte så bra i? • Hade du en favoritlärare? • Hade du en lärare som var särskilt rättvis/orättvis? • Kände du dig stressad av prov? • Minns du din första skoldag? • Vad tror du är viktigt för ett bra skolsystem?

8 🔊 15 Uttal - substantiv med suffixet -or
ÖB 14

Substantiv med suffixet -or i singular får ändelsen -er i plural. I pluralformen flyttas huvudtrycket till suffixet -or. Lyssna på cd:n och säg efter.

Singular	Plural	Singular	Plural	Singular	Plural
kurator	- kuratorer	kompressor	- kompressorer	kopiator	- kopiatorer
rektor	- rektorer	sponsor	- sponsorer	dator	- datorer
professor	- professorer	inspektor	- inspektorer	donator	- donatorer
doktor	- doktorer	motor	- motorer	projektor	- projektorer
revisor	- revisorer	alligator	- alligatorer	reaktor	- reaktorer

gå, gick, gått • välja, valde, valt • finnas, fanns, funnits • ha, hade, haft

Avsnitt 3

9 Att be om ursäkt 🎵 16

- Det är okej.
- Ja, det är sånt som händer.
- Ledsen att jag stör, men jag glömde mina nycklar.
- Förlåt att du fick vänta.
- Åh förlåt, jag måste ha ringt fel.
- Det gick bra.
- Hoppsan! Hur gick det?
- För all del.
- Ursäkta att jag kommer för sent till lektionen.
- Förlåt, det var inte meningen.
- Ingen fara. De ligger här på katedern.
- Ja, men det gjorde inget.

TALA SVENSKA
- Para ihop replikerna och skriv sex minidialoger.
- Välj en av minidialogerna och spinn vidare. Vad säger personerna sedan? Skriv några repliker. Spela upp dialogen för gruppen till slut.

Önnestads folkhögskola (Skåne)

10a 🔊 17 Folkhögskolan i Sverige
Lyssna och kryssa för rätt eller fel.

	rätt	fel
1 Många folkhögskolor förknippas med olika folkrörelser.	☐	☐
2 Det finns 155 folkhögskolor i Sverige.	☐	☐
3 De allmänna kurserna är ett alternativ till komvux.	☐	☐
4 43 skolor drivs av landsting och region.	☐	☐
5 Folkhögskolorna är bundna till en fastställd läroplan.	☐	☐
6 Skolorna erbjuder ofta internat.	☐	☐
7 Den allra första folkhögskolan grundades i Sverige.	☐	☐
8 Folkhögskolorna får inga statliga bidrag.	☐	☐
9 Till en början utbildades bönderna på folkhögskolorna.	☐	☐
10 En av Sveriges första folkhögskolor låg i Uppsala.	☐	☐

*nykter
en rörelse
en bygd
ägna -r sig åt*

10b
Gå in på folkhögskolornas hemsida (www.folkhogskola.nu). Vilken skola, utbildning eller kurs skulle intressera dig? Berätta för gruppen nästa gång ni ses.

⚠️ Svenskarna och tiden
Tiden anses som mycket värdefull och ska respekteras. Dagarna planeras väldigt noga så att dyrbar tid inte går förlorad. Man får helst aldrig slösa på andras tid genom att t.ex. låta någon vänta i onödan.
Märker man att man blir försenad, ringer man genast upp personen ifråga och meddelar problemet. Svenskarna är därför också mycket noga med att passa tider. Så är du bjuden till en tillställning klockan sju, kom prick klockan 19.00!

driva, drev, drivit • vara, var, varit • få, fick, fått • ligga, låg, legat • spinna, spann, spunnit

SAXAT

ÖB 16-20

Transplantera organ från genmodifierade grisar

Det är stor brist på organ för människor som behöver transplantation.
Samtidigt är det så att grisens anatomi påminner mycket om människans. Ett hjärta eller en njure från en gris skulle därför rent fysiskt lätt kunna opereras in i en människa.
Problemet är bara att människans immunförsvar omedelbart skulle uppfatta grisorganet som något främmande och börja förstöra det. Något som ofta kallas för avstötning.
Därför har forskare skapat genmodifierade grisar. Där man tagit bort genen för ett av de ämnen som allra mest retar människans immunförsvar. Transplantation av hjärtan från sådana grisar skulle inte reta immunförsvaret mycket mer än transplantation av hjärtan från människor.
Sådana genmodifierade grisar finns redan. De står i djurstallar och väntar på att vi människor ska bestämma oss för, om vi vill använda dem som reservdelsleverantörer.
Och det är inte säkert att vi vill. Det finns nämligen en oro att dessa grisorgan ska kunna bära på en slags tysta virus. Som inte syns och märks i grisorganen. Men som kanske skulle kunna bli aktiva om organet flyttas över till en människa. Och i värsta fall starta epidemier av helt nya sjukdomar.
Alla forskare är ense om att risken för detta är liten. Men de vill ändå vänta med att börja göra sådana transplantationer i stor skala. Till dess man vet mer.

Henrik Brändén i www.genteknik.nu

Behandling beror på attraktivitet

Forskning har tidigare visat att attraktiva män och kvinnor behandlas bättre än andra, både privat och på våra arbetsplatser. Nu har Lunds universitet knäckt gåtan till varför. Ett vackert ansikte lurar våra hjärnor att koppla samman ansiktets ägare med en rad andra positiva egenskaper, allt från trevligt uppträdande till kompetens och ambitionsnivå.

Källa: SvD Näringsliv

♪ 18

- Välj en artikel var. Läs den och återberätta för gruppen.
- Jobba två och två. Stryk under åtta verb och bilda substantiv, t.ex. transplantera - transplantation.
- Dela in er i två grupper. Den ena gruppen är för transplantationer med organ från genmodifierade grisar, den andra emot. Varje grupp börjar med att ställa upp argument. Diskutera sedan gemensamt.

Jag för min del anser/tycker/tror att ...
Jag vill framhålla att ...
Jag tvivlar på att ...
Jag är övertygad om att ...
Det är utan tvekan viktigt att ...
Det är ohållbart att ...
Fördelen är ...
Nackdelen är ...
Det krävs att ...

Hur snabbt flyger champagnekorkar?

När korken flyger ut ur en flaska, sker det med en hastighet av cirka 40 kilometer i timmen.
Det har en tysk professor, Friedrich Balck, mätt. Det är ungefär 2,5 atmosfärers tryck i en champagneflaska.

Källa: Illustrerad vetenskap

Äpplen minskar risken för diabetes

Att regelbundet äta äpplen tycks kunna minska risken för typ-2 diabetes. Det visar en stor, amerikansk studie, där 38 000 kvinnor över 45 år följdes i nio år. Diabetesrisken var 28 procent lägre bland dem som åt minst ett äpple om dagen, jämfört med dem som inte åt äpplen. Varför äpplen skyddade vet inte forskarna än.

Källa: tidningen Hälsa

Recept som halverar cancerrisken

Fem enkla faktorer kan minska cancerfallen med hälften, visar en ny stor svensk studie vid Karolinska Institutet i Solna. Forskarna har följt 25 000 svenska kvinnor i elva år och sett tydliga samband mellan livsstil och cancerrisk. Här är receptet som halverar risken:

- Nolltolerans för rökning
- Ett glas alkohol då och då, i måttlig mängd
- Någorlunda bra och sund mat
- Ett par kilos övervikt gör inget, men inte över BMI 30
- En timmes fysisk aktivitet per dag

Källa: Karolinska Institutet

Avsnitt 3

11a Fördjupning - substantiverade grundtal och bråk

Läs mer i grammatiken på s. 52-53

ÖB 22-24

Substantiverade grundtal	Bråk		
Det är en nolla och en fyra. → 0 4	¹/₃ en tredjedel	Obs:	
De bor i en trea.	³/₄ tre fjärdedelar	¹/₂	en halv/hälften
Jag brukar ta sjuan till jobbet.	⁶/₈ sex åttondelar	1 ¹/₂	en och en halv
Staffan gick i mål som tvåa.	¹/₁₀ en tiondel	¹/₃ l	en tredjedels liter
Kan du låna mig en tia?	¹/₁₀₀ en hundradel		
Lina går i ettan.			

11b

• Läs meningarna och ändra till substantiverade grundtal.

1. Anna bor i en trerumslägenhet.
2. Lasse går i årskurs 7.
3. Karin brukar ta buss nummer 8.
4. Linda går i årskurs 1.
5. Emma kom i mål som nummer 1.
6. Kan du låna mig 20 kr?
7. Stefan bor i en lägenhet på ett rum och kök.
8. Rickard gick ut nionde klass i somras.
9. Ann tar alltid linje 5 till stan.
10. Helge har en tvårumslägenhet mitt i stan.

• Läs så flytande som möjligt:

³/₄ dl olja
¹/₃ l mjölk
¹/₂ dl mjöl
¹/₄ dl finhakad persilja

³/₄ dl ströbröd
1 ¹/₂ tsk salt
³/₄ msk socker
¹/₂ l vatten

12 Snabbfakta

ÖB 25-26

- Drygt 20 % av sökande till program som leder till yrkesexamina vårterminen 2014 ville bli socionomer.
- 25 % av Stockholms gymnasieelever har prövat narkotika någon gång.
- 50 % av gymnasieskolorna i Sverige är fristående skolor (inte statliga).
- Drygt 80 % av tonårsföräldrarna äter inte frukost med sina barn.
- 66,6 % av alla svenskar surfar trådlöst i hemmet.
- 75 % av alla utlandsfödda ungdomar kan tänka sig att starta eget företag.
- 16,6 % av alla högskolenybörjare har utländsk bakgrund.
- Drygt 20 % av alla ungdomar mellan 20 och 24 står utan jobb.
- 25 % av alla gymnasieelever läser samhällsvetenskapsprogrammet.
- 50 % av alla ungdomar i nian har snattat någon gång.
- Nästan 33,3 % av alla barn i Sverige har skilda föräldrar.
- 75 % av alla skolbarn har blivit utsatta för någon form av mobbning under sin skoltid.
- 25 % av alla svenskar har någon gång sökt hjälp hos en psykolog eller en terapeut.

TALA SVENSKA Läs snabbfakta och ändra procenttalen till bråktal. Finns det fakta som förvånar dig?

En tredjedel av ...   **Det förvånar mig att ... .**

ha, hade, haft • bli, blev, blivit • komma, kom, kommit • gå, gick, gått • ta, tog, tagit

Avsnitt 3

13a
ÖB 27

Läs intervjun och svara på frågorna i övningsboken.

Karin Lundengård visar sin experimentuppställning

Hur är det att studera i Sverige? Vi talade med Karin Lundengård, en pigg och duktig tjej, som just pluggat klart på universitetet i Linköping.

Karin, kan du berätta lite om dig själv och din bakgrund?
Jag kommer från en liten by i södra Sverige. Mina föräldrar är konstnärer båda två, så både min brors och mitt tonårsuppror bestod i att skaffa oss en hög utbildning och sikta på ett bra jobb med fast lön (min bror studerar kvantfysik). Men jag tror att konstnärskap och vetenskap ligger nära varandra, för jag känner igen mycket av konstens utforskande anda i min kärlek till forskning. Nu bor jag i Linköping och har just pluggat klart. Jag är fascinerad av hur levande varelser fungerar, så mest har jag läst biologi, men även matematik och franska. Förutom att studera är jag intresserad av berättande och läser mycket skönlitteratur. Får jag möjlighet, rider jag gärna eller ger mig ut i naturen.

Hur ser din utbildningsväg ut?
Min väg håller fortfarande på att byggas! Och jag vet inte vart den leder. Men jag började med att gå i grundskolan som de flesta andra. Jag hade bra betyg så jag kom in på naturvetenskaplig linje i gymnasiet. Efter det visste jag att jag ville läsa mera, men jag visste inte vad, så jag tog högskolekatalogen och skrev ned alla utbildningar jag kunde tänka mig på små lappar, som jag lade i en hatt. Sedan drog jag fyra stycken som jag rangordnade. Jag kom inte in på tandläkarlinjen, så det blev en kandidatexamen i biologi med matematik och det var helt rätt. Sen fortsatte jag med en masterexamen i molekylärgenetik och fysiologi. Det har varit mycket krångel med själva administrationen kring min utbildning. Bolognasystemet infördes mitt i och ställde till med en massa besvär. Jag blev långvarigt sjuk i samband med det, men jag är ändå nöjd med kurserna som jag har läst. Nu siktar jag på att fortsätta mot en doktorandtjänst.

Vad jobbar du med just nu?
Jag bygger en matematisk modell av hur olika områden i hjärnan kommunicerar när man löser problem.

Vad, tror du, utmärker svenska universitet?
När jag tittar på hur utbytesstudenterna uppför sig mot våra föreläsare och lärare, är skillnaden ganska stor mot hur vi uppför oss. Vi har en mycket mer avslappnad attityd, kan fråga, argumentera och tilltala dem med förnamn. Det är få ickesvenskar som gör det.
Uppfattningen jag har fått, när jag pratar med utbytesstudenter, är skiftande beroende på varifrån de kommer. Jämfört med många asiatiska universitet verkar vi ha mycket mer muntliga presentationer och förväntningar på oss att resonera, kritisera och argumentera kring det vi studerar. Det är viktigare att formulera sin kunskap i egna ord än att kunna upprepa vad någon annan

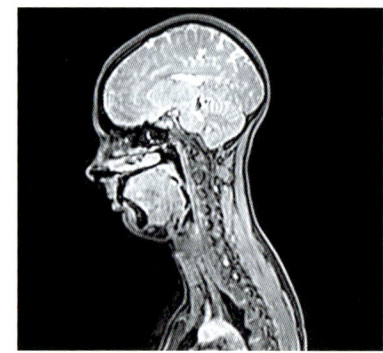

MRT-bild av hjärnan

ligga, låg, legat • lägga, la(de), lagt • sätta, satte, satt • skriva, skrev, skrivit • vilja, ville, velat

har sagt. Jämför man med universitet i Tyskland, Frankrike och USA verkar svenska universitet mindre elitistiska.

Överlag tror jag att svenska universitet är mer öppna för alternativa examinationssätt och har en mindre uttalad rangordning än de flesta utländska universitet.

Finns det något som skulle kunna förbättras?
Höja nivån på utbildningen, till exempel genom att hålla hårdare på inträdeskraven för de högre kurserna. Och att försöka få in mer matematik på många naturvetenskapliga program, inte bara som en separat introduktionskurs utan också som en naturlig del av utbildningen. Ofta viker sig svenska universitet och tar bort kurser från programmen i ämnen, som studenterna tycker är tråkiga, trots att studenterna egentligen hade behövt dem.

Vilka faktorer spelar stor roll för bra studieresultat?
Sov ordentligt! Plugga något du gillar, och gör något du gillar i ditt liv utanför plugget. Balansera disciplinerat arbete mot att våga ta ledigt.

Vad råder du nyblivna studenter?
Ge inte upp! Våga prata med folk och be om hjälp när du behöver det.

Vad är din bästa egenskap?
Jag har många bra egenskaper. De jag har haft mest nytta av är nog att jag är ganska självständig och vågar genomdriva saker som jag vill. Jag är envis och har en förmåga att entusiasmera mig själv även för uppgifter som jag kanske inte var så sugen på från första början. Så länge det inte gäller städning eller disk förstås.

Vad är din sämsta egenskap?
Att jag inte alltid är så känslig för andra människor, inte så bra på att ta fina vinkar.

Har du långsiktiga mål?
När folk frågar det, brukar jag säga att jag vill bli Neil Gaiman när jag blir stor, men under tiden läser jag biologi på universitetsnivå för att det är roligt!
Jag läser biologi och matematik för att jag vill veta hur levande saker fungerar. Kunskap har ett egenvärde och det finns så mycket jag vill veta! Så mitt långsiktiga mål är att forska samt lära mig nya saker, gärna någonstans i gränslandet mellan biokemi och psykologi: om hur hormoner påverkar vårt humör och vår mentala hälsa.
Jag siktar också mot att lära mig prata bra franska och att skriva mer skönlitterärt än vad jag gör idag.

Tack Karin för samtalet och lycka till!

Karin Lundengård är stolt och lycklig över sin masterexamen

13b Välj en uppgift var och berätta för varandra.
- Hur skiljer sig svenska universitet från utländska enligt Karin?
- Berätta om Karin, hennes bakgrund och utbildningsväg.

14 Min utbildningsväg

> **TALA SVENSKA** Berätta om din egen utbildningsväg. Du har hjälp av följande uttryck:
> **Först gick jag i ... / Sedan/Därefter ... / Jag utbildade mig till ... / Jag läste/pluggade/ studerade ... / Efter min examen ... / Sedan kände jag för att ... / Sedan var jag sugen på att ... / Jag jobbade som praktikant ... / Jag gick en kurs i ... / Jag har gjort en påbyggnadsutbildning inom ... / Jag har gjort en fortbildning inom ...**

vika, vek, vikit • be, bad, bett • göra, gjorde, gjort • ta, tog, tagit • veta, visste, vetat

Avsnitt 3

15a Fördjupning - konjunktioner

<small>Läs mer i grammatiken på s. 53-54</small>

ÖB 33-36

Sammanbindande:	och, både ... och, samt, inte bara ... utan också	Anna **och** Pia har föräldraledigt.
Särskiljande:	eller, antingen ... eller, varken ... eller	Jan **eller** Lena hjälper till vid flytten.
Motsats/invändning:	men, utan, visserligen ... men	Ulla hatar fisk **men** älskar kött.
Förklarande:	för	Jag kunde inte komma, **för** jag var sjuk.
Följd:	så	Kalle är förkyld, **så** han stannar hemma.

15b

- Ringa in konjunktionerna som finns i intervjun 13 a.
- Skriv elva konjunktioner på tavlan och numrera dem 2 - 12. Välj en bild ur boken. Slå i tur och ordning ett kast med två tärningar (numret visar konjunktionen) och bilda en mening där konjunktionen ingår. Uppgiften är att gemensamt hitta på en berättelse som passar till bilden.

16 Härliga typer!

ÖB 37-38

Bra egenskaper:
glad, snäll, hjälpsam, förstående, lojal, bra på att lyssna, ordentlig, generös, utåtriktad, tolerant, självständig, ärlig, omtänksam, modig

Dåliga egenskaper:
osäker, snål, slösaktig, otålig, slarvig, lat, nervös, blyg, envis, självgod, omogen, opålitlig, krånglig, oengagerad

TALA SVENSKA

Laura, Alice och Jonte är härliga typer och lite speciella. Vad kan man säga om dem? Använd konjunktioner och ord som förstärker.

Visserligen kan Jonte vara lat men han är oerhört lojal.
Alice och Laura är både enormt roliga och väldigt hjälpsamma.

Ord som förstärker:
fantastiskt   oerhört
väldigt   kolossalt
enormt   otroligt
utomordentligt

17 Ord i fokus

ÖB 39-41

Studera tabellerna. Samla fler ord, det finns en del i detta avsnitt. Diktera ord för varandra.

STAVNING

K-ljudet före t → regler på s. 190

-kt	-ckt	-gt	-ggt
bukt	släckt	lågt	snyggt

ORDBILDNING

Suffix som bildar personord (1)

-are	-ent/-ant	-log	-or	-nom	-är
snickare	konsument, trafikant	biolog	sponsor	ekonom	miljonär

46

Tidningar och tidskrifter

Avsnitt 4

I det här avsnittet lär du dig bl.a.
- ord och uttryck i samband med dagspress och tidskrifter
- ord i samband med brott och rättskipning
- att göra en personbeskrivning
- att tala om reklam
- att berätta om en nyhet och en egen upplevelse
- att skriva en insändare
- grammatik - s-passiv och bli+perfekt particip (repetition); utbrytning; maskulinsuffixet -e
- uttal - initialförkortningar
- stavning - j-ljudet

- Känner du till någon eller några av dessa tidningar?
- Ordna in tidningarna under rubrikerna dagstidning, kvällstidning, veckotidning och facktidskrift.
- Prenumererar du på någon dags- eller veckotidning?

Jag känner till ...   Jag prenumererar på ...
Aftonbladet är en ...

47

Avsnitt 4

1 Tidningar, tidskrifter och magasin

hälsotidning **kändistidning**
relationstidning
matmagasin
serietidning

> **TALA SVENSKA** Det finns massor av facktidskrifter och magasin. Fundera gemensamt och kom på fler.

Löpsedlar

2 Dagstidningen

ÖB 2-3

LEDARE	DEBATT	SPORT	VÄDER	NYHETER (INRIKES)
KRYSS	RESOR	FAMILJ	SERIER	NYHETER (UTRIKES)
TV & RADIO	ANNONSER	KULTUR & NÖJEN		NÄRINGSLIV/EKONOMI

a
Sju ljudböcker blev nominerade till Iris Ljudbokspris som delas ut för tredje året i samband med bokmässan i Göteborg. Förlagen har nominerat sammanlagt 51 titlar, varur de tävlande sållats fram. En jury ska nu bedöma vilken bok som ger den bästa upplevelsen.

b

c
De förfallna husen har renoverats och staden andas fortfarande historia och kultur. Besök slottsberget med fästningen Gediminas, paradgatan Gedimino Prospect och barockkyrkorna Peter och Paul-kyrkan. Är du sugen på en trivsam weekendresa? Res då till Vilnius, Litauen!

d
65 år fyller den 9 december taxichauffören **Göran Hansson**, Saltsjöbaden

e
För tredje matchen i rad misslyckades Mjällby AIF med att göra mål. Trots ett massivt spelövertag blev det bara 0-0 mot AIK.

f
Moderaterna tar strid med Socialdemokraterna om jobben. Alla jobb behövs, var statsministerns budskap vid partiets kommunkonferens i Karlstad.
- Vi talar om fler jobb, inte om fel jobb, sade han och vände sig direkt till frisörer, dem som jobbar med hushållsnära tjänster och restaurangpersonal.

g
Du behövs till en centralt belägen mottagning. Yrkeserfarenhet 3-5 år. Du ska vara flexibel och stresstålig. Du är ansvarig för patientkontakten, tidsbokning på data och bistår läkaren i hans vardagliga arbete. Skicka din ansökan till bo.svensson@malmholm.se

h

i
Israeliskt flyg bombade på söndagen södra Gaza och området med tunnlar, där smuggeltrafik från Egypten genomförs. Det israeliska anfallet följde på den granatattack som utfördes på lördagen, då en granat avlossades från Gaza mot israeliskt territorium. Den slog ned nära staden Sderot.

j
Försäljningen vek kraftigt under första kvartalet för Ericsson. Men aktien rusade.
Ericssonchefen är nöjd med vinstnivån på 41 miljarder kronor, i synnerhet som försäljningen faller med 16 procent baserat på jämförbara enheter.

k

l
Lag om samtycke kan inte vänta
Hur länge ska vi ha en lag som lägger ansvaret för männens sexualdrift på kvinnorna? undrar Madeleine Leijonhufvud, professor i straffrätt.

m
Alla vettiga människor vet att nationalism kan spåra ur och leda till konflikt och katastrof, men frånvaron av nationalkänsla är också riskabel. Vad som behövs är traditioner och institutioner som främjar en lugn, fredlig och inkluderande syn på nation och kulturarv. Firandet av Sveriges nationaldag lämnar sitt bidrag till detta.

n
Strängnäs: Omkring halvklart och uppehåll. Senare mulnande.

> **TALA SVENSKA** Läs texterna. Vilken rubrik passar till vilken text?
>
> Text ... passar till rubriken ..., därför att ...
> Texten skulle också kunna passa till rubriken ..., därför att ...

bli, blev, blivit • falla, föll, fallit • göra, gjorde, gjort • vika, vek, vikit • slå, slog, slagit

Avsnitt 4

3a Läs texten och sätt in följande ord på rätt plats: **domen, döms, erkänner, fängelse, hovrätten, narkotikabrott, nekat, straff, åklagaren, överklagades**

ÖB 4

Åtta års fängelse för Ulf Borgström

Gryningspyromanen, Ulf Borgström, 47, dömdes av tingsrätten till åtta års _____ för grov mordbrand. I dag måndag fastställdes _____ av hovrätten över Skåne och Blekinge.

37 människor tvingades lämna sina hem, när branden bröt ut i hyresfastigheten på Bollhusgatan 8 i Ystad.

Ulf Borgström, 47, den så kallade gryningspyromanen, dömdes till åtta års fängelse för grov mordbrand. Rätten var enig i sitt beslut. _____ hade dock yrkat på ett något strängare _____ - tio års fängelse.

"En påtaglig fara"

Domen _____ och i dag klockan 11 meddelade _____ att domen fastställs utan några ändringar.

"Hovrätten ansluter sig också till tingsrättens bedömning att branden har inneburit fara för såväl de boendes liv och hälsa som för omfattande förstörelse av egendom som inte tillhörde Ulf Borgström", står det i domen.

47-åringen _____ för att ha an-lagt en brand på vinden till en hyresfastighet på Bollhusgatan 8 i Ystad i december förra året. 37 människor tvingades lämna sina hem.

Gryningspyromanen döms även för förolämpning, egenmäktigt förfarande, förgripelse mot tjänsteman, våldsamt motstånd och _____. Åtalspunkterna olaga hot, ett fall av förgripelse mot tjänsteman, ofredande och hot mot tjänsteman ogillades däremot.

Drömde om igelkottar

Gryningspyromanen har hela tiden _____ till anklagelserna men _____ att han befann sig på brandplatsen - men bara för att sova. Ulf Borgström hävdar att han låg och drömde om igelkottar när han plötsligt vaknade upp och upptäckte att det brann.

Erik Högström, Expressen

3b
- Var i texten hittar man följande delar: mellanrubrik, brödtext, ingress, rubrik, byline
- Läs texten en gång till och stryk under verben som står i s-passiv.

4 🔊 19 **Några nyheter**

ÖB 5-6

Lyssna på nyheterna och samordna dem med följande rubriker. Fyll i rätt nummer. Det finns tre rubriker för mycket.

	nyhet		nyhet		nyhet
stöld	☐	våldtäkt	☐	krock	☐
inbrott	☐	efterlysning	☐	rattfylleri	☐
rån	☐	olycka	☐	på fri fot	☐
mord	☐	brand	☐	böter	☐

Berätta&diskutera: Läser du tidningen i en viss ordning? • Läser du lokaldelen? • Vad brukar intressera dig mest i en dagstidning? • Vad är ett rättvist straff? • Ska man införa strängare straff?

bryta, bröt, brutit • bära, bar, burit • lägga, la(de), lagt • finna, fann, funnit

Avsnitt 4

5a Repetition - s-passiv och bli + perfekt particip
Läs mer i grammatiken på s. 55-56

ÖB 7-12

Aktiv betydelse	s-passiv	bli+pefekt particip
Polisen jagar mannen.	Mannen jagas av polisen.	Mannen blir jagad av polisen.
Polisen jagade mannen.	Mannen jagades av polisen.	Mannen blev jagad av polisen.
Polisen har jagat mannen.	Mannen har jagats av polisen.	Mannen har blivit jagad av polisen.

5b
- Läs tidningsklippen och sätt in orden i s-passiv i rätt form på rätt ställe.

| halvera | åtala | larma | gripa | bedöma | stötta |
| försvaga | döma (2 x) | ställa | behöva | hota | hitta |

1. Förskola, familjedaghem och fritids har nu möjlighet att stänga verksamheten i fyra dagar per år istället för tre. Detta _____ enligt rektorerna för att tillfredsställa behovet av planering och fortbildning i en tid, då det _____ höga krav på kvalitet.

2. Om elva år ska trafikdöden _____ i Sverige, säger Trafikverket. Målet _____ som fullt realistiskt med tanke på den positiva utvecklingen.

3. I torsdags _____ en man med kniv i sin lägenhet. Polisen _____ och en misstänkt kunde _____. Dessutom _____ knark i lägenheten.

4. Ungdomsbasen är en verksamhet som är okänd för de flesta. Här _____ ungdomar som inte fått ordning på sina liv.

5. Industrikonjunkturen i USA _____ mer än väntat i december och aktiviteten i landets fabriker var den lägsta sedan 1980.

6. En 35-årig man _____ för grovt bedrägeri. Han ska ha lurat till sig 10 000 kronor genom kortmanipulation.

7. En domare som har _____ för rattfylleri får fortsätta i sin tjänst. Det var i slutet av november som domaren fastnade i en polisrazzia. Han blåste 0,84 promille och _____ till att betala 45 dagsböter.

- Ändra meningarna enligt följande mönster:
  En man dömdes för olaga hot. → **En man blev dömd för olaga hot.**

  1. SVENSKA LÖNTAGARES JOBB PÅVERKAS AV DEN EKONOMISKA KRISEN I EUROPA.
  2. 37 MÄNNISKOR TVINGADES LÄMNA SINA HEM.
  3. ARNE UTNÄMNS TILL ORDFÖRANDE.
  4. BILARNA HADE STULITS AV EN UNG MAN.
  5. VID KROCKEN PÅ E22:AN SKADADES EN PERSON.
  6. TJUVARNA FÖRFÖLJDES AV POLISEN.
  7. DOMEN ÖVERKLAGADES IGÅR.
  8. 47-ÅRINGEN HAR ANKLAGATS FÖR NARKOTIKABROTT.
  9. EN 35-ÅRIG MAN GREPS FÖR GROVT BEDRÄGERI.
  10. TVÅ KVINNOR HÄKTADES I MALMÖ I ONSDAGS.

säga, sa(de), sagt • gripa, grep, gripit • stjäla, stal, stulit • få, fick, fått • bli, blev, blivit

Avsnitt 4

6 En intressant nyhet

ÖB 14

TALA SVENSKA — Berätta om en nyhet som ni har hört, läst eller sett på tv idag. Använd passivformerna.

Det står i tidningen idag att ... / Jag har läst ...
De sa på radio idag att ... / Jag har hört ...
Jag såg på tv idag att ... /Jag har sett ...

7 En personbeskrivning
ÖB 15

● Lyssna på efterlysningen och kryssa för rätt eller fel.

	rätt	fel		rätt	fel
1 En kvinna från Halland efterlyses.	☐	☐	5 Hon har blåa ögon.	☐	☐
2 Hon är i 40-årsåldern.	☐	☐	6 Hennes hår är lockigt.	☐	☐
3 Hon är ungefär 1,60 cm lång.	☐	☐	7 Kvinnan bar svarta Chucks.	☐	☐
4 Kvinnan har rak näsa.	☐	☐	8 I handen höll hon en röd väska.	☐	☐

● Tänk dig sedan in i följande situation:
Din väska blev stulen av en person på gågatan i den ort där du bor. Personen sprang iväg med väskan och försvann. Gör en personbeskrivning för polisen av väskryckaren. Du kan välja ett av fotona eller använda fantasin. För att beskriva en person behöver man använda adjektiv och yttre egenskaper, t.ex.:

kön, ungefärlig ålder, längd och kroppsbyggnad, ansiktsform, ansiktet (mun, näsa, panna, ögon, ögonbryn, hy, hår och frisyr, skäggväxt), klädsel, tal

8 Jämför tidningar

TALA SVENSKA — Gå in på en dags- och en kvällstidnings hemsida. Jämför dem. Har de samma nyheter? Vinklas nyheterna olika? Hur är rubrikerna? Hur är bilderna? Hur är layouten? m.m. Diskutera. Adresser du kan använda: www.dn.se, www.svd.se, www.expressen.se, www.aftonbladet.se.

Berätta & diskutera: Behöver vi dagspressen? Vi har ju radio och tv. • Vad tycker du är dagspressens huvuduppgift? • Behövs veckotidningar? • Behöver vi papperstidningar när alla dagstidningar finns på nätet?

springa, sprang, sprungit • bryta, bröt, brutit • se, såg, sett • stå, stod, stått • bära, bar, burit

Avsnitt 4

9  Uttal - initialförkortningar

I tidningar stöter man ofta på initialförkortningar. Vad betyder de? Samordna muntligt.
Lyssna sedan på cd:n och träna uttalet.

VM	DN	mc	vd	SAOL	Af
SMHI	SM	pr	vvs	OS	DO
SvD	bnp	SVT	pvc	AIK	JO

Svenska Akademiens ordlista
arbetsförmedlingen
Dagens Nyheter
diskrimineringsombudsmannen
public relations
vatten-, ventilations- och
 sanitetsteknik

Sveriges television
Olympiska Spelen
justitieombudsmannen
verkställande direktör
Svenska Mästerskapen
Sveriges metereologiska och
 hydrologiska institut

polyvinylkloridplast
Svenska Dagbladet
motorcykel
Allmänna idrottsklubben
Världsmästerskapen
bruttonationalprodukt

10  Reklam

ÖB 16

- Titta på bilderna och resonera gemensamt. Vad skulle de kunna göra reklam för?
- Jobba sedan två och två och skriv en reklamtext till en av bilderna. Presentera er reklamtext för gruppen.

Berätta&diskutera: Hur fångar reklam vår uppmärksamhet? • Vilket inflytande har t.ex. färgen, stämningen, attityder, sexuella anspelningar, könsroller? • Tycker du att reklambilder försöker skildra verkligheten, eller är det tvärtom så att de ger en falsk bild av verkligheten? • Vad tror du är viktigast i reklamen: ord eller bild? • Är det bra att det finns reklam, tycker du? • Påverkas du själv av reklam i tidningar, radio eller tv?

SAXAT

Grannsamverkan

Att drabbas av inbrott i sin hemmiljö är alltid en obehaglig upplevelse. Men det går att vidta åtgärder för att på bästa sätt skydda sig.

Grannars samverkan och samarbete med lokal polis är en metod att minska det som kallas vardagsbrottslighet. Inbrott i bostäder, bilar, förråd och andra utrymmen liksom skadegörelse är exempel på sådan brottslighet. Grannsamverkan har också betydelse för tryggheten i området. Det ökar självklart känslan av trygghet att veta, att grannar bryr sig om varandras egendom.

Källa: www.grannsamverkan.se

BROTTSOFFERJOURERNAS RIKSFÖRBUND

Vem som helst kan drabbas av brott. Att bli utsatt för brott är omskakande och skrämmande. Brottsoffer befinner sig i en svår situation samtidigt som de måste orka ta itu med saker som att göra polisanmälan och kräva skadestånd. Att dessutom orka genomföra en rättegång och möta gärningsmannen och dennes advokat i samma rum är tungt. Få människor orkar detta utan stöd. Därför finns brottsofferjourerna. BOJ är en ideell organisation. Vår verksamhet är helt beroende av de medel vi får av människor som engagerar sig ideellt.

Källa: www.boj.se

Nödlarm

Som det spanas, snokas, skuggas,
smygs och kollas, lyssnas, buggas,
spejas, spåras, spioneras,
kikas, gluttas, observeras,
smugglas, smusslas, övervakas,
granskas, fifflas, döljs, bevakas,
blir det snart bemanningskriser!
Vi behöver fler poliser!

Mats Nörklit, DN

Trasiga magar

Drygt tvåtusen komagar såras livshotande varje år av sylvassa burkrester.

Burkar som kastas ut från bilen hamnar ofta på åkrar. När lantbrukarna skördar sitt foder splittras aluminiumburkarna och blandas i ensilaget. När korna får i sig fodret, orsakar burkresterna svåra skador. Djuren lider och dör helt i onödan. Bönderna gör vad de kan för att städa undan före skörden men burkarna är lätta och blåser därför in på åkrarna. Lämna burkar till återvinning, så slipper korna få trasiga magar!

Källa: Resklar/Trafikverket

Tidningsankor

Datakuppens hjärnor fortfarande på fri fot. *DN*

Celldelning nödvändig i fullt häkte. *DN*

Jag satt på kajen och såg tankfullt ned i det smutsiga vattnet, när plötsligt en gammal vän dök upp. *Expressen*

Varannan svensk bor hemma. *Metro*

Mårtentorgets skridskobana lagd på is. *Lokaltidningen Lund*

> **Blir du upphetsad av en färsk dagstidning, kan du lugna dig med en gammal.**
> Johan Karlzén

- Jobba två och två. Vad är grannsamverkan och BOJ? Välj varsin artikel, läs den och berätta för varandra.
- Läs artikeln "Trasiga magar" och dikten "Nödlarm" tillsammans i hela gruppen.
  Arbeta sedan var för sig. Använd en av texterna som utgångspunkt och skriv en insändare till din lokaltidning. Börja med rubriken "Nu är jag arg!" Läs till slut upp era insändare för varandra.

Berätta & diskutera: Vad har du för kontakt med dina grannar? • Är det självklart att grannar bryr sig om varandra och samarbetar? • Känner du dig trygg i det område där du bor? • Skulle man kunna tänka sig att införa "Grannsamverkan" där du bor? • Vilka faktorer inverkar på tryggheten i ett bostadsområde?

gå, gick, gått • dyka, dök, dykt • lida, led, lidit • lägga, la(de), lagt • ta, tog, tagit • veta, visste, vetat

Avsnitt 4

 Lyssna på dialogen med stängda böcker. Vad handlar den om? Läs sedan dialogen och komplettera det som rivits bort.

Branden
L: Linda   J: Johan

L : Hej Johan. Jag läste det i tidningen i morse. Stack
dig!
J : Ja, det är fruktansvärt. Jag är fortfarande helt chock
L : Men berätta ...
5 J : Det var ju så blåsigt i lördags, du vet. Jag stod i ve
staden och lagade en fönsterlucka som hade trill
ner, när det plötsligt luktade rök. Jag gick ut för
kolla och då såg jag att det brann i grannhuset. O
så någon minut senare upptäckte jag eldsflam
10 i taknocken och förstod att branden hade spridit
även till mitt hus. Det var glödande gnistor som fl
in under tegelpannorna och satte fyr på spånet. A
gick så otroligt fort.
L : Vet man orsaken till branden?
15 J : Det var i Mickes hus det började brinna. De tror d
är skorstensbrand. Men i varje fall så kom brandkå
först en bil, men det räckte ju inte alls. Efter tju
minuter kom det två tankbilar till. Släckningsar
höll på i flera timmar. Det var förresten Olle Karls
20 du vet han från brukshundsklubben, som led
räddningsarbetet.
L : Jaha du. Ja, han är duktig och hjälpsam.
J : Jo, du förstår, killarna gjorde en otrolig insats. I
Katarinas hus lyckades de få ut hunden, smyck
25 lite kläder och några möbler. Det var tur att inge
kom till skada.
L : Ja, tack och lov! Men hur ser ditt hus ut nu då?
J : Mitt hus? Ja, halva taket är förstört. Ena gaveln
nerbrunnen och två rum totalförstördes. Men
30 bottenvåningen är det vattenskadorna som är vär
Vi får väl se hur det blir nu. Försäkringsbolage
kommer i morgon.
L : Men Johan, ring om du behöver hjälp!

 Stryk under ord i texten som har med hus att göra. Slå i en ordbok och ta fram fler.

fönster

brinna, brann, brunnit • sprida, spred, spridit • flyga, flög, flugit • sätta, satte, satt • hålla, höll, hållit

Avsnitt 4

12a Fördjupning - utbrytning

ÖB 28-30

Läs mer i grammatiken på s. 57

Ann läser tidningen.	Det är **Ann som** läser tidningen.
Olle ledde räddningsarbetet.	Det var **Olle som** ledde räddningsarbetet.
Det brann i lördags.	Det var **i lördags (som)** det brann.
I en fråga:	Vem var **det som** ledde kampanjen?

12b

- Läs meningarna och framhäv det som är understruket genom att använda utbrytning.

1. Karin ska resa med <u>tåg</u>.
2. Olle ringde <u>igår</u>.
3. Hanna bokade sin biljett <u>via internet</u>.
4. <u>Pedro</u> kommer från Spanien.
5. <u>Feriearbetare</u> ska hålla stan snygg.
6. Lönen ligger på <u>50 kronor i timmen</u>.
7. Det handlar mycket om <u>jobbpolitik</u> just nu.
8. Vi arbetar <u>för ökad jämställdhet</u>.

- Välj en av nyheterna nedan. Skriv om texten lite och använd utbrytning där det passar. Läs upp texten för gruppen till slut.
- Låtsas att ni är nyhetsuppläsare och läs upp nyheterna, men ändra lite på texten genom att använda utbrytning.

1. Nokiaaktien steg som en raket på börsen igår, efter att företaget kommit med en betydligt starkare rapport än väntat.

2. I Belgien fortsatte räddningsarbetarna igår att leta efter människor i rasmassorna. Ett femvåningshus hade rasat efter en gasexplosion.

3. Den nya läsplattan Ipad kan få fart på försäljningen av e-böcker. Det tror företrädare för förlagsbranschen.

4. Sverige föll igår mot Ryssland med 4-7 i bandy-VM. I morgon väntar Finland i semifinalen. Ryssland möter Kazakstan i semi.

13 Berätta och lyssna!

Berätta något intressant ni har upplevt, hört eller läst om. Byt roller, så att ni både är berättaren och lyssnaren.
När man vill hålla ihop en berättelse, kan man använda följande uttryck:

Berättaren:
Ofta när man inleder: **ju / som du vet / du vet / väl / nog**
När man blir avbruten och vill fortsätta: **i alla fall / hur som helst / i varje fall / okej / i vilket fall som helst / allvarligt talat / som sagt / alltså / så / då**

Lyssnaren kan kommentera:
Menar du det? / Men oj då! / Vad hände? / Hur gick det till? / Berätta ... / Vilken tur/otur! / Nej, så tråkigt! / Tack och lov! / Vad jobbigt! / Stackars dig! / Är det sant? / Mm, ja just det. / Men varför det?

stiga, steg, stigit • komma, kom, kommit • falla, föll, fallit • ligga, låg, legat

Avsnitt 4

14 Kåseri, krönika och kolumn

KRÖNIKAN KÅSERI KOLUMN

Krönika

Krönikor hittar man i nästan alla dagstidningar. De är ofta skrivna av personer som tillhör tidningens ordinarie personal. Ordet krönika kommer av grekiskans *chronos* som betyder tid.

Krönikor tar oftast upp dagsaktuella ämnen, men kan också ge en historisk tillbakablick. Man skulle kunna säga att en krönika är en fördjupande nyhetsartikel. Medan nyhetsartikeln refererar objektivt och informerar om händelsen, kan krönikören diskutera och utveckla sin egen uppfattning. Krönikan är alltid personlig och subjektiv. Språket är resonerande, behöver inte vara strikt vetenskapligt eller neutralt och får gärna vara värdeladdat.

Kåseri

Ordet kåseri är bildat av franskans *causer* och betyder samtala. Ett kåseri är ett humoristiskt sätt att tänka högt kring ett ämne. Skribenten har möjligheten att avhandla allvarligare ämnen i en sorglös ton. Kåserier framförs ofta muntligt, men i tidningar och tidskrifter hittar man också det skrivna kåseriet. Det är inte meningen att man ska tänka alltför djupa tankar, då man läser ett kåseri. Lättsamt, smidigt, personligt, roligt och gärna lite överdrivet och provocerande kan det vara.

kolumn -en -er spalt med text; regelbundet återkommande, personligt hållen tidningsartikel av en viss författare, vanligen på fast plats i tidningen.

Läs texterna och jämför texttyperna.

Medan ett kåseri är mer ... är ...
Både krönikan och kåseriet ...
Skillnaden mellan ... och ...

Om man jämför ... och ..., så ...
... är däremot ...

Känslor och humor

Svenskar visar inte så gärna sina känslor. Man kan vara ledsen och arg men behärskar sig och är lugn och vänlig utåt. Man gråter och skriker inte offentligt eller gapskrattar okontrollerat. Men om någon är berusad då? Ja, då är detta beteende faktiskt något mer accepterat! Svenskar vill inte sticka ut, vill inte belasta andra med sina problem. Man säger helst inte öppet att man mår jättedåligt eller t.ex. har ont om pengar. "Ja, det ordnar sig", "Jag ligger lite lågt just nu" eller "Det är ok" är då vanliga kommentarer. Typiskt svenska uttryck är också t.ex. att ta en bit mat, en halv kopp kaffe, att vara lite trött, det är inte farligt, vilket visar att svenskar är återhållsamma och försiktiga. Betonas ordet lite, t.ex. i ett yttrande som "Anna är lite jobbig" menas i själva verket att personen i fråga är rätt så jobbig.

Svenskar har humor och skämtar gärna. De gillar ordlekar och skämtsamma överdrifter.

ge, gav, gett • få, fick, fått • gråta, grät, gråtit • skrika, skrek, skrikit • sticka, stack, stuckit

Avsnitt 4

 Titta på teckningen och överskriften. Vad tror du kåseriet handlar om? Lyssna sedan på cd:n. Återberätta gemensamt det ni kommer ihåg. Läs sedan texten. Vad är författarens budskap?

ÖB 32-33

KÅSERI av Anna Mannheimer

Anna Mannheimer

EN DOMSTOL FÖR SÅRADE KÄNSLOR

Av alla ruttna saker som kompisar till mig har blivit utsatta för i sina relationer, så tar det här ändå priset. Det finns vissa saker som man bara inte får göra mot en annan människa. Och det här är en av dem. Men det märkliga är att det inte finns något straff. Min kompis, hon bara gråter och gråter. Hon känner sig dum, lurad, förnedrad, utnyttjad och väldigt, väldigt ledsen.
Hon har verkligen fått ett hårt straff för sin kärleks skull. Hon har dessutom ensam fått avboka hela bröllopsarrangemanget. Den blivande maken stack nämligen utomlands med den, visade det sig, inte särskilt nya kärleken. Och det kunde han göra utan problem.

För det är inte olagligt att vara en svinpäls.
Det enda kännbara straffet för honom är ett eventuellt dåligt samvete. Det finns ingen myndighetsperson som stoppar honom i tullen och säger:

"Hallå där, unge man. Du är en otrogen, ohederlig person som har sårat en annan människa djupt. Du får inte åka utomlands på kärlekssemester just nu. Du ska stanna hemma och reda ut vad du har ställt till med."
För det finns ingen domstol som dömer i privat moral.
Men tänk vad mycket onödigt ältande och bitterhet som skulle försvinna, om man kunde få ett papper på vems fel det var.

Jag vet att man måste kunna förlåta. Annars blir det aldrig fred på vår jord. Jag vet att man ska svälja oförrätter och gå vidare. Men det är ändå så att hämnden kan vara ganska ljuv. Ibland skulle ett lagom hårt utdömt straff kännas väldigt tillfredsställande.
Självklart skulle man ju inte kunna ta upp alla smågräl som folk har. Men skulle inte en privatmoralisk domstol kunna fylla en viktig funktion? Få människor att tänka sig för innan de ljög, svek och sårade.

Om straffet för att stjäla två år av en annan människas liv var att man fick jobba extra i vården alla helger inklusive julhelgen. Då skulle man kanske tänka sig för. Och om mamman som inte hörde av sig till sina döttrar under hela semestern, fast hon lovat, fick sitta i Bris växel på kvällarna. Då skulle hon nog lära sig ett och annat.
För annars är det ju lätt hänt att folk tar saken i egna händer. Och det blir nästan aldrig bra. Även om det ibland blir ganska fiffigt.

Jag läste om en kvinna som hade blivit lämnad ungefär på samma sätt som min kompis. Så när hennes svikare till man åkte på kärleksresa, åkte hon till hans lägenhet. Och släppte in sex vita möss i brevinkastet. Tre hanar och tre honor. När han kom hem, brun och nykär, fanns det väldigt, väldigt många vita möss i lägenheten.

> Bris - Barnens rätt i samhället, är en ideell organisation som bistår utsatta barn och unga med råd och stöd. Till Bris-mejlen och Bris-chatten kan barn och ungdomar upp till 18 år vända sig anonymt och kostnadsfritt, när de behöver stöd från en vuxen.

 Ställ frågor till varandra på texten. Slå med en tärning så får du frågeordet.

 Vem ...?  Hur ...?  Vad ...?  Var ...?  Varför ...?  När ...?

Berätta & diskutera: Tycker du att det var en bra idé att släppa in möss i lägenheten? Vad skulle Annas kompis kunna ha gjort i stället? • Har du haft dåligt samvete någon gång? • Kan du känna dig utnyttjad eller sårad?

försvinna, försvann, försvunnit • ljuga, ljög, ljugit • svika, svek, svikit • stjäla, stal, stulit • sitta, satt, suttit

Avsnitt 4

16a Fördjupning - maskulinsuffixet -e

Läs mer i grammatiken på s. 58

Hallå där, **unge** man.
Den **gamle/gamla** mannen gick med käpp.

Oscar II (den **andre**)
Min **lille**bror heter Anders.

16b Läs meningarna och fyll i rätt form.

ÖB 34

1. Barnen lekte "Vem är rädd för ... mannen". (svart)
2. Peter var den ... sonen. (enda)
3. Johan är den ... sonen i familjen. (yngst)
4. Eva ber: ... Gud, hjälp mig! (god)
5. Gustav den ... Adolf dog i Lützen. (andra)
6. August den ... levde i Tyskland. (stark)
7. Min ... vän Sven bor i Borlänge. (god)
8. Den ... påven kom till Polen. (sjuk)
9. Den ... presidenten anlände till flygplatsen. (rysk)
10. De tre ... männen kom från Österlandet. (vis)

17 Viktighetsbedömning

- hälsa
- familjetrygghet
- rättvisa
- ett spännande liv
- ett liv fullt av njutning
- självförverkligande
- socialt anseende
- sann vänskap
- jämställdhet
- ärlighet
- kärlek
- makt
- frihet
- rikedom

TALA SVENSKA

- Vad är viktigast för dig? Gör en viktighetsbedömning och använd följande svarsalternativ:

mycket/ganska viktigt, varken viktigt eller oviktigt, inte särskilt viktigt, inte viktigt alls

Hälsa är ganska viktigt för mig. / För mig är hälsa ganska viktigt.

- Skriv ett blogginlägg till ett tema ovan. Läs upp texterna för varandra.

18 Ord i fokus

ÖB 36-39

Studera tabellerna. Samla fler ord, det finns en hel del i detta avsnitt. Diktera ord för varandra.

STAVNING

J-ljudet → regler på s. 190

j	g (framför e, i, y, ä, ö)	gj	dj	hj	lj	lg	rg
ja	ge, gift, gynna, gärna, göra	gjorde	djur	hjärta	ljus	älg	varg

ORDBILDNING

Suffix - verb som blir adjektiv

-ig/-lig	-bar	-ande/-ende	-sam
tjata - tjatig märka - märklig	använda - användbar	leka - lekande le - leende	spara - sparsam

Jobb och karriär

Avsnitt 5

I det här avsnittet lär du dig bl.a.
- ord och uttryck kring temat jobb, karriär och möte
- några ordspråk
- att göra en anställningsintervju
- att bolla idéer kring temat "att starta eget"
- att jämföra två svenska konstnärer
- att göra en presentation av ditt yrke
- grammatik - adverb som uttrycker motsats, följd, slutsats och villkor; de reflexiva possessiva pronomenen *sin, sitt sina* (repetition); deponens (repetition)
- uttal - frågeintonation
- stavning - dubbel konsonant

Vad ser du för saker på den här sidan? I vilket eller vilka yrken används de? Slå upp orden du inte känner till.

En/Ett ... används av en ...
En/Ett ... behövs när man är ... .

arkitekt, artist, byggarbetare, dansare/dansös, detektiv, domare, elektriker, forskare, fotograf, frisör, guldsmed, ingenjör, idrottare, journalist, konstnär, lantbrukare, läkare, mekaniker, murare, musiker, rörmokare, sjuksköterska, snickare, sångare/sångerska, veterinär, ...

Avsnitt 5

1. Arbete är livets krydda

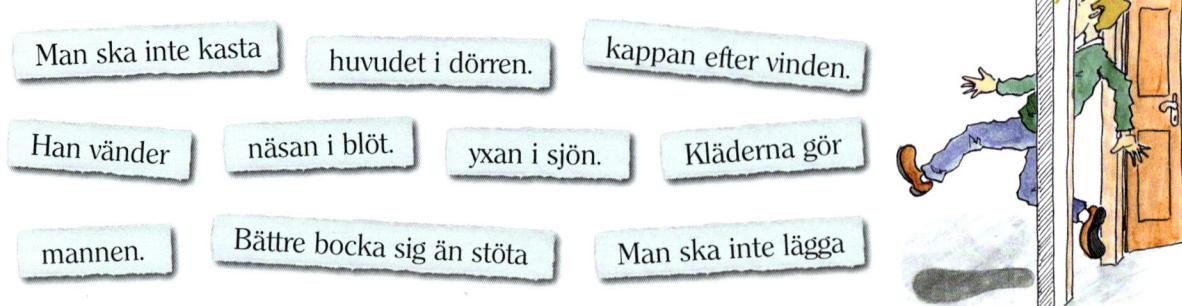

- Man ska inte kasta
- huvudet i dörren.
- kappan efter vinden.
- Han vänder
- näsan i blöt.
- yxan i sjön.
- Kläderna gör
- mannen.
- Bättre bocka sig än stöta
- Man ska inte lägga

TALA SVENSKA — Sätt ihop textbitarna till fem ordspråk. På vilket sätt passar dessa ordspråk till temat jobb och karriär? Resonera tillsammans en stund.
Finns det en motsvarighet till något av ordspråken i ditt språk?

2. Yrkesval och karriär

- ambition
- talang/begåvning/arvsanlag
- vilja/viljestyrka
- mod
- pengar
- utbildningsmöjligheter
- (familjär) bakgrund
- intresse
- intelligens
- tur
- slump
- målmedvetenhet

TALA SVENSKA — Vilka faktorer spelar en roll när det gäller 1. yrkesvalet och 2. karriären? Rangordna och diskutera.
Berätta sedan för gruppen, varför du valde just ditt yrke.

3. Min arbetsdag

Så här ser Fredriks dygn ut i timmar till vardags:

- Jobb 11
- Pendla till jobbet 1
- Träning 1
- Titta på tv 1
- Övrigt 3 (familj, vänner, sociala medier, m.m.)
- Sömn 7

Fredrik Nilsson är vd på ett stort företag. Precis som för vilken vd som helst fylls hans dag med möten och problemlösningar.
- Min hobby blev mitt jobb. Jag har haft väldig tur att få jobba i en bransch som jag tycker är jätterolig. Jag är mycket engagerad i mitt arbete, men tycker det är viktigt att efter en hård arbetsdag få tid till rekreation. Samvaron med familjen och vännerna är en stor energikälla.

TALA SVENSKA — Läs texten och titta på diagrammet. Hur ser ditt dygn ut? Gör ett cirkeldiagram och berätta för gruppen.

lägga, lade, lagt • bli, blev, blivit • ha, hade, haft • välja, valde, valt • finnas, fanns, funnits

Avsnitt 5

Lyssna på cd:n med stängda böcker och gör övning 3 i övningsboken. Läs sedan dialogen med fördelade roller.

ÖB 3-6

Ett möte

A: Ann   L: Linus   C: Charlotte   Å: Åke   J: Jessica

A: Okej, välkomna till mötet. Ska vi börja?
L: Ursäkta. Var är Eva?
A: Eva har ett jätteviktigt kundsamtal och kunde därför inte komma. Alltså, i dag ska vi gå igenom möjliga åtgärder för att öka omsättningen. Jessica, kan du göra lite anteckningar? Ni vet att det ser lite dystert ut just nu. Har alla fått de aktuella siffrorna?
C: Ja, men jag förstår inte en sak i rapporten. Där står att försäljningskostnaderna har ökat med 20 % de senaste fem åren. Däremot tror jag inte att det stämmer att ...
A: Förlåt att jag avbryter, men det kanske vi kan diskutera senare. Vi får nog hålla oss till ämnet nu. Åke, kan du börja? Men fatta dig kort, vi är lite försenade.
Å: Ja, alltså jag tänkte på en sak. Vi gör för lite reklam. Jag är övertygad om att mer reklam i tidningar och tidskrifter skulle öka omsättningen.
A: Mer reklam är nog ett bra förslag, men det kostar ju också mycket. Jessica vill säga något.
J: Jag håller inte heller riktigt med. Jag föreslår att vi drar igång en rabattkampanj.
L: Förlåt, men det förstår jag inte. En rabattkampanj är också förknippad med kostnader och så brukar det tvärtom vara så, att omsättningen sjunker efter kampanjen.
A: Vad tycker ni andra?
C: En rabattkampanj funkar inte. Min uppfattning är att vi först behöver bättre produkter än konkurrenterna. Annars har vi ingen chans att vinna fler kunder.
Å: Jag vill inte klaga, men vår produktutveckling var inte så effektiv i det förflutna. Men jag har hört talas om att Karlsson AB kanske ska gå i konkurs. Det betyder eventuellt en konkurrent mindre.
A: Jag är inte positiv till sådana rykten. Jag tycker att vi håller oss till ämnet. Andra förslag? Linus, varsågod.
L: Vi måste sänka produktionskostnaderna.
C: Vad menar du med det?
L: Jo, om vi sänker produktionskostnaderna, skulle vi kunna sänka priserna för våra produkter och då skulle vi kunna få större marknadsandelar. Hänger ni med?
J: Precis, det tycker jag också. Det verkar bra.
A: Vad säger ni om Linus förslag?
Å: Får jag bara säga en sak? Jag är inte nöjd med att lägga ansvaret på produktionen.
A: Men kan vi ändå inte besluta, att vi granskar det här förslaget? Linus, du kollar våra möjligheter tillsammans med produktionsavdelningen och presenterar det vid nästa möte. Något mer? Nähä! Då kan vi avsluta diskussionen. Vad sägs om att ha nästa möte om två veckor? Bra, då var vi klara. Tack!

4b Läs dialogen en gång till och skriv upp uttrycken ur dialogen, som passar till följande rubriker:

- inleda ett möte
- besluta något
- klargöra något
- avbryta/hålla tiden
- leda diskussionen
- be om förtydligande
- ta ställning
- begära ordet
- protestera
- ge stöd
- föreslå något
- avsluta ett möte

kunna, kunde, kunnat • sjunka, sjönk, sjunkit • vinna, vann, vunnit • sluta, slöt, slutit (slutade, slutat)

Avsnitt 5

5a Fördjupning - adverb som uttrycker motsats, följd, slutsats och villkor

ÖB 9-11

Läs mer i grammatiken på s. 59

Motsats:	däremot, ändå, tvärtom, dock/emellertid	**Däremot** tror jag inte att det stämmer att ...
Följd/slutsats:	därför, följaktligen, alltså	Jag är alldeles hes och kan **därför** inte sjunga.
Villkor:	eventuellt, i så fall, annars, i värsta fall, i alla fall	Vi kan **eventuellt** tala om det på mötet.

5b

- Markera alla adverb som uttrycker motsats, följd, slutsats och villkor i dialogen 4a. Jämför i gruppen.
- Bilda två meningar var, där ovanstående adverb förekommer.
- Arbeta parvis och skriv ett protokoll till mötet (dialog 4a). Använd minst tre av ovanstående adverb. Läs upp protokollen för gruppen.

Möte i försäljningsgruppen
Dag: 5 maj 20..
Tid: 15.00 - 17.00
Plats: Konferensrummet
Närvarande:

6 Möte - ett rollspel

ÖB 12

Förslag på teman:

- *bostadsrättsförening* "Ska vi investera i nya fönster?"
- *idrottsförening* "Ska vi köpa nya träningskläder?"
- *brukshundsklubb* "Ska vi höja medlemsavgiften?"

Medlemmar i en styrelse:
ordförande   kassör
vice ordförande   ledamot
sekreterare   suppleant

Låtsas att ni utgör en styrelse i en förening. Ni har möte och diskuterar kring ett angeläget tema. Välj förening, tema och en ordförande, innan ni börjar. Se till att komma fram till ett beslut! I övning 4b har ni redan skrivit upp viktiga uttryck. Här är ytterligare några ni kan använda:

Någon som vill tillägga något? / Kan vi bestämma att ... / Vi hinner inte mera idag. / Fatta dig kort, är du snäll! / En formsak bara ... / Jag skulle vilja säga något om det. / Ser ni min poäng? / Förstår ni? / Så känner jag också.

Avsnitt 5

7 Uttal - frågeintonation
Lyssna på cd:n och säg efter.

Hänger ni med?
Vad menar du med det?
Varifrån kommer Olles syster?
Vilket parti skulle du rösta på om det var val idag?

Andra förslag?
Något mer?
Ska vi sitta här?
Är det Sara?

Ofullständiga frågor
I dag?   Och han?   I morgon?   När?   Vem?

Betonat då			**Obetonat då**	
Vilken då?	Vad då?	Hur då?	Varför det då?	Hur är det med vitt då?
Var då?	Varför då?	När då?	Vad sa hon då?	Vad gör han då?

8 Skulle du kunna göra mig en tjänst?

A: Skulle du kunna göra mig en tjänst?
B: Ja, vad då?
A: Kan du kopiera de här sidorna ur rapporten?
B: Det gör jag gärna.
A: Tack, snälla!

TALA SVENSKA — En indirekt, subtil fråga används ofta som uppmaning. Samla arbetsuppgifter på tavlan, t.ex. **skriva offerten**, **kopiera artikeln**. Gå omkring och gör små dialoger.

Får jag be dig om en tjänst?
Du skulle inte kunna läsa igenom det här?
Kan vi hjälpas åt med en sak?
Har du möjlighet att skriva offerten?
Du har möjligtvis inte tid att hämta posten?

Javisst/Jovisst!
Det gör jag gärna.
Ja/Jo vad då?
Ja/Jo, vad gäller saken?
Ja/Jo, men kan jag ta det senare?

9 Risk eller chans

ÖB 13

> Tjena Benny,
> vilket j-vla liv man har! Blev varslad i maj, nu är jag uppsagd! Med tre kolleger från vår försäljningsavdelning! Det är ren katastrof. Vara arbetslös nu igen och harva sig till arbetsförmedlingen titt och tätt. Har bil och lån och bara lägsta möjliga a-kassa. Det kommer bli mycket gråt och tandgnissel, stackars Anna. Bebisen kommer i november. Då får vi i alla fall lite föräldrapenning. Nej, jag börjar fundera på att strunta i alla konventioner och allt som förväntas av mig och helt enkelt försöka starta eget. Det är en risk, jag vet, men det är också en stor chans. Jag behöver ditt råd. Kan vi inte bolla lite idéer på onsdag efter träningen?
>
> Hör av dig, Nicke

TALA SVENSKA — Läs mejlet. Bolla idéer. Vad skulle Nicke kunna göra? Vad finns det för risker och chanser?

Berätta & diskutera: Har du varit arbetslös någon gång? Hur länge i så fall? • Har du någon gång funderat på att starta ett eget företag? • Vad var i så fall orsaken till att du gjorde/inte gjorde det?

skriva, skrev, skrivit • få, fick, fått • komma, kom, kommit • vara, var, varit • göra, gjorde, gjort

Avsnitt 5

10a
ÖB 14-16

Läs platsansökan. Var i texten hittar du följande aspekter: **utbildning, intressen, motivering, egenskaper och arbetslivserfarenhet?**

> Måsvägen 15
> 971 87 Luleå
>
> Hej!
>
> Jag såg er platsannons i lokusjobb.se den 12 maj och blev mycket intresserad. Eftersom jag tror, att ert företag skulle ha nytta av min erfarenhet, vill jag söka jobbet som medarbetare
> 5 med sakförsäkringskompetens.
>
> I 15 år har jag i huvudsak jobbat med livförsäkringar på olika försäkringsbolag. Sedan 2012 har försäkringsförmedling varit en del av mina uppgifter. Jag gör alltid mitt jobb med största noggrannhet och ansvar. Som kollega är jag bra på att moti-
> 10 vera andra, inte minst i stressiga situationer.
>
> På gymnasiet gick jag ekonomiprogrammet och därefter en utbildning som rådgivare inom bank och finans.
>
> På fritiden engagerar jag mig som ledare i barnens fotbolls- respektive simklubb och jag är styrelseordförande i vår
> 15 bostadsrättsförening.
>
> Jag är en positiv och utåtriktad person som gillar kundkontakt och trivs bra, när jag kan ge råd och hjälp. Nu skulle jag vilja bredda mina erfarenheter genom arbete på ett större företag.
>
> Jag ser fram emot ett personligt möte!
>
> 20 Med vänlig hälsning
> *Mårten Sturesson*

FORSAK AB

Vi är ett företag för försäkringsförmedlare, som tillhandahåller alla tjänster inom sak- och livförsäkringsområdet. Vi hjälper företag och organisationer med bl.a. försäkringsupphandling, skadehantering och rådgivning. Våra engagerade medarbetare skapar moderna helhetslösningar för våra kunder.

Vi söker nu en

medarbetare med sakförsäkringskompetens.

Du kommer att administrera våra företagskunder inom företags-, industri- och motorförsäkring. Har du även erfarenhet av försäkringsförmedling, är det en extra merit. Välkommen med din ansökan snarast till FORSAK AB.

www.forsakab.se

10b Läs annonsen. Varför skulle Mårten kunna få/inte få jobbet han söker? Resonera gemensamt.

11 (28) Rätt klädfärger på jobbintervjun

- Resonera lite kring temat "Rätt klädfärger på jobbintervjun", innan ni hör intervjun med färg- och stilkonsulten Birgitta Svensson. Vilka färger passar/passar inte på en jobbintervju?
- Lyssna sedan på intervjun. Stämde färgtipsen in på det ni kom fram till i diskussionen?
- Gör en tabell på ett extra papper. Lyssna sedan på intervjun ytterligare en gång och fyll i tabellen.
  Jämför till slut i gruppen.

Rosa, lila, beige och orange är oböjliga.

Färg	Bra färg	Ingen bra färg	Signalerar	Kommentar
beige, brunt	x		trygghet, stabilitet	kan kombineras med andra färger

se, såg, sett • bli, blev, blivit • gå, gick, gått • vilja, ville, velat • ge, gav, gett

Avsnitt 5

12 En anställningsintervju 🎵29

- Kan du berätta kort om dig själv?
- Varför ska vi anställa just dig?
- Hur hanterar du konflikter?
- Vad motiverar dig på jobbet?
- Kan du nämna tre starka sidor hos dig?
- Kan du nämna tre brister eller svagheter hos dig?
- Hur reagerar du på kritik?
- Hur hanterar du tidspress?
- När har du tagit initiativ? Kan du nämna ett exempel.
- Vilka människor tycker du om respektive inte om att arbeta med?
- Hur är din samarbetsförmåga?
- Är du villig att arbeta övertid?
- Vad gör dig frustrerad eller upprörd?
- Var skulle du vilja se dig själv om fem år?
- Vad är dina lönekrav?

TALA SVENSKA Här är några vanliga frågor som ställs vid en anställningsintervju. Gör en anställningsintervju tillsammans, där en av er är personalchefen och partnern den som söker jobbet. Välj först bransch och vilket jobb som ska sökas. Använd frågorna! Byt roller.

13 Mitt jobb - en presentation

- Min arbetsgivare ...
- Jag har gått i pension men dessförinnan var jag ...
- Jag är egen företagare.
- Jag har 8 timmars arbetsdag.
- Mitt jobb är stressigt.
- Mitt kontor är ...
- Jag är student och jag vill bli ...
- Mina arbetsuppgifter är ...
- Jag är fast anställd.

TALA SVENSKA Gör en presentation av ditt jobb. Skriv upp stödord på ett kartotekskort, det underlättar din presentation. Skriv även upp yrkesrelaterade ord på tavlan. Andra uttryck du kan använda:

**Jag är frilansare/chef/vd. / Jag har 40-timmarsvecka. / Min arbetsplats är ... /
Jag är pensionär men dessförinnan var jag ... / Mina arbetskamrater/kolleger är ... /
Mitt jobb är omväxlande/krävande/intressant/spännande/tungt. / Det krävs/fordras att ... / Jag arbetar heltid/halvtid/deltid. / Jag har flextid. / Jag arbetar ofta över.**

SAXAT

Personalfest

Maxi.
Taxi.
Mat.
Prat.
Dricka.
Hicka.
Ut.
Slut.

Alf Henriksson

KOMMENTERAT

Äldre medarbetare presterar bättre än yngre, särskilt i tjänstesektorn, visar forskning från universitetet i Mannheim. Större erfarenhet, samarbetsförmåga och skicklighet hjälper att möta motgångar.

8 dagar mer per år är rökare i genomsnitt sjukskrivna, jämfört med ickerökare, enligt en undersökning från Previa.

32 procent mer produktiva blir anställda, om de får sätta en personlig prägel på arbetsbordet, med t. ex. växter och familjefoton, enligt en studie i USA.

Stå på dig – annars gör någon annan det.
Blandaren

Ur *Orent ackord* av Mats Berggren

... Vad talar man med en Skådespelerska om? Naturligtvis om teater. Jag är tyvärr analfabet på området. Min samlade erfarenhet utgörs av några skolföreställningar för en miljon år sedan. Och det är det nog klokast att inte avslöja.

Annette förekommer mig innan jag hunnit formulera en lagom intelligent fråga om hennes yrke.

"Och vad jobbar du med då?"

Jävlar!

"På Bilfabriken", svarar jag undvikande och bemödar mig om att få det att låta fullkomligt ovidkommande. Jag sätter oss i rörelse för att om möjligt förskingra samtalsämnet. Men så lätt går det inte.

"Med vad?" undrar hon.

"Eh ... på verkstan."

"Jag menar ... vad gör du?"

"Monterar dieselmotorer."

Jag bävar för hennes reaktion och söker i hennes ögon efter den vanliga attitydförändringen. Men jag finner inte ett spår av reservation eller plötsligt ointresse. I de här ögonen finns bara allvar.

"Hur är det att jobba på fabrik?"

Jag skulle kunna berätta mycket. Jag skulle kunna berätta om hur det känns när arbetsdagarna är som en niotimmarskassett som spelas om och om igen. Om hur det känns att gå ett helt år eller ett helt liv och vänta på att klockan ska bli fyra så att man får gå hem. Om hur det känns att undra vart våren tog vägen och försöka påminna sig vad man haft för sig men inte kunna komma ihåg ett enda dugg av vikt.

De flesta av oss industriarbetare lever inte livet. Vi fördriver det.

Ändå springer det ifrån oss.

Fastän klockan aldrig blir fyra.

Jag skulle kunna berätta om hur det känns när ord som arbetsglädje och yrkesstolthet lika gärna kunde vara uttryck på något främmande, utdött språk. Om hur det känns att plötsligt märka att man kastar i sig maten i ackordstakt. Om hur det känns att ha lukten av olja som impregnerad i huden och därför aldrig tycka att man är riktigt ren. Om hur det känns att vara så trött på dagen att det nästan gör ont men ändå inte kunna somna i tid på kvällen. Om hur det känns att upprepa sina nio arbetsmoment i drömmen.

Men det är inte hela sanningen. Hela sanningen är att jag också skulle kunna berätta om hur det känns att upptäcka att man skyggar för tanken att säga upp sig.

Någonting håller mig kvar, men jag förstår inte själv vad. Arbetskamraterna? Javisst. Trygghet? Helt säkert. Tröghet? Det också. Man-vet-vad-man-har-men-inte-vad-man-får, bekvämlighet, en ordnad tillvaro? Ja, ja, ja, allt detta är sant, men det räcker inte. Det är som om rottrådar utan min vetskap slingrar sig från mina fötter ned i betonggolvet, djupare och djupare. Jag växer fast. Men jag blommar inte.

Trivs jag? Nej. Vantrivs jag? Nej. Jag har fastnat i en likgiltig lunk. Jag har blivit fånge i mina egna vanor. ...

[Boken "Orent ackord" är översatt till tyska med titeln "Aus dem Takt"]

Tur måste man ha

Ett företag hade en vakant post och ville nyanställa en person. Det sattes in en annons i tidningen och företaget fick in över hundra ansökningar. Man gick igenom alla handlingar och gjorde ett antal anställningsintervjuer. Till slut hade man sju ansökningar kvar med likartade kvalifikationer, som konkurrerade om jobbet.

Då man inte var helt ense om vem man nu skulle välja, bestämde man sig för att anlita en rekryteringskonsult. Konsulten kom och bad att få alla handlingar gällande de sju som återstod.

Efter att ha fått alla ansökningar, drog han ut en ur högen och gav den till företagets vd.

- Den här killen är den ni ska ha, sa han och började göra sig färdig för att gå.

- Men hur kan du veta det så fort, utbrast den förbluffade vd:n.

- Ja, han är inte bara kvalificerad, han har tur också, sa rekryteringskonsulten och gick.

- Läs citatet. Vad menas med idiomet "Stå på dig"? Vad är motsvarigheten på tyska?
- Läs gemensamt texterna "Orent ackord" och "Tur måste man ha". Jobba sedan parvis. Välj varsin uppgift:
  - Du är berättaren i den första historien. Berätta dina tankar om ditt jobb för Annette.
  - Återberätta den andra historien ur rekryteringskonsultens perspektiv.
- Läs "Kommenterat". Vilken kommentar tycker du är särskilt intressant? Varför?

Berätta & diskutera: I vilka situationer är det bra om man kan "stå på sig"? • Hur har du upplevt personalfester? • Vad kan man göra för att komma ur en likgiltig lunk? • Har du satt personlig prägel på ditt arbetsbord på jobbet?

låta, lät, låtit • driva, drev, drivit • finna, fann, funnit • ta, tog, tagit • sätta, satte, satt • brista, brast, brustit

Avsnitt 5

14a Repetition - deponens

ÖB 29-30

Läs mer i grammatiken på s. 60

Presens	Preteritum	Perfekt
Det **känns** bra.	Det **kändes** bra.	Det **har** alltid **känts** bra.
Jag **trivs** i Finspång.	Jag **trivdes** också i Lund.	Jag **har** aldrig **trivts** i små lägenheter.

Andra deponens: avundas, brottas, fattas, finnas, frodas, hoppas, hämnas, kivas, kräkas, lyckas, låtsas, minnas, misslyckas, skämmas, tyckas, töras, umgås, vistas, väsnas, åldras

14b

- Läs var för sig tyst igenom texten "Orent ackord" en gång till. Svara sedan muntligt på frågorna.

1. Vem umgås berättarjaget med?
2. Lyckas/Misslyckas han med att intressera Annette, tror du?
3. Vilka problem brottas han med?
4. Finns det en attitydförändring i Annettes ansikte?
5. Vad minns berättarjaget från sin skoltid?
6. Hur länge vistas han på sin arbetsplats varje dag?
7. Hur känns det att jobba på en bilfabrik?
8. Skäms han för sitt jobb, tror du?
9. Fattas det något i hans liv?
10. Trivs eller vantrivs han med sitt jobb?
11. Hoppas han på, att han kan "blomma upp", tror du?

- Välj en bild ur läroboken. Hitta på en passande överskrift som innehåller ett deponens.
Skriv sedan några rader till bilden och temat.
Läs upp för varandra vad ni har skrivit.

Det fattas något

Jag bor i en storstad. Även om jag har allt, ett toppjobb, en stor lägenhet, nära till kultur, krogar och restauranger, fattas det något. Jag börjar vantrivas. Trivs jag kanske bättre på landet?

15 Förklara!

LAS **a-kassa** **semesterlagen** **föräldraförsäkring** **varsel**

ombudsman **skyddsombud** **LO** **diskrimineringslagen**

Dela upp ovanstående begrepp i gruppen. Gå in på nätet och ta reda på vad de betyder. Berätta kort för varandra nästa gång ni ses.

Svenskar i arbetslivet

Svenskar betonar sällan formella hierarkier. Man betonar inte rollen som chef, när man ber någon utföra en tjänst. Man mildrar gärna muntliga uppmaningar. En fråga i stil med "Du skulle inte kunna kopiera det här?" eller "Det skulle kunna vara bra med lite hjälp" är alltså för det mesta en uppmaning.
När svenskar diskuterar och beslutar om saker, är det viktigt med konsensus. Det förhandlas och bestäms gemensamt. Man försöker förhindra konflikter eller löser dessa på ett lugnt och tålmodigt sätt. Man anser att varje individ har rätt till frihet, vilket innebär att kontrollbehovet är relativt litet.

Avsnitt 5

16a Läs texten och markera var i texten du hittar fakta till följande rubriker: **utbildning, genombrott, framgång, målningar, död, giftermål, Zorngården, sista levnadsår, födelse och bakgrund.**

ÖB 32

Vallkulla (1908)

Anders Zorn betraktas som en av Sveriges främsta konstnärer. Han föddes den 18 februari 1860 i Mora i Dalarna. Hans mor, Grudd Anna Andersdotter och hans far, den tyske bryggmästaren Leonard Zorn hade bara en kort romans, så Anders Zorn växte upp med sin mor och sina morföräldrar. Han träffade aldrig sin far.

Redan vid 12 års ålder visade sig Zorns stora konstnärliga begåvning. Han skrevs in på en skola i Enköping och tre år senare sökte han in på Konstakademin i Stockholm.

Först ville han bli skulptör men det var måleri han skulle komma att ägna sig åt.

På en elevutställning 1880 slog han igenom med akvarellen *I sorg* och 1881 träffade han sin blivande hustru, Emma Lamm. Hon kom från en förmögen judisk köpmansfamilj med starka kulturella intressen.

Zorn och hans fru bodde utomlands i många år, huvudsakligen i England, Spanien och Frankrike. Men somrarna tillbringade de i Sverige. De första åren som gift var mycket utvecklande för Zorn som konstnär. Hans akvarellmåleri nådde sin höjdpunkt och han började måla i olja. Zorns rykte vilade framför allt på hans porträttkonst. Flera av av hans porträtt tillkom i USA, där han under sju resor nådde en nästan ofattbar framgång. Bankirer, industrimagnater, politiker och till och med presidenter var villiga att betala astronomiska summor för att låta sig avporträtteras av honom. En annan genre som kom att bli kännetecknande för Zorn är aktstudier - naket i det fria. I målningar som *Ute* och *Premiär* tillför han det klassiska nakenmåleriet en ny sinnlighet.

Sommarnöje, studie (1886)

1896 flyttade makarna Zorn hem till Sverige och Zorngården i Mora, som tidigare hade börjat byggas. Det var Zorn själv som svarade för utformningen av sitt hus, vilket var mycket originellt och hemtrevligt. Zorn fick nu också ett ökat intresse för sin hembygd, vilket kom att speglas i måleriet. Kända tavlor är *Midsommardansen*, *Vallkulla* och *Julotta*.

Under sina sista levnadsår blev Zorns hälsa allt sämre. Han gick bort den 22 augusti 1920 och begravdes på Mora kyrkogård.

Zorngården blev efter Emma Zorns död 1942 ett museum och ingår i Zornsamlingarna.

Sammanfattning efter www.zorn.se

Stora rummet i Zorngården, Mora

16b Dela upp rubrikerna ovan i gruppen. Återberätta fakta men bygg in fel. De andra lyssnar och rättar.

vilja, ville, velat • slå, slog, slagit • komma, kom, kommit • låta, lät, låtit • bli, blev, blivit

Avsnitt 5

17  **Samtidskonst**

ÖB 32-33

Samuel Sander är en ung konstnär som bor och arbetar i Stockholm. Här berättar han om sitt liv och sin konst. Lyssna på cd:n och svara på frågorna.

vision04

Sorrows-song nr 2

1. Var bor Samuel?
2. Var ligger hans ateljé?
3. Vad arbetar han med just nu?
4. Var det självklart för Samuel att bli konstnär?
5. Hur skiljer sig hans måleri från klassiskt måleri?
6. Vad vill Samuel uttrycka med sin konst?
7. Hur förklarar Samuel det tyska ordet "Sehnsucht"?

Sergels torg

18a  **Repetition - *sin, sitt, sina*** Läs mer i grammatiken på s. 61

ÖB 34-37

> Zorn träffade aldrig **sin** far.   Han älskade **sitt** hus.   Zorn är känd för **sina** porträtt.
>
> Men: Hans föräldrar hade en romans.
>   Zorn och hans fru bodde utomlands.

18b  Lyssna på hörtexten (17) en gång till. Turas om att utifrån texten om Zorn och hörtexten fritt bilda meningar. Använd formerna *sin, sitt, sina*, t.ex.:

Samuel Sander bor med sin familj i Stockholm. / Anders Zorn träffade aldrig sin far.

Avsnitt 5

19  **Två konstnärer**

Anders Zorn målar Mora marknad (1892)

Samuel Sander i sin ateljé (2013)

- Betrakta bilderna på de föregånde sidorna och beskriv dem.
- Jämför Anders Zorns och Samuel Sanders liv och tavlor. Finns det likheter/skillnader? Vilken bild fascinerar dig mest? Varför?

både ... och / varken ... eller / i likhet med / däremot / i motsats till / till skillnad från / skillnaden är att ... / medan

Berätta&diskutera: Vad är det som driver en människa att bli konstnär? • Tror du att det är svårare att vara konstnär nu än förr? • Är alla människor kreativa? • Känner du att du själv är eller vill vara kreativ?

20  **Ord i fokus**

ÖB 38-41

Studera tabellerna. Samla fler ord, det finns några i detta avsnitt. Diktera ord för varandra.

STAVNING — Dubbel konsonant → regler på s. 190

| kall | finna | hemma | affär | rapport | lamm | vecka |

ORDBILDNING — Suffix som bildar personord (2)

-ös	-ist	-iker	-ör/-tör/-atör/-itör	-erska	-graf
sufflös	pianist	tekniker	massör, konstruktör, amatör, kompositör	kokerska	geograf

Migration och relation

Avsnitt 6

I det här avsnittet lär du dig bl.a.
- att tala om fördomar och generaliseringar
- ord och uttryck i samband med migration och asyl
- ord och uttryck i samband med tros- och relationsfrågor
- att tala om trosfrågor, vänskap och relationer
- att skriva en haiku
- grammatik - infinitiv och bisats utan *att*; de modala hjälpverben *böra* och *lär*; adjektiv efter vissa ord (repetition)
- uttal - *kille, kö, människa* och andra ord
- stavning - sje-ljudet i inhemska ord

Politiker ...

Flickor ...

Pojkar ...

Män ...

Svenskar ...

Tyskar ...

Migranter ...

Kvinnor ...

Ungdomar ...

Pensionärer ...

Titta på bilderna och orden. Associera och resonera gemensamt. Vad finns det för vanliga fördomar och generaliseringar? Kan du ha fördomar eller generalisera ibland? Varför?

Vanliga fördomar är ...

Avsnitt 6

1a
ÖB 1-4

Läs texterna och svara på frågorna i övningsboken.

Asyl och migration

Asylsökande är den som tar sig till Sverige och ansöker om skydd. Sverige har skrivit under FN:s flyktingkonvention och omfattas också av EU:s gemensamma regler. Varje sökandes skäl ska prövas individuellt. Enligt flyktingkonventionen, svensk lag och EU:s regler är man flykting, om man har välgrundade skäl att vara rädd för förföljelse på grund av ras, nationalitet, religiös eller politisk uppfattning, kön, sexuell läggning eller tillhörighet till viss samhällsgrupp. Man är enligt lagen alternativt skyddsbehövande, om man löper risk att straffas med döden, utsättas för tortyr eller om man som civilperson löper allvarlig risk att skadas på grund av väpnad konflikt. Oavsett om en person får statusförklaring som flykting, alternativt skyddsbehövande eller övrig skyddsbehövande beviljas vanligtvis uppehållstillståndet utan tidsbegränsning - ett så kallat permanent uppehållstillstånd (PUT).

Invandring och utvandring - lite historik

Redan under hansatiden flyttade många hantverkare och köpmän till Sverige. Zigenare eller romer började komma redan på 1500-talet. På 1600-talet lockades valloner till Sverige för att lära ut järnhantering. På 1700-talet tilläts judar etablera sig i fyra svenska städer. Även franska konstnärer, filosofer och intellektuella kom till Sverige. På 1800-talet kom skottar till Sverige för att starta bryggerier, samt italienare som var skickliga stuckatörer.
I Sverige kallas 1800-talet ofta den stora utvandringens tid. Mellan 1851 och 1930 utvandrade 1,2 miljoner svenskar till Amerika. Man utvandrade på grund av fattigdom, religiös förföljelse, bristande framtidstro, politisk ofrihet, äventyrslystnad och "guldfeber".
I och med andra världskriget ökade invandringen kraftigt igen. Efter krigsslutet var det arbetskraftsinvandring från bl.a. Turkiet, Grekland, Jugoslavien som kom att dominera. Under 1970-talet skedde främst så kallad familjeinvandring. Det kom många politiska flyktingar från Chile och Iran. På 1980-talet började asylsökande från Iran, Irak, Somalia, Turkiet, Eritrea och Kosovo öka i antal. På 1990-talet drev det jugoslaviska sammanbrottet, krig, terror och etnisk rensning stora mängder människor på flykt till övriga Europa. I Sverige fick ca 100 000 f. d. jugoslaver och bosnier ett nytt hemland. Medlemskapet i EU har medfört att allt fler EU-medborgare söker sig till Sverige för att arbeta eller studera.

Adah från Somalia
- Min man hade lämnat Somalia och sökt asyl i Sverige. Vi blev så lyckliga när vi förstod, att även barnen och jag kunde komma från kriget och flytta till min man, när han hade fått uppehålls- och arbetstillstånd.
- Jag vill bo här och bli en del av det svenska samhället. Det är fantastiskt att barnen ska få möjlighet att studera, säger Adah.

Omed från Kurdistan
- Mina föräldrar var frihetskämpar i Kurdistan och jag kom till Sverige utan dem, när jag var fem år. Jag längtade hela tiden efter mina föräldrar och ville resa hem. I stället blev jag placerad i fosterfamilj.
- Efter ett år kom även mina föräldrar till Sverige. Nu arbetar jag inom vården och engagerar mig i frågor kring ensamkommande flyktingbarn.

Efter www.migrationsverket.se

1b
- Jobba parvis. Hitta synonymerna i texten:
far och mor, genus, väpnad konflikt, anledning, tillåta, bosätta sig, immigration, bli mer/större, nöd/armod, härska/överväga, be om/anhålla om, emigrera

- Varför lämnar man sitt hemland? Skriv upp olika skäl och resonera gemensamt.
Människor lämnar sitt hemland därför att ... **De är rädda för ...**
De är missnöjda med... **Det största problemet är nog ...**
De är missnöjda därför att ... **De hoppas/vill/tror ...**

komma, kom, kommit • låta, lät, låtit • ta, tog, tagit • bli, blev, blivit • stå, stod, stått • sätta, satte, satt

Avsnitt 6

2  **Jag**
- Lyssna på dikten "Jag" av Edith Södergran (1892-1923) och skriv upp orden som fattas.
- På vilket sätt passar den till temat migration? Fundera gemensamt och diskutera.

Jag är ___1___ i detta land,
som ligger ___2___ under det tryckande havet,
solen blickar in med ringlande strålar
och luften ___3___ mellan mina händer.
Man sade mig att jag är född i ___4___ –
här är intet ___5___ som vore mig bekant.
Var jag en sten, den man kastat hit på bottnen?
Var jag en frukt, som var för ___6___ för sin gren?
Här ligger jag på lur vid det susande ___7___ fot,
hur skall jag komma ___8___ för de hala stammarna?
Däruppe ___9___ de raglande kronorna,
där vill jag sitta och speja ut
efter röken ur mitt ___10___ skorstenar ...

1. _____
2. _____
3. _____
4. _____
5. _____
6. _____
7. _____
8. _____
9. _____
10. _____

🖱 Gå in på en svensk dagstidning på nätet. Ta fram en artikel till temat **migration**. Återberätta den kort för gruppen. Diskutera gärna.

3  **Att tolka en bild**
ÖB 5

Frågeschema: Vad för slags bild är det frågan om? (foto, målning, teckning, karikatyr, grafik) / Vilka människor/djur/föremål finns med på bilden? / Vad händer? / Varför? / När? / Hur? / Vad är syftet med bilden?

Artighet

 En bild har ofta ett visst syfte. Den kan informera, karikera, instruera, förmedla en stämning eller framföra ett budskap. Välj en bild och tolka den. Frågeschemat hjälper dig.

i förgrunden/längst fram
i bakgrunden/i fonden/längst bort
i mitten/i centrum/mitt på /mitt i
till höger (om)/till vänster (om)

**i jämnhöjd med/rakt fram/framför/bakom/
bredvid/mellan/ovanför/nedanför**

falla, föll, fallit • hålla, höll, hållit • gå, gick, gått • välja, valde, valt • slå, slog, slagit

Avsnitt 6

4a  Lyssna på intervjun med stängda böcker. Vad får man veta om Kaziwa? Läs sedan intervjun.

ÖB 6-7

Flykten till Sverige

Tusentals människor tvingas ta ett mycket svårt beslut, nämligen att fly från sitt hemland. Här följer ett utdrag ur en intervju med Kaziwa Nasr, som med sin familj lyckades fly till Sverige.

Du flydde med din familj från Irak 1993. Minns du något från själva flykten?
Ja, jag minns att mamma en dag började packa ner kläder i en stor resväska. Jag frågade henne varför, men fick inget riktigt svar. Några dagar senare började en lång och farlig resa. Jag var bara sju år och förstod ingenting. Den sista etappen var värst. En kväll föstes jag, mina fyra syskon, mamma, pappa och andra flyktingar ombord på en liten fiskebåt. Den skulle ta oss över Östersjön. Det var mörkt, kallt och blåsigt. Ingen hade en aning om vad som väntade oss. Fortfarande kan jag se mammas ansikte framför mig. Hon var likblek, och jag försökte förtränga min oro. Vi barn fick sätta oss ner på huk, och jag kommer ihåg att mamma svepte in oss i stora sjalar. De flesta bad oavbrutet och några kvinnor började gråta hejdlöst. Men vi hade en otrolig tur. Vi kom fram till Sverige med livet i behåll och glädjen kände inga gränser.

Hur blev ni mottagna i Sverige?
Fantastiskt! Vi fick allt vi behövde. Jag tycker Sverige är ett oerhört hjälpsamt och generöst land. Jag är också väldigt stolt över mina föräldrar. De vägrade ge upp och har i många år jobbat otroligt hårt.

Hur var din tonårstid?
Ja, hur var den? Jag ifrågasatte allt. Jag var rätt negativ, rökte, läste massor med böcker och hade väl en och annan tonårsnoja.
Men så hände något, med andra ord, jag blev kär. Jag råkade träffa en väldigt fin kille som gav mig en positiv kick. Jag minns första gången jag skulle träffa Johans föräldrar. Jag var jättenervös.
Men de var väldigt förstående och behandlade mig som människa, inte som flykting. Det kändes oerhört skönt! Sedan så pratade vi väldigt mycket om kulturskillnader, så det var faktiskt tack vare Johan och hans familj, som jag kände att jag började smälta in i det svenska samhället.

Vad tyckte dina föräldrar om, att du hade en svensk kille?
De tog det förvånansvärt fint och var hur respektfulla som helst. De gillade Johan direkt, så mitt förhållande till mina föräldrar har inte försämrats alls, snarare förbättrats!

Det har ju hänt många olyckor med båtflyktingar. Hur ser du på det?
Ja, jag är naturligtvis väldigt tacksam, vi hade ju en sådan tur! Men tusentals människor har det jättesvårt, rättare sagt, lider enormt och tvingas lämna sitt hemland. Många dör någonstans ute på havet. Jag tycker det är hemskt, att flyktingar tvingas anlita människosmugglare. Vad jag menar är, att det måste finnas lagliga vägar att ta sig till Europa.

Hur ser dina framtidsplaner ut?
Just nu pluggar jag. Men jag hoppas, jag kan engagera mig i flyktingproblematiken i framtiden.

4b
- *Snarare* är ett uttryck för omformulering. Det finns ytterligare tre exempel i texten. Vilka?

    1._____ 2._____ 3._____

- Hur bedömer Kaziwa situationen för flyktingar? Hur bedömer hon sin tonårstid? Använd uttrycken för omformulering där det passar.

> **Berätta&diskutera:** Vilka problem kan uppstå, när olika kulturer möts? • Vilka för- och nackdelar finns med ett mångkulturellt samhälle? • Att fly från sitt hemland innebär en stor förändring. Har du själv varit med om en stor förändring i ditt liv?

Jämlikhet och jämställdhet
Ordet jämlikhet kommer från FN:s förklaring om de mänskliga rättigheterna. Samhällets system baseras på grundidén att alla människor har samma värde och rättigheter samt ska visa respekt för varandra oavsett kön, ålder, hudfärg och social ställning. Jämställdhet handlar om lika rättigheter för kvinnor och män. Denna fråga har länge varit mycket viktig i Sverige och finns med i de flesta svenska lagar. Det är helt naturligt att kvinnor har en utbildning och kan arbeta i mansdominerade yrken, t.ex. som chefer, militärer, poliser och präster. Lika självklart är det att män tar hand om hem och barn. Men det finns fortfarande mycket att kämpa för. Kvinnor brukar ha lägre löner än män, typiska kvinnoyrken har låg status och segregationsproblemet är rätt stort.

vilja, ville, velat • förstå, förstod, förstått • ge, gav, gett • få, fick, fått • bära, bar, burit • säga, sa(de), sagt

Avsnitt 6

5a  Fördjupning - infinitiv och bisats utan *att*

ÖB 10-13

Läs mer i grammatiken på s. 64

Infinitiv utan *att*	Bisats utan *att*
Kaziwa lyckades fly.	Han tror det är en tonårsnoja.
Några kvinnor började gråta.	Jag hoppas du mår bra.
Reportern hann komma i tid till intervjun.	Kaziwa tycker Sverige är ett generöst land.

5b

Använd ett mynt eller en spelpjäs. Följ de röda linjerna och gå ett steg i taget från start till mål. Du har olika möjligheter. Bilda en mening med ordet du hamnar på.

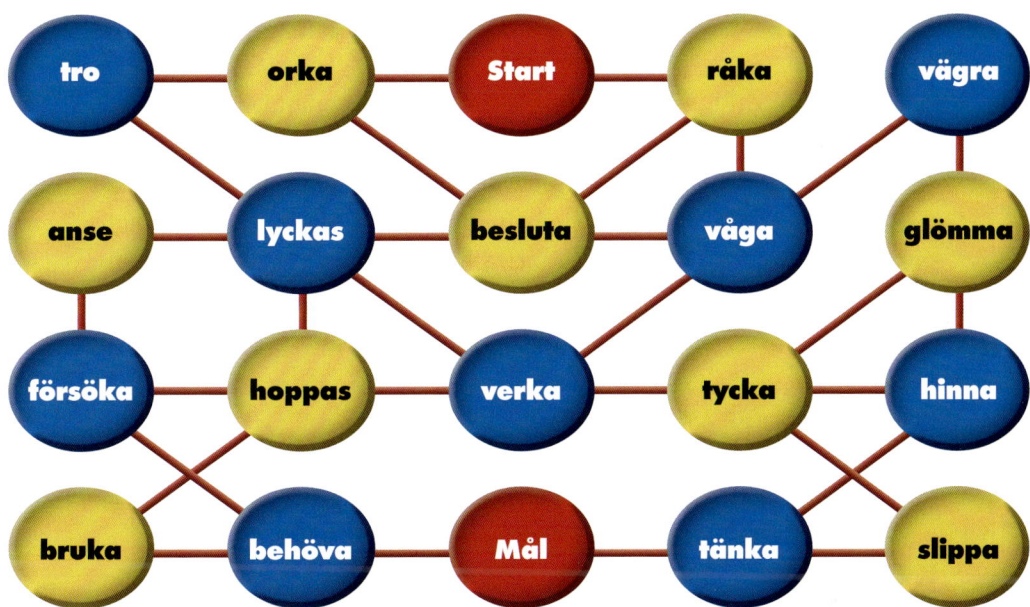

6  Pratshow

Välj ett tema och gör en pratshow. Bestäm tillsammans vilka personer som ska medverka i programmet. Det kan vara en kändis, personer från olika yrkesgrupper, ungdomar m.m. Förbered er genom att var och en för sig samla argument. Utse också en programledare som förbereder frågor. Nyttiga uttryck i en argumentation:

Till att börja med skulle jag vilja säga ...
För det första handlar det om ... . För det andra ...
Vissa tycker nog att ... . Sedan finns det andra som ...

Dessutom så tycker jag ...
Jag är övertygad om att ...
Jag vill framhålla att ...

 slippa, slapp, sluppit • *påstå, påstod, påstått* • *anse, ansåg, ansett* • *hinna, hann, hunnit* • *göra, gjorde, gjort*

Avsnitt 6

7  Uttal - *kille, kö, människa* och andra ord

Vissa ord, framför allt importord följer inte uttalsreglerna, t.ex ordet *kö* kommer från franskans *queue* och uttalas därför med ett hårt k. Det finns även andra undantag. En del ord kan det vara bra att öva uttalet lite extra på! Lyssna på cd:n och träna.

k		sk	sje-ljud		g
keltisk	kidnappa	sketch	kanske	religiös	gem
ketchup	kibbutz	skelett	människa	engagera	gerilla
kelim	kimono	skeptisk	människor	genre	getto
kennel	kisse (katt)	skiss	särskilt	geni	gerontologi
kebab	kissa	skippa	gelé	gest	gingko
keps	kö		generad	giraff	ginseng
kille	kör		generös	garage	logik
kick	arkiv		generalisera	plantage	

Märk uttalet!

säga	egentligen	fortfarande	ungefär	lugnt
säger	åtminstone	fortsätta	arg	ugn
igen	alldeles	antagligen	ledsen	vagn

8  Tror du på Gud?

ÖB 14-15

- I ett "radioprogram" frågade man ett antal personer om deras tro. Lyssna på cd:n och skriv upp tio ord som har med temat tro och kyrka att göra. Jämför i gruppen.

kyrkogård   nattvard

- Lyssna ytterligare en gång och svara muntligt på frågorna.

1. Nämn tre frågor som reportern ställer.
2. Vad har killen som inte är troende för argument?
3. Vilken kyrka tillhör Sara?
4. Vad ingår i Saras vardag?
5. Vad är bön enligt Sara?
6. Från vilket land kommer personen som frågades först?
7. Vilken religion tillhör han?
8. Vad tycker Dagmar om borgerliga begravningar?
9. Är hon religiös?
10. Går hon i kyrkan?
11. Personen som intervjuades sist är ofta på kyrkogården. Varför?
12. Varför är nattvarden viktig för honom?

Berätta&diskutera: Är du troende? • Är du döpt och konfirmerad? • Går du i kyrkan? • Har kyrkan en viktig funktion, tycker du? • Känner du gemenskap i någon församling eller annan grupp? • Är det rätt att man säljer kyrkor? • Hur skulle vi kunna öka förståelsen för andra religioner och samfund?

Avsnitt 6

9 Gammal vänskap rostar aldrig

ÖB 16

	aldrig*	undantagsvis	då och då	regelbundet	för det mesta	titt och tätt
ge komplimanger						
hjälpa						
lyssna						
kritisera						
ringa/mejla/messa						
låna henne/honom pengar						
låna ut bilen						
bråka						
få min vilja igenom						
göra något gemensamt						
vara ärlig						
resa med henne/honom/dem						

- Titta först på ordspråket i rubriken. Är det sant, tycker du?
- Vad gör du som vän? Kryssa för och berätta för varandra. Berätta också om de människor som du verkligen kan kalla dina vänner. Har de ett smeknamn? När träffades ni? Vad betyder ni för varandra? m.m.

* Tänk på ordföljden: **Jag lånar aldrig ut bilen**.

10 En haiku

Mitt barnbarn och jag på tu man hand i solen. Underbar vänskap!

En haiku är en japansk versform som består av tre rader med respektive fem, sju och fem stavelser. Läs haikun. Välj en bild och skriv en egen haiku till temat vänskap.

ge, gav, gett • bestå, bestod, bestått • få, fick, fått • göra, gjorde, gjort • vara, var, varit

SAXAT

ÖB 17-20

Två munkar

Två munkar var på pilgrimsresa. De gick på en mindre väg och kom fram till en å, där bron hade rasat. Vid flodens strand stod en ung kvinna och såg förfärad ut.

Den ene munken erbjöd sig att hjälpa henne över till andra sidan. Han tog henne på ryggen, vadade över floden och satte ner henne på andra sidan. Munkarna fortsatte sin färd i tystnad. När de vandrat ytterligare i ett par timmar, sa plötsligt den andre munken:

- Jag måste fråga dig en sak. Du har ju avlagt kyskhetslöfte, vilket innebär att du inte får ta i en kvinna, ännu mindre bära henne. Hur kunde du göra det du gjorde idag?

Den förste munken svarade lugnt:

- Jag bar henne över vattnet och sedan satte jag ner henne, men du verkar fortfarande bära på henne.

En kopp te - asiatisk visdom

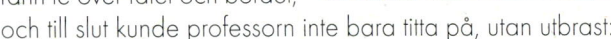

En japansk zenmästare fick en gång besök av en professor som ville veta mer om Zen. De pratade en stund och mästaren märkte att professorn inte lyssnade på ett öppet och nyfiket vis.

Mästaren hällde upp te i en kopp och fortsatte att hälla trots att koppen var full. Det rann te över fatet och bordet, och till slut kunde professorn inte bara titta på, utan utbrast:

- Ser du inte att koppen är full?
- Precis som koppen, sa mästaren, är du full av kunskap och värderingar. Hur ska jag kunna visa dig Zen, om du inte tömmer din kopp först.

> Bäst är att i tid lära sig förlåta.
> Först de andra, sist sig själv.
> — Stig Dagerman

Du går icke ensam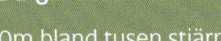

Om bland tusen stjärnor
någon enda ser på dig,
tro på den stjärnans mening,
tro hennes ögas glans.

Du går icke ensam.
Stjärnan har tusen vänner;
alla på dig de skåda,
skåda för hennes skull.

Lycklig du är och säll.
Himlen dig har i kväll.

Carl Jonas Love Almqvist (1793 -1866)

Tag mig. - Håll mig. - Smek mig sakta

Tag mig. - Håll mig. - Smek mig sakta.
Famna mig varligt en liten stund.
Gråt ett grand - för så trista fakta.
Se mig med ömhet sova en blund.
Gå ej från mig. - Du vill ju stanna,
stanna tills själv jag måste gå.
Lägg din älskade hand på min panna.
Än en liten stund är vi två.

Harriet Löwenhjelm (1887 - 1918)

Jag längtar hem

Jag längtar hem sen åtta år.
I själva sömnen har jag längtan känt.
Jag längtar hem. Jag längtar var jag går
- men ej till människor! Jag längtar marken,
jag längtar stenarna, där barn jag lekt.

Verner von Heidenstam (1859 - 1940)

En svensk bön

Gud, som haver barnen kär,
se till mig som liten är.
Vart jag mig i världen vänder,
står min lycka i Guds händer.
Lyckan kommer, lyckan går,
du förbliver Fader vår.

- Läs dikten "Jag längtar hem". Vilket intryck gör den täta upprepningen av ordet *längtar*?
- Jobba parvis och välj en text var ("En kopp te", "Två munkar"). Läs texterna och återberätta dem för varandra. Berätta så levande som möjligt!
- Välj en dikt och gör en läsmeditation tillsammans i hela gruppen. Se till att det blir helt tyst och stilla, innan ni börjar. Tre personer läser dikten ni valde högt en gång var. Sedan stryker alla var för sig under ett ord som gjorde ett särskilt starkt intryck. Efter det berättar alla i tur och ordning, vilket ord ni valde och varför detta ord tilltalade er särskilt mycket.

Berätta & diskutera: Finns det någon bön som är viktig för dig? • Om du bodde utomlands: Vad skulle du mest sakna och längta efter från ditt hemland? • Varför är ensamhet och utanförskap ett problem för många migranter? Hur kan samhället hjälpa, tror du? Hur skulle du kunna hjälpa? • Vad kan det vara som motiverar människor att göra pilgrimsresor, t.ex. att gå Jakobsvägen?

bjuda, bjöd, bjudit • rinna, rann, runnit • brista, brast, brustit • sätta, satte, satt • se, såg, sett

Avsnitt 6

11a
ÖB 23-25

Skumläs texterna. I en av dem finns idiomet "ställas på sin spets". Det finns ytterligare två idiom. Vilka? Försök att förklara innebörden.

Familjerådgivning

Sylvia Johansson
svarar på frågor kring relationer och samlevnad.

Varför flörtar min sambo med andra kvinnor?

Jag är en kvinna på 55 år som sedan ett år har ett förhållande med en jämnårig man. Jag var änka en tid men träffar nu denne man som jag verkligen älskar. Han säger att han tycker om mig, men inte tillräckligt mycket. Därför har han behov av att flörta med andra kvinnor, när vi är ute på krogen eller någon annanstans. Han skyller på sin uppväxt och att han inte kan styra sitt beteende. Egentligen vill jag inte bryta förhållandet, eftersom han har så många goda sidor. Men jag mår så dåligt och börjar isolera mig. Är det kanske jag som är svartsjuk? Svartsjuka lär ju vara en riktig sjukdom. Snälla hjälp mig!
OLYCKLIG

Att ha en partner som flörtar med andra är nog ett problem som du inte är ensam om, och jag förstår att det känns jobbigt. Att flörta kan jag inte se som ett "behov" och jag tycker att din partner är ute på hal is när han säger att han inte kan rå för sitt beteende.

För många medelålders män och kvinnor känns det viktigt att få bekräftelse av det motsatta könet - en bekräftelse på att man fortfarande är gångbar på marknaden. Det behöver inte handla om några djupa känslor. Bakom detta döljer sig en smått omogen person som sårar sina partners med sitt beteende. Du säger att du älskar denne man, och vad du bör göra i första hand är att tala om för honom hur sårande och kränkande hans beteende är för dig - att han gör dig ledsen. Jag råder dig att stanna upp och tänka efter. Vill du verkligen ha en relation med en man som kränker dig på detta sätt? Du behöver få ordning på dina känslor. Jag får inte intrycket av att du är svartsjuk. Men får du inte ordning på ditt liv borde du söka hjälp hos en psykolog.

Hur ska jag göra när sonen tar studenten?

Min son tar studenten i vår. Hans pappa och jag skildes, när pojken var fem år, och vi har tyvärr aldrig kunnat kommunicera. Han har heller inte velat träffa sin son regelbundet. Sedan skilsmässan har jag en sambo som har ställt upp oerhört fint. Är jag egoistisk som inte tänker bjuda pappans släkt till studenten?
ÅSA

Just vid tillfällen som barndop, studentexamen och bröllop är det som allting kan ställas på sin spets i familjer, där föräldrarna är skilda. Det är lättare att fira födelsedagar eller jul på två ställen, men gifter sig eller döper sitt barn gör man bara en gång i livet. Och visst tillhör studenten dessa engångstillfällen. Jag förstår att du inte med en klackspark bjuder hem en hel släkt, som ni i övrigt inte har någon kontakt med.
I en sådan situation brukar jag råda att ha festen på neutral mark, dvs. att båda föräldrarna hyr en festlokal och delar på alla kostnaderna som uppstår i samband med festen. Det brukar fungera jättebra och alla nära och kära är samlade på den stora dagen.
Du bör naturligtvis tala med din son först och lyssna på hans åsikt. Föredrar han ett firande på två håll och tycker pappan det är okej – då är det ju också en bra lösning. Jag önskar er ett trevligt studentfirande!

11b

- Intensivläs en text var och återberätta den kort för din partner. Vilket är signaturens problem? Hur bedömer Sylvia situationen och vad är hennes råd?

- Hitta substantiven i texterna till följande verb:
  bekräfta, behöva, hjälpa, döpa, kosta, råda, bete sig, relatera, kontakta, ordna

- Bilda verben till följande substantiv:
  bjudning, skuld, brytning, sår, kränkning, isolering, tal, kommunikation, tanke, del, funktion, flört

dölja, dolde, dolt • böra, borde, bort • vilja, ville, velat • bjuda, bjöd, bjudit • säga, sa(de), sagt

Avsnitt 6

12a Fördjupning - de modala hjälpverben *böra* och *lär*

Läs mer i grammatiken på s. 65

ÖB 26-27

böra	lär
Kyrkogården **bör** hållas ren. Du **borde** sluta röka! Kent **bör/borde** vara helt slut nu. Vi **bör/borde** skjutsa hem Erik.	Per **lär** vara väldigt rik. Det **lär** bli en varm sommar.

12b Ändra meningarna och använd bör/borde eller lär.

Ex.: Jag tycker du ska söka hjälp. **Du borde söka hjälp.**
Det påstås att det blir regn. **Det lär bli regn.**

1. Det sägs att skatterna ska höjas igen.
2. Det påstås att vädret blir fint i morgon.
3. Det sägs att Julia har gift om sig.
4. Jag tycker att du ska ringa polisen.
5. Olle måste verkligen tappa några kilon.
6. Det sägs att Nicke är rik som ett troll.
7. Den filmen måste du se!
8. Kalle skulle sluta röka, tycker jag.
9. Ellen ska ha flyttat, har jag hört.
10. Det vore bra om Wilma bytte lägenhet.

13 Ge råd och tips

ÖB 28

Jag skulle vilja ...

- [ ] banta
- [ ] sluta röka
- [ ] byta jobb
- [ ] försona mig med min far/mor/syster m.m.
- [ ] sporta mer
- [ ] ha mer kontakt med andra människor
- [ ] träffa en ny tjej/kille
- [ ] leva mer miljövänligt
- [ ] bli av med min ormskräck
- [ ] _____

- Tänk på något du skulle vilja ändra på. Sedan börjar en i gruppen, t.ex. "Jag skulle vilja banta". De andra i gruppen ger råd och tips. Sedan fortsätter nästa kursdeltagare.

  Jag råder dig att ...   **Du bör/borde ...**   **Du skulle kunna ...**

- Jobba på egen hand och skriv en insändare där du tar upp ett problem, t.ex. "Min sambo arbetar hellre än umgås med familjen", "Min svärmor bara skäller på mig", "Min son bor fortfarande hemma". Byt insändare med någon och var nu familjerådgivaren som svarar. Läs upp era insändare och svar till slut. Andra uttryck du kan använda:

  Du måste acceptera ...   **Undvik ...**   **Vad du kan göra är att ...**
  Du måste få distans till ...   **Tveka inte att ...**   **Det är viktigt att du ...**
  Du skulle kunna börja ...   **Jag förstår att ...**   **Du behöver ...**

böra, borde, bort • bli, blev, blivit • göra, gjorde, gjort • ha, hade, haft • skriva, skrev, skrivit

Avsnitt 6

14a Läs texten medan du lyssnar. Varför kan man säga att den handlar om en kulturkrock? Resonera.

ÖB 29-30

Herman Lindqvist
När det gås på tysta fjät

Från Nya Foundlands fjordar till Ceylons brända dalar, varhelst en svensk har sin boning så skrids det på, kanske inte alltid så tysta, men dock sjungande fjät världen över den 13 december varje år. Lucia är för svensken vad 17 maj är för norrmannen, man firar det var man än är och utan att blygas.

Fast ibland kanske man skulle blygas lite mera INNAN så blir det inte så pinsamt SEN. Jag har ändå sett lucior komma skridande genom det egyptiska mörkret, över en gummiplantage i en regnskog i Malaysia, och en gång i ett hyreshus i Hongkong och det ska jag berätta om, för allting är väl preskriberat vid det här laget.

Det var på den tiden jag bodde i ett hyresrum mitt i ett stort hus i Hongkong, bland tusentals andra människor, alla Hongkongkineser. Vi levde nära varandra, kan man säga, fast i skilda rum, men i den synnerligen bullriga, fuktiga och heta gemenskap som råder i just dessa hus, kryllande av kackerlackor, råttor, ödlor, ungar och större människor i ett aldrig upphörande myller eller oväsen. Alla har tv-apparaterna på hela tiden, alla spelar kantonesisk opera eller popmusik på högsta varv, det pågår mahjongspel med plastbrickor på hårda bord dygnet runt. Det skriks och tjoas, ropas och hojtas.

Där satt jag alltså en gång, ganska deppig, ensam svensk i luciatider.

Just då kom till kronkolonin några gamla vänner från Sverige, med sambon. Vi hade en, som man säger, trevlig afton ute på stan och sen hemma hos mig. Då gick det upp för oss att det var lucia om några timmar och vi insåg att HÄR hade vi en chans att överbrygga de kulturella motsättningarna mellan oss och våra grannar. Här kunde vi sprida lite svensk information och kultur. Vi skulle LUSSA för grannarna.

Entusiastiskt gick vi in för förberedelserna. Av lakan fixades det till lucialinnen. Jag hade fått med mig en rund adventsstake som fick bli luciakrona, vi skålade upprymt inför detta och övade oss några timmar.

Under tiden pågick mahjongorgierna och de kantonesiska operorna och karatefilmerna hos grannarna intill, så de blev inte störda av oss.

Vi skulle bara vänta ut dem, annars var det ju inget roligt. Överraskningsmomentet, ni vet.

Klockan fyra var det ganska tyst i huset. Vi själva var också ganska dämpade, men det finns ju botemedel mot det. Vi var kort sagt i toppform halv fem.

Nu skulle det ske. Nu skulle mina Hongkonggrannar få uppleva sin första lucia, ett oförglömligt ögonblick skulle det bli, det var vi säkra på.

Vi klädde ut oss, och blev ett gäng skrovliga stjärngossar, två tärnor hade vi visst också.

Vi tände ljusen, vi skred på vingliga fjät ut i korridoren. Vi ringde på den första dörren. Ingenting hände. Vi sjöng och ringde en gång till. Ljudet av sandaler som släpade mot stengolv hördes, någon tittade på oss i titthålet i dörren och svor att vi skulle dra åt skogen. Jag översatte ingenting, man ska ju inte trycka ner nya artister så där i begynnelsen av deras karriär. Så vi ringde på nästa dörr.

Den flög upp. Där stod en fullständigt skräckslagen kines i shorts och undertröja, ögonen stora som tefat. Vi skred värdigt in sjungande Luciasången, ljusen fladdrade i de elektriska fläktarnas drag. Fyra mycket trötta kineser satt runt ett bord och spelade kort, de stirrade på oss stela av fasa.

Jag som ju ändå är i informationsbranschen insåg att här fanns ett informationsgap mellan oss och dem, så jag började fylla gapet.

"It is Lucia ..." sa jag. "Ni vet ... helgon från Syrakusa tror jag, Sicilien ... fast HON kommer från Bollnäs ... förstås", tillade jag, för det gjorde hon ju.

"Hon brann upp", förklarade jag. "Lucia alltså, brann på bål. Den vita dräkten symboliserar renheten, purity, virgin", sa jag. "Jungfru i vintermörkret", försökte jag förtydliga, men min föreläsning i nordisk mytologi och antropologi blev allt mattare och alltmer osäker. Jag medger det.

De fyra stirrade alldeles perplexa på mig. De förstod tydligen inte ett smack.

Vi drog Staffan Stalledräng, medan vi hastigt retirerade.

Männen såg ut som om de ville dra kniv eller försöka några av de där kung fu-sparkarna som ständigt demonstreras i Hongkongs tv.

Vi inställde luciafirandet. VILL inte folket uppleva riktig konst så ska dom slippa. Vi drog oss tillbaka för enskild överläggning, som det heter.

Dagen efter fick vi veta att vitt är dödens färg i stora delar av Asien, och levande ljus har man bara på begravningar och då vi kommer in klädda i vita kläder med fladdrande ljus mitt i natten, kunde det bara tolkas som ett dödståg, en spökparad eller ett omen om att något ont och ohyggligt ska inträffa.

Vi som bara skulle bygga broar mellan kulturerna.

Så kan det gå även på de lättaste fjät.

14b
- Skriv i tur och ordning upp ord ur texten på tavlan men utelämna vokalerna, t.ex. kckrlckr (kackerlackor). De andra ska komma fram till vilket ord det är frågan om.
- Du är en av vännerna som var på besök i Hongkong. Skriv ett mejl hem, där du berättar lite om vad som hände den där lucianatten den 13 december. Läs upp era mejl för varandra.

skrida, skred, skridit • skrika, skrek, skrikit • sprida, spred, spridit • sjunga, sjöng, sjungit • brinna, brann, brunnit

Avsnitt 6

15a Repetition - adjektiv efter vissa ord

Läs mer i grammatiken på s. 66

ÖB 31

> Tänker du köpa **hans gamla** bil?
> Det här är **Saras nya** cykel.
> Har ni **någon fin** stuga till salu?
>
> Kineserna lyssnade på **de kantonesiska** operorna.
> Det finns **inget dåligt** väder, bara dåliga kläder.
> Det kom **några gamla** vänner.

15b Fyll i rätt form av adjektivet.

1. Har ni någon _____ modell? **ny**
2. Det är Kalles _____ bil. **fin, röd**
3. Här kunde vi överbrygga de _____ motsättningarna. **kulturell**
4. Ska verkligen den här _____ kyrkan säljas? **vacker**
5. Det här var inget _____ prov. **svår**
6. Många asylsökande har _____ problem. **allvarlig**
7. Mina _____ föräldrar var hur förstående som helst. **snäll**
8. Den här _____ killen vill gärna ha jobbet. **trevlig**
9. Kan du ge mig några _____ böcker? **intressant**
10. Vi bodde i min _____ lägenhet i Hongkong. **liten**

16 Idiom

det vete fåglarna
på nolltid
sitta i klistret
sätta sig på tvären
gå iland med något
leva i sus och dus
vara en sölkorv
på rak arm
köpa grisen i säcken
vara på hugget
vara mitt i prick

TALA SVENSKA I detta avsnitt finns en del idiom. Ögna igenom texterna och skriv upp idiomen på tavlan. I blå stil finns några till. Vad menas med uttrycken? Resonera. Kan du komma på en motsvarighet i ditt modersmål?

17 Ord i fokus

ÖB 33, 35-37

Studera tabellerna. Samla fler ord, det finns en hel del i detta avsnitt. Diktera ord för varandra.

STAVNING — Sje-ljudet i inhemska ord → regler på s. 191

sj	sk (framför e, i, y, ä, ö)	skj	stj	rs
sjuk	sked, skidor, skymma, skäl, sköta	skjorta	stjäla	kurs

ORDBILDNING — Suffixen *-dom* och *-skap*

-dom	-skap
barndom	fiendskap

sitta, satt, suttit • sätta, satte, satt • gå, gick, gått • kunna, kunde, kunnat • vara, var, varit

Vanligt och ovanligt

Avsnitt 7

I det här avsnittet lär du dig bl.a.
- att benämna olika ljud
- att tala om sinnesintryck
- att bedöma en situation
- att läsa och förstå en instruktion
- att instruera någon
- att tala om smak och musik, vanor och ovanor
- grammatik - genitiv och prepositioner som uttrycker ägande, tillhörighet och relation; partikelverb; perfekt particip (repetition)
- uttal - partikelverb
- stavning - ng-ljudet

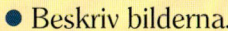

- Beskriv bilderna.

  Påfallande/Utmärkande/Iögonfallande är ...
  Stämningen är ... /Det speciella är ...

- Har du någon plats som betyder något extra för dig? En plats du tycker om att tänka på och återvända till, ett smultronställe. Berätta!

  Mitt smultronställe är ...
  Jag älskar/gillar ...

Avsnitt 7

1 🔘38 **Regnet smattrar …**

ÖB 1

- Arbeta parvis och ta reda på vad nedanstående ord betyder.
- Lyssna på cd:n. Samordna ljuden du hör med orden.
- Vad tycker du? Kommentera!
  **Jag tycker det låter härligt/skönt, när regnet smattrar mot fönstret.
  Det låter hemskt/fruktansvärt, när … / Jag gillar inte, när …**

[1] smattra	[ ] porla	[ ] surra	[ ] sorla	[ ] gnissla
[ ] smälla	[ ] mullra	[ ] skvalpa	[ ] klirra	[ ] susa
[ ] ringa	[ ] kvittra	[ ] bullra	[ ] skramla	[ ] knaka

2a 🔘39 Lyssna på cd:n med stängda böcker. Vad handlar artikeln om? Läs den sedan och skriv en passande överskrift till varje stycke. Jämför i hela gruppen.

ÖB 3, 4

Våra fem sinnen

Sinnena är vår nyckel till omvärlden. Lukt, smak, känsel, hörsel och syn är våra fem sinnen. Det fastslog redan Aristoteles på 300-talet före Kristus. Sinnena är redskapen med vilka vi tolkar vår plats i världen. Vi känner ju varje rörelse vi gör, vi är medvetna om hur maten vi äter smakar och allt som vi rör vid ger oss olika sorters sinnesförnimmelser.

1 Ett ofött barn hör världen utanför långt innan det sett dagens ljus och barnet kan känna igen röster och musik redan från sjätte månaden i fosterstadiet. Även känsel-, smak- och luktsinnet fungerar välutvecklat från början. Utan dessa sinnen skulle det nyfödda barnet inte känna igen den som sköter om det - och antagligen inte heller kunna knyta an.

2 Vi använder våra sinnesceller - och nästan 75 procent av dem finns i ögonen - för att hämta information från omgivningen.
Människans ögon är faktiskt bland de mest välutvecklade i djurvärlden. Vi klarar, för det mesta, galant att se skarpt på både nära och långt håll. Vi har fått lyckan att se färger. Cirka 130 miljoner av vår kropps sinnesceller hittar vi just i ögonen. Det är en rätt hisnande tanke och därför är det inte konstigt att vi har många ord för att beskriva det vi ser. För visst är det oftast så mycket lättare att beskriva hur den där alldeles underbara lilla byn i Toscana ser ut än hur den … doftar?

3 Vårt doftsinne är på topp i 30-årsåldern för att sedan börja dala vid 50-60-årsåldern. På tal om doftsinne: utan det skulle det vara svårt att överleva - ja, åtminstone förr i tiden. Det är nämligen så att utan luktsinne skulle vi inte heller känna några smaknyanser. Luktsinnet och smaksinnet är tätt sammankopplade och luktsinnet väcker också lätt liv i gamla minnen.

4 Över huden och i muskler, senor, leder samt inre organ finns känselns sinnesceller utspridda. Vi kan uppleva beröring, tryck, smärta, värme och kyla. Beröring är viktigt. En kram gör att vardagslivet känns lite lättare. Du slappnar av. Känner glädje. Ett av svaren på beröringens läkande kraft stavas oxytocin - det rogivande hormonet.

5 Vi alla är olika individer i ett ständigt samspel. Världen uppfattar vi på vårt eget sätt. Ljud som vi förknippar med trevliga händelser blir positiva för oss. Vågornas skvalpande mot en klippa kan ge en människa en känsla av tillfredsställelse, samtidigt som en annan blir salig över ett tryggt sorl av folkvimmel på sin gata.
Du kanske beställer in en kryddstark pasta arrabiata på den italienska kvarterskrogen, medan din bordsgranne hellre väljer något mildare. Precis på samma sätt är det med till exempel musik och konst. Somliga får energi av starka färger, medan andra blir stressade av dem och i stället omger sig med ljusa färger.
Hur våra förnimmelser formas beror på vår upplevelsevärld och vilka sorts sinnesupplevelser vi har fått under livets gång.
Våra sinnen är i ständigt samspel för att ge oss bilden av omvärlden.
…
Text: Sara Leijonhufvud

2b
- Vad heter substantiven till verben *se, lukta, dofta, höra, känna, smaka*?
- Vilka fakta tycker du är särskilt intressanta?

Berätta & diskutera: Vilket sinne är viktigast för dig? • Har du nytta av ett visst sinne i livet rent allmänt eller i ditt yrke? • Har du ett doftminne, t.ex. från barndomen eller semestern?

slå, slog, slagit • se, såg, sett • knyta, knöt, knutit • ge, gav, gett • få, fick, fått

Avsnitt 7

3 Fler sinnesintryck

ÖB 5

beskt **ojämnt** **kallt** **illa** **starkt** **hårt** **lent** **salt**
sött **strävt** **mjukt** **surt** **gott** **friskt** **varmt** **fränt**

Det luktar ...

Det smakar ...

Det känns ...

TALA SVENSKA
- Sortera in orden under rubrikerna. Kommer du på fler adjektiv?
- Välj en bild på sid. 83. Titta på fotot en stund och lev dig in i stämningen. Vad ser, hör, luktar och känner du? Berätta så stämningsfullt du kan för hela gruppen.

4 Smaken är som baken - delad

Definition av begreppet *kitsch*
Kitsch är ett lånord från tyskan och syftar på konst eller hantverk av mindervärdig estetisk kvalitet. Ordet lanserades av konsthandlare i 1860- och 1870-talets München som term för billig och sötaktig konst. Begreppet fick internationell spridning på 1920-talet. Så småningom har kitsch fått en allt vidare betydelse och omfattar nu konstnärliga uttryck av olika slag som karaktäriseras av dålig smak och försök att med hjälp av olika grepp väcka sentimentala känslor. Kitsch kan även vara ett medvetet och ironiskt användande av ett överdådigt formspråk.

Efter wikipedia

TALA SVENSKA
- Vad menas med ordspråket i överskriften? Resonera en stund.
- Läs definitionen på ordet *kitsch* i rutan. Håller du med? Diskutera.
- Välj en bild var och fundera. Är det kitsch? Var går gränsen? Ge synpunkter, diskutera och jämför i gruppen.

Jag anser att... För min del tycker jag...
Bortsett från ... Med undantag av ... tycker jag att ...
Visserligen är det kitschigt, men jag ... Jag håller med/inte med ...

85

Avsnitt 7

5 Vana och ovana

- Läs pratbubblorna. Handlar det om vanor eller ovanor? Diskutera.
- Vilka "ritualer" och vardagsvanor är viktiga för dig? Varför? Har du en ovana?

6a Fördjupning - genitiv och prepositioner som uttrycker ägande, tillhörighet och relation

ÖB 6, 7, 8

Läs mer i grammatiken på s. 67

Vid femtio **års** ålder började Jakob studera.
Efter fyra **timmars** vandring gjorde vi paus.
Vissa flygplan kan flyga på 9000 **meters** höjd.
Nu bjuder vi på 50 **procents** rabatt.
Jag har alltid en fickkniv **till hands**.

Innehållet **i** lådan var hemligt.
Orsaken **till** mordet var oklar.
En bekant **till** min mamma är politiker.
Undersökningen **av** fallet tog några veckor.
Priset **på** huset var alldeles för högt.

6b Läs mejlet och fyll i orden som fattas.

Hej Agnetha,

jag hade aldrig trott, att jag vid 55 _____ ålder skulle få uppleva en riktig äventyrsresa. Men nu har jag bestämt mig. Jag bokade en resa igår som verkar jättespännande. Med 14 andra personer tänker jag bestiga Kilimanjaro som ligger på 5 895 _____ höjd! Jag har redan köpt en begagnad ryggsäck, den verkar bra. Har hört talas om höjdsjuka och 5 - 6 _____ vandring varje dag, men det ska nog gå bra. Jag har rätt bra kondition, eftersom jag går mina dagliga promenader med Karo. Sedan har jag ju en viss tävlingsinstinkt och är inte rädd för ett avskalat liv. Snarare tvärtom, jag längtar efter det! Och något stärkande som te eller en bit choklad har man väl alltid _____ ! Priset _____ resan ligger på 28 000 kronor. Det är ok, tycker jag. Dessutom bjöd researrangörerna på 20 _____ rabatt, om man bokade denna vecka. Bra, va?! Hör av dig!

Kram
  Inger

gå, gick, gått • flyga, flög, flugit • sätta, satte, satt • bjuda, bjöd, bjudit

Avsnitt 7

7 | Målet är toppen!

Kilimanjaro

- Vad menas med överskriften? Resonera gemensamt.
- Lyssna på samtalet. Vilka uttryck använder Agnetha för att be om en förklaring? Kryssa för.

☐ Hur så?
☐ Vad kan man göra?
☐ Vad menar du med det?
☐ Kan du förklara?
☐ På vilket sätt?
☐ Och vad gör man då?

☐ Varför det?
☐ Förlåt, men det förstår jag inte.
☐ ... , eller hur?
☐ Är det så?

Bärare bär packningen

- Lyssna på samtalet en eller två gånger till och samla fakta i stolpform till följande rubriker:

Höjdsjuka	Packning	Gruppen
Vandring	Coca-cola-rutten	Utmaning

Kibo-hyddan på 4 700 meters höjd

- Jobba i smågrupper. Använd Ingers mejl (från övning 6b), fakta från dialogen och Magnus tips. Bedöm situationen. Tror ni att Inger klarar utmaningen hon har föresatt sig? Ge synpunkter och diskutera.
- Jobba var och en för sig. Låtsas att du är Agnetha och svara på Ingers mejl (från övning 6b). Läs upp era mejl för hela gruppen till slut. Uttryck du kan använda:

Så vitt jag vet ...   Du har väl inte glömt att ...
Tänk på att ...   Är du säker på att ...
Det vore bra om du ...   Jag har hört/läst att ...

Magnus bästa tips:
- Förbered dig ordentligt hemma - gå mycket, gör backträning, spinning eller allt som stärker benen
- Fokusera på utrustningen - skaffa en lätt ryggsäck, gå in kängorna väl, fixa knäskydd
- Mental förberedelse - var öppen för att möta det okända.
- Gångstavar kan man hyra på platsen.

be, bad, bett • veta, visste, vetat

Avsnitt 7

Så här gör du - tre instruktioner

ÖB 10-15

A Hur man viker en skjorta av en sedel

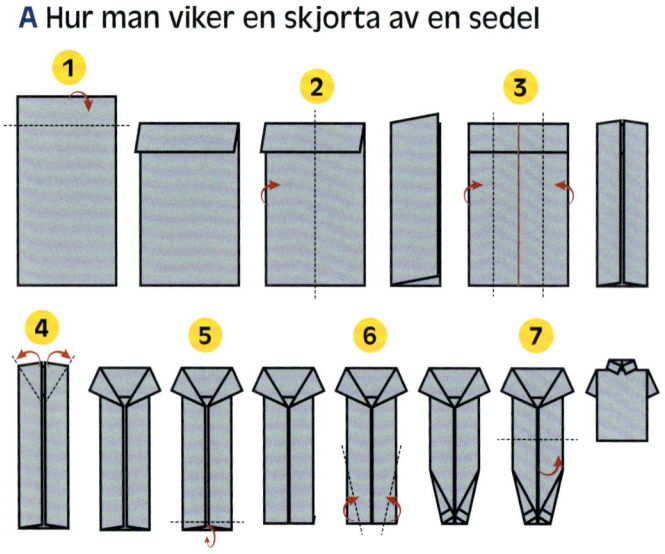

1. Lägg en sedel framför dig. Vik ned ca 2 cm från toppen av sedeln.
2. Vik sedan sedeln på mitten, så att det uppstår en mittlinje.
3. Öppna sedeln och vik in kanterna från både vänster och höger mot mittlinjen.
4. Vik ut hörnen på toppen av sedeln som bilden visar. Detta blir ärmarna.
5. Vik ca 0,5 cm från botten bakåt. Detta blir skjortkragen.
6. Vik in kanterna på sedeln så att flikarna går ihop mot varandra i mitten.
7. Vik upp nederdelen ungefär vid mitten av sedeln så att kragens snibbar "låser" ihop hela skjortan hängande över kanten på andra sidan. Vänd nu upp framsidan och du har en skjorta!

B Scones 2

Det här behövs för 16 bitar:

8-9 dl vete- eller dinkelmjöl
4 tsk bakpulver
1 tsk salt
100 g smör
3 dl mjölk

Ugn: 225°

Gör så här:

1. Blanda samman mjöl, bakpulver och salt i en skål. Skär smöret i bitar, blanda ner det i mjölet och finfördela det till en grynig massa.
2. Häll i mjölken och arbeta ihop allt till en deg.
3. Stjälp upp den på lätt mjölat bakbord. Dela degen i fyra bitar och platta ut dem till runda kakor, ca 12-15 cm i diameter.
4. Skåra varje kaka korsvis i fyra delar med en mjölad kniv.
5. Lägg de på en plåt klädd med bakplåtspapper. Sätt in sconsen i mitten av ugnen och grädda ca 10-12 minuter.
6. Bryt isär kakorna och servera nygräddade. Bjud smör, sylt, marmelad och/eller ost till.

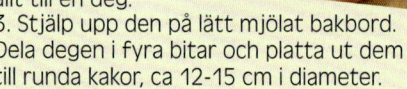

C Byt ut en trasig kakelplatta

1. Kratsa bort fogen runt plattan med en platt mejsel eller ett litet stämjärn. Borra några hål i plattan och hugg ut den med en hammare och en platt mejsel.

2. Skrapa bort resterna av kakelfixet, så att den nya plattan kommer i nivå med resten. Borsta rent i hålet. Lägg därefter kakelfix på baksidan av plattan med en fixkam. Se till att hela plattan är täckt.

3. Ställ plattan på högkant och tippa in den i hålet. Pressa ner plattan i nivå med resterande plattor genom att trycka till försiktigt. Kontrollera att plattan sitter plant med hjälp av ett vattenpass.

4. Fyll fogarna med fogbruk. Fördela med en gummispackel som dras diagonalt över fogarna och jobba in fogbruket ordentligt. När fogarna hårdnat lite, kan du torka bort överflödigt bruk. Efter ca 20 minuter kan du polera rent allt med en torr trasa.

- Ta fram en sedel. Följ instruktionerna och vik en skjorta.
- Jobba två och två. Ögna igenom texterna och stryk under alla instruktionsverb med partikel ni kan hitta. Välj sedan en instruktion var (B eller C). Läs instruktionerna och träna in orden. Lägg sedan över texten och berätta för varandra med hjälp av bilderna hur man gör.

vika, vek, vikit • lägga, la(de), lagt • hugga, högg, huggit • skära, skar, skurit • bryta, bröt, brutit

Avsnitt 7

9 Uttal - partikelverb

Betoningen av ett partikelverb ligger alltid på partikeln. Lyssna på cd:n och träna!

titta på	Vi tittade på när Olle trollade.	**brinna ner**	Huset brann ner till grunden.
tycka om	Jag tycker om pizza.	**äta upp**	Har du ätit upp alla bullarna?
brista ut	Eva brast ut i skratt.	**skruva fast**	Vi måste skruva fast kantlisterna.
tina upp	Har fisken redan tinat upp?	**knyta ihop**	De knöt ihop repen med en knut.
läsa igenom	Jag ska läsa igenom artikeln.	**andas in**	Andas in, är du snäll!
skrika till	Anna skrek plötsligt till.	**ta isär**	Anders tog isär hela sin cykel.
koppla av	I kväll ska jag bara koppla av.	**slå igen**	Niklas slog igen dörren.

10a Fördjupning - partikelverb

ÖB 16-20

Läs mer i grammatiken på s. 68-69

Vanliga partikeladverbial

in	till	igen	ur	tillbaka
ut	med	fram	fast	runt
ner	åt	bort	isär	ihop
upp	över	på	undan	igång
av	iväg	om	i	samman
ifrån	ihop	genom	mot	loss

Ulla skrattade **till**.
Vad ville du ta **upp** till diskussion?
Nu tänker jag bara koppla **av**.
Jag skickar **över** en kopia.
Det håller jag **med** dig om.
Har du slarvat **bort** din nyckel nu igen!
Jag stiger alltid **upp** tidigt.

10b

Spela med en tärning. Ställ en spelpjäs på ett verb. Flytta det antal steg som tärningen visar. Använd verbet du hamnar på, välj ett partikeladverbial och bilda en mening. Gå runt flera gånger och variera grundverbens betydelse genom att använda olika partikeladverbial. Tänk på uttalet!

brista, brast, brustit • skrika, skrek, skrikit • brinna, brann, brunnit • stiga, steg, stigit • äta, åt, ätit

Avsnitt 7

11 Instruera!

ÖB 20, 22

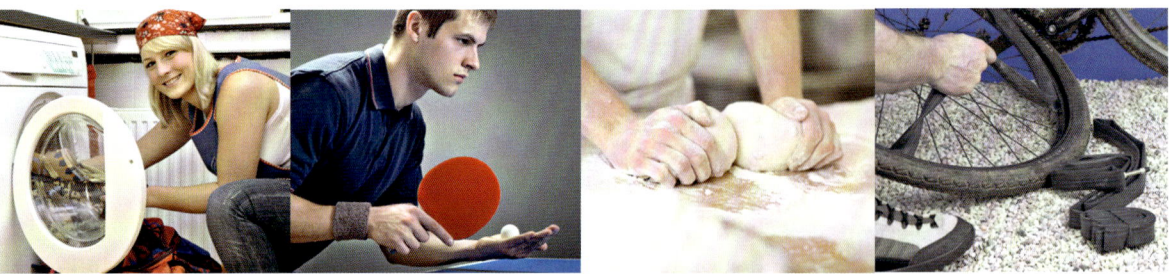

TALA SVENSKA Instruera någon. Välj bland alternativen. Skriv ett litet "manus" i stolpform. Träna in din instruktion en stund och berätta sedan för hela gruppen. Kom ihåg att vara tydlig och ta momenten i rätt ordning.

- hur man lagar en kopp choklad
- hur man monterar en hylla
- hur man spelar fotboll/bordtennis m.m.
- hur man lagar en punktering
- hur man bakar ett bröd eller en kaka
- hur man använder en tvättmaskin
- hur man bygger en fågelholk
- hur man spelar Fia med knuff
- hur man gör pizza
- hur man syr i en knapp
- hur man målar ett bord
- hur man borstar tänderna på rätt sätt

12 Att spela kort

ÖB 22

Färg: ♦ _____ ♥ _____
♠ _____ ♣ _____

en knekt · ruter · en dam
hjärter · en kung · spader · klöver
en joker · en kortlek · ett ess

Spelregler

Korten blandas och given delar ut alla kort. Förhanden börjar spela ut ett ess. Har han inget ess, börjar nästa spelare som har ett ess. Spelaren som har en tvåa på handen i essets färg lägger ut den och säger färgen och valören, t.ex. "ruter två". Sedan fortsätter man med de andra valörerna (3, 4, 5, osv.) upp till kungen. Varje gång en spelare lägger ett kort, säger hon/han färgen och valören. Den som har lagt kungen lägger nästa ess. Har han inget ess, fortsätter nästa spelare som har ett ess. Den som först har blivit av med alla sina kort har vunnit.

ett (spel)kort · en trumf
ett kortspel · ett stick
en talong · en valör
en förhand · blanda
en giv · dela ut

TALA SVENSKA Sätt in orden i vit skrift vid rätt bild. Spela sedan detta enkla kortspel tillsammans för att träna färger, valörer och klädda kort. Känner ni till andra kortspel i gruppen? Berätta! I övningsboken på sid. 121 hittar ni ytterligare ett roligt kortspel.

välja, valde, valt • bli, blev, blivit • vinna, vann, vunnit • göra, gjorde, gjort

SAXAT

Buller gör oss stressade

Vardagen är fullspäckad med ljud som kan påverka vår hälsa negativt. Höga ljudnivåer kan orsaka fysiologiska stressreaktioner, som ökad hjärtfrekvens och förhöjda nivåer av stresshormon.

Trafikbuller från vägar och ljud från grannar är de former av ljud som stör flest människor i Sverige. Enligt Socialstyrelsens nationella miljöhälsoenkät från 2009 uppger cirka 12 procent av den vuxna befolkningen, att de störs av vägtrafikbuller, medan 9 procent störs av ljud från grannar. Andra ljud som upplevs som störande är tågbuller, flygbuller samt buller från fläktar och ventilationssystem.

Höga ljudnivåer upplevs inte bara som stressande, utan orsakar även kroppsliga stressreaktioner i form av ökad hjärtfrekvens, förhöjda halter av stresshormon och huvudvärk. ...

Storstadsbor, med mycket störande ljud omkring sig nattetid, riskerar att få sämre nattsömn, vilket kan leda till allvarliga hälsoeffekter som trötthet, huvudvärk och magbesvär, orsakade av nervositet samt nedstämdhet.

- Senare tids forskning ger visst stöd för att långvarig exponering för trafikbuller i hemmet ökar risken för kroniskt högt blodtryck. Det finns studier som visat på ett samband mellan trafikbuller och hjärtinfarkt. Det behövs dock fler studier innan man säkert kan avgöra om trafikbuller orsakar hjärt-kärlsjukdomar, säger Mats E Nilsson [docent och bullerforskare].

Vi människor är alla olika och hur vi uppfattar ljud är individuellt. En del av oss är väldigt känsliga för ljud, medan andra tål höga nivåer av ljud och buller. Hur du mår fysiskt och i vilken sinnesstämning du befinner dig, spelar också roll och - förstås - vilket syftet är; de allra flesta av oss lyssnar gärna på favoritmusiken på hög volym utan att störas det minsta av den. Fast det gäller att vara försiktig - även höga ljudnivåer av musik du tycker om kan skada hörseln. ...

Buller kan skada innerörats hårceller, vilka är nödvändiga för att vi ska kunna höra. Om hårcellerna har skadats, är skadan permanent, vilket innebär hörselnedsättning och/eller tinnitus.

- Det är svårt för storstadsmänniskan att skydda sig mot buller i vanliga situationer, men för den som vill finns öronproppar eller hörselkåpor som kan hjälpa. Det går även att specialbeställa öronproppar som har inbyggd elektronik som skär bort farliga ljudnivåer, till exempel allt över 90-100 decibel beroende på önskemål och typ av miljö, säger Matti Anniko [professor i öron-, näs- och halssjukdomar].

Text: Sara Leijonhufvud

DECIBELSKALA [dB]

dB	
175	trumhinnan spricker
130	jetplan, gevärsskott
120	smärtgräns, gör väldigt ont
110	disco, rockkonsert
100	tunnelbana
90	cirkelsåg, gräsklippare
80	motorväg, skolmatsal
70	stark trafik
60	gatubuller
50	normal samtalston
40	tyst samtal
30	viskning
20	lugn stadslägenhet

Kör sakta

Tack för att ni sänker volymen när ni hör musik!

Glöm inte att stänga fönstret!

Hörselskydd måste användas

Blåsten

Jag är BLÅSTEN.
Jag gör som jag vill.
Blåser hit eller dit,
jag är aldrig still.
Det är jag som susar ssss i säden.
När jag kommer farande böjer sej träden.
Knakeriknak, jag tar mej ett tak,
suserisus, jag skakar ditt hus!
Vem kan hindra mej, vem säger till?
Jag, som är Blåsten,
gör som jag vill!

Eva Billow (1902-1993)

> Man måste ha gått igenom åtskilligt för att ha barnasinnet kvar.
>
> Gunnar Ekelöf

Allt fler äldre går på rockkonserter

Allt fler äldre har upptäckt tjusningen med att gå på pop- och rockkonserter. Ny statistik från Kulturrådet och Göteborgs Universitet visar att antalet 50-plussare som går på konserter har ökat från 25 till 30 procent på tio år. Ökningen är störst bland höginkomsttagare. Däremot visar statistiken nästan ingen skillnad mellan män och kvinnor, eller när det gäller utbildningsnivå och bostadsort.

- Läs först gemensamt igenom dikten "Blåsten". Skriv sedan följande känslor på små lappar: **rädd, uttråkad, glad, blyg, stolt, förtvivlad, arg, ledsen, osäker, överraskad, förolämpad, besviken**. Alla i gruppen drar var sin lapp. Läs nu dikten "Blåsten" och försök så tydligt som möjligt uttrycka den känslan som står på lappen. De andra gissar vilken känsla det kan vara. Fortsätt tills alla har fått läsa en gång.
- Läs "Buller gör oss stressade". På vilket sätt påverkas vi av buller? Återge vad Sara L. skriver.
- Vilka åtgärder finns för att minska buller och störande ljud (i skolor, på arbetsplatser, i städer, på fritiden)? Samla och skriv upp era idéer på tavlan.
- Varför tror ni att allt fler äldre går på rockkonserter? Diskutera.
- Läs påbuden och de korta meddelandena. Skriv liknande lappar angående saker i er kurslokal (papperskorgen, ljuset, dörren, fönstret, tavlan, blommor m.m.).

bära, bar, burit • säga, sa(de), sagt • finnas, fanns, funnits • ta, tog, tagit • spricka, sprack, spruckit

Avsnitt 7

13 🔊 5 **Olika stilar**
- Vilken musikstil hör du? Skriv rätt stil vid rätt nummer.

rap	blues
heavy metal	jazz
rock	soul
hårdrock	gospel
klassisk musik	folkmusik
modern/ny musik	pop
dansbandsmusik	opera

1 _____   5 _____

2 _____   6 _____

3 _____   7 _____

4 _____   8 _____

- Lyssna en gång till. Vad känner du när du hör musiken? Kryssa för.

stycke:	1	2	3	4	5	6	7	8
jag blir sur								
jag blir uttråkad								
jag blir nervös								
jag blir lugn								
jag blir uppmuntrad/glad								
jag blir pigg								
jag blir förbannad/aggressiv								
jag känner mig avslappnad								
jag känner längtan								
jag blir stimulerad								
det ger mig en kick								

- Vad känner de andra i gruppen? Jämför.

Gillar du dansbandsmusik?

Ja, det gör jag. Jag blir uppmuntrad och glad.

Jag blir pigg av dansbandsmusik.

Jag vet inte riktigt.

Nej, jag blir uttråkad, när jag hör sådan musik.

Berätta & diskutera: Spelar du/har du spelat något instrument? • Går du ofta på konsert? • Varför tror du att musik är så viktigt, t.ex. för ungdomar? • Vilken ställning har musiken i ditt liv? • Är det bra att medvetet lyssna på musik för att påverka humöret eller sinnesstämningen?

14 **Min musik**

TALA SVENSKA Välj ett musikstycke du gillar och förbered en presentation. Samla lite fakta från nätet om låten eller musikstycket, musikstilen och artistens/artisternas/kompositörens/dirigentens liv. Spela upp musikstycket för gruppen, presentera fakta och motivera varför du tycker om just det stycket du valde.

Hon/Han är känd/berömd för ... / Hon/Han spelar i bandet/gruppen ... / Hans/Hennes/Gruppens/Bandets musik kännetecknas av ... / Gruppen/Bandet/Ensemblen/Orkestern/Kören uppträder ... / Andra kända stycken/låtar är ...

Tage Danielsson

Sagan om flygeln som inte ville bli sönderslagen

Det var en gång en ovanligt fin Steinway-flygel som lät så vackert att folk rördes till tårar när han spelades på. Och var gång "Avskedsvalsen" av Chopin klingade ut genom hans öppna lock blev han till och med själv så tagen att det pirrade ända ner i pedalerna på honom.

Nu ryktades det på stan att konsertföreningen skulle få besök av en japansk pianist som var utomordentligt modernistisk och gjorde varje konsert till en s.k. happening. Bland flyglar och pianon glunkades det oroligt om hur han brukade såga sönder benen på de flyglar han fick till sitt förfogande och ha isär dem till oigenkännlighet. Det hade till och med gått så långt att Flyglarnas Intresseförening hade instiftat en pensionskassa för förtidspensionering av invalidiserade instrument.

Nu beslöt orkesterföreningen att den här japanen skulle få spela på vår vän Steinway-flygeln, för får man så långväga gäster så måste man ju ge dem något riktigt fint att såga sönder.

"Stackars du", sa Steinway-flygelns kamrater, "nu väntar dig ett öde värre än döden. Stackars du!"

Men Steinway-flygeln var inte skrajsen av sig.

"Vänta ni", mullrade han i basen. "Den här nidingen till japan ska nog få se på annat!"

*

När konserten skulle gå av stapeln infann sig ett stort antal högtidsklädda musikälskare för att bevittna sönderstågningen. Japanen hälsades av ovationsartade applåder när han gjorde entré med sin lilla kärra med fogsvansar, hackor, spett och släggor.

Japanen satte sig vid vår vän flygeln och lade ned fingrarna lite här och där på klaviaturen.

"Bättre förekomma än förekommas", tänkte flygeln och slog igen locket över händerna på japanen.

"Aj", skrek japanen till, fast bakfram, som de gör i Japan. Salongen höll häpet andan.

Japanen reste sig och skulle iväg till sin såg. Men flygeln hade passat på att lirka in ena pedalen i hans byxben, så han föll pladask på magen.

Nu utbröt jubel i salongen.

"Heja Steinway", ropades det och skreks.

Den rasande japanen rusade till sin kärra och tog fram storsläggan. Så måttade han ett ofantligt modernistiskt slag mot flygelns innanmäte.

Steinway-flygeln avvaktade lugnt och dödsföraktande ända tills japanens huvud och överkropp följde med släggan in mot strängarna i den förödande tilldrämningen. I rätta ögonblicket fällde flygeln med en smäll sitt stora lock över sin motståndare, som därmed satt hjälplöst fastklämd med benen dinglande i vädret.

Publiken applåderade vilt, och Steinway-flygeln var dagens hjälte.

*

Nu skulle man ju ha trott att den japanske pianisten skulle ge sig av hem, men icke. Han ropade efter hämnd och krävde genom Musikerförbundet att få gå en ny match mot flygeln veckan därpå. Nu utbröt en febril aktivitet i musikvärlden. Förenade Musikinstrumentfederationen höll extra sammanträde, och man beslöt att etablera generalstrejk om inte den japanske pianisten omedelbart sändes hem. Till och med avd. 36, bongotrummor och elgitarrer, beslöt att sympatistrejka, fast de egentligen inte hade mycket till övers för konsertflyglar, som ansågs lite fisförnäma.

Strejken skulle påbörjas samma kväll vid en avant garde-konsert som ingick i veckans festspel med Ny Musik.

"Det ska bli skönt att äntligen få säja ifrån", tonade ordföranden i cellosektionen. "I den här konserten ska jag låta som ett sandpapper, och det ligger inte naturligt till för mej". Han skalv till i resonansbotten vid blotta tanken.

"Än jag då", sa en ventiltrumpet, "mej försöker dom få till lunchsirén i andra satsen! Nä, fram för Brahms och Beethoven, det är min musik!"

Det här låter kanske i era öron som ett väldigt reaktionärt resonemang, men då måste ni å andra sidan betänka att även musikinstrument har en normal självbevarelsedrift, precis som vi människor.

Avsnitt 7

Nå, konserten skulle gå av stapeln. Dirigenten slog igång orkestern, men inte ett ljud kom. Publiken tänkte att det här är kanske så ovanligt modernt så det börjar med fyra takters paus. Men fiolisterna filade som besatta, träblåsarna träblåste så kinderna stod som blåsbälgar, och trumslagarn trumlade nästan ihjäl sig - inte ett ljud slapp ut ur den generalstrejkande instrumentuppsättningen. Först när dirigenten gav upp, kastade taktpinnen och gick därifrån uppstämde instrumenten samfällt Internationalen i C-dur.

*

Efter denna skandal hade myndigheterna inget annat val än att anmoda den japanske pianisten att lämna landet. Han for i vredesmod hem till Japan och slog där sönder ytterligare ett stort antal flyglar. Men i Japan är ju flyglarna mycket billigare och gjorda av bakelit, som ni vet.

- Diskutera parvis. Hur tror ni att japanen kände sig (förtvivlad, dum, löjlig, arg, ledsen, sur)? Skämdes han, var det pinsamt?
- Jobba parvis och välj var sin uppgift: Berätta historien ur japanens eller dirigentens perspektiv.
- Jobba enskilt. Du är en myndighetsperson. Skriv brevet, där du råder den japanske pianisten att lämna landet. Läs upp brevet för hela gruppen.

 **En pinsam situation - att göra bort sig**

 Vad tror du att personerna på bilderna tänker eller säger. Beskriv situationerna. Hur hade du upplevt en sådan situation? Kommentera i gruppen.

Vad pinsamt/otäckt/obehagligt/hemskt! / Vilken otur! / Vad klantigt av mig! / Åh nej, vad dumt! / Jag skäms! / Nu gjorde jag bort mig! / Det ser löjligt ut. / Det är (var) pinsamt/otäckt/obehagligt/hemskt! / En sådan situation tycker jag är pinsam. / Det är väl inte pinsamt! / Det är sådant som händer. / Det är väl inte så farligt! / Det skulle också kunna ha hänt mig. / Det hade aldrig hänt mig!

Berätta & diskutera: Har du gjort bort dig någon gång? • Är du rädd för att hamna i en obehaglig situation? • Kan du skratta åt dig själv, om du har hamnat i en pinsam situation? Varför, varför inte? • Tycker du att man borde behärska ett lands koder, när man reser utomlands, för att inte göra bort sig?

 **Män! Råkar ni sitta bredvid värdinnan på en fin middag - gör inte bort er!**

Gör inte bort dig, om du råkar sitta bredvid värdinnans vänstra sida på en festlig middag, för då måste du hålla tal. Talet är ett tack för inbjudan och i talet hyllar man maten, vinet, arrangemanget eller vad du anser behöver hyllas. Talet ska hållas efter huvudrätten och ska vara kort, ca 1-2 min. Det avslutas med en SKÅL för värdinnan. Börja med "Kära ... (värdinnans namn) och käre ... (namnet på värdinnans man), kära gäster, familj osv." Tala om hur glad du är att få vara där och hur fantastiskt maten och vinet smakade. Du skålar genom att höja ditt glas mot värdinnan. Titta henne i ögonen och drick en klunk. Sedan vänder du dig till de andra gästerna, låter blicken svepa runt och skålar. Därefter kan du sätta dig igen och fortsätta prata med värdinnan.

slippa, slapp, sluppit • fara, for, farit • dricka, drack, druckit • sitta, satt, suttit

Avsnitt 7

17a Repetition - perfekt particip (predikativt)

Läs mer i grammatiken på s. 70

ÖB 34-38

Konj.	En-ord	Ett-ord	Plural
1.	Bilen är **lagad**.	Bordet är **lagat**.	Bilarna är **lagade**.
2a.	Affären är **stängd**.	Varuhuset är **stängt**.	Affärerna är **stängda**.
2b.	Bilen är **köpt**.	Huset är **köpt**.	Mopederna är **köpta**.
3.	Klänningen är **sydd**.	Skärpet är **sytt**.	Kläderna är **sydda**.
4.	Artikeln är **skriven**.	Brevet är **skrivet**.	Artiklarna är **skrivna**.

Partikelverb:

sy fast:	**fastsydd**	**fastsytt**	**fastsydda**
blåsa bort:	**bortblåst**	**bortblåst**	**bortblåsta**
tina upp:	**upptinad**	**upptinat**	**upptinade**

De attributiva formerna hittar du i grammatiken.

17b Påminn varandra om olika saker. Fråga och svara enligt följande mönster:

- Du har väl inte glömt att göra såsen till laxen?
- Nej då, såsen är gjord.

- Har du planterat jordgubbarna?
- Jajamen! De är planterade.

- Har du skrivit mejlet?
- Jadå, det är skrivet.

- Du har väl inte glömt att stänga av tv:n?
- Nej, den är avstängd!

Berätta & diskutera: Resonera om för- och nackdelar med t.ex. en farmor, mamma/man/hustru som påminner en om olika saker. • Vad tycker du själv, är det tjatigt eller omtänksamt?

18 Ord i fokus

ÖB 39-42

Studera tabellerna. Samla fler ord, det finns många i detta avsnitt. Diktera ord för varandra.

Ng-ljudet → regler på s. 191

STAVNING

ng	g+n	n+k	n
stänga	vagn	bank	entreprenör

Suffix - verb som blir substantiv

ORDBILDNING

-are	-else	-an	-ing/-ning	-tion/-ation	-ion/-ition
tända	tillåta	ansöka	spegla, beskriva	adoptera, organisera	explodera, opponera
tändare	tillåtelse	ansökan	spegling, beskrivning	adoption, organisation	explosion, opposition

Ideellt och socialt

Avsnitt 8

I det här avsnittet lär du dig bl.a.
- att tala om filantropi, välgörenhet och hemlöshet
- ord och uttryck i samband med försäkringar
- något om det svenska socialsystemet
- uttryck i samband med att övertyga någon
- att propagera för något
- grammatik - homonymer; konjunktionerna *att*, *ifall*, *om* och *huruvida*; "vandrande" adverb
- uttal - sammansättningar med *liv* och *hav*
- stavning - sje-ljudet i importord

- Se på bilderna och reflektera. Vad handlar de om? Var utspelas de? Vad har hänt och varför? Vad tror du kommer att hända? Vad har de med temat ideellt och socialt att göra?
- Associerar du till en särskild händelse eller upplevelse? Framkallar en av bilderna något minne hos dig?

Avsnitt 8

ÖB 1, 2

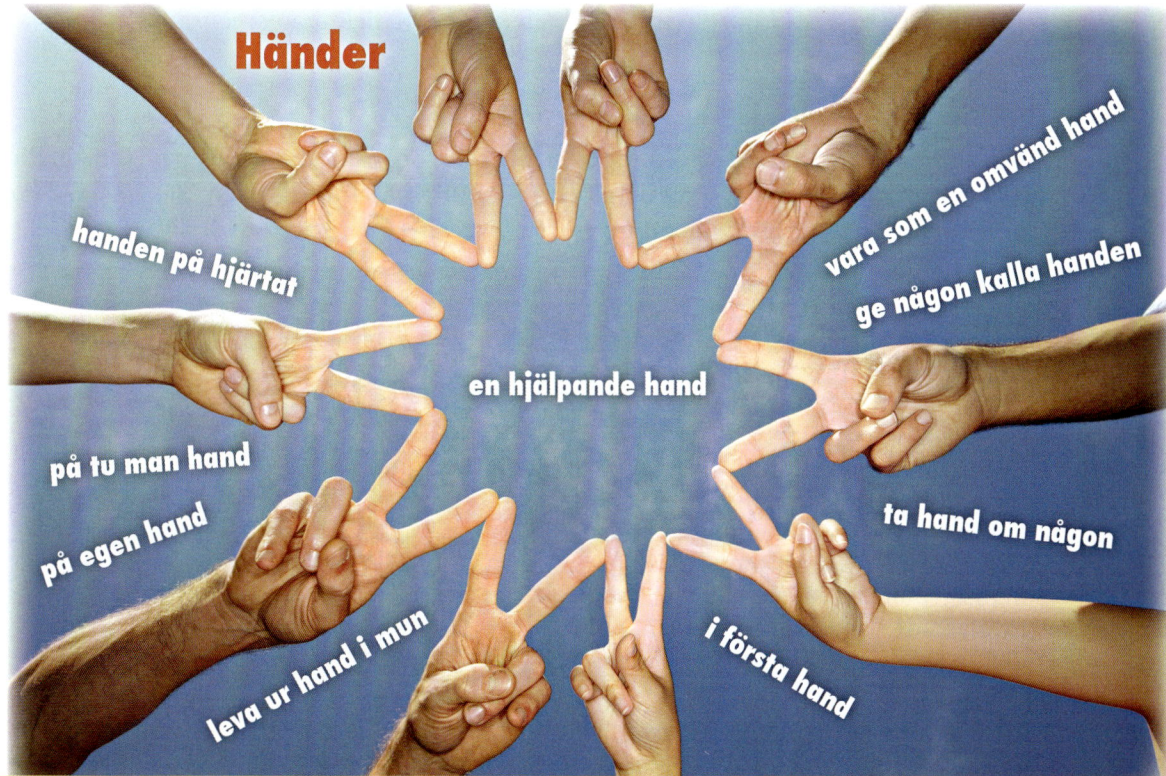

Händer

- handen på hjärtat
- vara som en omvänd hand
- ge någon kalla handen
- en hjälpande hand
- på tu man hand
- ta hand om någon
- på egen hand
- leva ur hand i mun
- i första hand

- Läs idiomen och förklara innebörden av dem.
- Gör en minipresentation (ca 1 - 2 min) kopplat till temat "Mina händer". Börja med att samla tankarna. Skriv upp stödord, om du känner för det.

---

2 7 **Nu förstår jag!**

- Irmgard ber Emma förklara några ord hon inte riktigt förstått. Lyssna på samtalet. Vilka ord och uttryck hör du? Kryssa för!

Ord	Uttryck
☐ välgörenhet	☐ Nej, det tror jag inte.
☐ jamboree	☐ På tal om svåra ord ...
☐ misantrop	☐ Förlåt, vad sa du det hette?
☐ socialbidrag	☐ Nej, ingen aning!
☐ filantrop	☐ Kan du upprepa det?
☐ volontär	☐ Kan du säga det en gång till?
☐ karensdag	☐ Ja, det kan hända.
☐ bistånd	☐ Nej, aldrig hört!
☐ donationer	☐ Oj, det var ovanligt!

- Tjejerna förklarade aldrig vad ordet jamboree betyder. Kolla själv!
- Lyssna en gång till. Förklara sedan begreppen ovan med egna ord.
- Alla slår i en ordbok och väljer ett ovanligt ord. En deltagare börjar fråga någon i gruppen om hon/han har hört ordet. Börja så här: **"På tal om svåra ord, vet du vad ... betyder?"** Om vederbörande vet innebörden, förklarar hon/han ordet. Annars förklaras det av den som ställde frågan.

säga, sa(de), sagt • heta, hette, hetat • bära, bar, burit • stå, stod, stått

Avsnitt 8

3a Titta på rubriken. Vad tror du artikeln handlar om? Reflektera gemensamt.

ÖB 3, 4

De nya filantroperna

Det sköljer en våg av givmildhet över Europa. Trenden kommer från USA, där världsmästarna i filantropi, Bill Gates och Warren Buffet, i sin kampanj *The giving Pledge* uppmanade världens miljardärer att ge bort halva sin förmögenhet.

De nya filantroperna, som nu även finns i Sverige, drivs av viljan att skapa ett bättre samhälle, göra skillnad, men också av fåfängan att bli ihågkomna för någonting varaktigt.

- En global givarkultur växer fram bland världens rikaste familjer, med förväntan att de inte längre bara ska vara generösa, utan också personligt involverade. Globaliseringen, ökat resande och teknikutvecklingen har ökat medvetenheten om globala frågor. Och vi utgår inte längre från att den offentliga sektorn är den enda som ska lösa problemen, säger Melissa Berman, vd för filantropikonsulten Rockefeller Philantrophy Advisors i New York.

Pontus Braunerhielm, vd för Entreprenörskapsforum, menar att det finns ett ökat intresse för förmögna att ge bort pengar även i Sverige, men att det fortfarande är stor skillnad mot USA, när det gäller den filantropiska traditionen. Där finns det dessutom gynnsammare regler för donation.

Nästa år träder en ny lag i kraft som innebär avdragsrätt för donationer upp till 1500 kronor.

- Visst är vi på rätt väg. Det finns en stark vilja hos folk att förändra, men sedan finns det inslag av fåfänga för att bli ihågkommen för något som lever vidare, säger Pontus Braunerhielm.

I alla tider har det funnits välgörenhet och filantroper har traditionellt donerat pengar efter avslutad karriär eller i slutet av livet. De nya filantroperna däremot lägger upp strategier för hur de ska göra skillnad under sin livstid och ha kontroll över sina investeringar. Det verkar snarare vara en investering än en donation. Därav den amerikanska benämningen "Philantrocapitalists".

> **"En global givarkultur växer fram bland världens rikaste familjer."**
> **Melissa Berman**
> vd Rockefeller Philantrophy Advisors

Vad utmärker då den nya givargenerationen?
- De vill inte bara skänka pengar utan göra skillnad i en speciell fråga. Det är ofta yngre personer som är mer resultatorienterade än man var tidigare. Det egna engagemanget gör dem mer inflytelserika, säger Christina von Sydow, generalsekreterare på Frivilligorganisationernas insamlingsråd.

Drivkraften att skänka pengar är en kombination av osjälviskhet och att man mår bra av att dela med sig, menar forskaren Sara Rosengren vid Handelshögskolan i Stockholm.
- Denna tillfredsställande känsla som uppstår, när man hjälper andra, har kallats för "warm glow" av en annan filantropiforskare. Lyckoforskningen visar nämligen att det som gör folk mest lyckliga är att göra saker för andra, påpekar Sara Rosengren.

Hur mycket handlar det om att man vill framstå som en bättre människa? På den frågan svarar Sara Rosengren att visst kan man vilja söka bekräftelse eller visa vad man kan.

Sammanfattning av Hanna Dunérs reportage "Varsågod", SvD

3b Läs artikeln. Vad är/säger följande personer? Välj två personer var och referera.

Sara Rosengren   Pontus Braunerhielm   Melissa Berman   Christina von Sydow

... säger att .../hävdar att .../framhåller att .../menar att .../påpekar att .../konstaterar att .../vill föra fram att .../kommenterar att .../understryker att ...

 ge, gav, gett • driva, drev, drivit • lägga, la(de), lagt • komma, kom, kommit • göra, gjorde, gjort

Avsnitt 8

4 "Investera" i välgörenhet
ÖB 6

- Varför skänker allt fler, framför allt förmögna, pengar till välgörenhet? Samla argument ur artikeln "De nya filantroperna".
- Är det rätt att "investera" i välgörenhet? Diskutera kring de positiva och negativa aspekterna.

Jag tror inte på att ...	Ytterligare ett argument är ...	Jag håller med (om att) ...
Jag ifrågasätter ...	Jag betvivlar att ...	Jag undrar om ...
Om man ...	Jag är skeptisk/tveksam till ...	En viktig synpunkt är ...

5a Fördjupning - homonymer
ÖB 7

Läs mer i grammatiken på s. 71

Singular	Plural	Singular	Plural
en våg	vågar	en våg	vågor
en lag	lagar	ett lag	lag
en ren	renar	ren (adjektiv)	

5b

- Läs meningarna högt och fyll i rätt ord i rätt form. Varje ord kan stå på två ställen.

> bok   lag   våg   form   sträng   lock   byrå   plan

1. Killarna spelade hockey i två ... .
2. Eleverna lärde sig olika geometriska ... .
3. Det gick höga ... på havet.
4. I vår trädgård står två stora, vackra ... .
5. Ett orspråk lyder: Lägg ... på grytan, så ser ingen vad du kokar.
6. När vi bakar pepparkakor, behöver vi många olika ... .
7. I Sverige finns många turist-... .
8. Jag gillar att läsa och köper massor med ... .
9. På onsdagar går det två ... till Stockholm.
10. Jag ville väga mjölet, men ingen av mina båda ... fungerade.
11. Anna har långt hår med stora ... .
12. Nästa år träder två nya ... i kraft.
13. I möbelaffären kunde man välja mellan olika ... .
14. Oj, där brast en ... på min fiol!
15. Pelle hade ... på att resa till USA.
16. Läraren var en ... och hård typ.

- Slå upp vad orden betyder och förklara skillnaden mellan följande homonymer:

| bank | vals | gång | slask | vass | bal |
| fil | ras | mask | flott | öde | regel |

© GROA Verlag   *brista, brast, brustit • vilja, ville, velat*

Avsnitt 8

6 Välgörenhet

ÖB 8-10

STOCKHOLMS STADSMISSION
– en mänskligare stad för alla

Ge en gåva – sms:a HEM till 72 900 (50kr)

STOCKHOLMS STADSMISSION
www.stadsmissionen.se

Stockholms Stadsmission bildades 1853 och är idag en ideell förening, fristående från stat, kommun och kyrka. Föreningen samarbetar med kommun, landsting och andra ideella organisationer. Stockholms Stadsmission bedriver verksamhet för hemlösa, missbrukare, barn, ungdomar, familjer och äldre.
Verksamheten finansieras med gåvomedel, medel från stat, kommun och landsting samt intäkter från olika affärsverksamheter, exempelvis second hand.

Hjälp oss att rädda dig.

Vi är en ideell förening utan bidrag från staten. Ditt stöd behövs för att vi ska kunna rädda liv till sjöss. Ge ett bidrag eller bli medlem på sjöräddning.se. Du kan också ringa 077-579 00 90.

SJÖRÄDDNINGSSÄLLSKAPET

Barnen i Japan behöver ditt stöd. Nu!
Ge ett bidrag till Katastroffonden här.
Rädda Barnen

Cancerfonden
Cancerfonden är en fristående, ideell insamlingsorganisation, som arbetar för att fler ska överleva och färre drabbas av cancer. En av Cancerfondens centrala uppgifter är att sprida kunskap om cancer och cancerforskningen. I opinionsarbetet driver Cancerfonden frågor som är viktiga för dagens cancerpatienter. Genom att påverka beslutsfattare på olika nivåer i samhället, försöker Cancerfonden få igenom förbättringar.
www.cancerfonden.se

Varje dag, här hemma och över hela världen, arbetar **Rädda Barnen** för att förändra utsikten för miljontals barn. Barn som misshandlas, barn som prostitueras och säljs. Barn som flyr ensamma undan krig och katastrofer. Barn som far illa i rättsprocessen. Problemen är många. Men det går att göra något åt dem!
www.rb.se

Hoppets Stjärna är en oberoende insamlings- och biståndsorganisation. Arbetet bygger på de kristna värderingarna. Hoppets Stjärna arbetar för att skapa medvetenhet hos barn och vuxna i Norden om förhållanden i tredje världen och Östeuropa.
www.hoppetsstjarna.se

Naturarvets vision är att alla Sveriges djur- och växtarter, som är beroende av gammal skog, skall leva i en trygg livsmiljö i livskraftiga bestånd. Syftet är att förvärva skogsmark med skyddsvärd, gammal skog samt att i övrigt gynna forskning, friluftsliv, turism för nuvarande och framtida generationer. Hos Naturarvet kan du klicka gratis, skänka en gåva eller bli företagssponsor för att bevara gammelskogen.
www.naturarvet.se

Just du - kan förändra livet för ett barn i Haiti
sms:a FADDERNU till 72930
hoppets stjärna
0662-461 00 | PG 90 02 53-6

NATURARVET

utsatta och hemlösa i Sverige • *kultur* • *funktionshinder* • *mänskliga rättigheter* • *vård och omsorg* • *barn och ungdomar* • *migranter och flyktingar* • *djur* • *forskning och sjukdom* • *natur och miljö* • *äldreverksamhet* • *fattigdom och utveckling*

TALA SVENSKA
- Ögna snabbt igenom texterna. Vilken organisation väcker spontant ditt intresse? Varför?
- Välj en text var. Läs dem noggrant och berätta för varandra om organisationernas arbete.
- Det finns massor av ideella organisationer i Sverige. Skriv av rubrikerna ovan på ett särskilt papper och sök organisationer på nätet som passar under dessa rubriker. Välj ut en du fastnar för och skriv upp information i stolpform. Berätta om den för hela gruppen vid nästa sammankomst. Jämför dessutom vilka organisationer ni hittade.

Berätta & diskutera: Inom vilket område skulle du vilja engagera dig? • I vilken organisation skulle du själv vilja vara volontär? Varför? • Skänker du pengar till någon organisation eller skulle du kunna tänka dig att göra det? • Vad har du själv för erfarenheter av ideellt arbete?

sprida, spred, spridit • *bli, blev, blivit* • *få, fick, fått* • *gå, gick gått* • *kunna, kunde, kunnat*

Avsnitt 8

7 Häng med!

Att övertyga/övertala någon
Följ med!
Häng med någon gång!
Jag skulle kunna föreställa mig att du ...
Hur skulle det vara om du ...
Jag är övertygad om att ...
Jag är säker på att du ...
Jag kanske kan övertyga/övertala dig att medverka/följa med/...?
Det är viktigt att ...
Men tänk ...

Att låta sig övertygas
Jag är inte helt övertygad.
Jag kan inte tänka mig att ...
Jag har så ont om tid.
Om du inte hittar någon annan ...
Ok! /Varför inte?
Jag skulle kunna testa.
Jag kan ju försöka.
Det låter spännande/bra/roligt!
Det är nog viktigt att ...
Du har nog rätt i att det är ...
Ok du har övertygat/övertalat mig!

TALA SVENSKA Låtsas att du arbetar som volontär i en hjälporganisation. Propagera för ditt arbete och försök övertyga din partner att antingen skänka pengar eller bli aktiv medlem i organisationen. Byt roller!

8 Livet är livsfarligt - försäkra dig!

ÖB 11, 12

bosasträttds-   tåb-   vil-   lbi-   bran-   barnd-   illav-   shbsilu-   oycklsfllas-
hyrerätsts-   mcyotkelro-
frhusitids-   **försäkring**   sknsöoter-
läpsvgnas-   lätt lstbilas-
mpoed-   dujr-   sere-   vidgra-   suttend-   rdsgå-   komsint-   ftraik-   sjkuvrdås-

TALA SVENSKA Vad heter de olika försäkringarna?

9a Drulleförsäkring

Hej,
jag har en fråga angående min allriskförsäkring. Häromkvällen hände följande: Jag hade bjudit mina vänner på ett cocktailparty. Dagen före hade jag köpt 10 stycken dyra cocktailglas. När min kompis serverade några drinkar, bröt plötsligt klacken på hennes högra sko. Hon snavade, föll omkull och fem av de nya glasen gick i kras. Nu undrar jag om min drulleförsäkring gäller i detta fall?

Med vänlig hälsning
Mia Karlsson

Drulleförsäkring
En drulleförsäkring är samma sak som en allriskförsäkring och den täcker olyckor du eller någon annan i ditt hushåll orsakar. En förutsättning för att du ska få ersättning är att skadan uppkommer plötsligt och oförutsett. Den täcker alltså inte skador p.g.a. "slarv". Att kasta en dator i golvet gör att skadan inte är oförutsedd och därmed inte ersätts. Om du däremot råkar spilla kaffe över din dator, eller ifall du snubblar över tröskeln och tappar din dyra smartphone, ja, då kan skadan vara ersättningsbar. Det avgörs alltså från fall till fall, huruvida skadan ersätts eller inte.

9b

Vad är en drulle, tror ni? Läs texterna och svara på Mias mejl. Läs upp era mejl för gruppen.

Berätta & diskutera: Vilka försäkringar har du tecknat? • Tycker du det är viktigt att vara försäkrad? • Vilken/Vilka försäkringar är viktigast för dig? • Har du haft nytta av en försäkring någon gång?

© GROA Verlag   bjuda, bjöd, bjudit • ha, hade, haft • bryta, bröt, brutit • falla, föll, fallit

Avsnitt 8

10a Fördjupning - konjunktionerna *att*, *ifall*, *om* och *huruvida*

Läs mer i grammatiken på s. 71-72

ÖB 16, 17

Vi hoppas **att** attityderna förändras.
Att det var så svårt hade vi ingen aning om.
Att du orkar!
Vet du **om** Emma Andersson har fått kommunens kulturstipendium?

Jag undrar **om** min drulleförsäkring gäller.
Kan du hjälpa mig **ifall** Anna inte är hemma?
Ifall du tappar din smartphone ersätts skadan.
Det avgörs från fall till fall, **huruvida** skadan ersätts eller inte.

10b

Bilda påståenden och frågor med konjunktionerna i rutan. Använd bilderna på sid. 96 som inspiration.
Vet du om pjäsen är bra? / Jag hoppas att vårt lag vinner. / Tigern anfaller ifall den är hungrig.

11a

Läs texten och gör uppgifterna i övningsboken på sidan 139-140.

ÖB 18-21

Något om socialförsäkringssystemet

Socialförsäkringen

Socialförsäkringen är en viktig del av det svenska trygghetssystemet. Den svenska socialförsäkringen gäller i stort sett alla som bor eller arbetar i Sverige. Den ger ekonomiskt skydd för familjer och barn, för personer med funktionsnedsättning, samt vid sjukdom, arbetsskada och ålderdom. Genom Sveriges medlemskap i EU kan man ha rätt till socialförsäkringsförmåner i andra EU-länder.

Försäkringskassan och Pensionsmyndigheten

Det är Försäkringskassan som administrerar socialförsäkringen och uppdragsgivaren är regeringen. Försäkringskassan har ca 12 500 medarbetare i hela Sverige och huvudkontoret ligger i Stockholm. Försäkringskassan betalar ut bidrag och ersättning till barnfamiljer, sjuka och personer med funktionsnedsättning. Pensionen kan komma från flera olika håll, dels från Pensionsmyndigheten som allmän, statlig pension (delvis inkomstgrundad), dels från arbetsgivaren i form av tjänstepension. Man kan även ha ett frivilligt privat pensionssparande.

Barnbidrag och bostadsbidrag

Barn som bor i Sverige har rätt till barnbidrag. Man behöver inte ansöka om barnbidraget. Det betalas automatiskt ut från och med månaden efter barnets födelse eller från och med månaden efter det att barnet anses vara bosatt i Sverige. Barnbidraget är skattefritt och betalas ut den 20 varje månad.

Flerbarnstillägg, som också är skattefritt, betalas ut automatiskt, om du får barnbidrag för minst två barn.
Barnfamiljer med låga inkomster kan få bostadsbidrag. Hur mycket, beror på hur stora inkomster du har, hur mycket du betalar för din bostad, bostadens storlek och hur många barn du har. Bostadsbidraget är ett preliminärt bidrag. Man söker bidrag utifrån vilka inkomster man tror att man kommer att ha under året. Det innebär att man kan bli skyldig att betala tillbaka pengar, om man får högre inkomster än beräknat.

Föräldrapenning och graviditetspenning

Med föräldrapenning kan man som förälder vara ledig från arbetet för att ta hand om sina barn och få ersättning i sammanlagt 480 dagar. Man kan ta ut sin ledighet i längre sammanhängande perioder, enstaka dagar eller delar av dagar. Det går att ta ut föräldrapenning tills barnet fyller åtta år eller tills det har slutat i första klass i skolan.

Man har rätt till graviditetspenning, om man har ett fysiskt påfrestande arbete, t.ex. tunga lyft och arbetsförmågan på grund av graviditeten är nedsatt. Man kan då ansöka om tre fjärdedels, halv eller en fjärdedels gravididetspenning. Detsamma gäller om man kommer i kontakt med skadliga ämnen. Man kan bara få ersättning, om man inte kan omplaceras av arbetsgivaren till ett lättare eller mindre riskfyllt arbete.

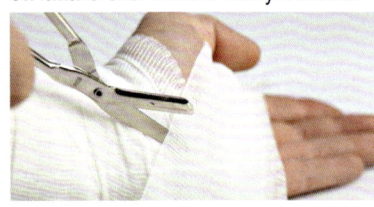

Om du skadar dig i arbetet

Skadas man på arbetsplatsen eller på väg till eller från arbetet, kan man få ersättning från arbetsskadeförsäkringen. Arbetsskadeförsäkringen gäller för alla som arbetar, t.ex. anställda och egna företagare. Den gäller också för vissa studerande som utsätts för särskilda risker under sin utbildning.
Om du skadar dig i arbetet ska du genast meddela det till arbetsgivaren. Arbetsgivaren ska anmäla skadan till Försäkringskassan och skyddsombudet. Även om skadan anmäls måste man själv ansöka om ersättning från arbetsskadeförsäkringen.
Vad räknas som en arbetsskada? Det är en skada eller sjukdom som har uppkommit på grund av olycksfall eller på annat sätt orsakats av arbetet. Olycksfall är en skada som uppkommit i samband med en särskild händelse som är kortvarig och oförutsedd.

ligga, låg, legat • *vara, är, varit* • *veta, visste, vetat*

Avsnitt 8

Sjuklön och sjukpenning

Har man en anställning som varar minst en månad eller har arbetat sammanhängande i 14 dagar, har man normalt rätt till den så kallade sjuklönen som betalas ut av arbetsgivaren de första 14 dagarna i sjukperioden. Från dag 15 och framåt får man sjukpenning av Försäkringskassan, som bedömer om man får en fjärdedels, halv, trefjärdedels eller hel sjukpenning, beroende på hur mycket man kan arbeta.

Man kan få sjukpenning redan från början av sin sjukperiod, om man är arbetssökande, egen företagare eller uppdragstagare, har föräldra- eller graviditetspenning eller är studerande och arbetar samtidigt med studierna. Oavsett om man har sjuklön eller sjukpenning är den första dagen i sjukperioden en karensdag och då får man ingen ersättning. Är man egen företagare har man minst sju karensdagar. Om man är sjukskriven mer än sju dagar måste man ha ett läkarintyg.

Arbetslöshetsersättning

Försäkringen sköts av arbetslöshetskassorna (a-kassa) som har till uppgift att administrera och betala ut arbetslöshetsersättning till personer som är arbetslösa, både anställda och företagare. En arbetslöshetskassas verksamhetsområde omfattar en viss yrkeskategori eller bransch. Många kassor har kopplingar till fackliga organisationer. För att bli medlem måste man ansöka om inträde. Man betalar en medlemsavgift och betalningen sker en gång i månaden.

För att få arbetslöshetsersättning måste man uppfylla vissa grundvillkor. Man måste ...

... vara arbetsför och oförhindrad att arbeta minst 3 timmar per arbetsdag och i genomsnitt minst 17 timmar i veckan.

... vara anmäld som arbetssökande hos den offentliga arbetsförmedlingen.

... medverka till att en individuell handlingsplan upprättas i samarbete med arbetsförmedlingen. Handlingsplanens syfte är att fastställa, vilka slags arbeten och utbildningar som är lämpliga.

... vara beredd att anta erbjudet arbete.

... aktivt söka lämpligt arbete.

Efter www.forsakringskassan.se

 **11b**
- Gör substantiv av följande verb:
  försäkra, ersätta, ansöka, hända, skydda, anställa, anmäla, intyga, riskera
- Gör verb av följande substantiv:
  administration, betalning, bedömning, bidrag, bostad, omplacering, skada, studie
- Välj tre textavsnitt var. Läs dem en gång till och stryk under nyckelord. Återge villkor och förmåner för varandra.

 **12** **I varje fall trygg**
- Lyssna på cd:n. Vilken beskrivning passar till vilket foto? Skriv numret i rutan.

- Lyssna ytterligare en gång. Gör anteckningar i stolpform till varje beskrivning medan du lyssnar. Alla dessa personer har på olika sätt rätt till socialförsäkringsförmåner. Diskutera gemensamt med utgångspunkt från texten 11a och dina anteckningar, vilka försäkringar och bidrag som kommer ifråga.

I Olofs fall är det så att ...
Om hon/han ... så ...
Hon/Han/De skulle kunna få ... om ...

... bedömer om ...
Hon/Han/De måste/borde/ska ...
Eftersom hon/han ...

SAXAT ✂

Världens största scoutläger - jamboree

Lägret i siffror
- 38 000 scouter
- 40 000 - 50 000 besökare
- 4,6 ton nötfärs
- 1 000 vattentoaletter
- 4 ton falukorv
- 2,5 ton fisk
- 330 000 korvar
- 12 ton kycklingfilé
- 140 000 köttbullar
- en buss per minut anländer till lägret i tolv timmar för att få scouterna på plats
- scen med åskådarplats för 45 000 personer
- 40 000 kvadratmeter till caféer, utställningar och aktiviteter

En Världsscoutjamboree är ett av världsscoutrörelsens officiella arrangemang. Det anordnas vart fjärde år någonstans i världen. Då samlas scouter från hela världen för att tillsammans bygga upp och leva i en internationell tältstad mitt i naturen. Syftet är att ge unga en möjlighet att utveckla större förståelse för olikheter och förmåga till samarbete för att skapa en bättre värld. Samtidigt ska det vara roligt.

Ordet *jamboree* kommer ursprungligen från *jambo*, vilket betyder *hej* på swahili. Den första jamboreen anordnades i England 1920. Första gången scoutlägret arrangerades i Sverige var 2011 på Rinkabyfältet utanför Kristianstad, där 38 000 scouter från 150 länder möttes.

Deltagare kan man bara vara en gång i livet, eftersom man måste vara mellan 14 och 17 år. Men för att kunna ta emot de 28 000 deltagarna och erbjuda dem ett genomarbetat program krävs att ytterligare ca 10 000 scouter över 18 år ställer upp och hjälper till med t.ex. mathantering, försäljning, kaféer, pressinformation och registrering.

Lägret varar i tolv dagar. Förutom att bo i tält och arbeta i sin lilla grupp, handlar det om att uppleva scouting i sin mångfald.

Programmet består av tre delar. Den spontana delen är inriktad på olika fysiska aktiviteter.

Den andra delen innehåller schemalagda modulaktiviteter med olika teman som är sammanlänkade. En av dessa aktiviteter är t.ex. världsförbättrarbyn. Här får deltagarna bl.a. chansen att tänka globalt och agera lokalt för att göra skillnad och jobba för en bättre värld. På plats finns 25 andra frivilligorganisationer och 20 nationella scoutorganisationer.

Den tredje delen, det s.k. "Camp in camp", ger deltagarna tillfälle att åka iväg under 24 timmar och uppleva svensk natur.

De officiella språken på en Världsscoutjamboree är engelska och franska. Enkla symboler gör det lättare att hitta runt på lägerplatsen. En utmaning för alla deltagare är, att man i grupper måste laga sin mat själv. För detta ändamål har en inspirerande kokbok tagits fram med 3-4 recept per måltid. På jamboreen finns speciella mataffärer, där deltagarna får hämta den mat de behöver för just den måltid de planerar.

Jamboreen har en egen tidning, en tevekanal och en egen radiostation som sänder live mellan kl. 7 och kl. 23. Vid tre tillfällen samlas alla 38 000 scouter på den stora utomhusarenan på området. Då är det show och fest.

Jamboreen är en otrolig upplevelse för deltagare, alla vuxna volontärer och för alla besökare som passar på att se ett läger i den här storleken.

Scoutlagen
1. En scout söker sin tro och respekterar andras.
2. En scout är ärlig och pålitlig.
3. En scout är vänlig och hjälpsam.
4. En scout visar hänsyn och är en god kamrat.
5. En scout möter svårigheter med gott humör.
6. En scout lär känna och vårdar naturen.
7. En scout känner ansvar för sig själv och andra.

"Det är inte klokt vad det är skönt att leva."
Affisch från Form, Malmö

- Jobba två och två. Läs gemensamt texten om jamboreen. Gör en intervju, där en av er är journalisten och partnern antingen en scout, en arrangör eller en besökare. Byt sedan roller.
- Välj en bild var. Vad tror du scouterna gjorde före/efter? Berätta!
  Innan de åt, ... / Före showen ... / Efter showen ... / Efter det att de hade ...

Berätta & diskutera: Vad fascinerade dig mest när du läste texten om jamboreen? • Är eller har du varit scout? • Har du varit på ett större scoutläger någon gång? • Vad känner du till om scoutlivet?

Avsnitt 8

13 Uttal - sammansättningar med *liv* och *hav*

I sammansättningar med *liv* och *hav* uttalas v som f och vokalerna *i* respektive *a* uttalas kort. Lyssna på cd:n och säg efter.

liv		hav	
livsviktig	livssyn	havsörn	havsbad
livsmedel	livsstil	havsluft	havsdjup
livsfarligt	livslängd	havsfiske	havssalt
livstid	livstecken	havsbotten	havsyta

14 Bo där du trivs!

ÖB 29, 30

Vi flyttade från Skärgårdsstad tillbaka till stan, innerstan (Stockholm). Skärgårdsstad är väl ok, bara det att jag inte trivdes alls. Lugnt och ensamt. Inte min livsstil. Problemet är att det inte finns några affärer alls. Dåliga kommunikationer och det kändes långt bort. Fin natur, idylliskt. Men som sagt, jag ville tillbaka till stan, där jag har mycket mer social kontakt, där vänner och släkt är.

Publicerat av: micke   4 kommentarer

Vi är lantisar på gott och ont. Det är tre mil från stan och sju km till närmaste samhälle med buss/tågförbindelse. Vi har som tur är bosatt oss mitt i en liten by, där alla känner alla och hjälper varandra. Jag har ett socialt yrke mitt i stan, så när jag är ledig är jag inte sugen på att fara iväg någonstans. Jag trivs jättebra, älskar mitt hus och att ha hästarna hemma på gården. Det är mycket jobb att bo som vi gör med all skjutsning av barnen och så, men för det mesta bara njuter jag av livet på landet!

Publicerat av: anonym   5 kommentarer

TALA SVENSKA Diskutera kring för- och nackdelar med att bo i storstan respektive på landet, framför allt vad gäller sociala aspekter. Utveckla era tankar, exemplifiera och väg olika åsikter mot varandra. Använd bloggarna som inspiration.

Fördelen/Nackdelen med att bo ...   Jag har en känsla av att ...
Jag är ganska säker på att ...   Jag är övertygad om att ...
Å ena sidan tycker jag att ...   Men å andra sidan ...
En del tycker nog att ...   Andra föredrar kanske ...
Vissa tycker/anser/känner ...   Sedan finns det i stället de som ...

Social kommunikation

Svensk kommunikation kan vara subtil, indirekt och något förtäckt. Här är ett exempel:
När en svensk föreslår någonting och detta förslag följs av ett annat, t.ex. "Tar du bussen till personalfesten eller ... ska jag hämta dig?", så vill de ofta att det första förslaget ska gälla. Varför kommer man då med det andra förslaget? Jo, svenskar är sociala och vill på så vis ge den andra parten möjligheten att bestämma. Men naturligtvis avböjer man och säger: "Tack snälla, men bussförbindelsen är perfekt, det är inget problem!"

© GROA Verlag   sätta, satte, satt • vilja, ville, velat • fara, for, farit • njuta, njöt, njutit

Avsnitt 8

ÖB 31-34

Lyssna på reportaget. Vilka känslor väcker det hos dig? (t.ex. medkänsla, skuld, sorg, förtvivlan, hopp, rädsla, ilska, besvikelse, förbittring, ånger, samvetskval, nedstämdhet, melankoli, bestörtning, förakt)

REPORTAGET

"Jag bor under en bro"

Nästan 18 000 svenskar är hemlösa. Omkring 5 procent är uteliggare, de andra flyttar mellan bekantas soffor eller bor tillfälligt och kontraktlöst i andrahandsboenden. En fjärdedel är kvinnor. Storstadsregionerna har störst problem, i synnerhet Stockholm, med ett stort underskott på bostäder. Men hemlöshet är inte längre enbart ett storstadsfenomen. Generellt kan sägas, att de hemlösa blir fler också i mindre och medelstora städer som Eskilstuna, Örebro, Helsingborg, Jönköping och Linköping.

Jocke och Anni lever på gatan. De sitter utanför köpcentret Gallerian. Det är minusgrader och blåser kallt, men de vet hur man ska klä sig för att hålla sig varm.
- Att klä sig rätt är A och O om man lever så här, påpekar Anni. Jocke skrattar och visar t-shirten han har på sig under jackan.
- Kolla, Nightwish. Jag gillar dem, även om jag fyller 59 i år.

Man kan anta att de som lever på gatan är annorlunda, men de flesta har haft ordnade jobb, familjer och bostad. Men kanske en skilsmässa eller uppsägning har lett till vräkning. Man kan ha stora skulder och ett missbruk. Hela det sociala nätverket kan vara borta och då går det ofta väldigt snabbt utför.

Jocke är 58 år. Han har levt på gatan i 21 år. Han har snälla ögon som snabbt viker undan. Efter en svår skilsmässa förlorade han först jobbet som byggjobbare och sedan lägenheten. Jocke hade betalningsanmärkningar och svårt att hitta en ny lägenhet. Nu bor han på olika platser utomhus.
- De första åren var tuffa, men man vänjer sig. Kroppen kan anpassa sig till nästan allt, säger han. Jocke tror att han förmodligen kommer att bli kvar på gatan tills han dör. Han tvivlar på att han skulle klara av att leva inom fyra väggar, nu när han har levt ute en så lång tid.
- Jag skulle nog känna mig som ett djur i en bur, tror han.

"Jag kommer att bli kvar på gatan tills jag dör."

Han sitter ofta utanför Gallerian. På skylten i papp som han ställt upp framför sig står det: Snälla, hjälp en hemlös med en gåva.
Han har vant sig vid att tigga. Det är de pengarna som håller honom vid liv.
- För det mesta får jag ihop så där en 150-200 kronor. Det räcker för att klara dagen. Jag köper cigg och öl för pengarna. Men ibland får jag inte ihop så det räcker. Då är det tufft!

Eftersom Jocke har spritproblem vill han inte bo på härbärgen.
- Nej, där bor mest narkomaner. Och narkomaner och alkoholister går inte ihop. Det är därför jag helst sover i en sovsäck under en bro, säger han.
Vi följer med honom "hem" som Jocke säger, platsen där han brukar sova varje natt. Ett tiotal soptunnor och en presenning agerar som vindskydd. Marken är täckt av kartonger, en madrass och några sovsäckar. Det finns råttor överallt. Jocke visar den röda sandlådan som tjänar som matförråd.
- Råttorna kommer inte åt maten här. Ja, man förlorar mycket av sin värdighet när man lever så här, säger Jocke.

Anni är 48 år. Hon är trebarnsmamma. Två flickor och en son. Flickorna bor kvar hos sin pappa, mannen hon tyvärr skilde sig från för många år sedan. Kontakten är dålig.
Anni har sitt hem i två shoppingvagnar. Efter en konflikt med grannen blev hon vräkt. Men innan dess hade Anni blivit uppsagd från sitt jobb som vårdbiträde på sjukhuset. Det är nu elva år sedan.
- Jag fick mina chanser. De ville ju hjälpa mig. Jag får skylla mig själv, säger hon med ett skrovligt litet skratt.

vänja, vande, vant • dra, drog, dragit • sova, sov, sovit • vika, vek, vikit

Avsnitt 8

"En dag kanske jag kan bo i en egen lägenhet."

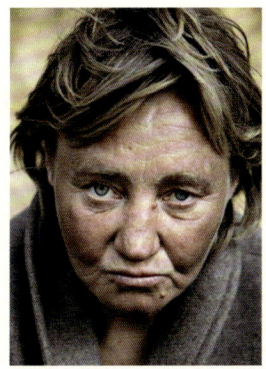

Anni brukar sova på ett natthärbärge. Det stänger klockan halv tio på morgonen.
- De serverar frukost på härbärget. Men eftersom jag vanligtvis har svårt att äta på morgnarna räcker det med en kopp kaffe och en halv öl. Hon tar sina shoppingvagnar och drar iväg. Hon går i snigelfart med bandage om foten.
- Jag måste gå sakta, mina ben känns stumma. Jag har en svullnad på foten och ont i lederna.

Ofta sitter hon med de andra utanför bolaget hela dagen. Ibland träffar hon Jocke. När det är varmt ute har hon ofta sällskap av Monica som hon känt i flera år.
- Vi spelar poker eller Chicago, kommenterar Anni.
Hon berättar att hon får socialbidrag varje månad. Det mesta av pengarna går till cigaretter och öl. På härbärget bor hon gratis. Ibland köper hon snabbmat som hon mikrar i kiosken intill systembolaget.
- En ostsmörgås kan man få av kyrkan om man vill. De kör runt här varje vardag med sin matvagn. De brer mackor och kokar kaffe och delar ut till alla som vill ha. Det är schyst.

Klockan sju öppnar härbärget igen. Anni har lyckligtvis redan bokat in sig och behöver därför inte ställa sig i kö. I hennes rum finns ingenting trevligt som påminner om ett hem, ingen tavla på väggen, inga gardiner, bara en furusäng, en tom garderob, en trasig lysrörslampa och en pinnstol.

Anni understryker att hon en dag kanske kan bo i en egen lägenhet.
- Jag står i kö för en tvåa med pentry i ett stödboende. Jag längtar efter ett eget krypin med gardiner, där jag förhoppningsvis kan träffa mina barn, säger Anni med en liten suck.
I kväll serveras pannbiff med lök på härbärget. Anni tänker äta där. Sedan blir det tv i uppehållsrummet. Om hon orkar.

Text: Wanda Ottosson

15b
- Jobba i par. Läs texten och stryk under ord och fraser som har med hemlöshet att göra och ordna in dem under följande rubriker:

Personlig situation	Hjälperbjudanden	orsaker

- Prata med varandra i hela gruppen. Vad har Jocke och Anni gemensamt respektive inte gemensamt.

---

16  **Leva livet**

- Lyssna på ett utdrag ur "programserien Leva livet". Vilken rubrik passar bäst? Kryssa för.

  ☐ Ingen väljer att vara hemlös
  ☐ Bostadsbristen - ett stort problem
  ☐ Sociala problem - roten till missbruk
  ☐ Hemlöshet - orsaker och åtgärder
  ☐ Allt fler skilsmässor leder till hemlöshet

- Lyssna på samtalet en gång till och svara muntligt på frågorna.

  1. Vad är den största orsaken till hemlöshet?
  2. Nämn tre andra orsaker till varför människor kan bli hemlösa.
  3. Vad innebar psykiatrireformen 1995?
  4. Nämn fyra åtgärder hur man skulle kunna motverka hemlöshet.
  5. Vad är tak-över-huvudet-garantin för något? Hur bedömer Benny det stödet?
  6. Var ligger roten till många problem?

Avsnitt 8

17a  Fördjupning - satsadverb ("vandrande" adverb)

Läs mer i grammatiken på s. 72-73

ÖB 36-38

Huvudsats	Bisats
Anni |äter **aldrig**| frukost.	Anni berättar, att hon |**aldrig** äter| frukost.

Andra adverb som "vandrar" är:
absolut, aldrig, alltid, antagligen, bara, ej, endast, eventuellt, faktiskt, förmodligen, givetvis, gärna, inte, ju, kanske, kanhända, knappast, knappt, möjligen, möjligtvis, naturligtvis, nog, också, ogärna, sannolikt, säkerligen, säkert, slutligen, troligen, troligtvis, tydligen, vanligen, vanligtvis, verkligen, åtminstone, även

17b

Gör meningar. Börja med ordet som är understruket. Gör sedan bisatser av meningarna. Börja så här: **Jan säger att ...** . Tänk på adverbets placering! Gör på liknande sätt med egna meningar som ni skriver på små papperslappar och byter med varandra. Använd texten 15a.

1. tidning köper på vanligen en <u>Susann</u> fredagarna
2. antagligen för <u>Kostnaderna</u> bli höga kommer
3. byggnader ganska Stockholm i gamla <u>Många</u> är faktiskt
4. inte Falun i bor <u>Svenssons</u>
5. till kommer <u>Åsa</u> söndag Göteborg på möjligtvis
6. dotter ofta lilla sjuk <u>Lottas</u> är
7. frukost en dricker <u>Anni</u> till kaffe åtminstone kopp
8. dricker maten <u>Olle</u> lättmjölk till alltid

18  Debatten - rollspel

Hemlöshet - är det allas ansvar?

 Debattera kring tesen "Hemlöshet - är det allas ansvar". Deltagarna i debatten är en kommunalpolitiker (s), en kommunalpolitiker (m), en hyresvärd, en socialarbetare, en psykolog, en verksamhetschef för ett härbärge. Välj en roll var.
Skriv upp stödord om ni vill. Ni har hjälp av reportaget och "radioprogrammet".

19  Ord i fokus

ÖB 39-42

Studera tabellerna. Samla fler ord, det finns många i detta avsnitt. Diktera ord för varandra.

STAVNING

Sje-ljudet i importord → regler på s. 191

ch	g	j	sch	sh	si	ssi	ti	ge
charm	giraff	journal	schampo	shoppa	division	passion	station	garage

ORDBILDNING

Suffixen -het, -lek, -nad och -vis

-het	-lek	-nad	-vis
trötthet	tjocklek	tystnad	möjligtvis

108

Natur och miljö

Avsnitt 9

I det här avsnittet lär du dig bl.a.
- ord och uttryck i samband med natur och miljö
- att tala om nationalparker
- att hålla ett föredrag på svenska
- att återge en populärvetenskaplig text
- att tala om miljöproblem och tillsatser i livsmedel
- att ta upp ett problem
- grammatik - två verb sammankopplade med *och*; verbets s-form i absolut betydelse; subjunktioner
- uttal - två verb sammankopplade med *och*
- stavning - enkelskrivning av konsonant

- Beskriv landskapen du ser på bilderna.

   På första/andra/tredje/... bilden ser man/finns ...
- Finns det en landskapstyp du tycker särskilt mycket om?

barrskog, bäck, fjärd, glaciär, halvö, holme, klippa, kulle, kust, lövskog, mosse, träsk, å, åker, ås, älv, äng

Avsnitt 9

1. Ortsnamn

-backa -fors -skog/-skoga -vik
-ö -berg/berga -strand -udde
-sund -sand -träsk
-mo -sjö/sjön -å vall/valla
-ås/-åsa -skär -ström -näs
-åker/åkra -holm/-holme -dal/-dalen

norr om
söder om
väster om
öster om

TALA SVENSKA — Det finns många ortsnamn i Sverige, där efterledet är ett naturord. Titta på kartorna i boken och hitta byar, tätorter och städer med dessa ändelser. Jämför i gruppen.

Jag har hittat Degerfors som ligger väster om Örebro.

2. Olika träd

ÖB 2

a b c d
e f g h
i j k l

(Ej skalenligt)

TALA SVENSKA — Ta reda på vad träden heter och skriv namnen under bilderna.

Berätta & diskutera: Finns det ett speciellt träd som betyder/har betytt mycket för dig, som du har eller har haft ett särskilt förhållande till?

Avsnitt 9

3 Trädkramare

ÖB 3

Tv-eken räddad av trädkramare
Trafikkontoret fortfarande ▬▬▬ om fällning

Den må vara 1000 år gammal. Den ▬▬▬ tv-eken ska ändå bort från Stockholms gator – om trafikkontoret får bestämma.
Hårda ▬▬▬ stoppade dock måndagens planerade ▬▬▬.
Huruvida eken har stått i 500 eller 1000 år är omöjligt att svara på.
Men Stockholms ▬▬▬ har beslutat att den omtalade tv-eken nu ska väck ▬▬▬.
– Vi måste göra det nu för att ingen ska ▬▬▬. Den är angripen av svamp och har sådan ▬▬▬ att det är extremt farligt, säger Björn Embrén, ▬▬▬ vid trafikkontoret. [...]
Vid 08.30-tiden skulle arbetet påbörjas, men då hade ▬▬▬ redan hunnit formera sig.
Eduardo Hornos Ledoux var en av dem som under natten och dagen vaktat trädet.
– Trädet har ett sådant otroligt starkt ▬▬▬ och är ▬▬▬ än hela staden. Vi känner att det nästan var som ett mord eller ▬▬▬, säger han till Aftonbladet.

Källa: www.aftonbladet.se

trädkramarna
protester
trafikkontor
röta
för gott
övergrepp
äldre
trädspecialist
trädfällning
övertygade
symbolvärde
råka illa ut
legendariska

- Läs citatet ur Aftonbladet högt och sätt in rätt ord eller fras.
- Låtsas sedan att du är den gamla eken som kl. 8.30, när fällningen ska utföras, plötsligt börjar tala till trädspecialisten och trädkramarna som är samlade vid trädet. Berätta om ditt liv och din situation. Vad skulle du som tusenårig ek vilja säga till människorna? Fundera först och skriv eventuellt upp stödord innan du börjar.

4 Miljöhot

ÖB 4-7

Arktis exploatering • utsläpp av metan och lustgas • valfångst och destruktivt fiske • oljeborrning • skövling av regnskog • genmodifiering • trädfällningar • kolkraftverk • kärnkraft

- Samordna rubrikerna med bilderna. Vilken bild berör dig mest? Varför?
- Välj var sin bild och beskriv den.
- Ge exempel på hur engagerade miljöaktivister protesterar. Ta ställning till sådana protester och ge synpunkter.
- Vad kan vi som privatpersoner göra för den gröna omställningen?

få, fick, fått • stå, stod, stått • göra, gjorde, gjort • hinna, hann, hunnit • vara, var, varit

Avsnitt 9

5
ÖB 8-10

Tranräkning vid Hornborgasjön

brassa –r
en kikare

- Tranornas dans lockar till sig 150 000 besökare om året till Hornborgasjön. Reportern Ulla Nilsson var på plats. Lyssna på cd:n och kryssa för rätt svar medan du lyssnar. Läs snabbt igenom frågorna innan du börjar.

1. Vad håller Benny på med?
- [ ] Han står och lyssnar på fågelsången.
- [ ] Han står och kollar på tranor.
- [ ] Han står och kollar på ejdrar.
- [ ] Han står och skriver protokoll.

2. När kommer tranorna?
- [ ] i månadsskiftet april - maj
- [ ] vid årsskiftet
- [ ] i månadsskiftet mars - april
- [ ] i månadsskiftet februari - mars

3. Vad gör tranorna vid Hornborgasjön?
- [ ] De häckar.
- [ ] De bara rastar och äter.
- [ ] De äter, vilar och dansar.
- [ ] De sover bara.

4. Hur många tranor kan det finnas vid sjön?
- [ ] upp till 250
- [ ] upp till 2 500
- [ ] upp till 15 000
- [ ] upp till 25 000

5. Vad sysslar Greger med?
- [ ] Han sitter och äter en smörgås eftersom han är hungrig.
- [ ] Han sitter och skriver protokoll eftersom de ringmärker fåglarna.
- [ ] Han sitter och skriver protokoll eftersom de räknar fåglarna.
- [ ] Han sitter och skriver ett vykort till en kompis.

6. När räknar man tranor?
- [ ] i gryningen
- [ ] på natten
- [ ] i skymningen
- [ ] på eftermiddagen

7. Man kan bäst räkna tranor
- [ ] en klar dag
- [ ] en dimmig dag
- [ ] en regnig dag
- [ ] en stormig dag

8. Vad är unikt med fältbiologerna?
- [ ] Det är pensionärer som driver föreningen.
- [ ] Det är ungdomar som driver föreningen.
- [ ] Det är funktionshindrade som driver föreningen.
- [ ] Det är naturvårdsverket som driver föreningen.

- Lyssna på dialogen en gång till och skriv en liten tidningsnotis om tranornas ankomst. Läs upp notiserna för varandra.

Avsnitt 9

6 Uttal - två verb sammankopplade med *och*

I sådana här fraser är det viktigt att bara det andra verbet betonas. Det första verbet + *och* är helt obetonat och uttalas rätt monotont. Tänk på att binda ihop orden ordentligt! Lyssna på cd:n och träna.

gå och handla	Patrik har gått och handlat.
gå ut och äta	Ska vi gå ut och äta på fredag?
åka och handla	Jag tänker åka och handla om en kvart.
komma och hälsa på	Ulla och Bertil kommer och hälsar på oss nästa lördag.
vara ute och gå	Birgitta är ute och går med hunden.
ligga och vila sig	Mamma ligger och vilar sig en stund.
sitta och äta	Vi satt just och åt middag, när det ringde i mobilen.
stå och prata	Vi stod och pratade en hel kvart i regnet.

7a Fördjupning - två verb sammankopplade med *och*

Läs mer i grammatiken på s. 74

ÖB 11

Vi ska ut och dansa i kväll.
Pappan kom och hämtade barnen.
Ska vi åka och bada?

Nu går ni och lägger er, ungar!
Kaj står och väntar på bussen.
Ulla ligger och läser.

7b

Vad håller personerna på med? Gör minidialoger. Tänk på uttalet. Träna även i preteritum.

- Vad håller Lasse på med?
- Han sitter och läser tidningen.

- Vad gjorde Lasse?
- Han satt och läste tidningen.

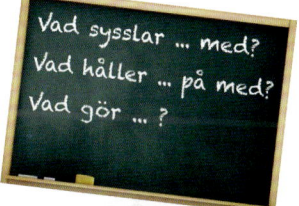

Vad sysslar ... med?
Vad håller ... på med?
Vad gör ... ?

a) Micke och Anna

b) Jan

c) Sven

d) Tilda

e) Madeleine

f) Ingalill

g) Tore

h) Kerstin

i) Nils och Cecilia

j) Victoria

k) Gunilla

l) Anna-Lena

gå, gick, gått • komma, kom, kommit • ligga, låg, legat • sitta, satt, suttit • äta, åt, ätit

Avsnitt 9

8  Sveriges nationalparker

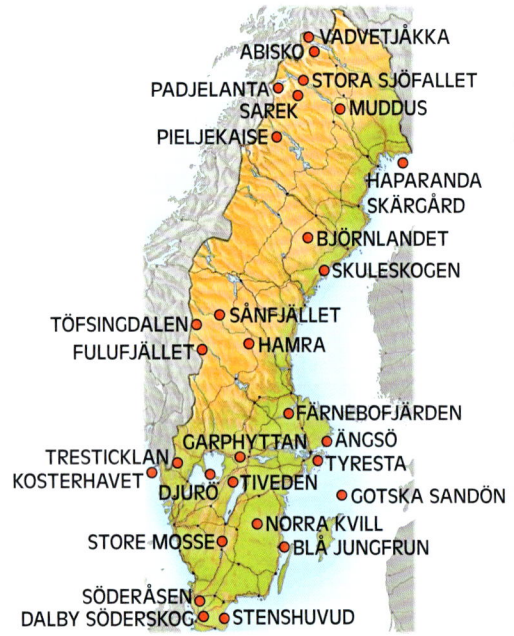

Nationalparker

Nationalpark är det finaste ett naturområde kan bli. Det är vårt naturarv för oss och kommande generationer. Syftet med nationalparker är "att bevara ett större sammanhängande område av en viss landskapstyp i dess naturliga tillstånd eller i väsentligt oförändrat skick" (ur miljöbalken). Nationalparkerna ska utgöras av representativa landskapstyper som bevaras i naturligt tillstånd, men de ska också vara natursköna områden eller unika miljöer som ska ge starka naturupplevelser. Nationalparken Ängsö var Sveriges första (1909), medan den yngsta parken är Kosterhavet som bildades 2009. Det är den första nationalparken i Sverige under havsytan.

- Vad är en nationalpark och vad är syftet med dessa parker?
- Titta på kartan. I vilken/vilka nationalpark/-er har du varit? Beskriv landskapet?

9  Store Mosse

Lyssna på föredraget och svara muntligt på frågorna.

1. Vem är föredragshållaren och var hålls föredraget?
2. Vem var Edvard Wibeck?
3. Vilka naturtyper finns i parken?
4. Hur många hektar är parken på?
5. När invigdes parken?
6. Beskriv med några meningar hur högmossen bildades.
7. Nämn tre djur som förekommer i parken.
8. Nämn två växter.
9. Vad är rocknar?
10. Hur många besökare kommer årligen till Store Mosse?
11. Vad erbjuder naturum?
12. Kan funktionshindrade använda vandringslederna?

Sileshår

Picknick ute i det fria

Svenskarna är ett naturnära folk som gillar att vara ute i skog och mark på sin fritid. De har ofta stor kännedom om naturen och kan många namn på fåglar, djur och växter. Barnen lär sig redan en hel del på dagis och skolorna fortsätter att utöka intresset. En picknick är därför ett populärt sätt att umgås, fika och njuta av naturen. Helst picknickas det vid havet, vid en insjö eller i skogen. Lyfter man på locket på svenskarnas picknickkorgar finner man praktisk och enkel mat som frukt, pastasallad, pajer, piroger, grillad kyckling, köttbullar, prinskorv, tunnbrödsrullar, smörgåsar, kex, kanelbullar och en termos med kaffe.

kunna, kunde, kunnat • hålla, höll, hållit • ge, gav, gett

Avsnitt 9

10a Läs texten och sätt in följande rubriker på rätt ställe: **Snorkelleder** • **Sällsynta arter** • **Sveriges enda korallrev** • **Kontakt med Atlanten** • **Geologi och berggrund**

ÖB 14-20

Kosterhavets nationalpark

Fyrarna på Ursholmen

Kosterhavets nationalpark ligger runt Kosteröarna i norra Bohuslän, endast 45 minuters båtfärd från Strömstad. Parken omfattar 38 878 hektar (nästan 400 kvadratkilometer), där 98 procent utgörs av marina miljöer. Den bildades 2009 och är den första nationalparken under havsytan. I området finns också värdefulla kulturmiljöer präglade av fiske, framför allt räkfiske, och ett äldre skärgårdsjordbruk.

_____ (1)

Havsbottnen i Kosterfjorden har ett säreget landskap. Här finns både hård- och mjukbottnar, skalgrusbottnar och grunda bottnar ut mot Skagerak. Kosterfjordens djupränna är mellan 100 och 250 meter djup och står i kontakt med den Norska rännan, som i sin tur sitter ihop med Atlantens flera tusen meter djupa bottnar. När vattnet från Atlantens stora djup pressas in mot kusten, följer larver av djur som lever där med. På grund av att Kosterfjorden har djupa och brant sluttande klippväggar, hög salthalt och låg, jämn temperatur (5-7 grader) i bottenhavet, kan arter, som normalt lever på tusen meters djup i Atlanten, överleva även här.

Limamusslor och fotbollssvampdjur

_____ (2)

I Kosterhavet finns över 6 000 olika djur och alger under ytan. Omkring 200 djur och växtarter är unika och finns inte någon annanstans i Sverige.
Här finns t.ex. fotbollssvampen. Det är ett slags djur som kan bli en halvmeter i diameter och 24 kg tung. Armfotingen, som är ett sorts musselliknande djur lever fastsittande på klippor. Här lever också den stora Limamusslan, som kan bli 20 cm lång, den gröna skedmasken, vars honor kan bli upp till 1,5 meter långa och Kosterpiprensaren, som står på bottnen och kan bli närmare 75 cm hög.
Runt grynnor och holmar simmar Västerhavets största bestånd av knubbsälar och här häckar t.ex. den ovanliga silvertärnan. På öarna växer en del utrotningshotade växter, t.ex. ostronört, martorn och strandvallmo.

Sälar vid Koster

_____ (3)

Här i Kosterhavet finns Sveriges enda korallrev. Revet ligger på 85 meters djup och är 5 000 kvadratmeter stort. Det består av ögonkorall som är en revbildande stenkorall. Idag återstår bara omkring 300 kvadratmeter levande ögonkorall, resten är skalskelett från äldre, död korall. Revet är en värdefull livsmiljö för hundratals andra arter. Den artrikedom som finns i dess skrymslen och vrår kan jämföras med tropiska rev.

bli, blev, blivit • finnas, fanns, funnits • stå, stod, stått

Avsnitt 9

Ögonkorall

(4)

Kosterskärgårdens öar skiftar i både färg och form. De avspeglar en händelserik geologisk historia, där resultatet är en ovanligt varierad berggrund. Berggrunden är lättvittrad och kalkrik. Gnejsar av olika slag dominerar. Vanligast är en grå glimmerrik gnejs som bildades för runt 1,6 miljarder år sedan. Dessutom finns det en något yngre, rödgrå gnejs med inslag av granit som ofta kallas gnejsgranit. Landskapet har med tiden fått sitt speciella utseende med sprickor och veck, eftersom stora rörelser i jordskorpan vid flera tillfällen förstört formen på berggrunden.

Typiskt för Kosterskärgården är diabasgångarna. Det ser ut som om någon har doppat en pensel i svart färg och dragit långa streck tvärs över öar och skär. De bildades när diabasmagma från jordens inre trängde upp i sprickor i jordskorpan för omkring 1,4 miljarder år sedan.

(5)

I parken finns snorkelleder som är en naturstig under vattnet. Dessa leder är ca 200 meter långa och ligger på 1-1,5 meters djup. En blåfärgad lina på botten leder till åtta informationsskyltar. Vid varje skylt finns en diskborste man kan använda för att borsta bort sediment. Två bojar, vid start och mål, visar var i vattnet man hittar snorkellederna. Snorkling sker på egen risk, så tänk på att aldrig snorkla ensam!

Det rika djurlivet både under och ovan havsytan, strövområden, fågelskådning, vackra klippstränder och snorkelvatten gör att Kosterhavets nationalpark bjuder sina besökare på starka naturupplevelser året runt.

Sammanfattning efter www.kosterhavet.de

10b  Jämför Kosterhavets nationalpark och Store Mosse. Prata med varandra. Skriv upp lite fakta på ett extra papper först. Aspekter: **invigning, läge, areal, landskap, geologi, djur, växter, attraktioner**

	Kosterhavets nationalpark	Store Mosse
invigning		
läge		

Nationalparken Store Mosse är äldre än Kosterhavet.

11  **Ett föredrag**

Välj en nationalpark ni skulle vilja veta mer om och utarbeta ett föredrag. Ta fram texter och fakta (t.ex. från www.naturvardsverket.se/nationalparker). Planera innehållet, fördela uppgifterna och gör en disposition. Skriv upp nyckelord och nyckelmeningar. Tänk på att få en intresseväckande inledning och en avrundande avslutning. Håll föredraget för gruppen. Uttryck ni kan använda:

Hjärtligt välkomna! / Hej!
Hej och hjärtligt välkomna till ...
Mina damer och herrar! (mycket formellt)
Roligt att så många kunde komma hit/ är här i kväll.
Jag heter ... / Mitt namn är ... och jag ...
Jag/Vi ska presentera nationalparken ...
I det följande kommer jag/vi att tala om ...
Jag/Vi kommer att berätta om ...

Jag/Vi tänkte inleda med ...
Inledningsvis ska jag ...
På bilden här ser vi ...
... är framför allt känd för ...
Jag talade om ... tidigare. Det är ...
Avslutningsvis tänker jag visa ...
Tack för mig.
Tack ska ni ha.

se, såg, sett • dra, drog, dragit • bjuda, bjöd, bjudit

Avsnitt 9

12a Ögna igenom texterna. Vilken fråga intresserar dig mest? Varför?

ÖB 21-23

Fråga Arne Lindmark
Vetenskapens svar på läsarnas frågor

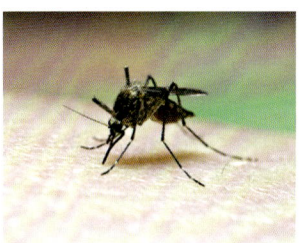

Fråga: Jag undrar om alla myggor sticks?

Svar: Nej, definitivt inte! När vi pratar om myggor, menar vi vanligtvis stickmyggor, men det finns ca 2 250 myggarter i Sverige, varav de flesta inte sticks, t.ex. sorgmyggor, gallmyggor, fjädermyggor och svampmyggor.

Av de ca 30 myggarter som är blodsugare, är det endast honmyggorna som sticks och dricker blod, medan hanmyggorna lever på växtsafter. Honmyggorna behöver blodet för att kunna lägga ägg. Äggen läggs på vattenytan. Stickmyggornas larver lever i vatten och livnär sig på små vattenlevande organismer. Mygglarven förpuppas precis som en fjäril och efter förpuppningen lämnar myggan vattenlivet för ett liv i luften.

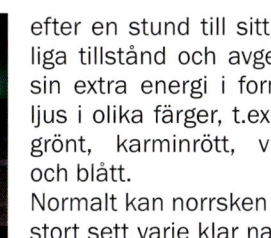

Fråga: Varför bränns nässlor?

Svar: Orsaken till att brännässlor bränns är att de är täckta av små brännhår. Dessa brännhår innehåller myrsyra och även bland annat acetylkolin och histamin. När något rör vid ett brännhår, går spetsen på håret av och dess innehåll sprutas ut på grund av trycket inuti håret. Det är ett sätt för nässlan att försvara sig mot djur och människor. Syran verkar irriterande på huden - det bränner och gör ont.

Fråga: Varför är katter oberäkneliga?

Svar: Först och främst är det så, att inte alla katter är oberäkneliga. Att en katt rivs och bits beror ofta på att den inte är tillfreds med situationen den befinner sig i. Katter kommunicerar på ett subtilt sätt och det kan vara svårt att förstå kattens varningssignaler. Genom att behandla katten med respekt och lyssna på kattens egna signaler, märker man när den är på väg att klösas eller bitas.

Fråga: Vad är norrsken?

Svar: Norrsken är ett himlafenomen som uppstår på hög höjd i atmosfären, från ca 90 kilometers höjd till över 200 kilometers höjd. Det är elektroner och protoner (mest elektroner) som kommer in i atmosfären från rymden. Där kolliderar elektronerna med atomer i luften, t.ex. syre. Atomerna i atmosfären får vid kollisionen mer energi, de blir exciterade. De exciterade atomerna återgår efter en stund till sitt vanliga tillstånd och avger då sin extra energi i form av ljus i olika färger, t.ex. gulgrönt, karminrött, violett och blått.

Normalt kan norrsken ses i stort sett varje klar natt på höga latituder under den så kallade norrskensovalen vid norra halvklotet, analogt vid södra halvklotet, sydskensovalen. Ovalen ligger som en ring med centrum över den magnetiska polen.

I Sverige håller sig norrsken ofta ungefär över Kirunas latitud. Pajala är den ort, där man oftast kan se norrsken. Vid geomagnetiska stormar kan man se norrsken även i mellersta och södra Sverige och i undantagsfall även i Sydeuropa och Afrika.

Dagsmeja - Vad är det?

Det förekommer under senvintern och tidiga våren. Solstrålningen är då tillräckligt stark för att tina upp det yttersta lagret på snö- och isytor, trots att det är minusgrader i luften. Detta kallas dagsmeja!

Smältvatten rinner under dagen ut på väg- och gångbanor och fryser sedan, när temperaturen sjunker efter solnedgången. Detta innebär stor risk för halka!

Källa: SMHI

Snön smälter på taken och fryser till på natten. Långa istappar bildas, som kan vara farliga för passerande personer.

12b
- Välj en text var. Läs den noga och stryk under viktiga fakta. Återberätta era texter för varandra.
- Jobba två och två. Sortera in ord ur texterna under följande rubriker och jämför till slut.
  djur • fysik • väder • biologi/kemi • jorden

sticka, stack, stuckit • riva, rev, rivit • frysa, frös, frusit • sjunka, sjönk, sjunkit • rinna, rann, runnit

Avsnitt 9

13  **Jag undrar ... - indirekta frågor**

ÖB 25

Vet du vad elektroner kolliderar **med**?

Jag undrar vad larver livnär sig **på**.

 Ställ indirekta frågor till varandra på texterna (12a) och svara. Använd uttrycken och frågeorden. Tänk på prepositionens plats.

Kanske vet du ...	Kan du berätta ...	om	vem
Vet du ...	Jag funderar på ...	vad	var
Jag är intresserad av	Skulle du kunna förklara ...	när	varför
att få veta ...	Jag undrar ...	hur	

14a  **Fördjupning - verbets s-form i absolut betydelse**

Läs mer i grammatiken på s. 76

ÖB 26-28

Myggen **sticks**.   Nässlorna **bränns**.
Den där schäfern **bits**. Akta dig, katten **rivs**!
Sluta **retas**!   Pojkarna **knuffades**.

Andra ord är: **kittlas, nypas, sparkas, narras, luras, trängas**

En biodlare

14b  • Sätt in rätt ord i rätt form. Välj bland orden i rutan ovan.

1. Bin _____ när de blir retade.
2. Akta dig för den där hunden. Den _____.
3. Folk _____ vid utgången.
4. Lägg av att _____ och _____ så där! Kolla vad du gör med min arm!
5. Aj, låt bli att _____ ! Det gör ont! Jag får ju blåmärken på benen.
6. Kalle _____ hela tiden. Det börjar likna mobbning.
7. Gå försiktigt, nässlorna _____ jätteäckligt!
8. Olle _____ ner för en trappa i morse.
9. Det är inte sant. Nu _____ du!
10. Sluta _____ ! Jag är så kittlig.

• Sätt er in i följande situation:
Ni är på föräldramöte. En av er är klassföreståndare, de andra är föräldrar. Era barn som går i årskurs 3 har klagat på skolmiljön hemma. Klassen är lite stökig och det har hänt en hel del. En kille sparkas ofta, en tjej retas osv. Ta upp olika teman (använd orden i rutan ovan) och försök tillsammans hitta en väg att lösa problemen. Uttryck ni kan använda:

Jag måste ta upp en sak.   Det är tråkigt/synd/hemskt att ...
Jag har tröttnat på att ...   Det är jobbigt för Johan att/när ...
Jag är less på att ...   Anna vantrivs därför att ...

bita, bet, bitit • nypa, nöp, nypt • lägga, lade, lagt • ta, tog, tagit

SAXAT

Tre dikter av Gustav Fröding (1869-1911)
Ur diktsamlingen *Efterskörd*

Ett grönt blad på marken

Grönt! Gott,
friskt, skönt vått!
Rik luft, mark!
Ljuvt stark,
rik saft,
stor kraft!
Friskt skönt
grönt!

Gråbergssång

Stå
grå,
stå
grå,
stå
grå,
stå
grå,
stå
grå-å-å-å.
Så är gråbergs gråa sång
lå-å-å-å-å-å-å-ång.

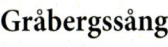

Snigelns visa

Sol! Sol! skönt
lys, lys, ljus,
trög väg på grus,
se gräs grönt,
här mycket lätt
äta sig mätt.

Här inte bråttbortkrypa vill,
här ligga still,
mums, mums, gott.

Hum, hör dån,
hum varifrån
är svårt hot?
Stor svart fot,
bäst krypa in
i hyddan sin.

> Driv ut naturen med en stång,
> hon kommer ändå igen en gång.
> Christofer Larsson Grubb
> (1594-1681)

Galet väder – i hela landet

Tromber i Halland, klass 1-varningar i Skåne och snö i Umeå. Under torsdagen var väderläget i landet minst sagt omväxlande.
– Det var helt sjukt, säger Andrée Norberg, 23, som fick sin gräsmatta snötäckt under eftermiddagen.

Vid halv fem på torsdagseftermiddagen satt Ottilia Svanstedt, 18, i bilen på väg mot Falkenberg, då hon plötsligt såg en tromb torna upp sig strax söder om Varberg.
– Jag tyckte att det var rätt häftigt, jag har aldrig sett en tromb förut, säger hon.
Genom bilrutan kunde hon följa trombens framfart i drygt tio minuter, innan den försvann vid horisonten.
– Men vi körde rakt in i en storm, så det var väl lite läskigt också, säger Ottilia Svanstedt.

Vit gräsmatta
110 mil längre norrut, i Vindeln norr om Umeå, satt Andrée Norberg, 23, och pratade med kompisar över internet, när han plötsligt hörde hur något började smälla väldigt kraftigt mot taket.
– Det var helt sjukt, mina kompisar hörde till och med hur det small genom headsetet. Vi har plåttak på huset, så det lät något fruktansvärt, säger han. När Andrée rusade ut för att se vad som stod på, såg han hur husets stuprör var helt fyllda med snöliknande hagel.
– Det trodde man ju inte, att det skulle snöa i juli, säger han.

Flera timmar efter snöskuren är Andrées gräsmatta fortfarande helt vit.
– Jag skulle nog kunna gå ut och göra en riktigt stor snögubbe om jag hade velat, säger Andrée Norberg.

Inte helt ovanligt
Och visst, det kan ju låta helt sjukt att det snöar i juli. Men enligt Lovisa Andersson, meteorolog på SMHI, är vare sig hagelskurar eller tromber helt ovanligt.
– Det händer. Vi har ungefär tio tromber per år i Sverige, men eftersom landet är väldigt avlångt och glesbefolkat, så upptäcks inte alla, säger hon.
Tromber uppstår oftast i samband med kraftiga åskskurar.
– När det blir kraftiga skurar, i områden med fuktig luft och ostadigt väder så kan det uppstå tromber även i Sverige, säger Lovisa Andersson.
Åskskurarna är även anledningen till att Andrée Norbergs gräsmatta är vit.
– När det kommer kraftiga bymoln med åska, så finns det ofta hagel också, även om man kanske kan tycka att det låter lite konstigt så här i juli månad. Men vi hade faktiskt hagel i Stockholm tidigare i veckan också, säger Lovisa Andersson.
Hon tycker inte att vädret är speciellt anmärkningsvärt.
– Nej, jag tycker snarare att det är roligt att man kan se tromber. Men visst, det kan ju falla träd och föremål kan föras i väg, så man får väl kanske vara lite försiktig.

Victor Friberg, Aftonbladet

Ge glutenintoleranta ekonomiskt stöd

Glutenintolerans är en kronisk tarmsjukdom, där proteinet gluten, som finns i t.ex. vete, korn och råg skadar slemhinnan. Den enda medicinen mot glutenintolerans är en glutenfri kost.
90 000 svenskar beräknas idag vara glutenintoleranta. Av dem har bara 35 000 fått diagnosen celiaki (glutenintolerans). Grundmerkostnaden för den glutenfria kosten ligger enligt Konsumentverket idag på upp emot 5000 kronor för vuxna och 3000 för barn. En undersökning visade att de glutenfria basvarorna som bröd, pasta och mjöl har ett kilopris som är 350 procent dyrare. En rimlig kostersättning skulle alltså vara minst 400 kronor per månad för vuxna och 250 kronor för barn, skriver Eva Bengtsson, generalsekreterare på svenska Celiakiförbundet. Alltför många av våra medlemmar har på grund av dessa merkostnader inte råd att vara friska. Det är dags att politiker i Sverige tar tag i den här frågan på allvar, menar Eva Bengtsson.

Efter SvD

- Läs dikterna av Gustav Fröding. Vad beskriver de? Är de bra? Diskutera gemensamt!
- Jobba parvis. Välj något ur naturen, t.ex. ett träd, en sten, en sjö, havet, gräset osv. Hitta adjektiv som passar och skriv en egen liten dikt. Läs upp dikterna för varandra till slut.
- Jobba parvis. Läs artikeln "Ge glutenintoleranta mer ekonomiskt stöd". Förklara begreppen celiaki, diagnos, basvara, rimlig och kronisk.
- Ta ställning till artikeln. Håller du med Eva Bengtsson? Håller du inte med? Diskutera gemensamt.
- Berätta om tromben eller hagelskuren. Välj en roll: bilist, cyklist, fotgängare, husägare, meteorolog.

skriva, skrev, skrivit • äta, åt, ätit • falla, föll, fallit • smälla, small (smällde), smällt • vilja, ville, velat

Avsnitt 9

15a 19 — ÖB 34

Lyssna till dikten med stängda böcker. Vad handlar den om? Läs sedan dikten tillsammans.

Tomten av Viktor Rydberg

Midvinternattens köld är hård,
stjärnorna gnistra och glimma.
Alla sova i enslig gård
djupt under midnattstimma.
Månen vandrar sin tysta ban,
snön lyser vit på fur och gran,
snön lyser vit på taken.
Endast tomten är vaken.

Står där så grå vid ladgårdsdörr,
grå mot den vita driva,
tittar, som många vintrar förr,
upp emot månens skiva,
tittar mot skogen, där gran och fur
drar kring gården sin dunkla mur,
grubblar, fast ej det lär båta,
över en underlig gåta.

För sin hand genom skägg och hår,
skakar huvud och hätta –
"nej, den gåtan är alltför svår,
nej, jag gissar ej detta" –
slår, som han plägar, inom kort
slika spörjande tankar bort,
går att ordna och pyssla,
går att sköta sin syssla.

Går till visthus och redskapshus,
känner på alla låsen –
korna drömma vid månens ljus
sommardrömmar i båsen;
glömsk av sele och pisk och töm
Pålle i stallet har ock en dröm:
krubban han lutar över
fylls av doftande klöver.

Går till stängslet för lamm och får,
ser, hur de sova där inne;
går till hönsen, där tuppen står
stolt på sin högsta pinne;
Karo i hundbots halm mår gott,
vaknar och viftar svansen smått,
Karo sin tomte känner,
de är goda vänner.

Tomten smyger sig sist att se
husbondfolket det kära,
länge och väl han märkt, att de
hålla hans flit i ära;

barnens kammar han sen på tå
nalkas att se de söta små,
ingen må det förtycka:
det är hans största lycka.

Så har han sett dem, far och son,
ren genom många leder
slumra som barn; men varifrån
kommo de väl hit neder?
Släkte följde på släkte snart,
blomstrade, åldrades, gick - men vart?
Gåtan, som icke låter
gissa sig, kom så åter!

Tomten vandrar till ladans loft:
där har han bo och fäste
högt på skullen i höets doft,
nära vid svalans näste;
nu är väl svalans boning tom,
men till våren med blad och blom
kommer hon nog tillbaka,
följd av sin näpna maka.

Då har hon alltid att kvittra om
månget ett färdeminne,
intet likväl om gåtan, som
rör sig i tomtens sinne.
Genom en springa i ladans vägg
lyser månen på gubbens skägg,
strimman på skägget blänker,
tomten grubblar och tänker.

Tyst är skogen och nejden all,
livet där ute är fruset,
blott från fjärran av forsens fall
höres helt sakta bruset.
Tomten lyssnar och, halvt i dröm,
tycker sig höra tidens ström,
undrar, varthän den skall fara,
undrar, var källan må vara.

Midvinternattens köld är hård,
stjärnorna gnistra och glimma.
Alla sova i enslig gård
gott intill morgontimma.
Månen sänker sin tysta ban,
snön lyser vit på fur och gran,
snön lyser vit på taken.
Endast tomten är vaken.

15b
- Vilka naturord förekommer i den här dikten? Hur är rimmen anordnade?
- Arbeta i par. Gör först övning 34 på s. 169 i övningsboken. Välj sedan en vers var och diktera dem för varandra. Diktera även skrivtecknen.

> **Berätta & diskutera:** Vilken stämning förmedlar dikten? • Är det en juldikt? • Vad är diktens kärnpunkt? • Varför kan man säga att den är så typisk svensk? • Varför tror du att dikten har blivit så känd? • Kanske påminner dikten dig om en svensk barnbok? Vilken i så fall?

slå, slog, slagit • smyga, smög, smugit • sova, sov, sovit • springa, sprang, sprungit

Avsnitt 9

16a Två artiklar har blandats. Ögna igenom textbitarna och bestäm om de utgör en del av artikel A eller B.

A Köttet och klimatet   B Mat eller sopor?

○ Dagens matproduktion innebär många miljöproblem. Men problemen slutar inte när maten kommit till affären. I Sverige slänger vi nämligen ungefär en fjärdedel av all mat som produceras. Det orsakar ytterligare miljöförstöring helt i onödan.

○ Djurhållning för köttproduktion är en av våra största klimatbovar och står för 18% av mänsklighetens växthusgasutsläpp. Det är mer än dubbelt så mycket som alla bilar släpper ut.

○ Runtom i världen sker en massiv skövling av skogen för att skapa betesmark till köttdjur. Av den mark i Amazonas, där det tidigare stod regnskog är nu 70% betesmark. Omkring 10% är mark som skövlats för att skapa betesmarker, men sedan övergivits. Resten av den skövlade marken används till stor del för att odla foder till djur.

○ Alla vet att det inte är något fel på bananen bara därför att det är en liten brun fläck på skalet – men ingen vill köpa bananen med den bruna fläcken. Den är nästan omöjlig att sälja. Detsamma gäller de flesta grönsaker och frukter i grönsaksdisken. Om det finns något litet märke eller en fläck eller om salladen är lite vissen, så går varan inte att sälja. Affärerna slänger därför en mycket stor andel av dessa färskvaror.

○ Exotiska frukter fraktas långt, ofta med flyg. Salladsgrönsaker som sallad, tomat och gurka odlas i uppvärmda växthus i Sverige eller körs med lastbil från södra Europa. Även om växthusen börjat gå över från olja till biobränsle för uppvärmningen, går det åt mycket energi för att ta fram dessa grönsaker. Ironiskt nog är det de frukter och grönsaker som ger störst utsläpp, som slängs mest.

○ Regnskogen tillhör våra artrikaste ekosystem och när den skövlas, utrotas arter i snabb takt. Skövlingen står också för två tredjedelar av djurhållningens koldioxidutsläpp. När skogen huggs ner och ofta bränns, bildas koldioxid från det kol som fanns bundet i träden. Även marken ger ifrån sig mycket koldioxid, när den förvandlas till betesmark. Jordbruksmaskiner och produktion av konstgödsel för odling av foder är andra stora källor till koldioxidutsläpp från djurhållning.

○ Det stora miljöproblemet vad gäller svinn kommer från köttet, trots att andelen salladsgrönsaker som slängs i onödan är större. Det beror på att köttet är så enormt resurskrävande.

○ En viktig anledning till att djurhållning är en så stor klimatbov är att den förutom koldioxid släpper ut stora mängder av de mycket starka växthusgaserna metan och lustgas. Metan är en 23 gånger starkare växthusgas än koldioxid och lustgas är hela 296 gånger starkare.

○ Köttet är också en mycket känslig vara och det gör att en stor andel av köttet måste kasseras, när sista förbrukningsdagen passeras. Man kan bli riktigt sjuk av dåligt kött i

synnerhet som det inte alltid går att se på köttet att det är dåligt.

○ Metanet bildas främst vid idisslande djurs matsmältning – i magen på bland annat kor och får. Djuren släpper sedan ut metanet genom munnen. En del metan kommer också från gödsel, djurens avföring. Vi föder upp väldigt många fler idisslande djur än vad som skulle kunna finnas i naturen och därför blir effekten på klimatet oerhört stor.

○ Det är alltså viktigt att sista förbrukningsdagen för kött respekteras, och det är svårt att sälja kött som närmar sig sista förbrukningsdagen. Det gör det väldigt svårt att undvika svinnet för kött. Så många som 30 000 kor slaktas i Sverige varje år – bara för att slängas bort.

○ Det är mycket enklare att undvika svinn för vegetabiliska livsmedel med ungefär samma näringsinnehåll som kött – ärtor, bönor och linser – eftersom dessa varor kan torkas före frakt.

○ Lustgas bildas också från gödsel i gödselstackar och när det sprids på våra åkrar. Även konstgödsel bildar lustgas, när den sprids på åkrarna och kommer i kontakt med luftens syre. Eftersom vi använder en tredjedel av världens odlingsmark och hela 80% av den svenska åkerarealen för att odla foder till djur, innebär det en stor påverkan på klimatet.

16b  Läs en artikel var, genom att läsa textbitarna A respektive B i den ordning de står. Vilka miljöproblem skildras i artiklarna? Gör en uppställning och redovisa för varandra.

> **Berätta & diskutera:** Kan du tänka dig att införa en köttfri dag i veckan? • Kan du tänka dig att bli vegetarian/vegan för miljöns skull? Varför/Varför inte? • Ska man införa köttskatt, tycker du? • Hur tycker du att staten/affärerna/kunderna ska hantera miljöproblemen, som uppstår i samband med livsmedel?

veta, visste, vetat • sälja, sålde, sålt • hugga, högg, huggit • binda, band, bundit • sprida, spred, spridit

Avsnitt 9

17  **Tillsatser i våra livsmedel**

ÖB 36

Ingredienser: A
Nötkött* (64 %), potatis*, lök*, potatismjöl*, potatisfiber, salt, koriander*, svartpeppar* och smält socker*.

* KRAV-certifierad ekologisk ingrediens.

Ingredienser: C
Marsipan 23 % [socker, mandel, vatten, maltodextrin, glukossirap, (potatis)stärkelse, färgämne E100/E160a/E133], socker, havregryn, mörk doppmassa [socker, härdat vegetabiliskt fett (palmkärna), kakaopulver, emulgeringsmedel sojalecitin, stabiliseringsmedel E492, vanillin], margarin [vegetabiliskt fett och vegetabilisk olja (palm, kokos, raps), vatten, skummjölk, salt (1,6 %), emulgeringsmedel (E471, E475 och solroslecitin), surhetsreglerande medel: citronsyra, aromämnen], invertsockersirap, vetemjöl, vatten, ägg, naturidentisk arrakarom och apelsinarom, kakaopulver, (potatis)stärkelse, fuktighetsbevarande medel E422, glukossirap, bakpulver (E450, E500), konserveringsmedel (E202, E281), emulgeringsmedel E471, skummjölk, surhetsreglerande medel: citronsyra och E331, salt, förtjockningsmedel pektin.

Ingredienser: B
Hårdost, vatten, kräftstjärtar (11 %), smältsalter (E339, E452), smör, konserveringsmedel (E202), arom, dill.
Fetthalt 18 %

Ingredienser: D
Glukossirap (innehåller sulfit), socker, modifierad stärkelse (majs, vete), svingelatin, syror (E260, E270), aromer, färgämnen (E 100, E 120, E 141, E153, E160e), ytbehandlingsmedel (vegetabilisk olja, bivax, karnaubavax).
För dig som är allergiker: produkten innehåller gluten och spår av mjölk.

Ingredienser: E
Vetemjöl, nougatfyllning 33 % [socker, härdat vegetabiliskt fett, vasslepulver från mjölk, hasselnötter 10 %, fettreducerat kakaopulver, emulgeringsmedel (sojalecitin), arom], socker, vegetabilisk olja, fettreducerat kakaopulver, bakpulver (hjorthornssalt, natriumkarbonat), invertsocker, salt, emulgeringsmedel (sojalecitin), arom (bl.a. vanillin).

Ingredienser: F
Utvald sockersaltad torsk- och sejrom (50 %), rapsolja, socker, potatisflingor, tomatpuré, salt, konserveringsmedel (kaliumsorbat, natriumbensoat), antioxidationsmedel (askorbinsyra).

Ingredienser: G
Potatis, solrosolja, mjölksocker, salt, surhetsreglerande medel (E262, E270, E296, E330, E334), socker, smakförstärkare (natriumglutamat, E627, E631), aromer.
Salthalt: 1,6 %

 TALA SVENSKA
- Jobba parvis. Läs innehållsförteckningarna och gissa vilka produkter det skulle kunna vara. Ni hittar svaren i facit på s. 207.
- En av produkterna är ekologisk. Vilken?
- Stryk under alla tillsatser (rubriker, t.ex. konserveringsmedel) ni kan hitta i innehållsförteckningarna. Jämför i hela gruppen.

Berätta&diskutera: Är det rätt, tycker ni, att våra livsmedel förses med olika tillsatser? • Ska man acceptera att maten blir alltmer industriell? • Vad fäster du vikt vid när du handlar? • Är priset på en vara avgörande för dig? • Ska man köpa rättvisemärkta (fair trade)/genmodifierade/fettreducerade livsmedel, tycker du?
• Vad finns det för fördelar/nackdelar med ekologisk mat, funktionell mat, snabbmat, färdigmat?

Avsnitt 9

18a Fördjupning - subjunktioner

ÖB 37-38

Läs mer i grammatiken på s. 77-79

Huvudsats
Marken ger ifrån sig mycket koldioxid,
Man kan inte bada,

Bisats
när den förvandlas till betesmark.
även om vattnet i sjön har blivit renare.

Observera ordföljden:
Bisats **Även om** vattnet i sjön har blivit renare, **Huvudsats** <u>kan man</u> inte bada.

Andra subjunktioner: **allteftersom, bara, därför att, eftersom, fast, fastän, för att, (inte) förrän, huruvida, i synnerhet som, ifall, innan, ju ... desto, just som, medan, när, om, sedan, som, som om, speciellt som, så, så att, så ofta, sådan ... att, särskilt som, tills, trots att, utan att, än**

18b

- Stryk under subjunktionerna i texten 16a.
- Ta gemensamt reda på vad rubrikerna nedan betyder. Ordna sedan in subjunktionerna i rutan under dessa rubriker.

Jämförande   **Orsaksangivande**   **Medgivande**   **Följdangivande**

Avsiktsangivande   **Villkorsangivande**   **Tidsangivande**

19

-satser!

skog   **slänga**

"I Sverige får man röra sig fritt i **skogen**, bara man inte **slänger** godispapper och annat skräp."

TALA SVENSKA
Skriv minst tolv substantiv och tolv verb på kartotekskort. Lägg dem i två olika högar. En kursdeltagare börjar med att ta upp två kort, ett från varje hög. Hon/han bildar nu en mening, där ett av orden är i huvudsatsen och det andra i bisatsen. Bisatsen ska inledas med en subjunktion. Nästa deltagare fortsätter.
Blanda högarna eller skriv fler kort, så uppstår andra kombinationer.

20 Ord i fokus

ÖB 41-45

Studera tabellerna. Samla fler ord, det finns många i detta avsnitt. Diktera ord för varandra.

STAVNING

Enkelskriven konsonant				→ regler på s. 192
din, han, fem	drömde	domare	sund, sunt	bild

ORDBILDNING

Suffix - substantiv som blir adjektiv

-isk	-sk	-lig	-ig
en typ - typisk	en melodi - melodisk	en person - personlig	ett regn - regnig

Öresund

Politik och näringsliv

Avsnitt 10

I det här avsnittet lär du dig bl.a.
- ord och uttryck i samband med politik och näringsliv
- något om hur en kommun styrs
- att tala om olika problem i kommuner och glesbygd
- att tala om svenska produkter
- att presentera statistik
- att föra ett enklare kundsamtal
- att klaga och ta emot klagomål
- att presentera ett företag
- Grammatik - några prepositioner; superlativ i obestämd och bestämd form; artikellös form av substantiv
- Uttal - slutintonation
- Stavning - k-ljudet före s

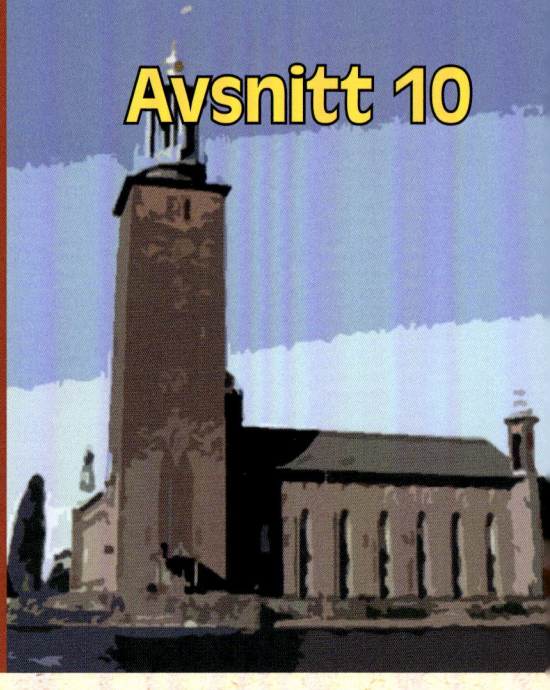

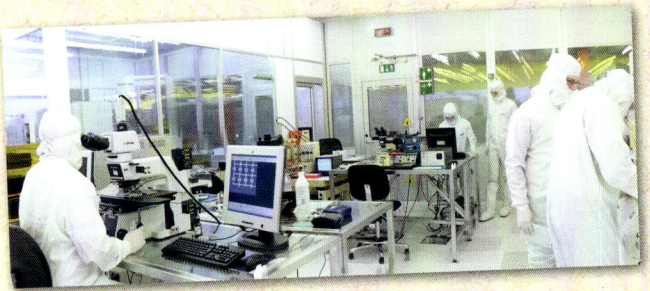

- Beskriv bilderna.

  På bilden i mitten ser man/finns ... / På bilden i den översta/understa/mellersta raden till höger/till vänster/ i mitten kan man se ... / På den allra understa bilden är ...

- Titta på bilderna och samla ord och begrepp som kan kopplas till temat politik och näringsliv, t.ex. turism, gruvindustri, börsen, index.

Avsnitt 10

1 Några citat

ÖB 1-2

A Det är lätt att skjuta över ansvaret på andra eller måhända söka förklaringar i något slags historiska _____.
Det är mindre lätt att söka orsakerna inom oss själva eller på ett område, där vi alla bär ett betydande _____.
Men ett sådant sökande är nödvändigt, ty till sist är det endast inom oss själva och på sådana områden, som vi kan hoppas att genom vårt eget handlande göra en bärkraftig insats för att vända utvecklingens gång.
— Dag Hammarsköld

B När en _____ säger att vi sitter i samma båt, så var på din vakt - det betyder att det är du som ska ro.
— Vilhelm Moberg

C Problemet i Sverige är inte att det _____ så det knakar, utan att det knakar utan att växa.
— Carl Bildt

växer   demokratisk   politiker
rösträtt   lagar   makten
regering   träda tillbaka
partipolitiskt   maj   ansvar

Den beskedlige mannen: - Förlåt, Amelie, är midda'n färdig?
Hustrun: - Hädanefter blir det ingen middag, ingen frukost, ingen supé, ingen städning, ingen borstning, inga nya knappar i skjortan och ingenting annat heller, förrän du har skaffat mig allmän _____!
— Per Lindroth, 1908

E Mycket av världens elände är resultatet av i _____ ordning fattade beslut. — Olof Palme

G _____ korrumperar - det är ett mänskligt fenomen som ingalunda är _____ bundet. En _____, av vilket slag eller vilken färg den vara må, som alltför länge har haft makten, borde för sin egen hygiens skull _____ en tid och tänka efter.
— Astrid Lindgren

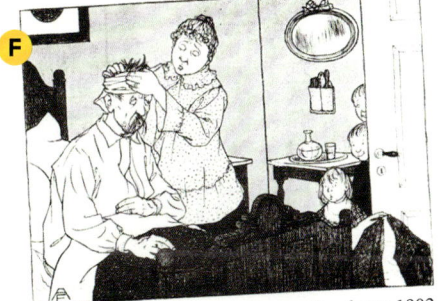

Andra _____   Anders Forsberg, 1902

 • Läs citaten och sätt in orden ur den gula rutan.
• Hur har politiken förändrats/inte förändrats de senaste 100 åren? Resonera gemensamt.

2 Sveriges politik just nu

ÖB 3-4

 • Vad heter Sveriges politiska partier?
• Ta reda på lite fakta om Sveriges regering och riksdag. Vem är statsminister? Vilket eller vilka partier bildar regering/opposition? Vem är talman? Vad har Sverige för ministrar och vad heter de? Sveriges riksdag har 349 ledamöter. Hur är mandatfördelningen? (www.riksdagen.se, www.regeringen.se)

bära, bar, burit • sitta, satt, suttit • böra, borde, bort • skjuta, sköt, skjutit • kunna, kunde, kunnat

Avsnitt 10

3. Soffliggare

- Titta på fotot. Vad menas med ordet soffliggare, tror du? Resonera gemensamt.
- Slå sedan upp ordet och kolla. Stämde era antaganden?

Berätta&diskutera: Röstar du alltid eller är du en "soffliggare" ibland? • Anser du att det är en rättighet eller skyldighet att rösta? • Är det skillnad mellan att rösta blankt eller att inte gå till valurnan alls?

4. Sveriges departement ansvarar för ...

ÖB 6

○ ... frågor som gäller jordbruk, skogsbruk, fiske, rennäring, samefrågor, djurskydd, livsmedel samt jakt och fiske.

○ ... frågor som rör bland annat lagstiftningen, polisväsendet, domstolsväsendet, kriminalvården, migration och asyl.

○ ... skolfrågor, universitet och högskolor, forskning, vuxenutbildning, folkbildning, jämställdhetsfrågor och ungdomspolitik.

○ ... bland annat klimatpolitik, kemikaliepolitik, strålskydd och kärnsäkerhet samt forskning och miljöövervakning.

○ ... att uppfylla de mål som regeringen och riksdagen bestämt för försvarspolitiken, för skydd och beredskap mot olyckor samt beredskap mot svåra påfrestningar på samhället i fred.

○ ... hanteringen av Sveriges förbindelse med andra länder (tillsammans med utrikesrepresentationen).

○ ... samhällets välfärd, ekonomisk trygghet, sociala tjänster, hälso- och sjukvård, främjande av hälsa samt barns och funktionshindrades rättigheter, bostadsfrågor, statlig förvaltning, länsstyrelser, kommuner och landsting samt trossamfund.

○ ... frågor som rör näringslivet, energi, IT, kommunikationer och infrastruktur samt regional utveckling.

○ ... arbetsmarknadspolitik, arbetslivspolitik, diskriminerings- och integrationsfrågor samt frågor om urban utveckling.

○ ... kultur, medie- och idrottsfrågor.

○ ... frågor som rör ekonomisk politik, statsbudgeten, skatter, bankväsende, värdepapper och försäkringar, internationellt ekonomiskt samarbete samt statligt företagsägande.

A Arbetsmarknadsdepartementet
B Finansdepartementet
C Försvarsdepartementet
D Justitiedepartementet
E Kulturdepartementet
F Landsbygdsdepartementet
G Miljödepartementet
H Näringsdepartementet
I Socialdepartementet
K Utbildningsdepartementet
L Utrikesdepartementet

Efter www.regeringen.se

- Samordna departementen med rätt ansvarsområde.

  Finansdepartementet ansvarar för .../är ansvarigt för ...
  Finansdepartementets ansvarsområde är ...

- Vilka samhällsfrågor tycker du är särskilt intressanta/inte intressanta alls? Varför tycker du det? Berätta.

slå, slog, slagit • gå, gick, gått

Avsnitt 10

5  **Hur styrs en kommun?**
- Ta först reda på vad följande ord betyder: **ytmässigt, följa upp, verkställa, utvärdera, granska, tillsynsmyndighet, överklaga**. Lyssna sedan på cd:n och fyll i det som fattas i schemat.
- Lyssna en gång till och skriv stolpar. Förklara sedan gemensamt hur en kommun styrs.

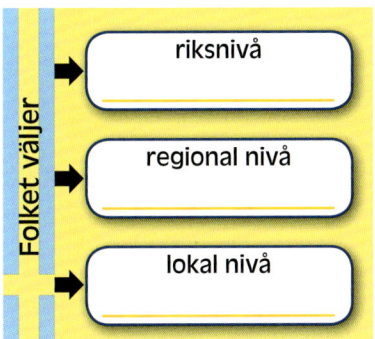

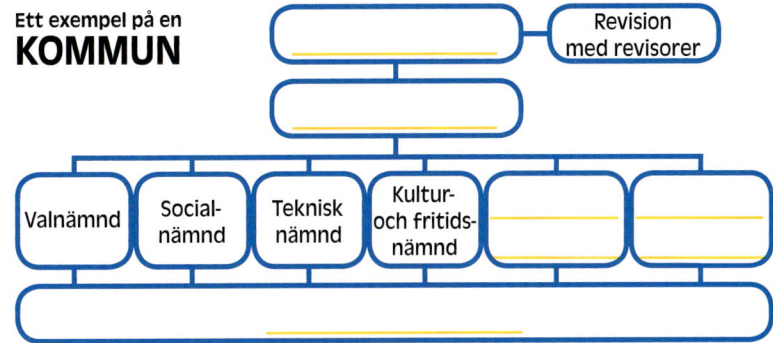

6  **Samhällsservice i kommunen**

Norrköping - centralort i Norrköpings kommun

 Kommunen ansvarar för en stor del av den samhällsservice som finns. Vad är kommunen skyldig enligt lag att erbjuda och vilken verksamhet sker på frivillig grund? Vad tror ni? Diskutera och kryssa för.
Jämför era svar med facit. Finns det något som förvånar er?

enligt lag frivilligt
- ☐ ☐ Öppen förskola
- ☐ ☐ Förskoleklass, grund-, gymnasie- och särskola
- ☐ ☐ Kommunal vuxenutbildning
- ☐ ☐ Svenska för invandrare
- ☐ ☐ Fritidsverksamhet
- ☐ ☐ Socialtjänst, inklusive individ- och familjeomsorg
- ☐ ☐ Omsorg om äldre och funktionshindrade
- ☐ ☐ Sysselsättning
- ☐ ☐ Bibliotek
- ☐ ☐ Kultur
- ☐ ☐ Hälso- och viss sjukvård i hemmet
- ☐ ☐ Hälso- och viss sjukvård i särskilt boende
- ☐ ☐ Räddningstjänst
- ☐ ☐ Stadsplanering och byggfrågor
- ☐ ☐ Bygga bostäder
- ☐ ☐ Kollektivtrafik (tillsammans med landstingen)
- ☐ ☐ Näringslivsutveckling
- ☐ ☐ Hälso- och miljöskydd
- ☐ ☐ Renhållning och avfallshantering
- ☐ ☐ Energi
- ☐ ☐ Vatten och avlopp

7 **Uppror i glesbygden**
Lyssna på nyhetsinslaget och svara muntligt på frågorna.

1. Vad gäller saken? Varför är medborgarna upprörda?
2. I vilken region har problemet uppstått?
3. Vad är det största problemet i glesbygden?
4. Har man hittat en acceptabel lösning på problemet?
5. Hur är akutbilen utrustad?
6. Vad innebär sjukvårdslagen?
7. Vad är målet för upproret?

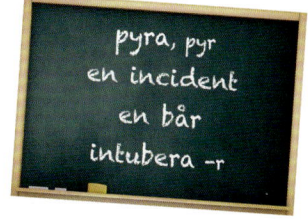

© GROA Verlag   få, fick, fått • ha, hade, haft • finnas, fanns, funnits • stå, stod, stått

Avsnitt 10

8a Fördjupning - några prepositioner

Läs mer i grammatiken på s. 81-84

ÖB 8-9

Det blir inte lätt, särskilt **i fråga om** miljöpolitiken.
Jan kom **för** Emmas **skull**.
Trots personalproblemen tog sig kommunen genom krisen.

Andra prepositioner: i händelse av, ur, inom, bortsett från, på grund av, till följd av, i stället för, tack vare, med anledning av, med undantag av, med hänsyn till, i och med

8b

Läs intervjun med fördelade roller och sätt in en passande preposition vid siffrorna. Läs flera gånger för att få flyt. Hur bedömer Mikael situationen? Kan man lösa problemet? Reflektera gemensamt.

Skrotbilar i naturen - ett växande problem

Uppskattningsvis 350 000 bilar står i dag övergivna i Sverige. Men att bli av med en gammal skrotbil som står och skräpar i skogen eller på en parkeringsplats är inte lätt - inte ens för de inblandade myndigheterna. Här följer ett utdrag **(1)** en intervju med Mikael Holmberg på miljönämnden.

R: Mikael, vad är den största svårigheten **(2)** övergivna skrotbilar?
M: Jag undrar om det inte är det, att alla skyller på alla. Ingen kan eller vill ta hela ansvaret. Ytterst är det ju alltid fordonsägarens ansvar att forsla bort bilen. Men **(3)** på skroten lämnas bilen olagligt på en skogsväg, längs landsvägen, ute på en åker eller på en parkeringsplats. Och **(4)** ihärdiga uppmaningar från kommunen att **(5)** en viss tid forsla bort bilen, är vår erfarenhet att ägarna ytterst sällan själva flyttar fordonet.
R: Är det stulna bilar?
M: Ja, det kan det vara. Men folk gör ofta så **(6)** bekvämlighet och nonchalans. Men sedan är det ju också **(7)** pengarnas **(7)**. Sedan skrotningspremien på tusen kronor har försvunnit har antalet dumpade bilar ökat markant.
R: Men vem har ansvaret för fordonet då?
M: Ja, det beror på. Trafikverket som har ansvar för vägarna får flytta skrotbilarna om de är "till hinder för väghållningen", polisen tar tag i problemet om bilarna utgör en trafikfara. Vidare har kommunen ett renhållningsansvar, vilket betyder att kommunen får flytta bort bilen, om den står på kommunal mark, t.ex.

i en park, på en parkeringsplats eller idrottsanläggning. Ibland är det till och med så att privata markägare är ansvariga.
R: Men fordonsägaren då? Alla bryr sig **(8)** bilägaren. Hur funkar det?
M: Ja, alla är missnöjda med situationen. Och det har ju diskuterats. Men vi har inget val. **(9)** fordonsägarens brist på ansvar, så är det till sist vi på miljönämnden som får ta över. För det blir ju en miljöfråga **(10)** skrot, kvicksilver, olja, glassplitter, urdruckna ölburkar och annat skräp runt bilen.
R: Men vad händer med bilen? Något måste ju göras.
M: Ja, ofta dröjer det ju ett tag, innan vi kan låta en bärgningsfirma frakta bort bilen. Ägaren får då en räkning på 500 kronor eller mer.
R: Täcker det kostnaderna?
M: Oh nej! Vi får inget betalt för våra arbetstimmar. Det kostar många tusen att flytta en enda bil. Det är ju **(11)** skattepengarna som bilarna överhuvudtaget kan flyttas bort till slut.
R: Finns det en lösning på det här?
M: Jag vet inte riktigt. **(12)** kostnaderna vore det bra med en gemensam kassa. Jag tycker det är synd att myndigheterna skyller på varandra.

9 Ta ställning!

Ta ställning till situationen i din kommun just nu. Vad är du nöjd/missnöjd med? Vad tycker du borde ändras?

Jag är nöjd/missnöjd med ...	Det är ohållbart att ...	Bortsett från ...
Jag trivs/vantrivs därför att ...	Kommunen/Politikerna borde ...	På grund av (att) ...
Jag är (inte) positiv till ...	Jag kan inte acceptera att ...	I fråga om ...

ta, tog, tagit • stjäla, stal, stulit • vara, var, varit • försvinna, försvann, försvunnit

Avsnitt 10

10 Uttal - slutintonation

Normalt faller melodin i slutet av ett yttrande. Detta kallas slutintonation.
Lyssna på cd:n och säg efter. Läs även andra texter högt och fokusera på slutintonationen.

350 000 bilar står övergivna.

De rödgröna vill öka studiebidragen.

Jag flyttade för en vecka sedan.

Jan studerar nationalekonomi.

All trafik västerut är avstängd.

Lokalpolitiker är pragmatiska.

Turbulenta tider på börsen betyder inte att man måste fly aktiemarknaden. Mycket osäkerhet kring krisen i Europa är förmodligen redan inprisat i marknaden. Även om de senaste åren inte inneburit någon avkastning att tala om, har det generella rådet varit att en viss del aktier i portföljen är en bra placering på sikt. Stalltipset är att satsa på bolag som du tror på, stabila bolag som kan visa på starka balansräkningar och har en långsiktig strategi.

11 Några svenska produkter

ÖB 10

Abba
Elektrolux
Findus
Fjällräven
Gudrun Sjödén
Husqvarna
Höganäs
Polarbröd
Rörstrand
Scan
Swedisch Match

- Kombinera följande produkter med ett företag.

  ... tillverkar/gör/producerar/framställer/säljer ...

- Känner du till andra svenska företag och produkter?

Berätta&diskutera: Varför tror du att vissa svenska produkter har blivit så kända? • Finns det svenska produkter som du gillar särskilt mycket? • Många företag fusionerar och blir internationella. Vad tycker du om det? • Är det viktigt för dig i vilket land en produkt framställs?

falla, föll, fallit • göra, gjorde, gjort • sälja, sålde, sålt

Avsnitt 10

12  Ekonomi i siffror
ÖB 13

Av det liggande stapeldiagrammet framgår att det svenska näringslivet domineras av mindre företag och att andelen stora företag är mycket liten. År 2013 var nästan 74 procent av företagen, cirka 770 000 stycken, enmansföretag, alltså företag helt utan anställda. 22,5 procent eller drygt 234 000 företag hade mellan 1-9 anställda. Ungefär 31 000 företag hade mellan 10-49 anställda, vilket är 3 procent av hela näringslivet. Vidare visar diagrammet att knappt 5 000 företag klassas som medelstora och hade mellan 50-249 anställda. Det motsvarar 0,5 procent av alla företag i näringslivet. Antalet stora företag i Sverige är få. Det finns ungefär 1 000 företag som anses som riktigt stora med 250 anställda eller fler. Det är 0,1 procent av alla svenska företag.

ett cirkeldiagram / tårtdiagram
ett stapeldiagram / liggande stapeldiagram
ett linjediagram

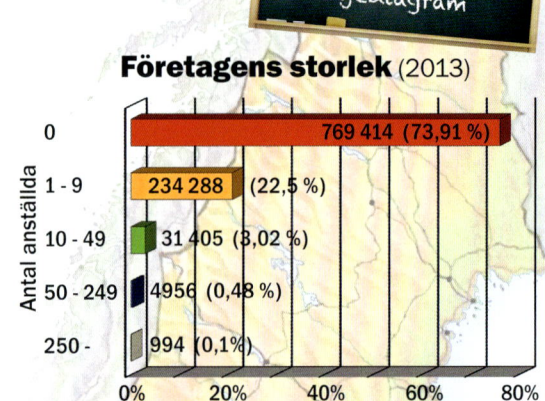

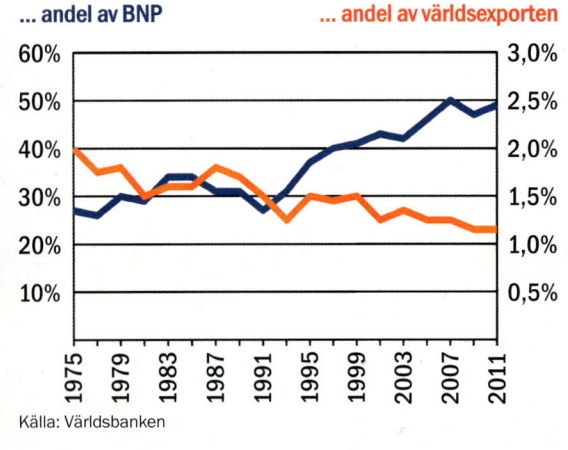

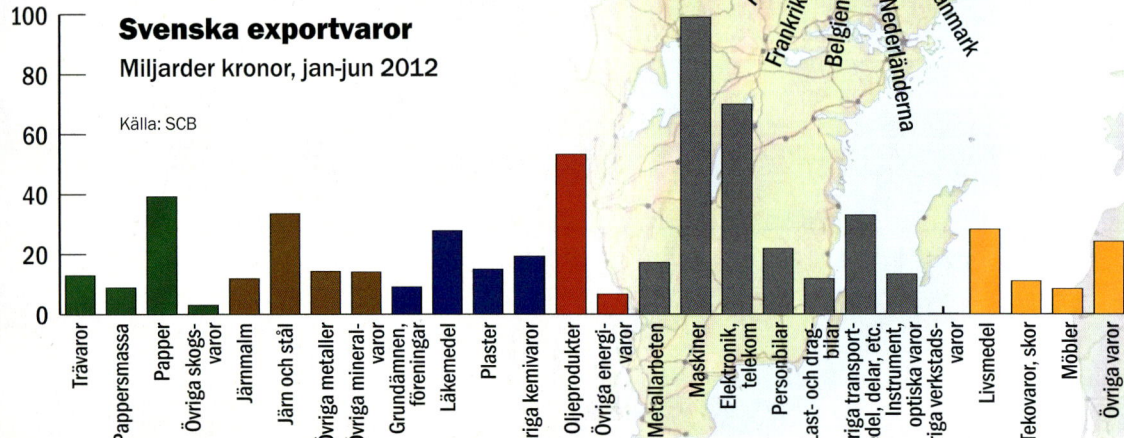

- Läs beskrivningen av diagrammet.
- Jobba sedan parvis. Välj ett diagram och titta på det en stund. Gör en liknande beskrivning tillsammans och presentera den för gruppen.

Diagrammet visar ... /
Av diagrammet framgår att ...
Antalet ...
Den/Det/De största/minsta ...
Det tredje största ... medan ...

Däremot är ...
... procent ...
Man kan se att ... / Intressant är att ... /
Viktigt att nämna är att ...
Det kan konstateras att ...

 se, såg, sett • *välja, valde, valt* • *kunna, kunde, kunnat*

Avsnitt 10

13  Ett kundsamtal

ÖB 14-15

Kontorsstol Prima
1 520:- kr

En hållbar och flexibel stol med modern design ♦ enkel att ställa in efter kroppens varierande sittställningar ♦ synkrongunga som kan ställas in efter kroppens vikt ♦ höjning och sänkning av sits och rygg ♦ färger: röd, marinblå och svart ♦ tillbehör: armstöd

Kontorsstol Chiefpoint
3 299:- kr

Lyxig kontorsstol med hög kvalitet och god ergonomi ♦ elegant sits och rygg i svart läder ♦ armstöd i plast ♦ viktjustering och synkronteknik för individuell anpassning ♦ stegvist reglage i höjdled med gasfjäder ♦ med gungfunktion

Kontorsstol Smart
635:- kr

En praktisk och prisvärd basstol med slitstarkt tyg ♦ rullande hjul med bromsfunktion ♦ steglöst ryggstöd ♦ höjning och sänkning av sits och rygg ♦ färger: blå, antracit och svart ♦ tillbehör: armstöd

Kontorsstol Service
Ord. pris: ~~1 190:- kr~~
Nu: 950:- kr
Prissänkt

Funktionell och välformad arbetsstol ♦ rygg och sits är ergonomiskt utformade för god sittkomfort ♦ viktjustering, svankstöd ♦ synkrongunga som kan ställas in efter kroppens vikt ♦ sits och rygg i konstläder ♦ färger: brun och svart ♦ tillbehör: armstöd

 rek. användningstid   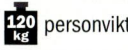 personvikt    sittbredd    sittdjup    sitthöjd

---

 TALA SVENSKA

● Läs katalogsidan. Skriv upp alla adjektiv du kan hitta och komparera dem.
● Jobba parvis. Träna på orden en stund. Simulera sedan ett kundsamtal. En av er är säljaren och partnern kunden som vill köpa en kontorsstol. Bilda sedan nya par och se till att den som var säljaren nu är kunden och omvänt. Uttryck man kan använda:

Att beskriva en produkt
Stolen har/är...
... är utrustad med ...
Skillnaden är att ...
Jag kan rekommendera ..., därför att den ...

Stolen är fantastisk därför att den ...
... är tillverkad för ...
Sittbredden/sittdjupet/höjden är på ...
... är en bra kontorsstol som ...

Att be om information
Finns modellen i blått/med armstöd?
Är den slitstark/ergonomisk?
Hur bred/djup är sitsen?

Hur länge ...?
Kan man få stolen med ...?
Vad finns det för tillbehör?

 **Tilltal till obekanta**

Trots att *du* är det vanligaste tilltalsordet, undviks det ibland. Man kan undvika direkt tilltal genom opersonliga konstruktioner. Det är det vanligaste sättet att tilltala personer man inte känner. Oftast används sådana uttryck i service och handel, t.ex. "Vad sägs om den här?", "Vilken storlek önskas?", "Finns det andra modeller?", "Smaka gärna osten.", "Känns det bra?", "Något mer?", "Får det vara lite kaffe?".
Som hälsningsfras i ett brev eller e-post till obekanta (även myndigheter) används "Hej!" eller endast ärendemeningen i fet stil, t.ex. "**Skrotbilen i vår skog**".

© GROA Verlag

Avsnitt 10

14 🔊 23 **Ett klagomål**

Lyssna på två samtal. Vad är personerna missnöjda med? Hur löser de problemet? Berätta.

15 **Det är oacceptabelt**

ÖB 16-17

____duglig	____tolerant	____pålitlig	____uppfatta
____gilla	____stadig	____trevlig	____trivas
____effektiv	____flexibel	____vänlig	____kompetent
____sköta	____nöjd	____kunnig	____förstå
____säker	____hållbar	____hanterlig	____laglig
____praktisk	____användbar	____hälsosam	____möjlig

A En rörmokare, som du har anlitat för jobb i din sommarstuga, har inte gjort allt arbete som planerat. Dessutom var fakturan du fick mycket högre än avtalat. Ring till företaget!

B Det har öppnats en kennel i grannskapet där du bor. Hundarna skäller och valparna gnyr hela dagen och du har ingen lugn och ro i trädgården längre. Prata med din granne!

C Du har köpt en produkt som inte fungerar som den ska. Reklamera den i butiken!

TALA SVENSKA
- Börja med att bestämma, vilket prefix orden ovan kan bildas med: *in-*, *o-*, *miss-* eller *van-*.
- Jobba två och två. Välj ett av fallen och improvisera ett samtal. Den ena av er klagar och den andra tar emot klagomålet. Försök att gemensamt lösa problemet. Byt roller och välj ett annat fall. Uttryck ni kan använda:

Klaga
Vi hade kommit överens om (att) ...
Jag blev/är mycket besviken .../
Som du säkert förstår är jag besviken.
Det är ohållbart/oacceptabelt att ...

Jag är missnöjd med ...
Jag måste reklamera ...
Det är väldigt jobbigt/störande ...
Jag är så trött/less på ...

Ta emot klagomål
Jag förstår att du är upprörd/besviken, men ...
Jag tycker den/det verkar/är ...
Har jag förstått dig rätt att ...

Okej, jag kan se problemet.
Jag beklagar verkligen det här.
Givetvis ska vi kontrollera/undersöka ...

Föreslå en lösning
Vad sägs om att ...
Mitt förslag är att ...

Vi ska hitta en lösning.
Vi kan väl säga (som så) att vi ...

SAXAT

Två anekdoter

Urskåningen Per Albin Hansson, som blev Sveriges statsminister, återvände en sen kväll till Skåne så sent, att den gamle portiern på hotellet hade stängt för natten.
Per Albin Hansson dunkade på dörren och skrek igenom springan:
- Öppna, det är statsministern!
Ingen reaktion.
- Öppna, det är excellensen Hansson.
Tyst som i graven. Per Albin la om taktik och sa med sitt mest vädjande tonfall:
- Äh, öppna nu Jönsson ... det är murare Hanssons påg från Fosie, som behöver rum.
Då slogs dörren opp på vid gavel:
- De kunde du väl ha sagt mesamma, pågablära!

Per Albin Hansson var Sveriges statsminister 1932-1946

Tage Erlander var ute på föredragsturné och färdades från plats till plats i sovvagn. Mellan Karlstad och Charlottenberg hade han sällskap med en kurre som låg i underslafen och rökte pipa. Erlander bad karln att sluta, men han rökte vidare utan att ta notis om denna vädjan. Till slut blev Erlander helt enkelt förbannad, kallade på sovvagnskonduktören och sa:
- Vill ni vara vänlig att tala om för den där karln, att jag inte kan sova som han röker!
- Jaha, sa konduktörn.
Men då sa killen i underslafen:
- Konduktörn, vill ni vara vänlig att säga till karln här ovanför, att jag inte har kunnat sova på flera år, så som han regerar.

Tage Erlander var Sveriges statsminister 1946-1969

Rädda veckopengen

Vecko- respektive månadspengen håller på att gå ur tiden, enligt Swedbanks Institutet för privatekonomi. I stället får allt fler barn pengar "vid behov". Trenden oroar Institutets Kristian Örnelius, som menar att föräldrarna därmed kan göra barnen en björntjänst. Han har rätt. Vem som helst kan bränna pengar. Men att hantera intervallen mellan utbetalningarna är en svårare konst. Ju tidigare man börjar träna, desto bättre.
Bäst av allt är om barnen uppmuntras att ge något i utbyte. En biobiljett mot ett varv med dammsugaren är en mer än rimlig deal och lär ungarna att inte ständigt förvänta sig någonting för ingenting.

Källa: SvD

> **Värp först, kackla sen.**
> Birgit Nilsson

Detta är högfrekvenshandel

Begreppet robothandel anspelar på datorernas växande roll i värdepappershandeln. Det bygger på algoritmer, små datorprogram, som enligt givna instruktioner kan köpa och sälja aktier utan att en människa tar aktiv del i själva affären. Algoritmhandeln har fått en viktig roll hos institutioner, som använder datorer för att genomföra stora och komplexa affärer. Datoriseringen har banat väg för mer offensiva handelsstrategier som särskilt utnyttjar datorernas snabbhet. Algoritmerna kan programmeras till att göra hundratals affärer per minut, där en människa omöjligen hinner med.

Hur påverkas Sverige av skuldkrisen i Europa?

I nuläget ser det inte ut som att Sverige riskerar att få lika stora nationella problem som Grekland, Irland eller Italien har. Där är statsskulden som andel av BNP väldigt stor, vilket den inte är i Sverige. Det betyder att de har spenderat mycket mer än de fått in. Sverige riskerar i stället att påverkas indirekt av skuldkrisen i och med de ekonomiska problemen i flera europeiska länder.
Över 50 procent av Sveriges export går till andra EU-länder. Om dessa länder går in i en lågkonjunktur, så kommer deras efterfrågan på svenska varor att minska. Då minskar svenska företags möjlighet att sälja sina varor och tjänster och deras lönsamhet sjunker. I värsta fall riskerar dessa svenska företag att behöva säga upp personal eller till och med gå i konkurs.
Det påverkar också den inhemska marknaden då vi, om arbetslösheten stiger, får mindre pengar över och därmed drar ner på konsumtionen. Detta påverkar i sin tur svenska företag ytterligare, även dem som inte exporterar; och vi riskerar lägre tillväxt och en ny lågkonjunktur.

Källa: ekonomifakta.se, 01.10.2012

- Jobba parvis. Välj var sin anekdot och återberätta dem för varandra. Berätta så levande som möjligt!
- Jobba enskilt. Läs notisen "Rädda veckopengen". Vad skulle du råda unga föräldrar? Hur kan barn och ungdomar bäst lära sig hantera pengar? Skriv ett blogginlägg och presentera för gruppen.
- Förklara innebörden av orden björntjänst, högfrekvenshandel, intervall, trend, taktik, lågkonjunktur.
- Vad menas med citatet av Birgit Nilsson?
- De ekonomiska problemen i flera europeiska länder påverkar andra stater. Hur?

Berätta & diskutera: Ta ställning till följande tes: För privatpersoner finns det gränser för skuldsättning, medan staternas skulder växer och växer.

Avsnitt 10

16a

Läs texten och samordna. Till vilken rad/vilka rader passar bilderna?

ÖB 25-26

a _____   c _____   e _____
b _____   d _____   f _____

Från Norrland till världen

I generationer har norrlänningar bakat mjukkaka i heta ugnar enligt traditionella recept. Ett familjeföretag med hundraåriga traditioner i norrländsk brödkultur är Polarbröd. Företaget har vuxit från ett litet familjebageri till Sveriges tredje största producent av matbröd.

5 Allt började 1879, när anfadern Johan Nilsson efter sin gesällvandring började arbeta i en bagarstuga i Älvsbyn, för att senare bygga ett eget bageri och lägga grunden till en gedigen bagartradition.
Sonen Frans Gustav tog över bageriet efter sin far. I hans sortiment fanns tioöreskakan, ett tunt mjukbröd som gräddades i hög temperatur. Frans son
10 Gösta startade tillsammans med sin fru Greta bageri- och caféverksamhet på 50-talet. Gösta började baka tioöreskakan som nu kallades Älvsbykakan i sitt lilla bageri. Den blev snabbt populär. Gösta och Greta såg en stor marknad för det norrländska brödet och ville baka och sälja till hela Sverige. För att klara distributionen av färskt matbröd ut i landet valde Nilssons en klassisk
15 norrbottnisk metod för bevaring av bröd, infrysning.

Paret drev flera serveringar och Greta försåg dem med färska smörgåsar. För att slippa svinn provade hon att frysa in smörgåsar. Makens frysvänliga Älvsbykaka passade utmärkt och en av dem, med rökt renstek som pålägg, blev genast succé. Greta döpte den till Polar Sandwich, föregångaren till den välkända
20 Renklämman. Greta hade uppfunnit världens allra första djupfrysta smörgås och tack vare henne föddes namnet Polarkaka.
Nu hade man två succéprodukter, Polarkakan och Renklämman, och en expansion blev nödvändig. 1971 startades det som idag heter Polarbröd och 1975 valde Gösta Nilsson att satsa på ett modernt storbageri. Hans tre döttrar och två
25 svärsöner tog över det nya bageriet och sortimentet utökades snabbt.
I december 2005 övertog den femte generationen huvudägandet i familjeföretaget. Det är systrarna Karin Bodin (vd) och Anna Borgeryd (koncernstrateg) som nu är ledare av dagens Polarbrödskoncern.

Polarbröd är marknadsledare inom brödkakor, mjukt och hårt tunnbröd på
30 den svenska marknaden. 2013 omsatte företaget med sina 382 anställda 811 miljoner kronor och bakade drygt 38 000 ton bröd på de tre Polarbagerierna i Älvsbyn, Bredbyn och Omne. Polarbröds största och viktigaste marknad är svensk dagligvaruhandel. De största exportländerna är Norge och Frankrike.
35 Polarbröds samtliga tre bagerier är certifierade enligt BRC, en standard för ökad produktsäkerhet och hygien. BRC ställer höga krav på företagets kvalitetssystem, på process- och produktionsstyrning, anläggning och medarbetare. Dessutom är företaget certifierat enligt miljöledningssystemet ISO 14001 och polarbageriet i Omne och Bredbyn är KRAV-certifierade. Största möjliga
40 brödnjutning för minsta möjliga resursanvändning- det är företagets motto och vision som genomsyrar såväl miljöarbetet som hela verksamheten.
Sponsring ingår som del i Polarbröds marknadskommunikation för att stärka och utveckla varumärket. Sponsringen riktar sig främst till barn och ungdomar.

Allt bröd från Polarbröd är mjölkfritt, bakat utan konserveringsmedel och
45 innehåller endast vegetabiliska fetter. Att få brödet färskt utan konserveringsmedel - ja, det går faktiskt, tack vare den kluriga norrländska lösningen. Brödet fryses direkt efter att ha kommit ut ur ugnen och tinar först på väg till butiken. Smaka, så förstår du!

Sammanfattning efter www.polarbrod.se

16b

Stryk under och träna in ord som har med näringsliv att göra. Diktera sju ord var för varandra.

växa, växte, växt/vuxit • driva, drev, drivit • slippa, slapp, sluppit • sätta, satte, satt • frysa, frös, frusit

Avsnitt 10

17a  Repetition - superlativ i obestämd och bestämd form
ÖB 28-30

Läs mer i grammatiken på s. 85

Superlativ i obestämd form	Superlativ i bestämd form
Serveringen i Älvsbyn är **trevligast**.	Det är **den trevligaste** serveringen.
Sponsringen riktar sig **främst** till barn.	**Den främsta** näringen på ön är turism.
Svens **äldsta** dotter övertog firman.	Företaget utvecklade **den allra minsta** laptopen.
Ytterst är fordonsägaren ansvarig.	**De största** exportmarknaderna är Norge och USA.
Övningen finns **nederst** på sidan.	Det finns ett tryckfel på **(den) översta** raden.

17b

Försök att bilda en superlativ i obestämd och bestämd form till komparativformerna nedan. Skriv på ett extra papper. Rätta gemensamt.

bakre, bortre, främre, förra, hitre, inre, nedre, undre, yttre, övre, närmare/närmre

Skriv en bildtext till varje bild som innehåller ett superlativ. Jämför i gruppen.

Ex.: Den allra jobbigaste dagen i mitt liv.

18  Ett fejkat företag

- Jobba parvis. Använd fantasin och skissa upp ett företag. Tänk på följande aspekter: **företagets namn, produkter, företagets storlek, antal anställda, omsättning, sponsring, export, certifiering, marknadsandel, största marknad, logga, motto, historik**
- Presentera era företag för hela gruppen.

Avsnitt 10

19a Läs artikeln. Hur bedömer Erik Bylund situationen i Norrland?

ÖB 32-34

Folkminskningen – ett hot mot glesbygden

Medan södra Sverige rustar för att klara konkurrensen med de folkrika, europeiska regionerna, brottas norra Sverige med ett helt annat problem. Folkminskningen i glesbygden fortsätter. Men vad värre är: Den sprider sig och hotar nu tätorterna.

Ända sedan industrialiseringen tog fart i Sverige har människor flyttat från landet till staden. Idag är tendensen densamma. Det är storstadsregionerna som lockar människorna till sig.
Mäter man länens befolkning, finner man att det under förra året bara var fem län som växte befolkningsmässigt: de tre storstadslänen (Stockholms län, Göteborgs och Bohus län samt Skåne län), Uppsala och Hallands län. Övriga län gick kräftgång i befolkningsstatistiken.
Även de stora kommunerna ökar. Men samtidigt som till exempel staden Örebro ökar, minskar Örebro län.

Under hela nittiotalet har Sveriges folkmängd ökat, tack vare invandringen och höga födelsetal. Men i stort sett hela ökningen faller på redan tätbefolkade områden. I Umeå sitter Erik Bylund, professor emeritus i kulturgeografi med glesbygden som specialitet, och ser med oro på hur inte bara landsbygden avfolkas, utan numera också tätorterna. Det låter som en farsot, när han beskriver hur fenomenet breder ut sig.
- Folkminskningen fortsätter och griper omkring sig. Och det här borde vara en larmklocka, att tätorterna inte längre får den påfyllning de behöver. Förr skedde en inflyttning från glesbygd till tätort och därifrån till storstäderna. Numera flyttar man direkt till storstaden, säger han.
En av orsakerna till flykten från glesbygden är naturligtvis bristen på arbetstillfällen.
- Först och främst har vi rationaliseringen inom jord och skog. Vid andra världskrigets slut krävdes det en man för att avverka en kubikmeter skog. Idag krävs det 0,1 man för samma arbete. Behovet av arbetskraft har alltså minskats till en tiondel inom skogsindustrin. Och service och industriell verksamhet har inte kunnat kompensera förlusten av arbetstillfällen, säger Erik Bylund.

Utbildning på gott och ont
En annan orsak är att svenskarna blir ett alltmer utbildat folk. Paradoxalt nog kan man flytta exempelvis till Östersund för att ägna sig åt högre studier, men för att få ett jobb som kräver den kompetens man skaffat sig, måste man flytta därifrån.

- Förr var det så, att om man miste sitt jobb, då bytte man jobb. En utbildad människa, som blir arbetslös idag, flyttar. Och det kan man förstå. Man vill ju få bruk av sin kompetens och den typen av jobb aggregeras idag till storstadsregionerna, säger Erik Bylund.
Han påpekar också att dagens svenskar tycks ställa högre krav på utbudet av kultur- och nöjesaktiviteter. Och även i det fallet drar glesbygden det kortaste strået.

Inlandet lämnas öde
De fem norrlandslänen har idag drygt 13 % av Sveriges totala folkmängd. På 60-talet var den siffran 17 %. Och utvecklingen lär fortsätta. Erik Bylund skisserar ett scenario som inte precis är en framtidsdröm för Norrland, framför allt inte dess inland.
- Så småningom kommer halva befolkningen bo i storstadsregionerna och i norra Halland, som alltmer integreras med Göteborgsregionen. I Norrland kommer det att finnas en smal tarm med befolkning längs kusten. Inre landet lämnas öde, trots att det är där rikedomarna i form av naturresurser finns. De unga flyttar och de flyttar långväga. Den lokala kulturen blir de äldres kultur.
Förutom försämrad service och ett krympande kulturutbud för dem som bor kvar, ser han andra större risker med befolkningskoncentrationen.

gripa, grep, gripit • låta, lät, låtit • säga, sa(de), sagt • sätta, satte, satt • sitta, satt, suttit

- Det allvarligaste är att de politiska maktförhållandena ändras. Den politiska makten ligger där folket finns. Har politikerna inte en känsla för bygden, blir det inga bra beslut för den bygden. Det upplever vi redan: I Norrland är vi långt ifrån makten.

"Staten måste ta ett stort ansvar"
Trots allt är Erik Bylund optimistisk, när det gäller glesbygdens framtid. Han tror på decentraliseringar och påpekar att staten måste ta ett stort ansvar i den här frågan.
- Det är ingen tvekan om att staten måste ta större ansvar. Men nu måste vi börja nerifrån och bygga uppåt. Tidigare regionalpolitik har byggts uppifrån. Folk i glesbygden måste fortsätta kämpa, ta större ansvar. Men de klarar det inte utan hjälp från stat, kommun och landsting.

Vad exakt vill då Erik Bylund att staten ska göra? Jo, förutom en garanterad, lägsta nivå på servicen till boende i glesbygden, vill han se decentraliseringar av olika statliga organ, till exempel länsstyrelserna. Genom att flytta vissa beslut till en lägre nivå skulle såväl arbetstillfällen som politisk makt spridas.
- Många av länsstyrelsens beslut skulle kunna tas på kommunnivå, ja, nästan bynivå. Allt behöver inte beslutas i residensstaden. Dessutom skulle man kunna återuppliva den gamla ortssystempolitiken som man försökte driva under 70-talet, men som sedan spolades. Tätorter klassificerades som primärt centrum, regionalt centrum, kommunalt centrum och så vidare. Med detta skulle följa vissa uppgifter.
Den statliga Regionberedningen vill att mer politisk makt läggs på den regionala nivån. Den folkvalda regionala nivån (landstinget) ska få mer makt på bekostnad av just länsstyrelsen, som fungerar som statens förlängda arm.
- En svår politisk fråga. Visst kan man tänka sig att det vore bra, om landstinget fick mer makt. Men får kommunerna mindre att säga till om, kan det påverka relationen till landstinget. Det kan bli ett ökande problem. Samtidigt är det så att kommunerna måste börja samarbeta mer, säger Erik Bylund.

Sverige - en region?
Den statliga utredningen anger som ett skäl för en regionalisering av Sverige, att vi måste kunna konkurrera med EU:s starka regioner. Som en start har Skånes två län blivit ett. I Västsverige ska fyra snart bli ett. Hur påverkas Norrland av en regionalisering?
- Detta är en mycket öm punkt. Regioner konkurrerar med varandra och då behöver vi stora starka svenska regioner. Det gynnar naturligtvis storstadsregionerna. En regionalisering som inriktar sig på Stockholm skulle vara bra för Norrland för då måste man ju stärka Norrlandsregionen. Men jag tror att Norrland förlorar på en regionalisering som är inriktad på Bryssel, och det tror jag att Regionberedningen är.

Men enligt Erik Bylund är det inte bara Norrlandsregionen som kan få svårigheter med att lansera sig som en region. I ett europeiskt perspektiv består hela Sverige av glesbygd. Inte heller södra Sverige består i så måtto av starka regioner.
- Det verkar svårt att få genomslag för Sverige som något annat än en enda region. De europeiska regionerna har ofta femton, tjugo miljoner invånare. Vi har totalt nio miljoner och det säger sig självt att våra regioner i det perspektivet inte blir starka. Kanske kan Skåne och Västsverige dras in i en Öresundsregion som kan få betydelse i EU, men det är inte bra för övriga delar. Ett alternativ är att Sverige i stället engagerar sig i ett mer intimt samarbete med Finland. En stark skandinavisk region hade det kunnat bli med Norges medverkan.
- Då är det synd att inte Norge är med i EU.
En annan variant, som Erik Bylund skulle kunna tänka sig, är en nordlig region som sträcker sig över nationsgränserna. Det skulle vara ett sätt att "komma runt" Stockholm, en populär tanke bland många som lever i de norra glesbygderna. Ett visst samarbete, som dessutom uppbär stöd från EU, finns redan inom Barentsområdet.
- Därmed skulle man kunna återuppliva en nordlig region som faktiskt var mycket stark under senmedeltiden. Luleå var då en mycket välmående stad som spindeln i nätet på en region som sträckte sig ända bort till Murmansk. Men även detta fordrar Norges medverkan. Och det skulle nog bli svårt ändå att tränga in över den ryska gränsen.

Text: Helena Utter, alba.nu

19b
- Jobba två och två. Hitta synonymerna i texten till följande ord:
undersökning, erbjudande, akilleshäl, större område, duglighet, ersätta, fordra, effektivisering
- Läs igenom artikeln noga och stryk under nyckelord. Återge gemensamt artikeln genom att referera innehållet till följande aspekter: **nuläget, orsaker, följder, åtgärder**

Berätta&diskutera: Är folkminskning i glesbygden ett problem även där du bor? • Kan man tänka sig andra åtgärder för att förhindra urbanisering?

vilja, ville, velat • ligga, låg, legat • lägga, la(de), lagt • ge, gav, gett • driva, drev, drivit

Avsnitt 10

20a Fördjupning - artikellösa substantiv
ÖB 38-39

Läs mer i grammatiken på s. 86-88

Tage Erlander var **statsminister**.
De drack **vin** till maten.
Han åkte **tåg**.
Det ser ut att bli **regn**.

Anna har **körkort**.
Allan såg det med **oro**.
Karin hade **lust** att skriva en roman.
Ta **paraply** med dig!

20b

Hitta gemensamt på en berättelse. Försök att integrera så många av nedanstående substantiv och uttryck (utan artikel) som möjligt.

montör	läsk	med flit	tjuvlarm
författare	buss	ha mod att	svenska
snickare	bil	inte ha hjärta att	franska
buddist	tunnelbana	ha lust att	spanska
socialist	tåg	ha tid att	kostym
katolik	regn	av guld	kjol
fransyska	åska	av silver	blus
spanjor	med glädje	med klister	paraply
mjölk	med oro	piano	körkort
kött	med intresse	fiol	sommarställe

21 Ett yttrande

GLOBALISERING   RATIONALISERING   DATORISERING

Yttra dig kort till ovanstående teman. Fundera en stund först. Använd följande uttryck:

Jag ser med oro på ...
Jag känner glädje/rädsla/tillit när ...

Med intresse följer jag ...
Jag har hopp om att ...

22 Ord i fokus
ÖB 41-43

Studera tabellerna. Samla fler ord, det finns en del i detta avsnitt. Diktera ord för varandra.

STAVNING

Ljudförbindelsen *ks* → regler på s. 192

gs, ks, cks	x	cc	xc
dagstidning, köksbord, dricksglas	taxi	acceptera	excentrisk

ORDBILDNING

Prefix med negerande och nedsättande betydelse

o-	miss-	van-	in-
olycklig	misshandel	vanvårda	inkompetent

138

Tid och tider

Avsnitt 11

I det här avsnittet lär du dig bl.a.
- att tala om tid och tidspress
- att tala om olika perioder i livet
- att göra en levnadsbeskrivning
- ord och uttryck i samband med historia, stilar och arkitektur
- att tala om läsvanor, tekniska innovationer och historiska händelser
- grammatik - reflexiva verb; transitiva och intransitiva verb
- uttal - vokalkedjor
- stavning - tje-ljudet

- Välj var sin bild och beskriv den.
- Hur kan man koppla bilderna till rubriken "Tid och tider".
- Arbeta två och två. Välj två bilder. Försök att hitta något som de har gemensamt/inte gemensamt. Redovisa i gruppen.

Avsnitt 11

1  **Tid**

ÖB 1-4

halvtid
väntetid
medeltid
tidtabell
årstid

 Samla sammansatta ord där ordet tid ingår.

2 📀25 **Tiden går ...**

ÖB 6
- Lyssna på samtalet. När går tiden fort/långsamt för Ann-Sofie och Mikael. Skriv stolpar och berätta.

- När går tiden fort/långsamt för dig? Berätta!
- Berätta om de längsta minuterna i ditt liv. Fundera en stund och skriv eventuellt stolpar.

När jag ...
Jag minns ...

De längsta minuterna i mitt liv var när ...

3 📀26 **Uttal - vokalkedjor**

Ett bra uttal av vokalerna är jätteviktigt! Lyssna på cd:n och träna.

Lång vokal							Kort vokal					
bor	bår	bar	lin	len	län		rott	rått	ratt	sitt	sett	sätt
el	öl	ål	läs	lös	lus		fett	fött	fått	hägg	högg	hugg
län	lön	lån	ni	ny	nu		mätt	mött	mått	risk	rysk	rusk
fel	föl	ful	myr	mur	mor		rätt	rött	rutt	ylle	ull	Olle

 gå, gick, gått • skriva, skrev, skrivit • vara, var, varit

Avsnitt 11

4a Läs dikterna. Vilken dikt tilltalar dig mest?

ÖB 7

Det som händer nu

Det som händer nu
-just nu-
är förbi på en sekund.
NU blir FÖRR
och SEDAN blir NU
och hela livet bara rusar förbi.
Själv springer jag efter
med andan i halsen.

Kaj Beckman (1913-2002)

Sörj ej den gryende
dagen förut.
Njut av den flyende
varje minut.
Rosornas doft,
druvornas ånga,
skynda att fånga:
Yngling! De vissna - du själv är ett stoft.

Frans Michael Franzén (1772-1847)
ur "Glädjens ögonblick"

Datten ♪②27

Se ålderdomen, hör skratten:
Ta fatt'en, ta fatt'en!
Leken går över stock och sten.
Pojken flänger på flinka ben
men ett-tu-tre är han datten.

Nils Ferlin (1898-1961)

4b Analysera dikterna. Hur uppfattar poeterna tiden? Hur är rimmen anordnade? På vilket sätt är dikterna lika/olika? Vad är dikternas budskap?

5 Säg adjö till stress!

10 sätt att säga adjö till stress
* Ge dig tid att ...
* Släpp ...
* Måna om ...
* Se till att ...
* Skaffa ...
* Våga ...
* Skapa ...
* Ta en/ett ...
* Tänk (på att) ...
* Låt bli att ...

Du behöver:
färgad kartong (A2 eller A3)
färgkritor
spritpennor
sax
klister
gamla tidningar

TALA SVENSKA Hur kan vi hantera stress bättre? Gör en affisch tillsammans med överskriften "10 sätt att säga adjö till stress". Se till att använda varje verb/uttryck en gång. Presentera affischerna för varandra.

bli, blev, blivit • springa, sprang, sprungit • njuta, njöt, njutit • ge, gav, gett • låta, lät, låtit

Avsnitt 11

6 Olika perioder i livet

1. _____ 2. _____ 3. medelålder 4. _____

> **TALA SVENSKA** Vilka perioder i livet visar bilderna? Vad förknippar du med de olika åldrarna? Tala om dem i gruppen.
>
> Med medelålder förknippar jag familj och karriär.
> För mig betyder ... att ...

7a

Läs texten och stryk under alla ord som uttrycker släktskap. Minns du fler?

ÖB 9–11

Min morfar, Nils Palm

Min morfar var född den 9 februari 1877. När jag föddes var han 55 år gammal och hade större delen av sitt verksamma liv bakom sig. Han skulle visserligen komma att leva i ytterligare 25 år, men jag kom dock att lära känna honom först på hans "gamla da'r". År 1900 hade han gift sig med min mormor, Anna Falk, sannolikt efter att först ha gjort henne med barn; dottern Ester föddes den 1 januari 1901. Mormor var dotter till en soldat, och var några år äldre än morfar. Hon dog 1933, året efter min födelse, och jag har inga minnen av henne. Soldaten Falks hus låg kvar som ett ödetorp under min barndom och kallades av min mor för "morfars". Det låg sannolikt på ofri grund på "Nils Ols'" jordbruksfastighet.
Så småningom revs det.
Yrkesmässigt hade morfar haft en brokig bana. Också han var i sin ungdom någon sorts soldat vid infanteriregementet I 24. Han hade en matematisk begåvning och brukade säga att om han bara hade hamnat vid artilleriet, och inte vid infanteriet, så skulle han ha fortsatt inom det militära. Så blev det nu inte, utan han prövade i stället på ett antal civila professioner. Han började som lärling hos vagnmakaren, sedermera möllaren, Nils Åkesson. Ett tag var han egen företagare och bryggde lemonad, som han åkte omkring och sålde från häst och vagn; det kan rimligen inte ha varit någon lukrativ verksamhet, som det gick att försörja sig på. Ett par år försökte han sig på lantbruk, på en liten gård i Vittskövle, men det gick av allt att döma inte heller så bra. Så var han stationskarl vid järnvägen ett tag. Till slut blev han snickare och egen företagare som byggmästare. Han byggde ett antal små villor, och ekonomibyggnader för lantbruk. När jag lärde känna honom sysslade han i huvudsak med reparationsarbeten. Jag hjälpte honom en hel del i denna verksamhet under mina skollov och kom på det sättet att lära mig grunderna i byggnadssnickeri.
Morfar talade inte själv om sina yrkeslivsmässiga tillkortakommanden innan han landade som byggmästare. Jag har mina uppgifter huvudsakligen från min moster Ester, och hon berät-

morfar med sin familj →

jag som barn →

← min morfar i sin ungdom

komma, kom, kommit • dö, dog, dött • riva, rev, rivit • ligga, låg, legat • ha, hade, haft

tade om hans äventyr vid tillfällen då hon ville chikanera honom. Bland annat sade hon sig ha hört att han var så stirrig som stationskarl att det var ett under att han inte blev överkörd av något tåg. Jag tror inte hon var rättvis.

Jag kom att tycka mycket om min morfar. Han blev på något sätt en ställföreträdande far för mig. Han var snäll mot mig, både med känslor och fickpengar. Han tyckte mycket om mig och var faderligt stolt, när det så småningom visade sig att jag klarade mig bra i skolan. Han hade ett jämnt och glatt lynne, och när han någon gång fattade humör, var det som regel under rusets inflytande. Han var ingen suput men heller ingen nykterist. Han var god vän med många bönder, och också med någon handlare, som tyckte om att visa sitt välstånd genom att vara generösa med flaskan.

Morfar var en stor svärjare, och det har jag väl tyvärr tagit efter i någon mån. Han höll sig i regel med "dubbelsvordomar". Det var exempelvis aldrig "fan" utan "fan i helvete", inte "helvete" utan "helvetes jävlar". "Aj, som för satan i helvete, aj aj aj", när något gick på tok. Mor försökte hålla efter honom så att jag inte skulle bli indoktrinerad. Hon lyckades som sagt endast delvis.

min morfar på "gamla da´r"

[...] Någon gång i 70-årsåldern drabbades morfar av cancer i ett öga, eller rättare sagt i ett ögonlock och så småningom i hela ögonhålan. Det var så vitt jag kan förstå någon slags fistel som utvecklades malignt. Han kom, via ögonläkaren Grönwall i Kristianstad, under behandling på Lunds lasarett, men avbröt den. Behandlingen var säkert obehaglig och smärtsam, och morfar påstod sig också ha blivit ett undervisningsfall för läkarstudenterna. Det är ju så på ett universitetssjukhus, men han avskydde det. I stället valde han att låta sjukdomen ha sin gång. Det måste ha varit ohyggligt smärtsamt, men jag hörde honom sällan klaga. Någon gång kunde han säga "ajajaj", men det var allt. Det kom ett antal brev från Lund, med uppmaning till honom att fortsätta behandlingen, men han brydde sig inte om breven. Jag tror han kastade bort dem. Vad de innehöll hade vi aldrig fått veta om inte min mor någon gång hade lyckats tjuvläsa något av dem.

Sjukdomen tog så småningom ut sin rätt och han dog på sommaren 1957. Då hade min mor dött i mars samma år, och ingen fanns längre som kunde sköta om honom hemma; han var sängliggande den sista tiden. Nils, min morbror, och jag fick honom inlagd på Vittskövle sjukhem, och där dog han efter några månader. Egendomligt nog kom Nils att dö på samma sjukrum 30 år senare.

Jag fyllde som morfars enda barnbarn säkert en stor plats i hans senare liv. Jag tyckte som sagt mycket om honom och vi kom bra överens. Han tyckte på sin ålderdom mycket om när jag spelade kort med honom; "tolva", "knack" eller "kasino". Tyvärr är det dock så att irritation ibland uppkommer mellan generationerna; en gammal människa upplevs ofta som påfrestande av en yngre. Så ibland var jag väl lite oförstående till hans behov av att vara med i samtal mellan oss som var yngre. Hörde han ett skratt på avstånd eller från ett annat rum kunde han komma sättande för att höra vad som stod på. Inte alltid gav man sig tid till att sätta honom in i sammanhanget. Det var synd. Sådant kan man sen ångra resten av sitt liv, liksom andra, faktiska eller inbillade, oförrätter som man gjort mot människor, som inte längre är tillgängliga för upprättelse.

(ur "Min uppväxt")

Arne Palm

7b Jämför förr och nu. Använd texten som utgångspunkt. Dela upp aspekterna nedan i gruppen. Fundera och skriv stolpar. Referera era tankar. Diskutera om ni vill.

kvinnans roll och möjligheter, mannens roll och möjligheter, mor- och farföräldrarnas roll, transportmedel, ungdom, giftermål, ålderdom, yrkesval, alkoholkonsumtion

> **Berätta&diskutera:** Har du själv upplevt irritation mellan generationer? • Varför uppstår det ofta konflikter mellan olika generationer, tror du? • Vad krävs det utav var och en, om olika generationer bor ihop? • Kan du tänka dig att en äldre släkting flyttar in hos dig och din familj? Varför/varför inte?

vilja, ville, velat • hålla, höll, hållit • bryta, bröt, brutit • veta, visste, vetat • välja, valde, valt

Avsnitt 11

8a Fördjupning - reflexiva verb
ÖB 13-14

Läs mer i grammatiken på s. 89

Alltid reflexiva	Med preposition	Reflexiva ibland
Han **gifte sig** med min mormor.	Hon **förälskade sig i** Nils.	Jag **kammar mig**.
Jag **lärde mig** mycket.	Han **försörjer sig på** att bygga villor.	Jag kammar Lena.
Nils **kände sig** stolt.	Han **ägnade sig åt** lantbruk.	

8b
Använd de reflexiva verben och texten 7a. Bilda påståenden om Nils och Arne Palm, t.ex.:
Nils förälskade sig i Anna.   **Han intresserade sig för byggnadssnickeri.**

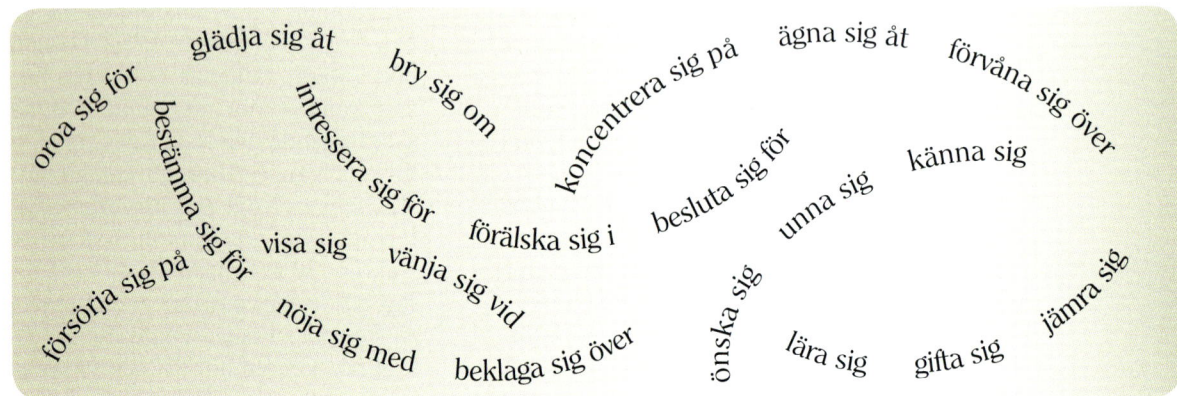

oroa sig för, glädja sig åt, bry sig om, koncentrera sig på, ägna sig åt, förvåna sig över, bestämma sig för, intressera sig för, besluta sig för, unna sig, känna sig, försörja sig på, visa sig, förälska sig i, önska sig, jämra sig, nöja sig med, vänja sig vid, beklaga sig över, lära sig, gifta sig

9 En levnadsbeskrivning

Jag ska berätta om ...

Födelse:
Barndom:
Ungdom:
Utbildning:
Yrkesliv:
Giftermål/familj:

Pension:
Ålderdom:
Vårt förhållande:
Adjektiv som beskriver personen:

Ord som för framåt:
i början av — snart
omedelbart därefter — efter ett tag
under tiden — först/sedan
medan — tidigare
samtidigt — till sist/till slut
före/efter — slutligen
så småningom — i slutet av

TALA SVENSKA Berätta (i preteritum) om en släkting eller person som har betytt mycket för dig. Fundera och skriv stolpar på ett extra papper. Rubrikerna och orden på tavlan hjälper dig. Kanske har du ett foto på personen du berättar om.

SAXAT

Sexton år

Maria är sexton år
med fläta och halvlånga kjolar.
Ofta vid fönstret hon står
och trummar på glaset och gnolar.

Hon vet ej själv vad hon vill,
hon går och bär på en gåta,
och nyss som hon skrattat till,
hon går i ett hörn för att gråta.

Och blicken skyggar så rädd
och speglar så övergivet.
Hon ligger var kväll i sin bädd
och gråter och väntar på livet.

Erik Lindorm (1889-1941)

Ja visst gör det ont

Ja visst gör det ont när knoppar brister.
Varför skulle annars våren tveka?
Varför skulle all vår heta längtan
bindas i det frusna bitterbleka?
Höljet var ju knoppen hela vintern.
Vad är det för nytt, som tär och spränger?
Ja visst gör det ont när knoppar brister,
ont för det som växer
            och det som stänger.

Ja nog är det svårt när droppar faller.
Skälvande av ängslan tungt de hänger,
klamrar sig vid kvisten, sväller, glider -
tyngden drar dem neråt, hur de klänger.
Svårt att vara oviss, rädd och delad,
svårt att känna djupet dra och kalla,
ändå sitta kvar och bara darra -
svårt att vilja stanna
            och vilja falla.

Då, när det är värst och inget hjälper,
brister som i jubel trädets knoppar,
då, när ingen rädsla längre håller,
faller i ett glitter kvistens droppar,
glömmer att de skrämdes av det nya,
glömmer att de ängslades för färden -
känner en sekund sin största trygghet,
vilar i den tillit
            som skapar världen.

Karin Boye (1900-1941)

Lyktan

Jag minns en lykta med trasigt glas, som kom skälvande och ilande genom mörkret.
    Det var mor. Det var mors lykta.
    Jag gick och mötte henne, när hon sent på kvällarna kom hem från arbetet hos fruarna nere i byn.
    Det var kolmörkt och jag var förfärligt rädd - men se: där brann en lykta fram, äntligen.
    Var det hennes? Ja visst - den fladdrade så skyggt och for i väg så fort.
    Tyst - var det hennes?
    Men så hördes den snabba, svepande gången som ändå var så mättad av trötthet och bekymmer
    och så dök det fram i det svaga lyktskenet:
    en schal, en gammal korg, ett gumansikte och så några andfådda ord:
    Jag är så trött i kväll, man blir aldrig fri, det är tusen, tusen ting ...

    Jag gick före med lyktan.
    Våra trätofflor klapprade mot stenarna i mörkret.

Ragnar Jändel (1895-1939)

> "När man mår bra, är man ung.
> När man är sjuk, är man gammal,
> likgiltigt i vilken ålder man befinner sig."
> Drottning Kristina (1626 - 1689)

Rosen blommar
några korta dar
dröjer mer än rosens sommar
mänskoblomman kvar?
Skön hon skjuter opp och prålar
kinden glöder, ögat strålar
men en fläkt vid hennes stängel rör
och hon bleknar, lutar, vissnar, dör.

Johan Ludvig Runeberg (1804-1877)

- Läs texten "Lyktan". Har du också ett minne från din barndom som gjort ett starkt intryck på dig?
- Handlar dikten "Ja visst gör det ont" bara om våren? Diskutera.
- Läs dikten "Sexton år". Skriv ett litet brev till Maria. Kan du ge henne ett råd eller lite tröst? Läs upp breven för varandra.
- Vilken överskrift hade passat bäst till Runebergs dikt, tycker du? Förgänglig, Flyktig, Bräcklig, Som en dagslända, Livet är kort, Livets hemlighet. Motivera.

brista, brast, brustit • glida, gled, glidit • försvinna, försvann, försvunnit • skjuta, sköt, skjutit

Avsnitt 11

10  **Ismer**

Ett hem utan böcker är en kropp utan själ. (Cicero)

Akta dig för den som bara har läst en bok.

Inga möbler är så tjusiga som böcker. (Sydney Smith)

Böcker? Jag lånar hellre ut min hund, han hittar i alla fall hem.

Vardagen avtrubbar, utsuddar, gör oss alla vanemässiga. Litteraturen skärper, renar och förnyar.

Jag betraktar livet som en god bok. Ju längre man läser desto mer begriper man handlingen.

En klassiker är en bok som folk berömmer, men inte läser.

En bra bok är som en trädgård som kan bäras i fickan. (Viktor Hugo)

analfabet
merkantil
social
mystik
liberal
bilist
Darwin
turist
impressionist
feminist
protestant
humanist
klassicistisk

- Läs citaten och fundera på vilka citat som ger exempel på optimism respektive pessimism.

  Citatet "..." tycker jag ger exempel på ...

- Läs orden i rutan till höger och gör ismer av dem. Kan ni komma på fler ord med suffixet *-ism*?
- Försök att sätta ismerna av orden i rutan i ett historiskt sammanhang.

11 **Tid att läsa**

ÖB 15-18

☐ lycka
☐ tid
☐ semester
☐ frid
☐ strand
☐ tåg
☐ barndom
☐ arbete
☐ utbildning
☐ frihet
☐ ensamhet
☐ minnen
☐ spänning
☐ hög mysfaktor
☐ kunskap
☐ information
☐ fantasi
☐ dröm
☐ _____

- Samordna följande ord med bilderna ovan: en inbunden bok, ett bokmärke, en läsplatta, en pocketbok, en bokmal, ett bokstöd, en läshörna, ett par läsglasögon, en ljudbok, ett hundöra.
- Vad förknippar du med läsning? Kryssa för och jämför i gruppen.
- Jobba i par. Kulturrådet vill anordna en kampanj för läsning. Ni är med i arbetsgruppen som ska göra en broschyr för detta ändamål. Gör ett förslag. Vilken bild (a-g) passar bäst för omslaget? Vilken bild passar inte alls? Motivera svaret.

Berätta&diskutera: Vad har du för läsvanor? När läser du? Var läser du? Vad läser du? • Vad tycker du är lättläst/svårläst? • En del romaner har filmatiserats. Är det samma upplevelse att läsa romanen som att se filmen? • Hur tror du att bokens framtid ser ut? Kommer böcker alltid att finnas på marknaden? Kommer läsplattan och e-böcker att ersätta den traditionella boken? • Berätta om en bra bok du läst.

bära, bar, burit • vilja, ville, velat • göra, gjorde, gjort

Avsnitt 11

12 Tekniska innovationer

- Samla tekniska innovationer och uppfinningar, t. ex. äggkokare, mikrovågsugn, robotgräsklippare, kaffebryggare för cappuccino. Skriv upp dem på tavlan.
- Vilka tekniska innovationer eller uppfinningar tycker du är viktiga? Vilka skulle du kunna vara utan/inte vara utan? Varför? Diskutera för- och nackdelar.

| ... förenklar mitt liv. | ... är onödig därför att ... | En positiv/negativ grej är att ... |
| Jag skulle sakna ... | Utan ... är man ... | Ett plus/minus är att ... |

13a Lyssna på kåseriet med stängda böcker. När skulle det kunna ha skrivits? Motivera svaret.

Maskinernas framtid

[...] Det där med maskinteknikens utveckling har sina sidor. För många år sen såg jag i en tidning en konstruktion av en maskin som verkligen var underbar. Man satte sig i en stol och tryckte på en knapp, varvid maskinen klippte och kammade ens hår, rakade ens skägg, borstade rocken och hatten och putsade skorna med svart skokräm och fejade dem blanka.

Men den var mycket känslig, och om det uppstod några svängningar i de magnetiska fälten, vände den stolen opp och ner, rakade skorna, klippte byxorna, piskade den höga hatten till ett dragspel och putsade ens ansikte svartblankt med skokräm. Så slutar det när man litar på maskiner.

Antag att det verkligen skapades en trädgårdsmästerimaskin. Jag vet precis hur den skulle se ut. En rullande låda med utväxlingar som skötte lövkrattor, spadar och hackor m.m.

På morgonen gick man ut och tittade om sin tomt, ställde in maskinen på krattning, grävning och sådd och åkte till staden nöjd och belåten.

Sen kom man hem på eftermiddagen och fann maskinen i färd med att gräva opp det sista plommonträdet medan backen låg uppgrävd, alla backsipporna var bortkrattade, båtarna upphackade och frön sådda över alla trädgårdsgångar.

Och i köket stod ens hustru och grät:

- Jag har inte vågat gå ut och handla en gång, för maskinuslingen jagar mig runt tomten med en hacka och tror att jag är en maskros.

Så långt vore dock allt gott och väl. En maskin kan misslyckas och ställa till elände liksom en människa, och man skall inte klaga.

Värre blir det när maskinerna blir så fulländade, att de går vidare från eget minne och erfarenhet till egna åsikter.

När man kommer hem trött en dag och den tänkande spisen har lagat en kabeljo med grönsåpa och säger:

- Det duger åt dej, din gamla latmask!

Då är det tid att göra revolution, och med kännedom om maskinernas grymhet och soldatanda blir det nog bekymmersamt.

Mitt varma råd är att man i tid ser opp med maskinerna, så de inte får växa sig för starka och börjar se ner på oss.

Redan nu tycker jag ibland att bilen verkar litet nedlåtande, när jag krafsar i den och försöker få motorn på gott humör.

Och gräsklipparen bet mig i stortån för några dar sen, när jag bar ut den ur källaren och hade glömt att smörja in den före vinterförvaringen. Vem som helst kan påstå att det var en tillfällighet, men jag såg på dess lömska uppsyn, att det var gjort med avsikt.

Text: ELD (Erik Lundegård)

13b Läs texten. På vilket sätt kritiserar författaren maskiner? Vilka är hans argument? Håller du med?

sätta, satte, satt • finna, fann, funnit • stå, stod, stått • gråta, grät, gråtit • bita, bet, bitit

Avsnitt 11

14 För och emot

hälsosam miljövänlig trendig
förenkla skojig
sparsam spara tid framgång
information vara uppkopplad
vara beroende av kommunikation
behov farlig löjlig skadlig
vara rädd strålning ohälsosam

TALA SVENSKA
- Välj en teknisk innovation och skriv gemensamt en lista med minusargument.
- Jobba två och två. Skriv en kort text (insändare, reklamtext eller notis) som talar **för** en teknisk innovation. Byt och rätta varandras texter.
- Välj gemensamt ett tekniskt föremål. Dela upp kursen i två grupper. En grupp är för detta föremål, den andra emot. Diskutera med varandra. Ni har hjälp av orden och uttrycken:

Att uttrycka en åsikt	Att inte hålla med
Jag tycker/anser/tror/menar ...	Jag håller inte med.
Enligt min mening/åsikt ...	Så är det ju inte alls, utan jag tror i stället att ...
Jag vill hävda/framhålla att ...	Jag har en invändning mot det.
Jag är övertygad om att ...	Jag förstår vad du menar, men ...

15a Fördjupning - transitiva och intransitiva verb   Läs mer i grammatiken på s. 90

ÖB 26-27

Transitiva verb (kan ha objekt)	**Intransitiva verb** (kan inte ha objekt)
Olle **ställer** maskinen på gården.	Maskinen **står** på gården.
Hon **lägger** pennan på skrivbordet.	Pennan **ligger** på skrivbordet.
Lejon **dödar** sitt byte snabbt.	Många **dör** på sjukhuset.
Både transitivt och intransitivt:	
Barnen **leker** kurragömma.	Barnen är ute och **leker**.

15b
- Ringa in alla verb som är transitiva med en röd penna och alla som är intransitiva med en blå penna. Tänk på att några ord både kan användas transitivt och intransitivt.
- Vilka verbpar (t. ex. ställa - stå) finns bland verben nedan? Bilda meningar med dessa verb, skriv upp dem på tavlan och greppa skillnaden.

släcka	slå	sitta	komma	köpa	stå	lägga
sätta	chatta	röka	brinna	gräva	bränna	söva
sova	ligga	spricka	ringa	ryka	bleka	slockna
filma	blekna	bita	väcka	falla	ställa	bära
fälla	vakna	sjunka	spräcka	skapa	tjata	sänka

 lägga, lade, lagt • spricka, sprack, spruckit • falla, föll, fallit • sjunka, sjönk, sjunkit • slå, slog, slagit

Avsnitt 11

16 ② 29 **Svenska byggprojekt genom tiderna**
ÖB 30
- Samtala med varandra i gruppen. Vilka byggnader ser ni på bilderna?
- Lyssna på cd:n och titta på bilderna. Följ historikerna Kristina och Erik i programmet "Svenska byggprojekt genom tiderna". Skriv under varje bild vilken stil (i två fall tid) det är frågan om.

Byggnad: _____ Byggnad: _____ Byggnad: _____
Tid: _____ Stil: _____ Stil: _____

Byggnad: _____ Byggnad: _____ Byggnad: _____
Stil: _____ Tid: _____ Stil: _____

Byggnad: _____ Byggnad: _____ Byggnad: _____
Stil: _____ Stil: _____ Stil: _____

- Lyssna en gång till. Vad får man veta om byggnaderna? Skriv stolpar medan du lyssnar och berätta det du kommer ihåg.
- Lyssna nu ytterligare en gång och samla substantiv som har med arkitektur att göra. Jämför i gruppen.
- Gör en liknande tabell på tavlan. Samtala om vad stilarna kännetecknas av och fyll i tabellen.

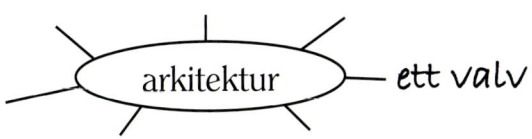

Stil	Kännetecknas av
romansk stil	

Berätta & diskutera: Vilken stil fascinerar dig mest? Varför? • Ska kulturhistoriska objekt bevaras, tycker du?

Avsnitt 11

17 Miljonprogrammet
ÖB 31-32

- Läs texten. Vad innebar miljonprogrammet? Vilka fördelar såg man?

År 1965 beslutade riksdagen att en miljon bostäder skulle byggas på tio år. Målet var att råda bot på den akuta bostadsbristen. Svenska familjer skulle få chansen att flytta till en rymlig trerumslägenhet med badrum, tolv kvadratmeter sovrum och utsikt. Stora satelliter som Rosengård i Malmö, Rinkeby och Tensta i Stockholm växte fram. Miljonprogrammet byggdes som ett toppmodernt boende för den nya medelklassen, som nu skulle kunna flytta från de trångbodda, lortiga, mörka och osunda innerstadsområdena. Men det blev inte bara en geografisk förflyttning utan också en förflyttning in i den moderna tiden.

Tanken var att områdena inte skulle bli sovstäder utan ha många arbetsplatser att erbjuda, ha service och barnomsorg. Det skulle finnas barnvänliga miljöer med lekplatser, gårdar, broar och tunnlar, så att barnen skulle kunna leka ostört och inte behöva gå över trafikerade vägar.

För politikerna var miljonprogrammet ett hjärteprojekt. Aldrig förr hade man använt skattebetalarnas pengar för att få fram bostäder i den utsträckningen. För byggindustrin, näringslivet och kommunerna var det bingo. Företagen som ofta saknade arbetskraft, kunde rekrytera folk från andra delar av landet. För trångbodda barnfamiljer från Dalarna eller Norrland blev de nya bostäderna rena drömmen.

- Förklara följande begrepp:
  bostadsbrist, satellit, sovstäder, barnomsorg, hjärteprojekt

- Vad säger Kerstin Ström, Kjell Haglund och Inger Olsson om miljonprogrammet? Lyssna på cd:n och svara muntligt på frågorna.

  1. Varför tycker Kerstin att miljonprogrammet har ett oförtjänt dåligt rykte?
  2. På vilket sätt kritiseras miljonprogrammet? Vilka nackdelar ser man idag?
  3. Vad menar Kjell med "mentala murar mellan satelliterna och den övriga staden"?
  4. Varför bor det upp till 80 % migranter i dessa höghusområden idag?
  5. Inger hävdar att husen inte behöver rivas. Varför?
  6. Vad menar Inger med "miljonprogrammet blir till miljardprogrammet"?

- Dela upp aspekterna nedan i gruppen. Samla fakta ur texten ovan och hörtexten till temat. Fundera en stund, skriv stolpar och referera sedan för varandra. Läs texten och lyssna på cd:n en gång till, innan ni börjar.

  arkitektur/estetik utgångspunkt för projektet läge
  boendemiljö funktion politisk synvinkel

kunna, kunde, kunnat • ha, hade, haft • få, fick, fått • finnas, fanns, funnits

18a Läs artikeln. Hur har Sverige profiterat på Göta kanal? Resonera gemensamt.

Historien om Göta kanal

Göta kanal eller "Sveriges blå band" som kanalen ofta kallas slingrar sig genom det natursköna Götaland. Kanalen är ett av de största byggnadsprojekten som någonsin genomförts i Sverige. Den sträcker sig från Sjötorp vid Vänern till Mem vid Slätbacken, är 190,5 km lång och har 58 slussar. Av sträckan är 87 km grävd och sprängd kanal. De mindre sjöarna, Viken, Boren och Roxen utgör 103 km av kanalens längd. Tillsammans med Trollhätte kanal och Göta älv bildar Göta kanal en 390 km lång vattenväg tvärs genom Sverige, från Östersjön till Kattegatt.

Idén om en kanal tvärs genom Sverige föddes redan på 1500-talet av biskop Hans Brask i Linköping. Man ville skapa en direkt förbindelse mellan Östersjön och Kattegatt för att slippa Öresundstullen och besvär med Hansan. Danskarna höll Öresund i sitt grepp och Norge höll Bohuslän i sin besittning, så Göteborg var den enda kontakten Sverige hade med haven i väster. Men ändå kom det att dröja flera sekel innan man kunde realisera drömmen om en kanal, mycket på grund av att man ännu inte behärskade slusstekniken.

På 1700-talet tog Karl XII åter upp bollen och anlitade uppfinnaren Christoffer Polhem för att bygga en kanal från Göta älv till Norrköping. Men detta var ett så stort projekt att det avbröts vid kungens död 1718.

Men behovet av vattentransportvägar ökade i och med att bergsbruket tog fart. Järnprodukterna krävde billiga och snabba transporter. Det gjordes upp nya planer för en kanal men det skulle dröja till början av 1800-talet innan drömmen om en kanal blev verklighet. Det var Baltzar von Platen, greve, sjömilitär och politiker som blev den som lyckades driva igenom kanalprojektet. Von Platen var född på ön Rügen 1766 och skrevs in vid kadettskolan i Karlskrona vid 13 års ålder. Året efter fick han fullmakt som fänrik, vilket blev startskottet för hans militära bana. 1798 blev han invald i styrelsen för Trollhätte kanal och började samtidigt utarbeta planer på en förbindelse mellan Nord- och Östersjön. Till sin hjälp tog han Europas främste kanalbyggare, skotten Thomas Telford, som utarbetade Göta kanals sträckning. Man följde landskapets höjdkurva och försökte samla de nödvändiga slussarna i trappor på så få ställen som möjligt. 1806 lade von Platen fram sin avhandling om kanaler, som ledde till uppdraget att göra ett förslag till Göta kanal. Den 11 april 1810 utfärdade Karl XIII det privilegiebrev som gav Göta kanalbolag rätt att bygga och driva kanalen. Bolaget tilldelades arbetskraft, mark och skogar för kanalens byggande, och i maj samma år togs de första spadtagen vid Motala.

Baltzar von Platen

Under de 22 år som bygget pågick, tjänstgjorde runt 58 000 indelta soldater från 16 olika regementen vid Göta kanal. Även ryska desertörer som frivilligt hade anslutit sig och privata hantverkare var verksamma vid bygget. Vid de tider då trupperna låg i fält, anställdes privat folk. Soldaterna från de olika regementena samlades i arbetskompanier som bestod av omkring 100-200 man. De höll samman såväl på marsch som under kanalarbetet. Men de indelta soldaterna visade sig vara en dyr arbetskraft för Kanalbolaget. Ibland exercerade soldaterna, ibland satt de i arrest för någon förseelse eller var sjuka. Man uppskattar att en fjärdedel av arbetsstyrkan var frånvarande varje dag av olika skäl.

Soldaterna sov två och två i dubbelbritsar i baracker av plank och brädor. Måltiderna fick soldaterna tillaga själva i kokgropar av varor som levererats från Kanalbolagets magasin. Maten bestod av bröd och mjöl, ärter, korngryn, salt, kött, fläsk, sill och brännvin. Soldaternas lön var rätt bra, 13 riksdaler om dagen, det var 5 riksdaler mer än vad som var vanligt på den här tiden.

slippa, slapp, slupit • driva, drev, drivit • ansluta, anslöt, anslutit • sova, sov, sovit • sitta, satt, suttit

Avsnitt 11

Motala Verkstad från kanalsidan, år 1896

En arbetsdag innebar 12 timmars arbete – ett dagsverke. Arbetet bestod i huvudsak av att gräva, spränga och mura. Den krävande grävningen utfördes till största delen för hand med plåtskodda spadar. När kanalen var färdig hade mannarna tillsammans gjort cirka sju miljoner dagsverken, sprängt bort 200 000 kubikmeter berg och transporterat bort åtta miljoner kubikmeter jord.

Den 26 september 1832 invigdes Göta kanal under stor pompa och ståt under närvaro av Sveriges kung Karl XIV Johan, drottning Desideria och deras son Oscar I och dennes hustru Josefina.

Baltzar von Platen fick tyvärr aldrig uppleva när hans livsverk fullbordades. Han hade avlidit 1829, knappt tre år tidigare. Men efter de traditionella skålarna för kungen och drottningen hyllades också greve Baltzar von Platen "som ägt mod att åtaga sig det stora företaget".

I samband med kanalarbetet hade von Platen 1822 anlagt en mindre mekanisk verkstad i Motala för att tillverka mekanisk utrustning som behövdes till kanalbygget. 50 engelska verkmästare hämtades och delade med sig av sin kunskap att gjuta järnbroar, mura och tillverka gjutformar och redskap.

Motala Verkstad skulle senare utvecklas till att bli "den svenska verkstadsindustrins vagga". Här fick blivande ingenjörer och verkmästare sin utbildning i modern verkstadsindustri och man utvecklade ett stort kunnande i gjutjärnsteknik, vilket kom landet till godo. Samtidigt växte Motala till en modern industristad. Även Karlsborgs fästning ses som en direkt följd av kanalbygget.

Under hela 1800-talet hade kanalen stor betydelse som transportled, både för varor och passagerare. Men kanalen fick inte den långsiktiga betydelsen som von Platen hade hoppats på. Järnvägen och senare lastbilstrafiken tog över rollen som transportled. Men Göta kanal blev i stället en av Sveriges mest värdefulla kulturhistoriska objekt och en mycket naturskön och intressant turistattraktion.

Källa: www.gotakanal.se

18b
- Till vilken rad/vilka rader i texten passar följande:

  projektet blev lagt på is _____ rymmare får arbete _____
  en man med järnvilja _____ 84 miljoner timmars arbete _____
  industrialism _____ Öresund var danskt fram till 1658 _____
  merkostnad för Kanalbolaget _____ godstrafiken blir obetydlig _____

- Jobba parvis. Gör en spontan intervju, där en av er är Baltzar von Platen eller en soldat och partnern journalisten. Byt sedan roller om ni vill.

19  **Mer historia**

ÖB 35

 TALA SVENSKA
- Vilka historiska händelser har inträffat under ditt liv hittills? Kanske har du själv direkt varit inblandad. Berätta!
- Välj en svensk historisk händelse, byggnad, staty, monument, kung, drottning eller annan person av stor betydelse som du vill veta mer om. Ta fram fakta från nätet eller böcker. Förbered och håll en kort presentation.

göra, gjorde, gjort • lida, led, lidit • ta, tog, tagit • gjuta, göt, gjutit

Avsnitt 11

20 Till slut - trampa inte i klaveret!

att tala med svenskar
att avsluta ett samtal
svenskarna och tiden
känslor och humor
svenskar i arbetslivet

jämställdhet
gör inte bort dig när du håller tal
social kommunikation
picknick ute i det fria
tilltal till obekanta

TALA SVENSKA
- Vad menas med uttrycket "trampa i klaveret"?
- Vilken bild passar bäst till vilken rubrik? Diskutera.
- Jobba parvis. Läs igenom rutorna med dalahästen i alla avsnitten. Förklara sedan gemensamt vad som är typiskt svenskt med hjälp av rubrikerna och bilderna.

21 Ord i fokus

ÖB 41-44

Studera tabellerna. Samla fler ord, det finns några i detta avsnitt. Diktera ord för varandra.

STAVNING

Tje-ljudet
→ regler på s. 192

k (framför e, i, y, ä, ö)	tj	kj	ch	c, ci
kedja, kilo, kylskåp, kära, köra	tjej	Kjell	check	cembalo, ciabatta

ORDBILDNING

Suffixen -mässig och -ism

-mässig	-ism
rutinmässig	turism

VERBSPELET

Regler:
Ställ var sin spelpjäs på en valfri gul ruta på spelplanens rand. Slå med en tärning. Gå det antal steg som tärningen visar i valfri riktning, antingen vågrätt eller lodrätt. Hamnar man på en gul ruta, säger man presens-, preteritum- och supinumformen av verbet. De andra spelarna rättar. Hamnar man på en blå ruta, skriver man upp bokstaven och får nu fråga en spelare, vad presens, preteritum, perfekt eller pluskvamperfektformen av ett verb på spelplanen heter, t. ex. "Vad är perfekt av verbet *välja*?". De andra spelarna rättar.
Om det inte finns tillräckligt med steg att gå i den valda riktningen eller en annan spelpjäs står på rutan man hamnar på, måste man gå åt ett annat håll. Om man inte kan gå alls, får man ställa sin spelpjäs på en blå ruta.
Den som har varit på 4 olika blå rutor har vunnit. (Man kan också komma överens om ett annat antal.)

be	slå	vara	**D**
dricka	hålla	binda	suga
A	sätta	gråta	riva
finnas	ge	hugga	smyga
kunna	välja	**C**	gripa
sjunga	dölja	njuta	slippa
göra	springa	ljuga	sälja
falla	**B**	brinna	frysa
stå	bära	försvinna	sitta
flyta	pipa	vänja	driva

skrika	veta	bjuda	skära	hinna	le
dö	få	sova	H	strida	rinna
se	säga	böra	ligga	äta	lyda
brista	F	snyta	bita	glida	vika
skina	ha	flyga	vilja	skjuta	svälja
komma	sjunka	stiga	gå	I	svida
E	lida	lägga	bli	knyta	sticka
vinna	ta	stryka	bryta	skriva	fara
sprida	låta	G	heta	dra	smörja
rida	spricka	finna	svika	stjäla	J

© GROA Verlag

Fastighetsspelet

Spelregler
Placera var sin spelpjäs på start. Slå med en tärning och flytta det antal steg som tärningen visar.
- Hamnar man på ett hus (Förklara!) väljer man ett av begreppen, tar reda på vad det betyder (med hjälp av internet eller ordbok) och föklarar det för de andra spelarna.
- Hamnar man på ett rött hus (?) beskriver man ett valfritt substantiv som har med hus att göra. De andra gissar vad som menas. Den som först gissade rätt får gå två steg fram, men behöver inte utföra uppgiften.
- Hamnar man på en "tärning" slår man ett extrakast. Slår man t.ex. 2 ska man nämna det substantivet som pilen med en tvåa pekar på.
- Hamnar man på en tecknad fastighet "intresserar man sig för denna fastighet" och för nu ett samtal med en mäklare. Spelaren väljer en kursdeltagare som agerar som mäklare. Ni har hjälp av orden och uttrycken i rutan "Kommunikation" och er fantasi.

Den som först kommer i mål har vunnit.
Ha det så kul!

Du skulle vilja tapetsera och måla ditt vardagsrum. Vem ringer du?

Förklara!
amortering, handpenning

Start
Mål

Förklara!
lagfart, bostadsrättsförening

?

Du vill byta fönster. Vem kontaktar du?

?

1,2 → 3,4 → 5,6

1,2 → 3,4 → 5,6

Förklara!
borgensman, mäklararvode

Förklara!
köpekontrakt, taxeringsvärde

Du har en vattenläcka i din lägenhet. Vem ringer du?

Du planerar att bygga ett individuellt hus. Vem anlitar du?

?

© GROA Verlag

Förklara!
visning, inskrivningsmyndighet

Förklara!
köpeskilling, bostadsrätt

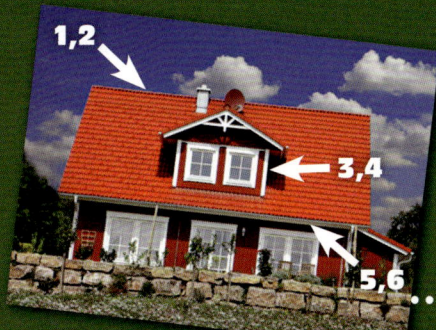

Du måste installera nya vägguttag. Vem ringer du?

Förklara!
hyresrätt, gå i borgen för ngn

Din skorsten har dåligt drag. Vem kontaktar du?

Förklara!
köpebrev, lagfartsstämpel

Kommunikation

byggår	boarea	antal rum

Läge: centralt/...km från.../bra läge/mitt i naturen/på landet/barnvänligt (bostads)område/lugn gata/fint villaområde
Tomt: sjötomt/skogstomt/trädgårdstomt/hörntomt/lättskött/stor/solig/uppväxt
Typ av uppvärmning: elpanna/oljepanna/pelletspanna/vedpanna/bergvärme/luftvärmepump/fjärrvärme
Driftkostnader: höga/låga
Planlösning: välplanerad/ljus/öppen/rymlig/integrerat kök

Huset är: nybyggt/nyrenoverat/totalrenoverat/orenoverat/moderniserat/i gott skick/i toppskick
Villan är: charmig/hemtrevlig/mysig/rymlig
Andra ord: kakelugn/braskamin/bastu/pool/parkett/laminatgolv/trägolv/golvvärme/tvättstuga/hobbyrum/allrum/altan/veranda burspråk/takkupa/spröjsade fönster/ytterdörr/tillbyggnad/husknut/snickarglädje/farstukvist/vindbräda/balkong/trappa/hängränna/stuprör

TIDSSPELET

Spelregler:
Spela med tärning. Placera var sin spelpjäs på start. Man flyttar det antal steg som tärningen visar. Man hamnar på ett tidsuttryck och ska nu bilda en mening med detta uttryck på svenska. Är tidsuttrycket och ordföljden rätt får man stå kvar, i annat fall måste man gå ett steg tillbaka. Den som först kommer till centrum har vunnit.
Variant: När alla har kommit i mål, kan ni njuta en stund av att vara i nuet!
Tänk på ordföljden när tidsuttrycket står i början av meningen!

Ordlista svensk - tysk

Förkortningar:
- ngn, ngt — någon, något
- oböjl. — oböjligt
- åld. — ålderdomligt
- vard. — vardagligt
- adj. — adjektiv (perfekt particip som adjektiv)
- jmdn., jmdm. — jemanden, jemandem
- etw. — etwas

A

a-kassa	Arbeitslosenversicherung
abborre -n, abborrar	Barsch
accelerera -r -de -t	beschleunigen
ackordstakt -en -er	Akkordtakt
adlig -t -a	adlig
administration -en -er	Verwaltung
administrera -r -de -t	verwalten, administrieren
adventsstake -n, -stakar	Adventsleuchter
advokat -en -er	Rechtsanwalt
affisch -en -er	Plakat
agera -r -de -t	handeln, darstellen
aggregera -r -de -t	anhäufen
agitera -r -de -t	agitieren, propagieren
akilleshäl -en	Achillesferse
aktie -n -r	Aktie
aktstudie -n -r	Aktstudie
alg -en -er	Alge
algoritm -en -er	Algorithmus
allmänhet -en	Allgemeinheit
allra	aller-
allriskförsäkring -en -ar	Vollschutzversicherung
alster alstret -	Werk, Produkt, Erzeugnis
alternativ -et -	Alternative
amalgamerad adj.	mit Amalgam gefüllt
ambassadör -en -er	Botschafter
ambitionsnivå -n -er	Ambitionsniveau
analfabet -en -er.	Analphabet
analog -t -a	analog
anatomi -n	Anatomie
anda -n	Sinn, Geist, Atem
andfådd adj. -fått, -fådda	außer Atem
andrahandsboende -t -n	Wohnen zur Untermiete
anfader -n, -fäder	Stammvater
angelägen, angeläget, angelägna	dringend
anglicism -en -er	Anglizismus
anhörig, anhöriga	Angehörige(r)
anklagelse -n -r	Klage
anknytning -en -ar	Anknüpfung
anledning -en -ar	Anlass, Grund
anlita -r -de -t	hinzuziehen, engagieren
anlägg/a -er, -(la)de, -lagt	anlegen
anmoda -r -de -t	auffordern
anmärkningsvärd adj.	erwähnenswert, bemerkenswert
annex -et -	Nebengebäude, Anbau
annorlunda	anders
anonym -t -a	anonym
anordna -r -de -t	veranstalten
anpassa -r -de -t sig	sich anpassen
anseende -t	Ansehen
anslut/a -er, -slöt, -slutit sig	sich anschließen
anspelning -en -ar	Anspielung
anställ/a -er -de -t	anstellen
ansök/a -er, -te, -t	beantragen
anta -r, antog, antagit	annehmen
antioxidationsmedel	Antioxidationsmittel
antropologi -n	Anthropologie
apostrof -en -er	Apostroph
applåd -en -er	Applaus
arbetsför -t -a	arbeitsfähig
arbetsglädje -n	Arbeitsfreude
arbetskompani -et -er	Arbeitskompanie
arbetslivserfarenhet -en	Berufserfahrung
arbetsskadeförsäkring -en -ar	Berufsunfallversicherung
arbetstillstånd -et -	Arbeitsgenehmigung
arena -n, arenor	Arena
argumentera -r -de -t	argumentieren
arkitekt -en -er	Architekt
armfoting -en -ar	Armfüßler
armod -et	Armut
armstöd -et -	Armstütze
arom -en -er	Aroma
arrangera -r -de -t	veranstalten, arrangieren
arrest -en -er	Arrest, Haft
art -en -er	Art
artist -en -er	Artist
arvsanlag -et -	Erbanlage
ascendent -en -er	Aszendent
asiatisk -t -a	asiatisch
associera -r -de -t	assoziieren
astronaut -en -er	Astronaut
asyl -en -er	Asyl
asylsökande -n -	Asylant, Asylbewerber
ateljé -n -er	Atelier
atmosfär -en -er	Atmosphäre
atomkraft -en	Atomkraft
attityd -en -er	Haltung
attraktiv -t -a	attraktiv
attraktiv -t -a	attraktiv
avancerad adj.	qualifiziert, fortgeschritten
avbryt/a -er, -bröt, -brutit	unterbrechen
avdelning -en -ar	Abteilung
avdragsrätt -en -er	Abzugsrecht
avgift -en -er	Gebühr
avgöra, -gör, -gjorde, -gjort	entscheiden, beurteilen
avhandla -r -de -t	abhandeln
avhandling -en -ar	Abhandlung
avkastning -en -ar	Ertrag
avlasta -r -de -t	entlasten
avlid/a -er, -led, -lidit	sterben
avlopp -et -	Abfluss
avlossa -r -de -t	abfeuern
avlång -t -a	lang und schmal
avlägg/a -er, -la(de), -lagt	ablegen
avmaska -r -de -t	entwurmen
avsats -en -ar	Absatz bei Treppen, Klippen
avskaffa -r -de -t	abschaffen
avskalad adj.	abgeschält, hier: einfach
avskedsvalsen	Abschiedswalzer
avsky -r, avskydde, avskytt	verabscheuen
avslappnad adj.	entspannt
avsluta -r -de -t	abschließen
avslå -r, -slog, -slagit	abschlagen
avslöja -r -de -t	enthüllen, aufdecken
avstånd -et -	Abstand
avstötning -en -ar	Abstoßung
avtrubba -r -de -t	abstumpfen
avvakta -r -de -t	abwarten
avverka -r -de -t	abholzen

B

backe -n, backar/-backa	Hügel
backsippa -n, -sippor	Küchenschelle
backträning -en -ar	Hügeltraining
bageri -et -er	Bäckerei
baggis -en -ar (vard.)	Bagatelle
bak -en -ar	Hintern
bakelit -en	Bakelit
bakfram	verkehrt
bakgrund -en -er	Hintergrund
bakis, vara bakis (vard.)	einen Kater haben
bakre	hintere
bakterie -n -r	Bakterie
bal -en -ar	Ballen
bal -en -er	Ball
balansera -r -de -t	balancieren
ballongflygning -en -ar	Ballonfliegen
baltisk -t -a	baltisch
ban(a) -n, banor	Bahn, Laufbahn
bana -r -de -t väg ngt	den Weg für etw. ebnen
bandage -t -	Verband
bandit -en -er	Bandit, Räuber
bank -en -ar	Sandbank
bank -en -er	Bank
banta -r -de -t	abnehmen
barack -en -er	Baracke
barnasinne -t	kindliches Gemüt
barnbidrag -et -	Kindergeld
barnvers -en -er	Kinderreim
barrskog -en -ar	Nadelwald
basera -r -de -t	basieren
bebo -r, bebodde, bebott	bewohnen
bedriv/a -er, -drev, -drivit	betreiben
bedrägeri -et -er	Betrug
bedöm/a -er -de -t	beurteilen
bedömning -en -ar	Beurteilung
begagnad adj.	gebraucht

Tala svenska © GROA Verlag

163

begrav/a -er -de -t	beerdigen	
begravning -en -ar	Beerdigung	
begåvning -en -ar	Begabung	
begåvningsmässig -t -a	begabungsmäßig	
begär -et -	Verlangen, Begehren	
begära begär, begärde, begärt ordet	um das Wort bitten	
behandla -r -de -t	behandeln	
behov -et -	Bedürfnis	
behärska -r -de -t	beherrschen	
beklaga -r -de -t sig över	sich beklagen über	
bekräftelse -n -r	Bestätigung	
bekvämlighet -en	Bequemlichkeit	
bekymmersam -t -ma	kümmerlich, besorgniserregend	
belasta -r -de -t	belasten	
belopp -et -	Summe	
belysning -en -ar	Beleuchtung	
bemöda -r -de -t	bemühen	
benämning -en -ar	Benennung	
beredskap -en -er	Bereitschaft	
berggrund -en -er	Felsgrund	
bergis, vara bergis (vard.)	sicher sein	
bergsbruk -et -	Bergbau	
beroende på	davon abhängend	
berättarjag -et -	Ich-Erzähler	
berömma, berömmer, berömde, berömt	loben	
beröring -en -ar	Berührung	
besatt adj.	besessen, verrückt	
besiktningsintyg -et -	Attest vom Tierarzt	
besittning -en -ar	Besitz	
besk -t -a	bitter	
beslut -et -	Beschluss	
beslutsfattare -n -	Entscheidungsträger	
bestig/a -er, -steg, -stigit	besteigen	
bestå -r, bestod, bestått	bestehen	
bestående av	bestehend aus	
bestånd -et -	Bestand	
bestörtning -en	Bestürzung	
besviken adj.	enttäuscht	
besvär -et -	Schwierigkeiten	
beta -n, betor	Rübe, Stück	
betalkort -et -	Bezahlkarte	
betalningsanmärkning -en -ar	Mahnung	
betesmark -en -er	Weide(land)	
betrakta -r -de -t	betrachten	
betvivla -r -de -t	bezweifeln	
bevara -r -de -t	bewahren	
Bevare mig väl!	Du meine Güte!	
bevilja -r -de -t	bewilligen	
bevis -et -	Beweis	
bevittna -r -de -t	bezeugen	
bidra -r, bidrog, bidragit	beitragen	
bidrag	Beihilfe	
bilda -r -de -t	bilden	
bind/a -er, band, bundit	binden	
bindestreck -et -	Bindestrich	
biskop -en -ar	Bischof	
bistånd -et -	Beistand, Entwicklungshilfe	
bit/a -er, bet, bitit	beißen	
bitas, bits, bets, bitits	beißen, bissig sein	
bitterblek -t -a	sehr bleich	
bitterhet -en -er	Bitterkeit	
bivax -et	Bienenwachs	
bjud/a -er, bjöd, bjudit	einladen	
bjärt bjärt, bjärta	grell	
blanda -r -de -t sig i	sich einmischen	
blek/a -er -te -t	bleichen	
blekna -r -de -t	erbleichen	
bli -r ,blev, blivit	werden	
bli -r, blev, blivit av med	loswerden	
bli -r, blev, blivit kär	sich verlieben	
bli -r, blev, blivit varslad	darauf hingewiesen werden, dass man gekündigt wird	
blivande	werdende	
blodsugare -n -	Blutsauger	
blogg -en -ar	Blogg	
blotta tanken	der bloße Gedanke	
blues -en	Blues	
blyertspenna -n, -pennor	Bleistift	
blyg -t -a	schüchtern	
blygas blygs, blygdes, blygts	sich schämen	
blåsbälg -en -ar	Blasebalg	
bläddra -r -de -t	blättern	
bocka -r -de -t sig	sich bücken, verbeugen	
boende -t -n	Wohnen	
boj -en -ar	Boje	
bokmal -en -ar	Leseratte	
bokmässa -n, -mässor	Buchmesse	
bolaget (Systembolaget)	Geschäft für Spirituosen	
bolla -r -de -t idéer	mit Ideen spielen	
bomba -r -de -t	bomben	
bongotrumma -n, -trummor	Bongotrommel	
boning -en -ar	Wohnstätte	
borgerlig -t -a	bürgerlich	
borra -r -de -t	bohren	
borsta -r -de -t	bürsten	
bortgång -en (-ar)	Tod	
bortom	hinter, jenseits	
bortre	fernere, hintere	
bortskämd adj.	verwöhnt	
bostadsbidrag -et -	Wohngeld	
bostadsbrist -en	Wohnungsnot	
bostadsrätt -en -er	Dauerwohnrecht	
bostadsrättsförening -en -ar	ungefähr: Wohnungsgenossenschaft	
bosätt/a -er, bosatte, bosatt sig	sich niederlassen	
bot -en, böter	Bußgeld, Geldstrafe	
botemedel -medlet -	Heilmittel	
bralla -n, brallor (vard.)	Hosen	
brandkår -en -er	Feuerwehr	
brant, brant, branta	steil	
brassa -r -de -t	hier: mit Kraft fliegen	
bredd -en -er	Breite	
bredda -r -de -t	verbreitern	
brinn/a -er, brann, brunnit	brennen	
brist -en -er	Mangel	
brokig -t -a	bunt	
broms -en -ar	Bremse	
brorsa -n, brorsor (vard.)	Bruder	
brott -et -	Verbrechen, Bruch	
brottare -n -	Ringkämpfer	
brottas, brottas, brottades, brottats	ringen	
brottning -en -ar	Ringen, Ringkampf	
brottslighet -en	Kriminalität	
brottsling -en -ar	Verbrecher	
brottsoffer -offret -	Opfer	
brukshundsklubb -en -ar	Hundeschule	
bry -r, brydde, brytt sig om	sich kümmern	
bryggeri -et -er	Brauerei	
bryggmästare -n -	Braumeister	
bryt/a -er, bröt, brutit av	abbrechen	
bryt/a -er, bröt, brutit ut	ausbrechen	
bråk -et -	Krach	
bråka -r -de -t	zanken	
brått	eilig	
bräda -n, brädor	Brett	
bräk/a -er -te -t	blöken	
brännässla -n, -nässlor	Brennnessel	
bränsle -t -n	Treibstoff, Brennstoff	
brödtext -en -er	Haupttext (Brottext)	
bucklig -t -a	bucklig, verbeult	
budget -en -ar	Budget, Haushaltsplan	
budskap -et -	Botschaft	
bugga -r -de -t	heimlich abhören	
bullra -r -de -t	lärmen	
bullrig -t -a	laut	
bunden adj. bundet, bundna	gebunden	
bur -en -ar	Käfig	
buren adj. buret, burna	getragen	
burkrest -en -er	Dosenrest	
burspråk -et -	Erker	
butelj -en -er	Flasche, Pulle	
bygd -en -er	Gegend, Provinz	
byggarbetare -n -	Bauarbeiter	
byggnadssnickeri -et -	Bautischlerei	
byggprojekt -et -	Bauprojekt	
byline -n -s	Verfasserzeile	
bymoln -et -	Böenwolke	
byxben -et -	Hosenbein	
båge -n, bågar (vard.)	Bogen, Motorrad	
bål -et -	Scheiterhaufen, Feuer	
bår -en -ar	Bahre	
bås -et -	Box	
båta -r -de -t	helfen, nützen	
bäck -en -ar	Bach	
bägarfälla -n, -fällor	Fallgrube	
bägge	beide	
bära, bär, bar, burit	tragen	
bärkraftig -t -a	tragkräftig	
Bättre förekomma än förekommas.	Schnell zupacken, ehe andere einem zuvorkommen.	
bäva -r -de -t	beben	
bäver -n, bävrar	Biber	
böj/a -er -de -t	biegen	
bön -en -er	Gebet	
böra, bör, borde, bort	sollen	
börda -n, bördor	Bürde, Last	
börs -en -ar	Portemonnaie	
börs -en -er	Börse	

C

cell -en -er	Zelle
cello -n, cellor/celli	Cello
certifierad adj.	zertifiziert
chaffis -en -ar (vard.)	Chauffeur
chans -en -er	Chance, Aussicht
chansa -r -de -t	darauf ankommen lassen, riskieren, auf gut Glück versuchen
chikanera -r -de -t	beleidigen, kränken
chockad adj.	geschockt
cigg -en - (-ar) (vard.)	Zigarette
cirkel -n, cirklar	Kurs, Zirkel, Kreis
cirkeldiagram -met -	Kreisdiagramm

cirkulationssvikt -n	Kreislaufversagen
citat -et -	Zitat
citattecken -tecknet -	Anführungsstrich
cocktailparty -t -n	Coctailparty

D

dagligen	täglich
dagligvaruhandel -n	Verbrauchsgüterhandel
dagsverke -t -n	Tageswerk
dal -en -ar	Tal
dam -en -er	Dame
dansare -n -	Tänzer
dansbandsmusik	Tanzmusik, Musikrichtung der 1970er Jahre
dansös -en -er	Tänzerin
darra -r -de -t	zittern
datten	Tick (Wort beim Tickerspielen, das man sagt, wenn man getickt wird)
de boende	die Bewohner
deal -en -ar	Übereinkommen
debatt -en -er	Debatte
debattera -r -de -t	debattieren, erörtern
decentralisering -en -ar	Dezentralisierung
decibel (en) -	Dezibel
definiera -r -de -t	definieren
definition -en -er	Definition
dela -r -de -t med sig	abgeben
dela -r -de -t ut	verteilen
deltagande -t	Teilnahme
den beskedlige mannen	der bescheidene Mann
den enskilde	der Einzelne
den onde	der Böse/Teufel
den rätte	der Richtige
desertör -en -er	Deserteur
dessförinnan	vorher
destruktiv -t -a	destruktiv
det gick upp för oss	uns wurde klar
det må ingen förtycka	das darf keiner verübeln
Det ryktas att ...	Es geht das Gerücht, dass ...
Det vete katten!	Keine Ahnung!
det yttersta lagret	die äußerste Schicht
detaljerad adj.	detailliert
detektiv -en -er	Detektiv
diabasmagma -n	Diabasmagma
diagnos -en -er	Diagnose
dinglande i vädret	in der Luft hängend
dirigent -en -er	Dirigent
disposition -en -er	Disposition, Gliederung
distribution -en -er	Distribution, Vertrieb
ditintills	bisher
djupfryst adj.	tiefgefroren
djupränna -n, -rännor	Tiefseerinne
djurhållning -en -ar	Tierhaltung
djurstall -et -ar	Tierstall
docent -en -er	Dozent
dofta -r -de -t	duften
doktorandtjänst -en -er	Doktorandensstelle
doldis -en -ar (vard.)	eine nicht bekannte Person, etw. nicht bekanntes
dom -en -ar	Urteil
domare -n -	Richter
domstol -en -ar	Gericht
donation -en -er	Schenkung, Stiftung
donator -n -er	Donator, Spender
dop -et -	Taufe
doppa -r -de -t	tunken, tauchen
dra -r, drog, dragit iväg	losziehen
dra åt skogen	Leine ziehen, abhauen
drabba -r -de -t	treffen, betreffen, erleiden
dragningskraft -en -er	Anziehungskraft
dramatisk -t -a	dramatisch
dressinåkning -en -ar	Draisine fahren
drick/a -er, drack, druckit	trinken
drink -en -ar	Drink
driv/a -er, drev, drivit	betreiben, treiben
driva -n, drivor	Schneewehe
drulle -n, drullar	Trottel
dryg -t -a	gut, etwas mehr als
dränk/a -er -te -t	ertränken
dubbelbrits -en -ar	Doppelpritsche
dumpa -r -de -t	wegkippen, hier: abstellen
dunka -r -de -t	schlagen, klopfen
dunkel, dunkelt, dunkla	dunkel
dyk/a -er, dök, dykt	tauchen
dyrbar -t -a	teuer, kostbar
dyslexi -n	Legasthenie
dyster, dystert, dystra	düster, finster
dån -et -	Donnern
dämpa -r -de -t	dämpfen
dämpa -r -de -t	dämpfen, mäßigen
däremot	dagegen
därutöver	darüber hinaus
dö, dör, dog, dött	sterben
dödsstraff -et -	Todesstrafe
dödståg -et -	Todeszug
dölj/a -er, dolde, dolt	verbergen
dölj/a -er, dolde, dolt	verbergen
döm/a -er -de -t	verurteilen
döp/a -er, -te -t	taufen
döv -t -a	taub

E

effektiv -t -a	effektiv
efterfrågan efterfrågan, efterfrågningar	Nachfrage
efterlysning -en -ar	Vermisstenmeldung
egendom -en -ar	Eigentum
egendomligt nog	merkwürdigerweise
egenmäktigt förfarande	eigenmächtiges Handeln
egenvärde -t -n	Eigenwert
egyptisk -t -a	ägyptisch
ejder -n, ejdrar	Eiderente
ekipage -et -	Equipage
ekonomi -n -er	Wirtschaft
eldsflamma -n, -flammor	Feuerflammen
elektron -en -er	Elektron
elitistisk -t -a	elitär
elljusstake -n, -stakar	elektrischer Leuchter
elstängsel -stängslet -	Elektrozaun
elände -t -n	Elend
emulgeringsmedel	Emulgator
en halv kappe	altes Raummaß, 4,58 l
en hyresvärd -en -ar	Vermieter
en kronofogde -n, -fogdar	Gerichtsvollzieher
en statare -n -	Landarbeiter, Tagelöhner
en/ett slags	eine Art
energikälla -n, -källor	Energiequelle
engagera -r -de -t sig	sich engagieren
enig -t -a	einig
enorm -t -a	enorm
ensemble -n -r	Ensemble
ensilage -t	Gärfutter
enskild överläggning	Beratung
enslig -t -a	einsam, abgeschieden
enstaka	vereinzelt
entusiasmera -r -de -t	begeistern
envis -t -a	stur, hartnäckig
enzym -et -er	Enzym
epidemi -n -er	Epidemie
erbjud/a -er, -bjöd, -bjudit	anbieten
ergonomi -n	Ergonomie
erkänn/a -er -kände, -känt	bekennen
ersättning -en -ar	Vergütung, Erstattung, Ersatz, Entschädigung
ess -et -	Ass
estniska -n	Estnisch
etablera -r -de -t	etablieren
etablera -r -de -t sig	sich niederlassen
etapp -en -er	Etappe
etnisk -t -a	ethnisch
ett bokmärke -t -n	Lesezeichen
ett klätt kort	Bildkarte
ett-tu-tre	einz-zwei-drei
examinationssätt -et -	Prüfungsart
excellens -en -er	Exzellenz
exciterad adj.	angeregt, stimuliert, Energie zugefügt
exercera -r -de -t	exerzieren
expansion -en -er	Expansion, Ausbreitung
exploatering -en -ar	Ausbeutung
exponering -en -ar	Exponieren
exportera -r -de -t	exportieren
extrem -t -a	extrem

F

f. d. (före detta)	der, die das ehemalige
fackspråk -et -	Fachsprache
facktidskrift -en -er	Fachzeitschrift
faktor -n -er	Faktor
faktura -n, fakturor	Rechnung
fall -et -	Fall
fall/a -er, föll, fallit	fallen
fallskärmshoppning -en -ar	Fallschirmspringen
falsk -t -a	falsch
famna -r -de -t	umarmen
fara, far, for, farit	fahren
farsot -en -er	Seuche
farstukvist -en -ar	offener Windfang
fasa -r -de -t ut	auslaufen lassen
fast anställd	fest angestellt
fastighetsbolag -et -	Wohnungsbaugesellschaft
fastklistrad adj.	festgeklebt
fastlagsdag -en -ar	der Dienstag nach dem ersten Fastensonntag
fastna -r -de -t	hier: steckenbleiben
fastslå -r ,-slog, -slagit	feststellen
fastställ/a -er -de -t	feststellen
fatta -r -de -t humör	ärgerlich werden
febril -t -a	fieberhaft
fejs -et - (vard.)	Gesicht
50-plussare -n -	Überfünfzigjährige(r)
fenomen -et -	Phänomen
ferriearbetare -n -	Ferienarbeiter
fetto -t -n (vard.)	eine dicke Person
fettreducerad adj.	fettreduziert

Fia med knuff	Mensch-ärgere-dich-nicht	**forsla** -r -de -t **bort**	abtransportieren, wegschaffen	**fänrik** -en -ar	Leutnant
fickkniv -en -ar	Taschenmesser	**forsränning** -en -ar	Rafting	**färd** -en -er	Fahrt
fiende -n -r	Feind	**fortbildning** -en -ar	Fortbildung	**färdeminne** -t -n	Reiseerinnerung
fiffig -t -a	pfiffig	**fortsätt/a** -er, fortsatte, fortsatt	weiter machen	**färdtjänst** -en (-er)	gesetzlich geregelter Transport für Behinderte oder Kranke
fiffla -r -de -t	schummeln				
fil -en	Schwedenmilch	**fosterfamilj** -en -er	Pflegefamilie	**färgkrita** -n, -kritor	Wachsmalstift
fil -en -ar	Feile	**fosterstadium**, -stadiet, -stadier	Embryonalstadium	**färgämne** -t -n	Farbstoff
fil -en -er	Fahrspur, Spur, Datei			**fäste** -t -n	Halt
fila -r -de -t	feilen	**fotbollsssvamp** -en -ar	Meeresschwamm Geodia baretti	**föl** -et -	Fohlen
filantrop -en -er	Philanthrop, Menschenfreund			**följ/a** -er -de -t **upp**	weiterbearbeiten
		fotfäste -t	Boden unter den Füßen	**fönsterlucka** -n, -luckor	Fensterladen
filmatisera -r -de -t	verfilmen			**för gott**	für immer
filosof -en -er	Philosoph	**framfart** -en -er	Durchzug	**för pengarnas skull**	des Geldes wegen
finans (-en) -er	Finanzwesen	**framgå** -r, -gick, -gått	hervorgehen	**föra**, för, förde, fört **fram**	vorführen
finansiera -r -de -t	finanzieren	**framgång** -en -ar	Erfolg	**förakt** -et	Verachtung
finnas, finns, fanns, funnits	vorhanden sein, finden	**framhåll/a** -er, -höll, -hållit	betonen	**förbannad** adj.	böse, wütend
finsk-ugrisk -t -a	finnisch-ugrisch	**framkalla** -r -de -t	hervorrufen	**förberedelse** -n -r	Vorbereitung
finska -n	Finnisch	**frammanad** adj.	heraufbeschwört	**förbittring** -en	Verbitterung
fiolist -en -er	Geiger (Volksmusik)	**fredlig** -t -a	friedlich	**förbluffad** adj.	verblüfft
fisförnäm -t -a	sehr vornehm	**frenetisk** -t -a	frenetisch	**fördom** -en -ar	Vorteil
fiskespö -et -n	Angel	**friarstråt** -en	Freiersfüße	**fördriv/a** -er, -drev, -drivit	vertreiben
fistel -n, fistlar	Fistel	**frihetskämpe** -n, -kämpar	Freiheitskämpfer	**föredra** -r, föredrog, föredragit	vorziehen
fix -et	Fliesenkleber				
fixkam -men -mar	Zahnspachtel	**frihetskänsla** -n, -känslor	Freiheitsgefühl	**föredragshållare** -n -	Referent
fjolårsunge -n, -ungar	Junges vom Vorjahr	**frilansare** -n -	Freelancer, freiberuflich arbeitend	**föredragsturné** -n -er	Vortragstournee
fjord -en -ar	Fjord			**föregående**	vorige
fjortis -en -ar (vard.)	unreife Person, Person in den unteren Teenager-Jahren	**friska** -r -de -t **upp**	auffrischen	**förekomm/a** -er, -kom, -kommit	vorkommen
		friskola -n, -skolor	Privatschule	**föreställ/a** -er -de -t	vorstellen
fjäder -n, fjädrar	Feder	**fristående**	freistehend	**föresätt/a** -er, -satte, -satt **sig**	sich vornehmen
fjärd -en -ar	Förde, offenes Wasser in den Schären	**frodig** -t -a	üppig		
		frusen adj. fruset, frusna	gefroren	**företag** -et -	Unternehmung
fjärran (oböjl.)	fern, entfernt	**frustrerad** adj.	frustriert	**företagsägande** -t -n	Besitz an Firmen
fjäskig -t -a	kriecherisch, unterwürfig	**frys/a** -er, frös, frusit	frieren	**företrädare** -n -	Vertreter
		frågetecken -tecknet -	Fragezeichen	**förfallen** adj.	verfallen
fjät -et -	Schritt	**frånvarande**	abwesend	**förflyttning** -en -ar	Versetzung
fladdra -r -de -t	flattern	**frånvaro** -n	Abwesenheit	**förfärad** adj.	entsetzt
flerspråkig -t -a	mehrsprachig	**främja** -r -de -t	fördern	**förfärlig** -t -a	schrecklich
flextid -en -er	Gleitzeit	**främre**	vordere	**förfölj/a** -er, -följde, -följt	verfolgen
flik -en -ar	Zipfel	**främsta**	vorderst, hier: bedeutendsten	**förföljelse** -n -r	Verfolgung
flink -t -a	flink, schnell			**förgripelse mot tjänsteman**	Gewalt gegen Beamten
flit -en	Fleiß	**frän** -t -a	scharf, beißend		
flott -et	Fett, Schmalz	**fuktig** -t -a	feucht	**förgrund** -en -er	Vordergrund
flott, flott, flotta	fein, schick, flott	**fuktighetsbevarande medel**	Feuchthaltemittel	**förhand** -en	Vorhand
flyg/a -er, flög, flugit	fliegen			**förhindra** -r -de -t	verhindern
flyktingkonvention -en -er	Flüchtlingskonvention	**fullborda** -r -de -t	vollenden	**förknippa** -r -de -t	verbinden
		fullmakt -en -er	Vollmacht	**förlag** -et -	Verlag
flytande	fließend	**fullspäckad** adj.	vollgespickt, gefüllt	**förlagsbransch** -en -er	Verlagsbranche
fläck -en -ar	Fleck	**funktionshinder**, -hindret -	Behinderung	**förlägen** adj. -läget, -lägna	verlegen
fläkt -en -ar	Ventilator, Lüfter, Hauch			**förmodligen**	vermutlich
		funktionsnedsättning -en -ar	Behinderung	**förmåga** -n, förmågor	Fähigkeit
fläng/a -er -de -t	rennen			**förmån** -en -er	Vorteil
fläta -n, flätor	Zopf	**furusäng** -en -ar	Kiefernbett	**förmögen** adj. förmöget, förmögna	vermögend, wohlhabend
flörta/flirta -r -de -t	flirten	**fusionera** -r -de -t	fusionieren		
foder, fodret -	Futter	**fuska** -r -de -t	pfuschen	**förmögenhet** -en -er	Vermögen
fodra	füttern	**fynda** -r -de -t	Schnäppchen machen	**förnedrad** adj.	gedemütigt
fog -en -ar	Fuge	**fyr** -en -ar	Feuer, Leuchtturm	**förnöjsamhet** -en	Genügsamkeit
fogbruk -et	Fugenmasse	**fyr** -en -ar	Feuer, Leuchtturm	**förolämpad** adj.	beleidigt
fogsvans -en -ar	Fuchsschwanz	**fysiologi** -n	Physiologie	**förolämpning** -en -ar	Beleidigung
fokus -et	Fokus	**fysiologisk** -t -a	physiologisch	**förortsslang** -en	Vorortslang
folkminskning -en -ar	Abnahme der Bevölkerung	**få** -r, fick, fått	bekommen	**förra**	vorige
		fåfänga -n	Eitelkeit	**förråd** -et -	Lagerraum
folkmusik -en	Volksmusik	**fågelholk** -en -ar	Nistkasten	**försakelse** -n -r	Verzicht, Entsagung
folkrörelse -n -r	Volksbewegung	**fågelskådning** -en	Vogelbeobachtung	**förseelse** -n -r	Versehen
folkvimmel, -vimlet	Gewimmel	**fånge** -n, fångar	Gefangene(r)	**förskingra** -r -de -t	unterschlagen
fordra -r -de -t	fordern	**får** -et -	Schaf	**försona** -r -de -t **sig**	sich versöhnen
fordringsägare -n -	Gläubiger	**fåraherdevagn** -en -ar	Schäferwagen	**förståelse** -n	Verständnis
formera -r -de -t **sig**	sich formieren	**fäll/a** -er -de -t	klappen, fällen	**förstående**	verständnisvoll
formulera -r -de -t	formulieren	**fällning** -en -ar	Fällung	**förstås**	selbstverständlich
		fängelse -t -r	Gefängnis		

förstöra, -stör, -störde, -stört	zerstören
förstörelse -n -r	Zerstörung
försvarsnivå -n -er	Sicherheitsebene
försäkringsbolag -et -	Versicherungsgesellschaft
försäkringsförmedling -en -ar	Versicherungsvermittlung
försäkringsupphandling -en -ar	Versicherungsabschluss
försörj/a -er -de -t sig	sich versorgen, sich ernähren
försörj/a -er -de -t sig på	sich ernähren von, sich versorgen von
förtjockningsmedel	Verdickungsmittel
förträng/a -er -de -t	verdrängen
förtyck/a -er -te -t	verdenken, verübeln
förtydligande -t -n	Verdeutlichung
förutom	außer
förverkliga -r -de -t	verwirklichen
förvisso	sicherlich, gewiss
förvåna -r -de -t sig	erstaunen
förvånansvärt	erstaunlich
förväntan förväntan, förväntningar	Erwartung
förväntning -en -ar	Erwartung
förvärva -r -de -t	erwerben
föräldramöte -t -n	Elternabend
föräldrapenning -en	Elterngeld
förödande	verheerend
förödmjuka -r -de -t	demütigen
fös/a -er -te -t	treiben, schieben

G

gagn -et	Vorteil, Nutzen
gal gal/galer, gol, galit	krähen
galant galant, galanta	galant
galen, galet, galna	verrückt
gammelskog -en ar	alter Wald
gap -et -	Schlund, hier: Loch
gapskratta -r -de -t	aus vollem Halse lachen
garn -et -er	Garn
gasexplosion -en -er	Gasexplosion
gavel -n, gavlar	Giebel
ge -r, gav, gett (givit)	geben
ge -r, gav, gett järnet	alles geben
ge -r, gav, gett upp	aufgeben
gem -et -	Büroklammer
gen -en -er	Gen
generalisera -r -de -t	generalisieren
generalisering -en -ar	Generalisierung
generalstrejk -en -er	Generalstreik
generation -en -er	Generation
generell -t -a	generell
genmodifierad adj.	genmanipuliert
genombrott -et -	Durchbruch
genomdriv/a -er, -drev, -drivit	durchsetzen
genomföra, -för, -förde, -fört	durchführen
genomskinlig -t -a	durchsichtig
genomsnitt -et -	Durchschnitt
genomsvettig -t -a	durchgeschwitzt
genomsyra -r -de -t	durchdringen
genomsyrad adj.	durchdrungen
genomvåt -t -a	durchnässt
genre -n -r	Genre
geologi -n	Geologie
germansk -t -a	germanisch
gest -en -er	Geste
gesäll -en -er	Geselle
getto -t -n	Ghetto
gevär -et -	Gewehr
gevärsskott -et -	Gewehrschuss
girig -t -a	gierig
giv -en -ar	Geber
givarkultur -en	Geberkultur
givetvis	selbstverständlich
givmildhet -en	Freigiebigkeit
gjut/a -er, göt, gjutit	gießen
gjutjärn -et	Gusseisen
gjutjärnsteknik -en -er	Eisengusstechnik
glaciär -en -er	Gletscher
glans -en	Glanz
glassplitter -splittret -	Glassplitter
glesbygd -en -er	dünnbesiedeltes Gebiet
glid/a -er, gled, glidit	gleiten
glimma -r -de -t	glitzern
glimmer -n	Glimmer (ein Mineral)
glimmerrik -t -a	reich an Glimmer
glimt -en -ar	Schimmer
glo -r, glodde, glott	glotzen
globalisering -en	Globalisierung
glosögon	Glotzaugen
glunka -r -de -t	munkeln
glutenintolerans -en	Glutenunverträglichkeit
glutta -r -de -t	gucken
glöd/a -er, glödde, glött	glühen
glödande	glühende
glömsk -t -a	vergesslich
gnejs -en -er	Gneis
gnissla -r -de -t	quietschen
gnista -n, gnistor	Funken
gnistra -r -de -t	funkeln
gnola -r -de -t	summen
gny -r, gnydde, gnytt	winseln
godstrafik -en	Güterverkehr
gospel -n	Gospel
gotta -r -de -t sig	genießen
grafik -en	Grafik
granatattack -en -er	Granatattacke
grand -et -	Korn, Krümel, hier: ein wenig
granska -r -de -t	prüfen
graviditetspenning -en	Schwangerschaftsgeld
gren -en -ar	Ast
grepp -et -	Griff
greppa -r -de -t	greifen, begreifen, verstehen
greve -n, grevar	Graf
grip/a -er, grep, gripit	greifen
grisorgan -et -	Schweineorgan
gro -r, grodde, grott	keimen
groda -n, grodor	Frosch
grubbla -r -de -t	grübeln
grundvillkor -et -	Grundbedingung
grym -t -ma	grausam
grymhet -en -er	Grausamkeit
grymta -r -de -t	grunzen
grynig -t -a	körnig
gryning -en -ar	Morgendämmerung
grynna -n, grynnor	Untiefe, Grund
gråt/a -er, grät, gråtit	weinen
grävning -en -ar	Graben
grön skedmask -en -ar	Igelwurm
grönsåpa -n, såpor	grüne Seife
gud (Gud) -en -ar	Gott
Gudskelov!	Gott sei Dank!
guldfeber -n	Goldrausch
guldsmed -en -er	Goldschmied
guss -en -ar (vard.)	Mädchen
gynnsam -t -ma	günstig
gytter, gyttret	Unordnung, Wirrwarr
gå -r, gick, gått	gehen
gå -r, gick, gått av stapeln	vom Stapel laufen, stattfinden
gå -r, gick, gått bort	sterben
gå -r, gick, gått fram	nach vorne gehen
gå -r, gick, gått i kras	zu Bruch gehen
gå -r, gick, gått i lås	ins Schloss fallen
gå -r, gick, gått på tok	schief gehen
gå ur tiden	sterben
gång -en -ar	Gang, Gehweg
gång -en -er	Mal
gångbana -n, -banor	Gehweg
gångbar -t -a	gangbar
gångstav -en -ar	Nordic-Walking-Stock
gås -en, gäss	Gans
gåta -n, gåtor	Rätsel
gåvomedel, -medlet -	Schenkung, Gabe
gäng -et -	Clique
gärningsman -nen, gärningsmän	Täter
gödsel -n	Dünger
gödselstack -en -ar	Misthaufen
gök -en -ar	Kuckuck
gömställe -t -n	Versteck
göra ngn en björntjänst -en -er	jmdm. einen schlechten Dienst erweisen
göra, gör, gjorde, gjort	machen
göra, gör, gjorde, gjort bort sig	sich blamieren
göra, gör, gjorde, gjort med barn	schwängern
göra, gör, gjorde, gjort skillnad	Unterschied machen

H

ha -r, hade, haft	haben
ha koppling -en -ar till	an ... gekoppelt sein
ha nytta av ngt	Nutzen von etw. haben
hacka -n, hackor	Hacke
hagelskur -en -ar	Hagelschauer
haka -n, hakor	Kinn
hal -t -a	glatt
halvera -r -de -t	halbieren
hammare -n -	Hammer
hamna -r -de -t	landen, kommen
handling -en -ar	Unterlage
hane -n, hanar	Männchen
hanmygga -n, -myggor	männliche Mücke
hantera -r -de -t	hantieren, mit etw. umgehen
hantlangare -n -	Handlanger
hantverkare -n -	Handwerker
harva -r -de -t	eggen, hier: schleppen
hata -r -de -t	hassen
havregryn -et -	Haferflocken
havsyta -n, -ytor	Meeresoberfläche
havsörn -en -ar	Seeadler
headset -et -	Headset, Kopfhörer mit Mikrofon
hejdlös -t -a	maßlos
hektar -et/-en -	Hektar
helgon -et -	Heilige(r)
hembygd -en -er	Heimat
hemkunskap -en	Haushaltskunde
hemlös -t -a	heimatlos, obdachlos
hemmansägare -n -	Bauer

167

hemsida -n, hemsidor	Webbseite
hierarki -en -er	Hierarchie
himlavalv -et	Himmelsgewölbe
himmel, himlen, himlar	Himmel
hindra -r -de -t	hindern
hinn/a -er, hann, hunnit	schaffen
hisnande/hissnande	schwindelnd
historik -en -er	geschichtliche Übersicht
historiker -n -	Historiker
hitre	nächste
hjälpas, hjälps, hjälptes, hjälpts **åt**	sich gegenseitig helfen
hjälporganisation -en -er	Hilfsorganisation
hjälpsam -t -ma	hilfsbereit
hjälte -n, hjältar	Held
hjärna -n, hjärnor	Gehirn
hjärt-kärlsjukdomar	Herz- und Gefäßkrankheiten
hjärta -t -n	Herz
hjärteprojekt -et -	Herzensprojekt
hjärter	Herz
hjärtfrekvens -en -er	Herzfrequenz
hjärtinfarkt -en -er	Herzinfarkt
hoj -en -ar (vard.)	Fahrrad
hojta -r -de -t	rufen
holme -n, holmar	kleine Insel
hona -n, honor	Weibchen
honmygga -n, -myggor	weibliche Mücke
hop -en -ar	Haufen, Menge
hopp -et -	Hoffnung
horisont -en -er	Horizont
hormon -en -er	Hormon
hot -et -	Drohung
hota -r -de -t	drohen
hov -et -	Hof
hovrätt -en -er	Oberlandesgericht
hud -en -ar	Haut
hugg/a -er, högg, huggit	hauen
humor -n	Humor
humoristisk -t -a	humoristisch
humör -et -	Laune
hundspann -et -	Gespann
hundvalp -en -ar	Welpe
hundöra -t, -öron	Eselsohr
hur som helst	wie auch immer
huruvida	ob
husbondfolk -et -	Dienstherrschaft
husknut -en -ar	Hausecke
hustru -n -r	Ehefrau
huvuddrag -et -	Hauptzug
hy -n	Haut
hydda -n, hyddor	Hütte
hydraulisk -t -a	hydraulisch
hylla -r -de -t	feiern, ehren
hypernervös -t -a	hypernervös
hyresfastighet -en -er	Mietshaus
hyresrätt -en -er	Mietwohnung
hyvla -r -de -t	hobeln
håg -en	Sinn, Lust
hål -et -	Loch
håll/a -er, höll, hållit	halten
håll/a -er, höll, hållit **med**	zustimmen
hålslag -et -	Locher
hårdrock -en	Hardrock
häcka -r -de -t	hecken, brüten
hädanefter	von nun an
häftapparat -en -er	Hefter
häftig -t -a	stark, toll
hägg -en -ar	Traubenkirsche
häkta -r -de -t	verhaften
häkte -t -n	Haft, Arrest
hämnd -en -er	Rache
Hänger ni med?	Könnt ihr folgen?
hängränna -n, -rännor	Regenrinne
hänsynsfull -t -a	rücksichtsvoll
häpen adj. häpet, häpna	erstaunt
häromdagen	neulich, vor ein paar Tagen
häromkring	hier in der Nähe
häromkvällen	neulich Abends
häromnatten	neulich Nachts
häromsistens	kürzlich, neulich
häromåret	vor ein paar Jahren
härröra -rör, -rörde, -rört	seinen Ursprung haben
hästsko -n -r	Hufeisen
hätta -n, hättor	Haube, Häubchen
hävda -r -de -t	behaupten
hög -en -ar	Haufen
hög -t -a	laut
höginkomsttagare -n -	Vielverdiener
högmosse -n, -mossar	Hochmoor
högskolekatalog -en -er	Hochschulkatalog
högtalare -n -	Lautsprecher
högtidsklädd adj.	festlich gekleidet
höj/a -er -de -t	aufdrehen, erhöhen
höjd -en -er	Höhe
höjdkurva -n, -kurvor	Höhenkurve
hök -en -ar	Habicht
hölje -t -n	Hülle
hönsnät -et -	Hühnerdraht
hörn -et -	Ecke
hörsel -n	Gehör
hörselkåpa -n, -kåpor	Hörschutz
hörselnedsättning -en -ar	Schwerhörigkeit
hörselskada -n, -skador	Gehörschaden
hörselskadad adj.	hörgeschädigt
hörselskydd -et -	Gehörschutz

I

i det förflutna	in der Vergangenheit
i enlighet med	gemäß
i fjol	letztes Jahr
i färd med att	gerade dabei sein
i höjdled	in senkrechter Richtung
i jämnhöjd med	in gleicher Höhe mit
i någon mån	in einem gewissen Grad
i onödan	unnötig, unnötigerweise
i samband med	im Zusammenhang mit
i sin tur	seinerseits
i själva verket	eigentlich
i slutet av ...	Ende ...
i stor skala	in großem Stil
i synnerhet	insbesondere
i så måtto	insofern
i vredesmod	im Zorn
ideal -et -	Ideal
ideell -t -a	ideell
ideligen	ständig
idissla -r -de -t	wiederkäuen
idrottare -n -	Sportler
idyllisk -t -a	idyllisch
ifrågasätt/a -er, -satte, -satt	infrage stellen
igelkotte -n, igelkottar	Igel
ignorera -r -de -t	ignorieren
ihjäl	zu Tode
ihärdig -t -a	beharrlich
ila -r -de -t	eilen
ilande	eilend
illigt (ill-, illande)	schrill
illusion -en -er	Illusion
ilska -n	Wut, Zorn
immigrant -en -er	Immigrant
immunförsvar -et	Immunsystem
impregnerad adj.	imprägniert
in/född -fött -födda	(ein)geboren
inbillad adj.	eingebildet
inbrott -et -	Einbruch
incident -en -er	Zwischenfall
indelt, indelta	zugeteilt
index -et -	Index
individuell -t -a	individuell
indoeuropeisk -t -a	indoeuropäisch
indoktrinerad adj.	indoktriniert
industrialisering -en -ar	Industrialisierung
industrimagnat -en -er	Industriemagnat
infanteriregemente -t -n	Infanterieregiment
inflytande -t -n	Einfluss
inflytelserik -t -a	einflussreich
ingalunda	keineswegs, durchaus nicht
Ingen fara!	Nicht so schlimm!
ingress -en -er	Einleitung
initiativ -et -	Initiative
inkomstgrundad adj.	einkommensabhängig
innanmäte -t -n	Eingeweide
innerstan	die Innenstadt
inneröra -t	Innenohr
inprisa -r -de -t	mit einberechnen
inre	innere
inriktning -en -ar	Ausrichtung
insamling -en -ar	Einsammlung
insats -en -er	Einsatz
inspirera -r -de -t	inspirieren
instifta -r -de -t	stiften
institution -en -er	Institution
instruera -r -de -t	anleiten
instruktion -en -er	Instruktion
inställ/a -er -de -t	einstellen
insugningsfälla -n, -fällor	Saugfalle
inte ett dugg	„nicht die Bohne"
inte ett smack	gar nichts
inte ha mycket/ngt till övers för ngn/ngt	keinen Wert auf jmdn./etw. legen
inte rå -r, rådde, rått **för**	nichts dafür können
internat -et -	Internat
intervall -en -er	Intervall
intet	nicht, kein, das Nichts
introducera -r -de -t	einführen
inträde -t -n	Eintritt
inträdeskrav -et -	Aufnahmebedingung
intubera -r -de -t	intubieren
intäkt -en -er	Einnahme
invalidiserad adj.	arbeitsunfähig (geworden)
investera -r -de -t	anlegen, investieren
investering -en -ar	Anlage, Investition
invig/a -er -de -t	einweihen
involverad adj.	involviert
invänd/a -er, invände, invänt	einwenden
invändning -en -ar	Einwand
ironisk -t -a	ironisch

irritation -en -er	Irritation	
isolerad adj.	isoliert	
istapp -en -ar	Eiszapfen	
isyta -n, -ytor	Eisfläche	
isär	auseinander	
iver -n	Eifer	
iögonfallande	auffallend, auffällig	

J

j-vla (jävla)	hier: verdammt
jama -r -de -t	miauen
jamboree -n -r	Weltpfadfindertreffen
jazz -en	Jazz
jobbintervju -en -er	Einstellungsgespräch
joker -n, jokrar	Joker
jord -en -ar	Erde
jordhål -et -	Erdloch
jordskorpa -n, -skorpor	Erdkruste
jordyta -n, -ytor	Erdoberfläche
jubel jublet	Jubel
judisk -t -a	jüdisch
jury -n -er	Jury
jämra -r -de -t **sig**	jammern, klagen
jämställ/a -er -de -t	gleichstellen
jämställdhet -en	Gleichstellung
järnhantering -en -ar	Eisenverarbeitung
järnmalm -en	Eisenerz
järnmutter -n, -muttrar	Eisenmutter

K

kabeljo -n	Kabeljau
kackerlacka -n, kackerlackor	Schabe
kackla -r -de -t	gackern, schnattern
kaffebryggare -n -	Kaffeemaschine
kajalpenna -n, -pennor	Kajalstift
kakelplatta -n, -plattor	Kachel
kalla kårar	kalt überlaufen
kallelse -n -r	Einladung zu einer Sitzung
kammarråd -et -	Beamter (Titel) am "Kammarkollegiet", eine schwedische Behörde, die u.a. dem "Finansdepartement" zuarbeitet
kampanj -en -er	Kampagne
kanonbra	supergut
kant -en -er	Kante
kantlist -en -er	Randleiste
kapell -et -	Überzug, Hülle
karaktärisera -r -de -t	charakterisieren, kennzeichnen
karikatyr -en -er	Karikatur
karm -en -ar	Rahmen
kartong -en -er	Karton
kassera -r -de -t	ausrangieren
kassett -en -er	Kassette
kassör -en -er	Kassierer/in
kasta -r -de -t	werfen
katalog -en -er	Katalog
katastrof -en -er	Katastrophe
katastrofal -t -a	katastrophal
keff (vard.)	schlecht, uninteressant
kelgris -en -ar	Hätschelkind
keltisk -t -a	keltisch
kennel -n, kennlar	hier: Hundezucht
keps -en -ar	Schirmmütze, Käppi
keramik -en	Keramik
kick -en -ar	Kick, Stoß

kika -r -de -t	gucken
kind -en -er	Wange
kissa -r -de -t	Pipi machen
kittlas kittlas, kittlades, kittlats	kitzeln
klack -en -ar	Absatz
klagomål -et -	Klage, Beschwerde
klamra -r -de -t **sig**	sich klammern
klappra -r -de -t	klappern
klar -t -a	fertig
klargöra -gör, -gjorde, -gjort	klären, erklären
klassa -r -de -t	einstufen
klassföreståndare -n -	Klassenlehrer
klassificera -r -de -t	klassifizieren
klassisk musik	klassische Musik
klaviatur -en -er	Tastatur
klibbig -t -a	klebrig
klient -en -er	Klient
klimatbov -en -ar	Klimakiller
klimatsmart, -smart, -smarta	klimaneutral
klinga -r -de -t **ut**	ausklingen
klippa -n, klippor	Felsen
klipphäll -en -ar	Fels(platte)
klippklättring -en -ar	Felsklettern
klirra -r -de -t	klirren
klister, klistret	Kleister
klisterfälla -n, -fällor	Klebefalle
kliv -et -	Schritt
kliv/a -er, klev, klivit	steigen
klot -et -	Kugel
klunga -n, klungor	Haufen, Gruppe
klunk -en -ar	Schluck
klurig -t -a	raffiniert
klyfta -n, klyftor	Scheibe
klyschig -t -a	klischeehaft
klä -r, klädde, klätt **ut**	verkleiden
klädsel -n, klädslar	Kleidung
klämfälla -n, -fällor	Klappfalle
kläng/a -er -de -t	klettern
klös/a -er -te -t	kratzen
klösas, klöses, klöstes, klösts	kratzen
klöver	Kreuz
klöver -n	Klee
klöver -n (vard.)	Geld
knaka -r -de -t	knacken
knapp -en -ar	Knopf
knappt	knapp
knark -et	Drogen
knekt -en -ar	Bube
knopp -en -ar	Knospe
knubbsäl -en -ar	Seehund
knuffas, knuffas, knuffades, knuffats	schubsen
knut -en -ar	Knoten
knyt/a -er, knöt, knutit **an**	anknüpfen
knäck/a -er -te -t	knacken, hier: lösen
knäskydd -et -	Knieschoner
koja -n, kojor	Hütte
kokgrop -en -ar	Kochgrube
kolkraftverk -et -	Kohlekraftwerk
koll -en -ar (vard.)	Kontrolle
kolla -r -de -t **in**	beobachten, gucken auf
kollidera -r -de -t	kollidieren, zusammenstoßen
kollision -en -er	Kollision, Zusammenstoß

kolmörk -t -a	stockdunkel
kolon -et -	Doppelpunkt
kolonistuga -n, -stugor	Schrebergartenhütte
kolossal -t -a	kolossal
kolumn -en -er	Kolumne, Spalte
kombinera -r -de -t	kombinieren
komm/a -er, kom, kommit	kommen
komm/a -er, kom, kommit **åt**	herankommen
komma -t -n	Komma
komma sättande	angelaufen kommen
komma till godo	zugutekommen
kommentera -r -de -t	kommentieren, erläutern
kommersiell -t -a	kommerziell
kommunalråd -et -	ungefähr: Bürgermeister
kommunicera -r -de -t	kommunizieren
kompetens -en -er	Kompetenz
kompisgäng -et -	Clique
komplex -t -a	komplex
kompositör -en -er	Komponist
koncept -et -	Konzept
koncern -en -er	Konzern
kondis -et - (vard.)	Konditorei
konduktör -en -er	Schaffner
konflikt -en -er	Konflikt
konjunktur -en -er	Konjunktur
konkurrent -en -er	Konkurrent
konkurrera -r -de -t	konkurrieren
konkurs -en -er	Konkurs
konsensus -en	Konsens
konserveringsmedel	Konservierungsmittel
konstatera -r -de -t	feststellen
konsthandlare -n -	Kunsthändler
konstnär -en -er	Künstler
konstnärskap -et -	Künstlertum
Konsumentverket	Ungefähr: Verbraucherzentrale
konsumtion -en -er	Konsum, Verbrauch
konvalescent -en -er	Rekonvaleszent/in
konvention -en -er	Konvention
konversation -en -er	Konversation
koppar	Kupfer
korallrev -et -	Korallenriff
kork -en -ar	Korken
korn -et	Gerste
korn -et -	Korn
korngryn -et -	Gerstengraupen
korrekt, korrekt, korrekta	korrekt
korridor -en -er	Korridor
korrumpera -r -de -t	bestechen
korsvis	kreuzweise
kortlek -en -ar	Spielkartenset
kortspel -et -	Kartenspiel
kosterpiprensare -n -	Kophobelemnon stelliferum
kostnad -en -er	Kosten
krafsa -r -de -t	scharren, kratzen
kran -en -ar	Wasserhahn
kratsa -r -de -t	kratzen
krattning -en -ar	Harken
krets -en -ar	Kreis (gesellschaftlich)
kriminalvård -en	Strafvollzug
kritisera -r -de -t	kritisieren
krog -en -ar	Kneipe
krokus -en -ar	Krokus
kronisk -t -a	chronisch
kroppsbyggnad -en -er	Körperbau
kroppshållning -en -ar	Körperhaltung

kroppsspråk -et -	Körpersprache	köl -en -ar	Kiel	lojal -t -a	lojal
krubba -n, krubbor	Krippe	köld -en	Kälte	lokal -en -er	Raum
krylla -r -de -t	wimmeln	kön -et -	Geschlecht	lortig -t -a	dreckig, schmutzig
kryllande	wimmelnd	könsroll -en -er	Geschlechtsrolle	loss	los-
krymp/a -er -te -t	schrumpfen	köpehandling -en -ar	(Hunde)Kaufvertrag	lov -et -	Ferien
krympande	schrumpfend	köpman, -nen, -män	Kaufmann (Kaufleute)	lovord -et -	Lob
krypin -et -	kleine Wohnung, Unterschlupf	kör -en -er	Chor	luftfuktare -n -	Luftbefeuchter
		körtelhår -et -	Drüsen mit Fangarm	luftmadrass -en -er	Luftmatratze
kryss -et -	Kreuzworträtsel			lukrativ -t -a	lukrativ, ergiebig
krångel, krånglet	Schererei	**L**		lungsot -en	Schwindsucht
krånglig -t -a	verwickelt, kompliziert	lada -n, lador	Scheune	lura -r -de -t	hereinlegen
kräftgång -en -ar	Krebsgang	ladda -r -de -t	laden	lurad adj.	hereingelegt
kräftstjärt -en -ar	Krebsschwanz	laddning -en -ar	Ladung	luras, luras, lurades, lurats	anschwindeln
kränkande	kränkend, verletzend	lad(u)gårdsdörr -en -ar	Stalltür	lusläs/a -er -te -t	sehr genau lesen
kräv/a -er -de -t	fordern	lag -en -ar	Gesetz	lustgas -en -er	Lachgas
krönika -n, krönikor	Chronik	lagstiftning -en -ar	Gesetzgebung	luta -r -de -t	sich neigen
krönikör -en -er	Chronist	lakrits -en	Lakritze	lyd/a -er, lydde, lytt	lauten, gehorchen
kull -en -ar	Wurf	landfäste -t -n	Mauerwerk oder Teile einer Brücke, worauf die Brücke befestigt ist	lyft -et -	Heben
kulle -n, kullar	Hügel			lykta -n, lyktor	Laterne
kulspetspenna -n, -pennor	Kugelschreiber			lynne -t -n	Gemütsart
		landshövding -en -ar	Chef der Provinzialregierung (länstyrelsen)	lys/a -er -te -t upp	erleuchten
kulturarv -et -	Kulturerbe			lys/a -er, -te -t	leuchten
kulturkrock -en -ar	Aufeinandertreffen der Kulturen	lansera -r -de -t	einführen, vertreiben	lysrörslampa -n, -lampor	Leuchtstoffröhrenlampe
		larm -et -	Alarm	lågkonjunktur -en -er	Konjunkturtief
kulturskillnad -en -er	Kulturunterschied	larma -r -de -t	alarmieren	lågmäld adj.	leise, mit leiser Stimme
kung -en -ar	König	larv -en -er	Larve	lågtyska -n	Plattdeutsch
kunna, kan, kunde, kunnat	können	latitud -en -er	Breite	lån -et -	Darlehen, Anleihe
		latmask -en -ar	Faulpelz	långsiktig -t -a	langfristig
kupera -r -de -t	kupieren	le -r, log, lett	lächeln	långvarig -t -a	langwierig
kuperad adj.	hügelig	ledamot -en, ledamöter	Mitglied	långvarig exponering	längere Zeit ausgesetzt sein
kurator -n -er	Sozialfürsorger (Sozialpädagoge)	ledare -n -	Leitartikel, Leiter		
		legendarisk -t -a	legendär	lårben -et -	Oberschenkelknochen
kurra -r -de -t	knurren, gurren	leka kurragömma	Verstecken spielen	lås -et -	Schloss
kurre -n, kurrar	Kauz	lemonad -en -er	Limonade	låt/a -er, lät, låtit	klingen
kvalifikation -en -er	Qualifikation	len -t -a	weich, sanft	låtsas låtsas, låtsades, låtsats	so tun als ob
kvantfysik -en	Quantenphysik	levande	lebendig		
kvarter -et -	Viertel	leverera -r -de -t	liefern	läcka -n, läckor	Leck
kvicksilver -silvret	Quecksilber	levnadsban(a)	Laufbahn	lägerplats -en -er	Lagerplatz
kvittra -r -de -t	zwitschern	lid/a -er, led, lidit	leiden	lägg/a -er, la(de), lagt	legen
kväk/a -er -te -t	quaken	ligg/a -er, låg, legat på lur	auf der Lauer liegen	läkarintyg -et -	ärztliches Attest
kvällstidning -en -ar	Abendzeitung	likadan -t -a	gleich	läkemedel -medlet -	Arzneimittel
kvällsvard -en -er	Abendbrot, Abendessen	likartad adj.	gleichartig	lämna -r -de -t	verlassen
		likblek -t -a	leichenblass	lämna -r -de -t in	einreichen
kväv/a -er -de -t	ersticken	likgiltig -t -a	gleichgültig	lämplig -t -a	geeignet
kyl/a -er -de -t	kühlen	likhet -en -er	Ähnlichkeit	längd -en -er	Länge
kyla -n	Kälte, Kühle	liknande	ähnlich	längtan (en)	Sehnsucht
kyrkogård -en -ar	Friedhof	lim -met -	Leim	läppstift -et -	Lippenstift
kyskhetslöfte -t -n	Keuschheitsgelübde	Limamussla -n, -musslor	Feilenmuschel	lärling -en -ar	Lehrling
kår -en -er	Korps, Zug	lin -et	Leinen	läromedel -medlet -	Lehrmittel
kåseri -et -er	Glosse	lina -n, linor	Seil	läroplan -en -er	Lehrplan
käft -en -ar	Maul	linje -n -r	Linie, Zweig	lärorik -t -a	lehrreich
käka -r -de -t (vard.)	essen	linjediagram -met -	Liniendiagramm	läskig -t -a	unheimlich
käke -n, käkar	Kiefer	lipa -r -de -t	weinen	läsplatta -n, läsplattor	Tablet
kämpig -t -a	hart, anstrengend	lira -r -de -t (vard.)	spielen	läsår -et -	Schuljahr
känd/berömd adj.	berühmt	lite grand/lite grann	ein wenig	lättsam -t -ma	leicht
känga -n, kängor	Stiefel	livförsäkring -en -ar	Lebensversicherung	lättvittrad adj.	leicht verwittert
känn/a -er -de -t	kennen	livnära, livnär, livnärde livnärt sig på	sich ernähren von	löjlig -t -a	albern
känn/a -er -de -t igen	wiedererkennen			lömsk -t -a	tückisch
känn/a -er -de -t sig	sich fühlen	livshotande	lebensbedrohlich	lön -en -er	Lohn, Gehalt
känn/a -er -de -t till	kennen, wissen	ljudbok -en, -böcker	Hörbuch	lönekrav -et -	Gehaltsansprüche
kännedom -en	Kenntnis	ljug/a -er, ljög, ljugit	lügen	löntagare -n -	Arbeitnehmer
kännetecknande	bezeichnend, charakteristisch	ljuv -t -a	lieblich, süß	löp/a -er -te -t	laufen
		lock -et -	Deckel	lösning -en -ar	Lösung
känsel -n	Fühlen	locka -r -de -t	locken	löv -et -	Laub, Blatt
känsla -n, känslor	Gefühl	lockig -t -a	lockig, gelockt	lövkratta -n, -krattor	Laubharke
känslomässig -t -a	gefühlsmäßig	loft -et -	Boden	lövskog -en -ar	Laubwald
käpprak -t -a	kerzengerade	loftgångshus -et -	Haus mit außenliegendem Treppenhaus		
kärnkraft -en	Kernkraft			**M**	
kärra -n, kärror	Karre	logga -n, loggor (logotyp -en -er)	Logo	mack -en -ar	Tankstelle
kärring/käring -en -ar	alte Tante			macka -n, mackor	belegtes Brot

madrass -en -er	Matratze	
maffig -t -a	imponierend, prächtig	
magasin -et -	Magazin	
magnetisk -t -a	magnetisch	
majoritet -en -er	Mehrheit	
maka -n, makor	Ehefrau	
makarna	die Eheleute	
make -n, makar	Ehemann	
malign -t -a	bösartig	
maltesiska -n	Maltesisch	
man -nen, mannar/män	Mann	
manipulation -en -er	Manipulation	
manual -en -er	Handbuch	
manus -et -	Manuskript	
mardröm -men -mar	Albtraum	
markera -r -de -t	markieren	
marknadsandel -en -ar	Marktanteil	
marknadsledare -n -	Marktführer	
marsch -en -er	Marsch	
martorn -en	Stranddistel	
mask -en -ar	Wurm	
mask -en -er	Maske	
maskinusling -en -ar	ungefähr: vermaledeite Maschine	
massor av	eine Menge von	
masterexamen, -examen, -examina	Masterexamen	
mata -r -de -t	füttern	
mathantering -en -ar	Organisation der Mahlzeiten	
matsmältning -en	Verdauung	
med en klackspark	mit Leichtigkeit	
med livet i behåll	mit dem Leben davonkommen, lebendig	
medel medlet -	Mittel	
medellängd -en	Durchschnittslänge	
medelstor -t -a	mittelgroß	
medelålders	im mittleren Alter	
medge -r, -gav, -gett	zugestehen, gewähren	
medkänsla -n	Mitgefühl	
medlemskap -et -	Mitgliedschaft	
mejsel -n, mejslar	Meißel	
mellanrubrik -en -er	Überschrift, die den Text unterteilt	
mellersta	mittlere, mittel-	
mellersta, den mellersta	mittlerst, der/die/das mittlerste ...	
meningsfull -t -a	sinnvoll	
meny -n -er	Menü	
merkantil -t -a	kaufmännisch	
mesamma (meddet-samma)	sofort	
metan -et	Methan	
metod -en -er	Methode	
midvinternatt -en, -nätter	Mittwinternacht	
migrant -en -er	Migrant	
migration -en -er	Migration	
mikra -r -de -t	in der Mikrowelle heiß machen	
mildra -r -de -t	mildern	
miljöbalken	Umweltschutzgesetz	
miljöhälsoenkät -en -er	Gesundheitsumfrage	
mimik -en	Mimik	
mindervärdig -t -a	minderwertig	
miniräknare -n -	Taschenrechner	
minoritetsspråk -et -	Sprache einer Minderheit	
misantrop -en -er	Misanthrop, Menschenfeind	
missa -r -de -t	verpassen, verfehlen
missbruk -et -	Missbrauch, Sucht
missbrukare -n -	Süchtige(r)
misshandla -r -de -t	misshandeln
missköt/a -er, -skötte, -skött	vernachlässigen
misslyckas, -lyckas, -lyckades, -lyckats	misslingen
missnöjd, missnöjt, missnöjda	unzufrieden
misstro -r, -trodde, -trott	misstrauen
misstänk/a -er -te -t	verdächtigen
mist/a -er, miste, mist	verlieren
mo -n, moar	Heide
mod -et -	Mut
modell -en -er	Modell
modern/ny musik	moderne/neue Musik
modersmål -et -	Muttersprache
modig -t -a	mutig
molekylärgenetik -en	Molekulargenetik
mongolisk -t -a	Mongolisch
montera -r -de -t	montieren
montör -en -er	Monteur
moral -en	Moral
mordbrand -en, -bränder	Brandstiftung mit Tötungsabsicht
morra -r -de -t	knurren
mossa -n, mossor	Moos
mosse -n, mossar	Moor
motivera -r -de -t	motivieren
motstånd -et -	Widerstand
motståndare -n -	Gegner
motsvara -r -de -t	entsprechen
motsättning -en -ar	Gegensatz
motto -t -n	Motto
mullra -r -de -t	mullern, grollen
munk -en -ar	Mönch
mura -r -de -t	mauern
mus -en, möss	Maus
musik -en	Musik
muskel -n, muskler	Muskel
musselliknande	muschelähnlich
myggnät -et -	Mückennetz
myller, myllret	Gewimmel
myndighet -en -er	Behörde
myr -en -ar	Moor
myra -n, myror	Ameise
myrsyra -n, -syror	Ameisensäure
mysfaktor -n, -faktorer	Gemütlichkeitsfaktor
mytologi -n -er	Mythologie
måhända	vielleicht
målrelaterad adj.	zielorientiert
målsättning -en -ar	Zielsetzung
måltavla -n, -tavlor	Zielscheibe
måna -r -de -t om	sich sorgen um
månadsskifte -t -n	Monatswende
månatligen	monatlich
måne -n, månar	Mond
mångfald -en -er	Vielfalt
mångkulturell -t -a	multikulturell
måtta -r -de -t	zielen
måttband -et -	Maßband
Måtte ...	Möge ...
mäklare -n -	Makler
mänskliga rättigheter	Menschenrechte
märkbar -t -a	merklich
märklig -t -a	bemerkenswert
mät/a -er -te -t	messen
möda -n, mödor	Mühe
mögla -r -de -t	schimmeln
möllare -n -	Müller
möte -t -n	Sitzung, Begegnung

N

naken, naket, nakna	nackt
nalkas, nalkas, nalkades, nalkats	sich nähern
narkoman -en -er	Drogenabhängige/r
narkotikabrott -et -	Drogenstraftat
narras, narras, narrades, narrats	ein wenig lügen
nationalekonomi -n	Volkswirtschaft
nationalism -en	Nationalismus
nattetid	nachts
natthärbärge -t -n	Nachtherberge
nattvard -en -er	Abendmahl
neder (åld.)	herunter
nedlåtande	herablassend
nedre	untere
nedstämdhet -en	Niedergeschlagenheit
nedsättande	herabsetzend
nejd -en -er	Gegend
neka -r -de -t	leugnen
nervikt adj.	heruntergeschlagen
nervositet -en	Nervosität
nervsystem -et -	Nervensystem
niding -en -ar	Frevler
njure -n, njurar	Niere
njut/a -er, njöt, njutit av	genießen
nolltolerans -en	keine Toleranz
nominerad adj.	nominiert
nonchalans -en	Nachlässigkeit
norrsken -et -	Polarlicht
nos -en -ar	Schnauze, Maul, Nase
nuförtiden	heutzutage
nuläge -t	jetzige Lage/Situation
numera	jetzt, heutzutage
nuvarande	gegenwärtig, jetzig
nyanländ adj.	gerade angekommen
nyans -en -er	Nuance
nyckelord -et -	Schlüsselwort
nyfiken adj. nyfiket, nyfikna	neugierig
nygräddad adj.	frisch gebacken
nyhetsuppläsare -n -	Nachrichtensprecher
nykter -t, nyktra	nüchtern
nykterist -en -er	Antialkoholiker
nynna -r -de -t	summen
nypas, nyps, nöps, nypts	kneifen
nå -r, nådde, nått	erreichen
någon annanstans	irgendwo anders
någonsin	jemals
någonstans	irgendwo
någorlunda	einigermaßen
nämligen	nämlich
nämn/a -er -de -t	erwähnen
nämnd -en -er	Amt, Ausschuss, Kommission
näpen, näpet, näpna	niedlich
näringsfattig -t -a	niedriger Nährwert
näringsidkare -n -	Gewerbetreibende(r)
näringsliv -et -	Wirtschaft
närmare/närmre	nähere
närvarande	anwesend
närvaro -n	Anwesenheit
näs -et -	Landzunge
nästan	fast
näste -t -n	Nest
nät -et -	Netz
nödlarm -et -	Notalarm
nöj/a -er -de -t sig med	sich begnügen

O

oavbrutet		ununterbrochen
oavsett		ungeachtet
obehaglig -t -a		unangenehm, unbehaglich
oberoende		unabhängig
oberäknelig -t -a		unberechenbar
objekt -et -		Objekt
objektiv -t -a		objektiv
obligatorisk -t -a		obligatorisch
odefinierbar -t -a		undefinierbar
oengagerad adj.		unengagiert
oerhört		hier: sehr
ofantlig -t -a		ungeheuer, riesig
ofattbar -t -a		unfassbar
offensiv -t -a		offensiv
offert -en -er		Angebot
officiell -t -a		offiziell
ofredande -t -n		Belästigung
oförglömlig -t -a		unvergesslich
oförrätt -en -er		Kränkung, Unrecht
oförtjänt		unverdient
oförutsedd adj.		unvorhergesehen
ogenerad adj.		ungeniert
ohederlig -t -a		unehrlich
ohygglig -t -a		entsetzlich, ungeheuerlich
ohållbar -t -a		inakzeptabel, nicht zu verteidigen
oigenkännlighet -en		Unkenntlichkeit
ojämförlig -t -a		unvergleichlich
ojämn -t -a		uneben, ungleichmäßig
okanaliserad adj.		unkanalisiert
okänd okänt, okända		unbekannt
olaga		widerrechtlich
olaglig -t -a		widerrechtlich
oljeborrning -en -ar		Ölbohrung
omedelbar -t -a		unmittelbar
omen, omenet -		Omen
omfatta -r -de -t		umfassen
omgivning -en -ar		Umgebung
omkring		ungefähr
omogen, omoget, omogna		unreif
omplacera -r -de -t		versetzen
omskakande		erschütternd
omsorg -en		Fürsorge
omsätt/a -er, -satte, -satt		umsetzen
omsättning -en -ar		Umsatz
omtalad		berühmt, vielbesprochen
omtanke -n		Umsicht, Fürsorge
omtumlad adj.		durcheinander
omtänksam -t -ma		umsichtig
omvårdnadsbehov -et -		Pflegebedürfnis
omvälvd adj.		verändert, revolutioniert
omvälvning -en -ar		Umbruch, Umwälzung
omvänd adj.		verkehrt, umgekehrt
omvärld -en		Umwelt
opera -n, operor		Oper
opp (upp)		aus, auf, hoch
opposition -en -er		Opposition
opålitlig -t -a		unzuverlässig
ordförande -n -		Vorsitzende(r)
ordförråd -et -		Wortschatz
ordinarie		fest angestellt
ordna -r -de -t in		einordnen
organ -et -		Organ
organisation -en -er		Organisation
organism -en -er		Organismus
orgie -n -r		Orgie
original -et -		Original
orkester -n, orkestrar		Orchester
ormskräck -en		Angst vor Schlangen
oro -n		Unruhe, Besorgnis
oroa -r -de -t sig för		sich beunruhigen
orosmoln -et -		dunkle Wolke am Himmel
orosmoment -et -		Beunruhigungsfaktor
orsak -en -er		Grund
orättvis -t -a		ungerecht
osjälviskhet -en		Selbstlosigkeit
oskadliggöra -gör, -gjorde, -gjort		unschädlich machen
ostronört -en -er		Austernpflanze
ostörd adj.		ungestört
osund -t -a		ungesund
otrogen adj. otroget, otrogna		untreu
otrolig -t -a		unglaublich
otålig -t -a		ungeduldig
otäck -t -a		unangenehm, scheußlich
ovana -n, ovanor		schlechte Angewohnheit
ovanstående		obenstehend
ovidkommande		belanglos
oviss -t -a		ungewiss
oväsen, oväsendet		Lärm, Krach
oändlighet -en		Unendlichkeit
oätlig -t -a		unessbar

P

p.g.a. (på grund av)		auf Grund von
packning -en -ar		Gepäck
palla -r -de -t (vard.)		schaffen
panerad adj.		paniert
panikslagen adj. -slaget, -slagna		panisch
panna -n, pannor		Stirn
papegoja -n, papegojor		Papagei
papp -en		Pappe
parentes -en -er		Klammer
passare -n -		Zirkel
pedal -en -er		Pedal
peka -r -de -t		zeigen
pennfodral -et -		Federtasche
pennvässare -n -		Anspitzer
pension -en -er		Pension, Rente
pentry -t -n		Kochnische
period -en -er		Periode, Zeitraum
perplex -t -a		perplex
perspektiv -et -		Perspektive
pilgrimsresa -n, -resor		Pilgerreise
pinne -n, pinnar		Stange, Stock
pinnstol -en -ar		Sprossenstuhl
pinsam -t -ma		peinlich
pirra -r -de -t		kribbeln
pisk -et (vard.)		Haue, hier: Peitschenhieb
placerad adj.		platziert, untergebracht
pladask		plumps
plan -t -a		eben, plan
planet -en -er		Planet
plank -en/plankor		dickes Brett, Latte
plantage -n -r		Plantage
plantera -r -de -t		pflanzen
plast -en -er		Plastik
plastbricka -n, -brickor		Plastikspielstein
platsansökan -ansökan -ansökningar		Bewerbung
plommonträd -et -		Pflaumenbaum
plugga -r -de -t		pauken
plundra -r -de -t		plündern
plåta -r -de -t (vard.)		fotografieren
plåtskodd adj.		mit Blech beschlagen
plåttak -et -		Blechdach
pläga -r -de -t		pflegen
pojktycke -t		von Jungen umschwärmt
polare -n -		Kumpel
polera -r -de -t		polieren
pompa och ståt		mit großem Pomp
pop -en		Pop
population -en -er		Population
porla -r -de -t		rieseln
porslin -et -er		Porzellan
portfölj -en -er		Aktentasche, Bestand an Wertpapieren
portier -en/-n -er		Portier
porträtt -et -		Porträt
post -en -er		Posten
pragmatisk -t -a		pragmatisch
praktikant -en -er		Praktikant
praktisera -r -de -t		praktizieren
pratbubbla -n, -bubblor		Sprechblase
pratsam -t -ma		redselig
preliminär -t -a		vorläufig
premie -n -r		Prämie
prenumerera -r -de -t		abbonnieren
presenning -en -ar		Plane
presentation -en -er		Präsentation
president -en -er		Präsident
preskriberad adj.		verjährt
pressa -r -de -t		pressen
prick -en -ar		Punkt
procedurspråk -et -		Verwaltungssprache
processtyrning -en -ar		Prozessteuerung
produktionsstyrning -en -ar		Produktionssteuerung
professor emeritus		Professor Emeritus
proffs -et -		Profi
profitera -r -de -t		profitieren
promille -n -		Promille
prost -en -ar		Probst
prostituera -r -de -t sig		sich prostituieren
protestera -r -de -t		protestieren
proton -en -er		Proton
prova -r -de -t på		ausprobieren, testen
proviant -en		Proviant
provocerande		provozierend
pryl -en -ar		Sache, Nippes
pråla -r -de -t		angeben
prägel -n, präglar		Prägung
präglande		prägent
psykisk -t -a		psychisch
psykolog -en -er		Psychologe
pulver pulvret -		Pulver
punkt -en -er		Punkt
punktering -en -ar		Reifenpanne
pussla -r -de -t		puzzeln
pyra, pyr, pyrde, pyrt		schwelen
pyroman -en -er		Brandstifter
pyssla -r -de -t		pusseln
på egen hand		selber
på fri fot		auf freiem Fuß
på gamla da'r		auf alte Tage

på gott och ont	im Guten wie im Schlechten, mit allen Vor- und Nachteilen
på högkant	hochkant
på stört	sofort
på tu man hand	zu zweit
på vid gavel	sperrangelweit auf
påbyggnadsutbildning -en -ar	Zusatzausbildung
påbörja -r -de -t	anfangen
påfallande	auffallend
påfrestande	anstrengend
påfrestning -en -ar	Belastung, Beanspruchung
påfyllning -en -ar	Aufschüttung, hier: Nachschub
pågablära -n, -bläror	Schonisch: kleiner Schlingel, Bengel
pågå -r, -gick, -gått	andauern
pålitlig -t -a	zuverlässig
påminn/a -er, påminde, påmint	erinnern
påpeka -r -de -t	auf etwas hinweisen, hervorheben
påsklilja -n, -liljor	Osterglocke
påstå -r, -stod, -stått	behaupten
påträngande (oböjl.)	aufdringlich
påve -n, påvar	Papst
påverka -r -de -t	beeinflussen

R

rabattkampanj -en -er	Rabattaktion
rad -en -er	Zeile
raglande	taumelnd
rak -t -a	gerade
ramsa -n, ramsor	Aufzählung, Kinderreim
rangordna -r -de -t	nach Größe ordnen
rap, rappen	Rap
rapport -en -er	Bericht
ras -en -er	Rasse
ras -et -	Sturz
rasa -r -de -t	einstürzen
rast -en -er	Pause
rasta -r -de -t	rasten
rattfylleri -et	Trunkenheit am Steuer
reaktionär -t -a	Reaktionär
red/a -er, redde, rett ut	klären
redovisa -r -de -t	hier: vortragen
redskap -et -	Werkzeug
referera -r -de -t	berichten
reflektera -r -de -t	nachdenken
reflex -en -er	Reflex
regel -n, reglar	Riegel
regel -n, regler	Regel
regemente -t -n	Regiment
regional -t -a	regional
reglage -t -	Reguliervorrichtung
regnskog -en -ar	Regenwald
regntät -tätt, -täta	regendicht
reklam -en -er	Werbung
reklamera -r -de -t	reklamieren
rekonstruera -r -de -t	rekonstruieren
rekreation -en -er	Erholung
rekrytera -r -de -t	rekrutieren
rekryteringskonsult -en -er	Personalberater
relation -en -er	Relation
religiös -t -a	religiös
remissdebatt -en -er	Etatsdebatte im Reichstag
ren (redan)	schon
renhet -en	Reinheit, Unbeflecktheit
rennäring -en	Rentierhaltung
rensning -en -ar	Säuberung, Reinigung
rep -et -	Seil, Strick
reparationsarbete -t -n	Reparaturarbeit
replik -en -er	Replik
reportage -t -	Reportage
researrangör -en -er	Reiseveranstalter
reservation -en -er	Vorbehalt
reservdelsleverantör -en -er	Ersatzteillieferant
resonemang -et -	Gedankengang
resonera -r -de -t	überlegen, sprechen
resonerande	diskutierend
respektera -r -de -t	respektieren
respektfull -t -a	respektvoll
respektive	beziehungsweise
resrutt -en -er	Reiseroute
resultatorienterad adj.	ergebnisorientiert
reta -r -de -t	ärgern, hier: reizen
retirera -r -de -t	sich zurückziehen
revision -en -er	Prüfung
revisor -n -er	Wirtschaftsprüfer
rikedom -en -ar	Reichtum
riksdaler -n -	alte Währung
rikta -r -de -t	richten
rim -met -	Reim
rimlig -t -a	angemessen, glaubwürdig, plausibel
ring -en -ar	Kreis (als Formation), Ring
ringa -r -de -t in	einkreisen
ringlande	ringelnd, hier: sich umschlingend
ringmärk/a -er -te -t	beringen
rinn/a -er, rann, runnit	laufen, fließen
risk -en -er	Risiko
riskabel -t, riskabla	riskant, gewagt
riskera -r -de -t	riskieren
riv/a -er, rev, rivit	abreißen, kratzen
riv/a -er, rev, rivit bort	wegreißen
rivas, rivs, revs, rivits	kratzen
rock -en	Rock
rocknar	Flugsanddünen
rodna -r -de -t	erröten
rogivande	beruhigend
romans -en -er	Romanze
romansk -t -a	romanisch
rotting -en -ar	Ausklopfer
rottråd -en -ar	Wurzelfaser
rouge -t	Rouge
rubba -r -de -t	bewegen, rücken
rubrik -en -er	Schlagzeile
ruff -en -ar	Kajüte
rulla -r -de -t	rollen
rullstolsburen adj. -buret, -burna	Rollstuhlfahrer
rumpa -n, rumpor	Hintern
runt	rund
runtom(kring)	ringsum, ringsherum
rus -et -	Rausch
rusa -r -de -t	rasen
rusta -r -de -t	rüsten
ruter	Karo
rutten, ruttet, ruttna	verfault, verrottet
ryggsäck -en -ar	Rucksack
ryk/a -er -te -t	rauchen
rykta -r -de -t	striegeln
ryktas, ryktas, ryktades, ryktats	gerüchteweise erzählen
rykte -t -n	Ruf, Gerücht
rymdfärja -n, -färjor	Raumschiff
rymlig -t -a	geräumig
rymm/a -er, rymde, rymt	fortlaufen, (ent)fliehen
rå, rått, råa	rauh
råd -et -	Rat
råd/a -er, rådde, rått	herrschen, raten
råd/a -er, rådde, rått bot på	Abhilfe schaffen
rådgivare -n -	Ratgeber
rådgivning -en -ar	Beratung
rådvill -t -a	unschlüssig, ratlos
råg -en	Roggen
råka -r -de -t	zufällig
råka -r -de -t illa ut	schlecht ergehen
råma -r -de -t	muhen
rån -et -	Raub
råtta -n, råttor	Ratte
rädda -r -de -t	retten
rättare sagt	besser gesagt
rättegång -en -ar	Gerichtsverfahren
rättighet -en -er	Recht
rättsprocess -en -er	Gerichtsprozess
rättvis -t -a	gerecht
rättvisa -n	Gerechtigkeit
rök -en -ar	Rauch
röra, rör, -de -t	rühren
rörelse -n -r	Bewegung
rörmokare -n -	Klempner
rörtång -en rörtänger	Rohrzange
röst -en -er	Stimme
rösta -r -de -t blankt	einen leeren Stimmzettel abgeben
rösta -r -de -t på	stimmen
rösträtt -en	Stimmrecht
röta -n, rötor	Fäulnis

S

sal -en -ar	Saal
salig -t -a	selig
salong -en -er	Salon
samarbetsförmåga -n, -förmågor	Fähigkeit zusammenzuarbeiten
sameskola -n, -skolor	Schule der Samen
samfärdsel -n	Verkehr, Transport
samhörighet -en	Zusammengehörigkeit
samiska -n	Samisch
samlevnad -en	Zusammenleben
samling -en -ar	Sammlung
sammanbrott -et -	Zusammenbruch
sammanfattningsvis	zusammenfassend
sammanhängande	zusammenhängend
sammankomst -en -er	Zusammenkunft
sammanlagd adj.	insgesamt
sammanlänkad adj.	verknüpft
sammanträde -t -n	Sitzung
samojedisk -t -a	Samojedisch
samordna -r -de -t	zuordnen
samstämmighet -en	Übereinstimmung
samtycke -t -n	Einwilligung, Zustimmung
samvaro -n	Beisammensein
samverkan (en)	Mitwirkung
samvete -t -n	Gewissen
samvetsgrann -grant -granna	gewissenhaft

samvetskval -et -	Gewissensbisse
sandlåda -n, -lådor	Sandkiste
sandpapper -et -	Schleifpapier
sann, sant, sanna	wahr
sanning -en -ar	Wahrheit
sannolik -t -a	wahrscheinlich
sannolikhet -en	Wahrscheinlichkeit
satellit -en -er	Satellit
sax -en -ar	Schere
scen -en -er	Szene
scenario -t, scenarier	Szenario
schyst, schyst, schysta	fair
scout -en -er	Pfadfinder
se -r, såg, sett	sehen
se -r, såg, sett **fram emot**	sich freuen auf
sediment -et -	Ablagerung, Sediment
sekel, seklet, sekler	Jahrhundert
sekreterare -n -	Schriftführer
sektion -en -er	Sektion, Abteilung
sektor -n -er	Sektor
sele -n, selar	Geschirr
semifinal -en -er	Halbfinale
semikolon -et -	Semikolon
semitisk -t -a	Semitisch
sentimental -t -a	sentimental
separat separat, separata	separat
serie -n -r	Comicstrip
sexualdrift -en -er	Sexualtrieb
sexuell läggning	sexuelle Neigung
show -en -er	Show
sikta -r -de -t **på**	anpeilen, zielen auf
silvertärna -n, -tärnor	Küstenseeschwalbe
sinne -t -n	Sinn
sinnesförnimmelse -n -r	Sinneswahrnehmung
sinnlighet -en	Sinnlichkeit
sirén/siren -en -er	Sirene
sits -en -ar	Sitz
sitt/a -er, satt, suttit	sitzen
sjal -en -ar	Halstuch, Umschlagtuch
sjukpenning -en	Krankengeld
sjukt häftigt	total toll
sjung/a -er, sjöng, sjungit	singen
sjunk/a -er, sjönk, sjunkit	sinken
sjåare -n -	Hafenarbeiter
själstillstånd -et -	Seelenzustand
självbevarelsedrift -en -er	Selbsterhaltungstrieb
självförverkligande -t	Selbstverwirklichung
självgod, -gott, -goda	selbstgefällig
självständig -t -a	selbstständig
självsväng -en -ar	Bewegung, die von selbst entsteht
skadegörelse -n -r	Beschädigung
skadehantering -en -ar	Schadensregulierung
skadlig -t -a	schädlich
skakis, vara skakis (vard.)	Angst haben
skalle -n, skallar	Schädel, Kopf
skam -men	Scham
skandal -en -er	Skandal
skapa -r -de -t **om**	umgestalten
skara -n, skaror	Schar
skarp -t -a	scharf
skattepengar	Steuergelder
skelett -et -	Skelett
skeptisk -t -a	skeptisch
skildra -r -de -t	schildern
skillnad -en -er	Unterschied
skilsmässomål -et -	Scheidungsprozess
skinn -et -	Haut
skippa -r -de -t	sausen lassen
skjul -et -	Schuppen
skjut/a -er, sköt, skjutit	schießen
skjutsning -en -ar	Fahren
skock -en -ar	Schar, Schwarm
skojig -t -a	lustig
skola, ska, skulle, skolat	sollen, wollen, müssen
skolföreställning -en -ar	Schulvorstellung
skolka -r -de -t	schwänzen
skolskjuts -en -ar	Schulfahrdienst
skoltrött -trött -trötta	schulmüde
skolväsen -det -	Schulwesen
skorsten -en -ar	Schornstein
skotte -n, skottar	Schotte
skramla -r -de -t	rasseln, klappern
skranka -n, skrankor	Grenze, Sperre, Schranke
skreva -n, skrevor	Kluft, Spalte
skrid/a -er, skred, skridit	schreiten
skridskobana -n, -banor	Schlittschuhbahn
skrift -en -er	Schrift
skriftspråk -et -	Schriftsprache
skrik/a -er, skrek, skrikit	schreien
skriv/a -er, skrev, skrivit	schreiben
skrot -en -ar	Schrottplatz
skrota -r -de -t	verschrotten
skrotbil -en -ar	Schrottauto
skrovlig -t -a	rau
skrud -en -ar	Gewand
skruvmejsel -n, -mejslar	Schraubenzieher
skrymsle -t -n	Winkel
skryt/a -er, skröt, skrutit	angeben
skräckslagen adj.	vor Schreck gelähmt
skrämma skrämmer, skrämde, skrämt	erschrecken
skrämmande	erschreckend
skräpa -r -de -t	verschandelnd herumliegen/herumstehen beschatten
skugga -r -de -t	beschatten
skuld -en -er	Schuld
skuldsättning -en -ar	Verschuldung
skulle	würde
skulle -n, skullar	Heuboden
skulptör -en -er	Bildhauer
skumläs/a -er, -te -t	einen Text überfliegen
skvallra -r -de -t	klatschen
skvalpa -r -de -t	plätschern, schwappen
skyddsombud -et -	Arbeitsschutzbeauftragte(r)
skygga -r -de -t	scheuen
skygga -r -de -t **för**	scheuen vor
skyldig -t -a	verpflichtet
skyldighet -en -er	Pflicht, Verpflichtung
skyldighet -en -er	Pflicht
skyll/a -er -de -t **sig själv**	selber Schuld sein
skyll/a -er, skyllde, skyllt **på ngt**	einer Sache die Schuld geben
skylla ngt på ngn	jmdm. die Schuld für etw. geben
skymning -en -ar	Abenddämmmerung
skymta -r -de -t	auftauchen, flüchtig sehen
skyskrapa -n, skyskrapor	Wolkenkratzer
skåda -r -de -t	schauen
skål -en -ar **för ngn**	ein Hoch auf jmdn.
skåplucka -n, -luckor	Schranktür
skåra -r -de -t	eine Kerbe schneiden
skäggstubb -en -ar	Bartstoppel
skäl -et -	Grund
skäll/a -er -de -t	bellen
skälv/a -er -de (skalv), -t	beben
skälvande	bebend
skämmas skäms, skämdes, skämts	sich schämen
skämta -r -de -t	scherzen
skänk/a -er -te -t	schenken
skär -et -	Schäre
skära, skär, skar, skurit	schneiden
skärp/a -er -te -t	schärfen
skärpa -n	Schärfe
skölj/a -er -de -t	spülen
skörd -en -ar	Ernte
skötsel -n	Pflege
skötselråd -et -	Pflegeanweisung
skövling -en -ar	Abholzung
sladd -en, sladdar	Kabel
slagsmål -et -	Prügelei
slangord -et -	Slang
slarv -et	Nachlässigkeit
slarva -r -de -t **bort**	verschludern
slask -en -ar	Ausguss
slask -et	Modder
slavisk -t -a	slawisch
slem -met -	Schleim
slemhinna -n, -hinnor	Schleimhaut
slicka -r -de -t	lecken
slik -t -a (sådan)	solche
slingra -r -de -t	winden
slipp/a -er, slapp, sluppit	etw. nicht machen müssen
slitstark -t -a	abriebfest
slockna -r -de -t	erlöschen
slump -en -ar	Zufall
slumra -r -de -t	schlummern
slungsten -en -ar	Schleuderstein
sluss -en -ar	Schleuse
sluttande	abschüssig
slå -r, slog, slagit	schlagen
slå -r, slog, slagit **av**	ausschalten
slå -r, slog, slagit **igenom**	bekannt werden
slå -r, slog, slagit **itu**	zerschlagen
släckningsarbete -t -n	Löscharbeit
slägga -n, släggor	Vorschlaghammer
släkte -t -n	Geschlecht
släng/a -er -de -t	wegschmeißen
slänt -en -er	Abhang, Böschung
släpa -r -de -t	schleppen
släpp/a -er -te -t	(los)lassen, fallenlassen
släpvagn -en -ar	Anhänger
slösa -r -de -t **på**	verschwenden
slösaktig -t -a	verschwenderisch
smakförstärkare -n -	Geschmacksverstärker
smaska -r -de -t	genüsslich essen, schmatzen
smattra -r -de -t	prasseln
smek/a -er -te -t	streicheln, liebkosen
smidig -t -a	geschmeidig
sminkväska -n, -väskor	Schminktasche
smit/a -er, smet, smitit **in**	hineinschleichen
smitta -r -de -t	anstecken
smuggeltrafik -en	Schmuggelverkehr
smuggla -r -de -t	schmuggeln
smugglare -n -	Schmuggler
smula -n, smulor	Krümel
smula -r -de -t	krümeln

smultronställe -t -n	Lieblingsplatz, Platz, wo es Walderdbeeren gibt
smussla -r -de -t	mogeln
smyg/a -er, smög, smugit	schleichen
smågräl -et -	kleiner Streit
småskalig -t -a	im kleinen Umfang
smått	ziemlich
smäll/a -er, small (smällde), smällt	knallen
smält/a -er, smälte, smält	schmelzen
smält/a -er, smälte, smält in i	hineinschmelzen
smärta -n, smärtor	Schmerz
snackis -en -ar (vard.)	etwas, über das alle reden
snar	baldig
snarare	eher, vielmehr
snarka -r -de -t	schnarchen
snatta -r -de -t	klauen
snava -r -de -t	stolpern
snedstreck -et -	Schrägstrich
snibb -en -ar	Zipfel
snickarglädje	Holzverzierung
snigelfart -en	Schneckentempo
snorkelled -en -er	Schnorchelpfad
snorkla -r -de -t	schnorcheln
snubbla -r -de -t	stolpern
snus -et -er	Kautabak
snusdosa -n, -dosor	Schnupftabakdose
snyfta -r -de -t	schluchzen
snål -t -a	geizig
snödroppe -n, -droppar	Schneeglöckchen
snögubbe -n, -gubbar	Schneemann
snöre -t -n	Schnur
snörp/a -er -te -t ihop	zusammenziehen
snöskoter -n, skotrar	Schneescooter
snöskottning -en -ar	Schneeschippen
sociala medier	soziale Medien
socialbidrag -et -	Sozialhilfe
socialt/sociala nätverk -et -	soziales Netzwerk
socialtjänsten/ socialen	Sozialamt
socionom -en -er	Sozialwirt
sol -en -ar	Sonne
soldat -en -er	Soldat
soldatanda -n	Soldatengeist
solkräm -en -er	Sonnencreme
solnedgång -en -ar	Sonnenuntergang
somlig -t -a	manche
soptunna -n, soptunnor	Mülltonne
sorg -en -er	Sorge, Trauer
sorglös -t -a	sorglos
sorla -r -de -t	murmeln
sorts, en/ett sorts	eine Art
sotis, vara sotis på ngn (vard.)	eifersüchtig auf jmdn. sein
soul -en	Soul
sov/a -er, sov, sovit	schlafen
sova en blund	ein Schläfchen machen
sovhytt -en -er	Schlafkabine
sovsäck -en -ar	Schlafsack
spackel -n, -spacklar	Spachtel
spade -n, spadar	Spaten
spader	Pik
spadtag -et -	Spatenstich
spana -r -de -t	spähen, beobachten
spark -en -ar	Tritt
sparkas, sparkas, sparkades, sparkats	treten
sparportfölj -en -er	Geldanlage-Portfolio
speja -r -de -t	spähen
spelkort -et -	Spielkarte
spelövertag -et -	Überlegenheit im Spiel
spendera -r -de -t	ausgeben, spendieren
spets -en -ar	Spitze
spett -et -	Brechstange
spindel -n, spindlar	Spinne
spinn/a -er, spann, spunnit	spinnen, schnurren
spinning -en	Spinning, in einer Gruppe Trainingsfahrrad fahren
spira -n, spiror	Spitze
spjäla -n, spjälor	Latte, Sprosse
spjälstaket -et -	Lattenzaun
splittra -r -de -t	zersplittern
spola -r -de -t	spülen
sponsor -n -er	Sponsor
sponsring -en -ar	Sponsoring, Sponsern
sprick/a -er, sprack, spruckit	platzen, zerspringen
spricka -n, sprickor	Riss
sprid/a -er, spred, spridit	verbreiten, ausbreiten
spridd, spritt, spridda	verstreut
spridning -en -ar	Verbreitung
spring/a -er, sprang, sprungit	laufen, rennen
spritpenna -n, -pennor	Marker
spruta -r -de -t	spritzen
språkinlärning -en	Sprachenlernen
språkkoordinator -n -er	Sprachenkoordinator
språklag -en -ar	Sprachgesetz
spräck/a -er -te -t	spalten, brechen
spräng/a -er -de -t	sprengen
spröjs -en -ar	Sprosse
spåra -r -de -t ur	entgleisen
spökparad -en -er	Gespensterzug
spörjande	fragend
stabilt sidoläge	stabile Seitenlage
stalltips -et -	Geheimtipp
stam -men -mar	Stamm
stapeldiagram -met -	Balkendiagramm
starta -r -de -t eget	sich selbstständig machen
startknapp -en -ar	Startknopf
stavelse -n -r	Silbe
stavning -en -ar	Rechtschreibung
steglös -t -a	stufenlos
stegvis -t -a	schrittweise
stenkorall -en	Steinkoralle
stick -et -	Stich
stick/a -er, stack, stuckit	stechen, abhauen
stick/a -er, stack, stuckit ut	herausstechen
stig -en -ar	Pfad
stig/a -er, steg, stigit	steigen
stilkonsult -en -er	Stilberater
stim -met -	Schwarm
stimulera -r -de -t	anregen, stimulieren
stimulerande	stimulierend
stipendium, stipendiet, stipendier	Stipendium
stirra -r -de -t	starren
stirrig -t -a	nervös
stjäla stjäl, stal, stulit	stehlen
stjälk -en -ar	Stängel
stjälp/a -er -te -t upp	umstürzen
stjärna n, stjärnor	Stern
sto -et -n	Stute
stocka -r -de -t sig	sich stocken
stoft -et -	Staub
storskalig -t -a	im großen Stil
straff -et -	Strafe
straffrätt -en -er	Strafrecht
strandvallmo -n -r	Gelber Hornmohn
strategi -n -er	Strategie
streck -et -	Strich
stryk/a -er, strök, strukit	streichen
sträckning -en -ar	Verlauf
sträng -t -a	streng
sträv -t -a	rau, streng, herb
strömbrytare -n -	Schalter
stuckatör -en -er	Stukkateur
studie -n -r	Studie
studiecirkel -n, -cirklar	Kurs
studieförbund -et -	Studienverband
stuka -r -de -t	verstauchen
stulen adj.	gestohlen
stum -t -ma	stumm
stuprör -et -	Fallrohr
stycke -t -n	Stück
styra, styr, styrde, styrt	steuern
styrelse -n -r	Vorstand
styvbarn -et -	Stiefkinder
stå -r, stod, stått rätt till	mit rechten Dingen zugehen
stål -et -	Stahl
ståndpunkt -en -er	Standpunkt
ställ/a -er -de -t till med	verursachen
ställföreträdande (oböjl.)	stellvertretend
stämjärn -et -	Stemmeisen
stärk/a -er -te -t	stärken
stärkelse -n	Stärke
stöd -et -	Stütze
stödboende -t -n	betreutes Wohnen
stökig -t -a	unordentlich, unruhig
stöld -en -er	Diebstal
stör/a, stör, störde, stört	stören
stötta -r -de -t	stützen
subtil -t -a	subtil
succé -n -er	Erfolg
succéprodukt -en -er	Erfolgsprodukt
suck -en -ar	Seufzer
sudda -r -de -t ut	ausradieren
sufflera -r -de -t	soufflieren
sug/a -er, sög, sugit	saugen
summa -n, summor	Summe
sund -et -	Sund
suppleant -en -er	Stellvertreter
suput -en -er	Saufbold
surhetsreglerande medel	Säureregulator
surra -r -de -t	summen, surren
susa -r -de -t	säuseln
susande	säuselnd
svaghet -en -er	Schwäche
svala -n, svalor	Schwalbe
svankstöd -et -	Lendenwirbelstütze
svartsjuk -t -a	eifersüchtig
svep/a -er -te -t	schweifen
svep/a -er -te -t in	einhüllen
svepande	schweifend
svik/a -er, svek, svikit	im Stich lassen
svikare -n -	Person, die jmdn. im Stich lässt
svingelatin -et	Schweinegelatine

svinn -et -	Schwund
svinpäls -en -ar	Schweinehund
svordom -en -ar	Fluch
svullnad -en -er	Schwellung
svårighet -en -er	Schwierigkeit
svälj/a -er, svalde, svalt	schlucken
svält/a -er, svalt, svultit	hungern
svängning -en -ar	Schwingung
svärförälder, -föräldrar	Schwiegereltern
svärjare -n -	jmd. der gern flucht
svärm -en -ar	Schwarm
sväva -r -de -t	schweben
syfte -t -n	Zweck
syftningsfel -et -	Bezugsfehler
sylvass -t -a	spitz wie eine Nadel, sehr scharf
syn -en -er	Sehen, Anblick
synas, syns, syntes, synts	zu sehen sein, sichtbar
synkrongunga -n, -gungor	Wippmechanik
synnerligen	besonders, außerordentlich
synpunkt -en -er	Gesichtspunkt
syra -n, syror	Säure
syre -t	Sauerstoff
sysselsättning -en -ar	Beschäftigung
så där en	ungefähr
så pass	so
så småningom	allmählich
så vitt jag kan förstå	soweit ich verstehen kann
sådd -en -er	Saat
såga -r -de -t	sägen
sålla -r -de -t	sieben
såra -r -de -t	verletzen
säd -en	Getreide
sädesslag -et -	Getreide
säg/a -er, sa(de), sagt	sagen
säja/säg/a -er, sa(de), sagt **ifrån**	Bescheid sagen
säkerhetsskäl -et -	Sicherheitsgrund
säll -t -a	glücklich, selig
sällskap -et -	Gesellschaft
sällsynt sällsynt, sällsynta	selten
sänd/a -er, sände, sänt	senden
sänk/a -er, -te -t	senken, versenken
särskola -n, -skolor	Sonderschule
sätt -et -	Art
sätt/a -er, satte, satt	setzen
sätt/a -er, satte, satt **sig på huk**	sich hocken
sätt/a -er, satte, satt **sig på tvären**	sich sträuben, widerspenstig sein
sölkorv -en -ar	Trödelfritze/-liese
sömn -en	Schlaf
sörpla -r -de -t	schlürfen
sötaktig -t -a	süßlich
söv/a -er -de -t	einschläfern, betäuben

T

ta -r, tog, tagit	nehmen
ta -r, tog, tagit **hand om**	sich kümmern
ta -r, tog, tagit **itu med**	sich mit ... auseinandersetzen
ta -r, tog, tagit **sig in**	hineinkommen
ta -r, tog, tagit **ställning till ngt**	Stellung nehmen zu etw.
ta -r, tog, tagit **upp all min tid**	meine ganze Zeit in Anspruch nehmen
ta -r, tog, tagit **vara på**	wahrnehmen,
ta -r, tog, tagit **vägen**	abbleiben
Ta fatt´en!	Fass ihn!
ta sig ett dopp	kurz ins Wasser gehen
Tack och lov!	Gott sei Dank!
tacksam -t -ma	dankbar
tak -et -	Dach
takkupa -n, -kupor	Gaube
taknock -en -ar	Dachfirst
takt -en -er	Takt
taktik -en -er	Taktik
taktpinne -n, -pinnar	Taktstock
tal -et -	Sprache, Rede
tala -r -de -t **ut**	sich aussprechen
talang -en -er	Talent
talman -nen, talmän	entspricht: Bundestagspräsident
talong -en -er	Talon, Kartenstapel
talspråk -et -	Umgangssprache
talte (åld.)	sprach
tambur -en -er	Flur
tampas, tampas, tampades, tampats **med**	sich herumschlagen mit
tandgnissel -gnisslet	Zähneknirschen
tankstreck -et -	Gedankenstrich
tarm -en -ar	Darm
teckenspråk -et -	Zeichensprache
tefat -et -	Untertasse
tegelbärare -n -	Ziegelträger
tegelpanna -n, -pannor	Ziegelpfanne
tejp -en -er	Klebefilm
tejphållare -n -	Handabroller
tekovaror (textil- och konfektionsvaror)	Textil- und Konfektionsware
tendens -en -er	Tendenz
terapeut -en -er	Therapeut
term -en -er	Fachwort
terrarium, terrariet, terrarier	Terrarium
territorium, territoriet, territorier	Territorium
terror -n	Terror
terrorangrepp -et -	Terrorangriff
tidningsklipp -et -	Zeitungsausschnitt
tidsbokning -en -ar	Terminbuchung
tigg/a -er -de -t	betteln
till en början	am Anfang, anfangs
till förfogande	zur Verfügung
till sjöss	zur See
tillbehör -et -	Zubehör
tilldrämning -en -ar	Schlag
tillfredsställande	zufriedenstellend
tillfredsställelse -n	Befriedigung, Zufriedenstellung
tillförne (åld.)	früher
tillgänglig -t -a	zugänglich
tillhandahåll/a -er, -höll, -hållit	zur Verfügung stellen
tillit -en	Zutrauen, Vertrauen
tillkortakommande -t -n	Zukurzkommen
tillställning -en -ar	Veranstaltung
tillsyn -en	Aufsicht
tillsynsmyndighet -en -er	Aufsichtsbehörde
tilltala -r -de -t	ansprechen
tillvägagångssätt -et -	Vorgehen, Verfahren
tillägg/a -er, -la(de), -lagt	hinzufügen
timmerflottsfärd -en -er	Floßfahrt
tina -r -de -t **upp**	auftauen
tingsrätt -en -er	Amtsgericht
tinnitus (-en)	Tinnitus
tippa -r -de -t	kippen
titel -n, titlar	Titel
titt och tätt	ständig
titthål -et -	Guckloch
tjatig -t -a	nörgelig
tjoa -r -de -t	fröhlich lärmen
tjur -en -ar	Stier
tjusig -t -a	reizend, schön
tjusning -en	Zauber, Reiz
tjuv -en -ar	Dieb
tjuvlarm -et -	Alarmanlage
tjuvläs/a -er -te -t	heimlich lesen
tjänst -en -er	Dienst, Gefallen
tjänstgöra, -gör, -gjorde, -gjort	dienen, arbeiten
tjänstledighet -en -er	unbezahlter Urlaub
tolka -r -de -t	deuten, dolmetschen
tonårsnoja -n, -nojor	Teenagerspleen
tonårsuppror -et -	Teenageraufstand
torna -r -de -t **upp sig**	sich auftürmen
torpare -n -	Kleinbauer
tortyr -en -er	Folter
torv -en	Torf
trafikbuller -bullret -	Verkehrslärm
Trafikverket	Verkehrsamt
trana -n, tranor	Kranich
transplantation -en -er	Transplantation
trasa -n, trasor	Lappen
trasig -t -a	kaputt
trend -en -er	Trend
trendig -t -a	trendig
trilla -r -de -t **ner**	herunterfallen
trist, trist, trista	trübe, langweilig
trivsam -t -ma	gemütlich
tro -n	Glaube
tro -r, trodde, trott **på**	glauben an
trogen, troget, trogna	treu
trollslända -n, trollsländor	Libelle
tromb -en -er	Trombe
trossamfund -et -	Glaubensgemeinschaft
trottoar -en -er	Bürgersteig
trumf -en - (-ar)	Trumpf
trumhinna -n, trumhinnor	Trommelfell
trumma -r -de -t	trommeln
trumslagare -n -	Trommler
trupp -en -er	Truppe
tryck -et -	Druck
tryck/a -er -te -t **till**	zudrücken
trygg -t -a	geborgen
trångbodd adj.	beengt/eng wohnen
träblåsare -n -	Holzbläser
träd/a -er, trädde, trätt **i kraft**	in Kraft treten
trädkramare -n -	Umweltaktivist, der Bäume schützt
trädtopp -en -ar	Baumwipfel
träkåk -en -ar	Holzhaus
trängas, trängs, trängdes, trängts	drängeln
träsk -et -	Sumpf
trätoffla -n, -tofflor	Holzklotzen
tröghet -en	Trägheit
tuff -t -a	hart
tull -en -ar	Zoll
tullverket	Zollbehörde, Zollamt
tulpan -en -er	Tulpe
tumstock -en -ar	Zollstock

tunga -n, tungor	Zunge	upprymd adj.	angeheitert	vakant, vakant, vakanta	frei, vakant
tunnel -n, tunnlar	Tunnel	upprättelse -n -r	Ehrenrettung	vakta -r -de -t	hüten
tupp -en -ar	Hahn	upprörd adj.	aufgeregt, erregt	valfångst -en -er	Walfang
turkiska -n	Türkisch	uppsagd adj.	gekündigt	vallkulla -n, vallkullor	Hirtenmädchen aus Dalarna
tveka -r -de -t	zögern, unschlüssig sein, zweifeln	uppskattningsvis	schätzungsweise	vallon -en -er	Wallone
tvinga -r -de -t	zwingen	uppsägning -en -ar	Kündigung	valspråk -et -	Wahlspruch
tvärs genom	quer durch	uppsägningsbesked -et -	Kündigung	valurna -n, valurnor	Wahlurne
tvärtom	umgekehrt, im Gegenteil, vielmehr	uppsättning -en -ar	Satz	valv -et -	Gewölbe
ty	denn	uppträd/a -er, -trädde, -trätt	auftreten	valör -en -er	Wert
Tyck till!	Sag deine Meinung!			vana -n, vanor	Gewohnheit
tåla, tål, tålde, tålt	vertragen	uppträdande -t -n	Auftreten	vanemässig -t -a	gewohnheitsmäßig
tålmodig -t -a	geduldig	uppäten adj. -ätit, -ätna	aufgegessen	vanligtvis	gewöhnlich
tång -en, tänger	Zange	uralisk -t -a	uralisch	vantrivas, -trivs, trivdes, -trivts	sich unwohl fühlen
tårtdiagram -met -	Tortendiagramm	urdålig -t -a	grottenschlecht	vapen vapnet -	Waffen
täckt adj.	bedeckt	urskön -t -a	total schön, super- schön	Var på din vakt!	Pass auf!
tämligen	ziemlich			vara beroende av ngt	von etw. abhängig sein
täpp/a -er -de -t igen	verstopfen	usling -en -ar	Schuft	vara ense om	einig sein
tära, tär, tärde, tärt	zehren	utanförskap -et	Außenvorsein	vara less på ngt	von etw. müde sein
täta -r -de -t	dichten	utantill	auswendig	vara livrädd, livrädda	Todesangst haben
tätbefolkad adj.	dicht besiedelt	utbrist/a -er, -brast, -brustit	ausrufen	vara på alerten	auf Zack sein
tävlingsinstinkt -en -er	Kampfinstinkt	utbud -et -	Angebot	vara svartsjuk på ngn	auf jmdn. eifersüchtig sein
töm -men -mar	Zügel	utbyte -t -n	Austausch		
tömm/a -er, tömde, tömt	leeren	utbytesstudent -en -er	Austauschstudent	vara sängliggande	bettlägerig sein
		utdömd adj.	verhängt	vara troende	gläubig sein

U

udd -en -ar	Spitze	uteliggare -n -	Obdachlose(r)	vara ute på hal is	auf dem Glatteis sein
udda	ungerade	utevistelse -n -r	Aufenthalt im Freien	vara är, var, varit skrajsen (vard.)	Bammel haben
udde -n, uddar	Landzunge	utformning -en -ar	Gestaltung		
uddig -t -a	zackig, spitz	utfärda -r -de -t	austellen	varav	wovon, woraus
uggla -n, ugglor	Eule	utför	bergab	vardaglig -t -a	alltäglich
ull -en	Wolle	utjämning -en -ar	Ausgleich	vardagsspråk -et -	Alltagssprache
undan	fort-, weg-	utmana -r -de -t	herausfordern	varde	es werde
undantag -et -	Ausnahme	utmaning -en -ar	Herausforderung	varelse -n -r	Wesen
undantagsvis	ausnahmsweise	utmärkande	bezeichnend	varhelst	wo (auch) immer
underskott -et -	Mangel	utnyttjad adj.	ausgenutzt	vars	dessen, deren
underslaf -en -ar	Unterbett	utnämn/a -er -de -t	ernennen	varur	woraus
understa, den understa	unterst, der/die/das unterste ...	utomhus	draußen	varv -et -	Runde
understryk/a -er, -strök, -strukit	unterstreichen, be- tonen	utomordentlig -t -a	außerordentlich	varva -r -de -t ner	zur Ruhe kommen, abschalten
		utopi -n -er	Utopi	vass -en -ar	Schilf
undersök/a -er -te -t	untersuchen	utredning -en -ar	Untersuchung, Ermittlung	vass -t -a	scharf
undre	untere			vattendunk -en -ar	Wasserkanister
undvik/a -er, -vek, -vikit	vermeiden, meiden	utropstecken -tecknet -	Ausrufungszeichen	vattenflikar	Wasserstellen
undvikande	ausweichend	utrota -r -de -t	ausrotten	vattenpass -et -	Wasserwaage
unge -n, ungar	Junge, hier: Kind	utrotningshotad adj.	vom Aussterben bedroht	vd (verkställande direktör)	geschäftsführender Vorstandsvorsitzende(r)
ungerska -n	Ungarisch	utrustad adj.	ausgerüstet		
universum -et -	Universum	utrustning -en -ar	Ausrüstung	veck -et -	Falte
unna -r -de -t sig	sich gönnen	utrymme -t -n	Platz, Raum	veckotidning -en -ar	Wochenzeitschrift
upp till	bis zu	utsläpp -et -	Emission, Luftverun- reinigung	vegetabilisk -t -a	vegetabilisch
uppdragsgivare -n -	Auftraggeber			vemod -et	Wehmut
uppdragstagare -n -	Auftragnehmer	utspridd adj.	verbreitet	ventil -en -er	Ventil
uppehållstillstånd -et -	Aufenthaltsge- nehmigung	utsträckning -en -ar	Ausmaß, Umfang	verka -r -de -t	wirken
		utsätt/a -er, -satte, -satt	aussetzen	verkmästare -n -	Handwerksmeister
uppenbar -t -a	offenbar	uttala -r -de -t	aussprechen	verksam -t -ma	wirksam, tätig
uppfyll/a -er -de -t	erfüllen	uttråkad adj.	gelangweilt	verksamhet -en -er	hier: Betrieb
uppföra, -för, -förde -fört sig mot	sich benehmen gegenüber	utvuxen adj.	ausgewachsen	verksamhetschef -en -er	Betriebsleiter
		utvändigt, utvändigt, utvändiga	außen		
uppge -r, -gav, -gett	angeben			verkställ/a -er -de -t	ausführen, vollziehen
upphöra, -hör, -hörde, -hört	aufhören	utvärdera -r -de -t	auswerten	verktygslåda -n, -lådor	Werkzeugkasten
		utväxling -en -ar	Auswechslung	veta, vet, visste, vetat	wissen
upplys/a -er -te -t	informieren, aufklären	utåtriktad adj.	aufgeschlossen	vete -t	Weizen
uppmana -r -de -t	auffordern			vetenskap -en -er	Wissenschaft
uppmaning -en -ar	Ermahnung			vetenskaplig -t -a	wissenschaftlich

V

uppmuntra -r -de -t	ermuntern	vaccinera -r -de -t	impfen
uppmuntrad adj.	erheitert, ermuntert	Vad gäller ...	Was ... anbelangt
uppmärksamhet -en	Aufmerksamkeit	vada -r -de -t	waten
upprepning -en -ar	Wiederholung	vajerräcke -t -n	Mittelabsperrung mit Drahtseilen
uppror -et -	Aufstand	vaka -n, vakor	Wache, Wachsein

veterinär -en -er	Tierarzt
vetgirig -t -a	wissbegierig
vetskap -en	Wissen
vettig -t -a	vernünftig
Vi drar!	Wir hauen ab!
vice ordförande	zweiter Vorsitzender

Tala svenska © GROA Verlag

vid sidan av	neben	
vidta -r, -tog, -tagit åtgärder	Maßnahmen treffen	
vifta -r -de -t	wedeln	
vig -t -a	gelenkig	
vigselförrättare -n -	Standesbeamter, -beamtin	
vik -en -ar	Bucht	
vik/a -er, vek, vikit	falten	
vik/a -er, vek, vikit sig	nachgeben	
vikt -en -er	Gewicht	
viktjustering -en -ar	Gewichtseinstellung	
vildmark -en -er	Wildnis	
vilja, vill, ville, velat	wollen	
viljestyrka -n, -styrkor	Willensstärke	
villig -t -a	bereit sein	
villrådig -t -a	unschlüssig, ratlos	
vinglig -t -a	schwankend, unsicher	
vink -en -ar	Wink	
vinkla -r -de -t	winkeln	
vinn/a -er, vann, vunnit	gewinnen	
vinst -en -er	Gewinn	
vintergäck -en -ar	Winterling	
visa -r -de -t sig	sich zeigen	
visdom -en -ar	Weisheit	
vision -en -er	Vision	
viska -r -de -t	flüstern	
viskning -en -ar	Flüstern	
viss, visst, vissa	bestimmt	
vissen, visset, vissna	verwelkt	
vissla -r -de -t	pfeifen	
vissna -r -de -t	eingehen, verwelken	
visthus -et -	Vorratshaus	
vittna -r -de -t om ngt	von etwas zeugen	
volontär -en -er	Volontär, Ehrenamt	
volym -en -er	Lautstärke	
vricka -r -de -t	verstauchen, verrenken	
vrå -n -r	Ecke, Winkel	
vräk/a -er -te -t	zwangsräumen	
vräkning -en -ar	Zwangsräumung	
vulgär -t -a	vulgär	
våg -en, vågor	Welle	
våga -r -de -t	sich trauen	
våld -et	Gewalt	
våldsam -t -ma	gewaltsam	
våldtäkt -en -er	Vergewaltigung	
vård -en	Pflege	
vårdbiträde -t -n	Pfleger/in	
vårdslös -t -a	nachlässig	
våt vått våta	feucht	
väck	verschwinden	
vädja -r -de -t	bitten	
vädjan vädjan -	Bitte	
vädjande	bittend	
vägra -r -de -t	sich weigern	
vägren -en -ar	Seitenstreifen	
välfärd -en	Wohlfahrt	
välgrundad adj.	wohlbegründet	
välj/a -er, valde, valt	wählen	
välmående	gesund, wohlhabend	
välstånd -et	Wohlstand	
vänd/a -er, vände, vänt	wenden	
vänd/a -er, vände, vänt sig till	sich wenden an	
vänj/a -er, vande, vant	sich gewöhnen	
vänskap -en -er	Freundschaft	
Vänta lite grann!	Warte ein wenig!	
väpnad adj.	bewaffnet	
värde -t -n	Wert	
värdefull -t -a	wertvoll	
värdeladdad adj.	wertgeladen	
värdering -en -ar	Ansicht, Ansehen	
värdighet -en	Würde	
värld -en -ar	Welt	
världsalltet	Weltall	
världsresa -n -resor	Weltreise	
värm/a -er -de -t	wärmen	
värnplikt -en	Wehrdienst	
värp/a -er -te -t	Eier legen	
väsende -t -n	Wesen	
väskryckare -n -	Taschendieb	
väsktjuv -en -ar	Taschendieb	
växthus -et -	Gewächshaus	

Y

ylle -t	Wolle (verarbeitet)
ymnig -t -a	reichlich
yngling -en -ar	Jüngling
yrka -r -de -t på ngt	bestehen auf etwas
yrkesmässig -t -a	berufsmäßig
yrkesstolthet -en	Berufsstolz
ytbehandlingsmedel	Trennmittel
ytmässig -t -a	flächenmäßig
yttra -r -de -t	äußern
yttrande -t -n	Äußerung
yttrandefrihet -en	Meinungsfreiheit
yttre	äußere

Z

zigenare -n -	Zigeuner
zoo, ett zoo (oböjl.)	Zoo

Å

å -n, åar	Fluss
åker -n, åkrar	Feld
åklagare -n -	Staatsanwalt
åktur -en -er	Fahrt
ålder -n, åldrar	Alter
ålderdom -en	Alter
ånga -n, ångor	Dampf
ånger -n	Reue
ångra -r -de -t	bereuen
ångvält -en -ar	Dampfwalze
årligen	jährlich
ås -en -ar	langgestreckte Anhöhe
åskådare -n -	Zuschauer
åsna -n, åsnor	Esel
åtaga/åta -r, åtog, åtagit sig	auf sich nehmen
åtalspunkt -en -er	Anklagepunkt
återberätta -r -de -t	nacherzählen
återge -r, -gav -gett	wiedergeben
återhållsam -t -ma	zurückhaltend
återuppliva -r -de -t	wiederbeleben
återvänd/a -er, -vände, -vänt	zurückkehren
åtgärd -en -er	Maßnahme
åtminstone	wenigstens
åtskillig -t -a	etlich
åtskillnad -en -er	Unterschied

Ä

äcklig -t -a	ekelhaft, widerlich
ägare -n -	Besitzer
ägna -r -de -t sig åt	sich widmen
äldreboende -t -n	Seniorenresidenz
ältande	wiederkäuend
ämne -t -n	Fach
ändamål -et -	Zweck
ändring -en -ar	Änderung
äng -en -ar	Wiese
ängslan, ängslan -	Angst
änka -n, änkor	Witwe
ära -n	Ehre
ärendemening -en -ar	Betreff
ärkebiskop -en -ar	Erzbischof
Ärligt talat ...	Ehrlich gesagt ...
ärm -en -ar	Ärmel
ärv/a -er -de -t	erben
ät/a -er, åt, ätit	essen
ätlig -t -a	essbar
äventyrslysten adj.	abenteuerlustig

Ö

öde	menschenleer
öde -t -n	Schicksal
ödetorp -et -	verlassene Kate
ödla -n, ödlor	Eidechse
ögna -r -de -t (i)genom	überfliegen
ögonbryn -et -	Augenbraue
ögonhåla -n, -hålor	Augenhöhle
ögonkorall -en -er	Lophelia pertusa
ögonskugga -n, -skuggor	Lidschatten
öm -t -ma	wund, zärtlich
ömhet -en	Zärtlichkeit
ömma -r -de -t för	Mitleid haben
öronpropp -en -ar	Ohrstöpsel
överbrygga -r -de -t	überbrücken
överdrift -en -er	Übertreibung
överdriven adj. -driven, -drivna	übertrieben
överdådig -t -a	prachtvoll, verschwenderisch
överens	überein, einig
övergiven adj.	verlassen
övergrepp -et -	Übergriff
övergångsställe -t -n	Zebrastreifen
överklaga -r -de -t	Berufung einlegen
överkörd adj.	überfahren
överlag	insgesamt
översta, den översta	oberst, der/die/das oberste ...
överstrykningspenna -n, -pennor	Textmarker
övertala -r -de -t	überreden
övertyga -r -de -t	überzeugen
övre	obere
övrig -t -a	übrige

Grammatiköversikt

Innehåll:

1. Substantiv
2. Adjektiv
3. Adverb
4. Frågeord
5. Pronomen
6. Räkneord
7. Verb
8. Prepositioner
9. Konjunktioner
10. Interjektioner
11. Ordföljd

1 Substantiv

Deklination

Dekl.	Singular-obestämd form	Singular-bestämd form	Plural - obestämd form	Plural - bestämd form
1.	**en** flicka	flick**an**	flick**or**	flick**orna**
2a.	**en** bil	bil**en**	bil**ar**	bil**arna**
2b.	**en** pojke	pojk**en**	pojk**ar**	pojk**arna**
2c.	**en** tidning	tidning**en**	tidning**ar**	tidning**arna**
2d.	**en** cykel	cykel**n**	cykl**ar**	cykl**arna**
3.	**en** apelsin	apelsin**en**	apelsin**er**	apelsin**erna**
4.	**ett** äpple	äpple**t**	äppl**en**	äppl**ena**
5a.	**ett** barn	barn**et**	barn	barn**en**
5b.	**en** lärare	lärar**en**	lärare	lärar**na**

Genitiv

Grundform	Genitiv	
Bilen är grå.	**Bilens** färg är grå.	*Die Farbe des Autos ist grau.*
Sten har en mejladress.	**Stens** mejladress är sten@telia.se.	*Stens Mailadresse ist sten@telia.se.*
Anders har en lägenhet.	Det är **Anders** lägenhet.	*Das ist Anders Wohnung.*

2 Adjektiv

Grundform

En-ord	Ett-ord	Plural	En-ord	Ett-ord	Plural
blå	blå**tt**	blå**a**	vacker	vacker**t**	vack**ra**
söt	sö**tt**	söt**a**	enkel	enkel**t**	enk**la**
röd	rö**tt**	röd**a**	vuxen	vuxe**t**	vux**na**
svart	svart	svart**a**	bra	bra	bra
hård	hår**t**	hård**a**	kul	kul	kul

Grundform

	En-ord	Ett-ord	Plural
Obestämd form (attributivt)	en röd stol	ett grönt hus	två stora stugor
Obestämd form (predikativt)	Stolen är röd.	Huset är grönt.	Stugorna är stora.
Bestämd form (attributivt)	**den** röd**a** stolen	**det** grön**a** huset	**de** stora stugorna

liten och *gammal*

	En-ord	Ett-ord	Plural
Attributivt	en **liten** stuga	ett **litet** hus	två **små** stugor/hus
	en **gammal** bil	ett **gammalt** hus	två **gamla** bilar/hus
Predikativt	Stugan är **liten**.	Huset är **litet**.	Stugorna/husen är **små**.
	Bilen är **gammal**.	Huset är **gammalt**.	Bilarna/husen är **gamla**.

Regelbunden komparation

Positiv		Komparativ	Superlativ - obest. form	Superlativ - best. form
billig	billig	billig**are**	billig**ast**	den/det/de billig**aste**
fin	schön, fein	fin**are**	fin**ast**	den/det/de fin**aste**
enkel	einfach	enkl**are**	enkl**ast**	den/det/de enkl**aste**
vacker	hübsch	vackr**are**	vackr**ast**	den/det/de vackr**aste**
praktisk	praktisch	**mer** praktisk	**mest** praktisk	den/det/de **mest** praktisk**a**

Komparation med omljud

Positiv		Komparativ	Superlativ
grov	grob	grövre	grövst
hög	hoch	högre	högst
stor	groß	större	störst
tung	schwer	tyngre	tyngst
ung	jung	yngre	yngst
få	wenige	färre	—
låg	niedrig	lägre	lägst
lång	lang	längre	längst

Oregelbunden komparation

Positiv		Komparativ	Superlativ
god, bra	gut	bättre	bäst
dålig	schlecht	sämre	sämst
dålig, illa	schlimm	värre	värst
gammal	alt	äldre	äldst
liten	klein	mindre	minst
mycket	viel	mer(a)	mest
många	viele	fler(a)	flest

3 Adverb

Bildning av adverb

	Adjektiv	Adverb
En-ord	Det är en **dålig** klocka.	Klockan går **dåligt**.
Ett-ord	Olle är ett **snällt** barn.	Barnet leker **snällt**.
Plural	Det är **dåliga** klockor.	Klockorna går **dåligt**.

Komparation

Positiv	Komparativ	Superlativ
mycket	mer	mest
långsamt	långsammare	långsammast

Viktiga adverb

alldeles	ganz, durchaus	gärna	gern	precis	genau
annars	sonst	inte	nicht	rätt	richtig, recht
bara	nur	inte alls	gar nicht	så	so
bra	gut	kanske	vielleicht	säkert	sicher
dåligt	schlecht	knappast	kaum	särskilt	besonders
ej (Schriftspr.)	nicht	lite	wenig, ein bisschen	till och med	sogar
endast	nur	mycket	viel, sehr	tvärtom	umgekehrt
faktiskt	tatsächlich	nog	schon, wohl, genug	tyvärr	leider
förresten	übrigens	nästan	fast	åtminstone	wenigstens
ganska	ziemlich	också	auch	även (Schriftspr.)	auch

Rumsadverb

Var?	Wo?	Vart?	Wohin?	Varifrån?	Woher?
här	hier	hit	hierher	härifrån	von hier
där	dort	dit	dorthin	därifrån	von dort
inne	drinnen	in	hinein	inifrån	von drinnen
ute	draußen	ut	hinaus	utifrån	von draußen
hemma	zuhause	hem	nach Hause	hemifrån	von Zuhause
framme	da (am Ziel), vorn,	fram	heran, herbei, heraus	framifrån	von vorn
uppe	oben	upp	nach oben	uppifrån	von oben
nere	unten	ner	nach unten	nerifrån	von unten
borta	weg	bort	weg	bortifrån	von ... her
i söder	im Süden	söderut	in den Süden	söderifrån	von Süden

Det relativa adverbet *där*

Igår var jag i skogen, **där** jag såg en älg. *Gestern war ich im Wald, wo ich einen Elch sah.*

4 Frågeord

Interrogativa adverb

var	*wo*	hur dags	*wann (genau)*
vart	*wohin*	hur länge	*wie lange*
varifrån	*woher*	hur ofta	*wie oft*
när	*wann*	hur mycket	*wieviel*
hur	*wie*	varför	*warum*

Interrogativa pronomen

vem	*wer*
vad	*was, (wie)*
vilken/vilket/vilka	*welche/r/s*
vad för (slags)	*was für ein/e*
hur	*wie*

5 Pronomen

Personliga, reflexiva och possessiva pronomen

Personliga pronomen		Reflexiva	Possessiva pronomen			
Subjektsform	Objektsform	pronomen	En-ord	Ett-ord	Plural	
jag *ich*	mig	mig	min	mitt	mina	
du *du*	dig	dig	din	ditt	dina	
han *er*	honom	sig	hans	hans	hans	(nicht reflexiv)
			sin	sitt	sina	(reflexiv)
hon *sie*	henne	sig	hennes	hennes	hennes	(nicht reflexiv)
			sin	sitt	sina	(reflexiv)
den *er, sie, es*	den	sig	dess	dess	dess	(nicht reflexiv)
			sin	sitt	sina	(reflexiv)
det *er, sie, es*	det	sig	dess	dess	dess	(nicht reflexiv)
			sin	sitt	sina	(reflexiv)
vi *wir*	oss	oss	vår	vårt	våra	
ni, Ni *ihr, Sie*	er, Er	er, Er	er, Er	ert, Ert	era, Era	
de *sie*	dem	sig	deras	deras	deras	(nicht reflexiv)
			sin	sitt	sina	(reflexiv)

Indefinita pronomen

någon	*jemand, ein/e/er/es*	var/vart	*jede/r/s*
något	*etwas, ein/e/er/es*	varje	*jede/r/s*
några	*einige*	annan/annat/andra	*andere/r/s*
någonting	*etwas*	all/allt/alla	*alle/r/s*
ingen (inte någon)	*niemand, kein/e/er/es*	man	*man*
inget (inte något)	*nichts, kein/e/er/es*	lite	*wenig*
inga (inte några)	*keine*	flera	*mehrere*
ingenting (inte någonting)	*nichts*	få	*wenige*
varannan/vartannat	*jede/r/s zweite*	mycket	*viel*
varandra	*einander (reziprok)*	många	*viele*

Demonstrativa pronomen

En-ord	Ett-ord	Plural	
den	det	de	*der/die/das, diese/r/s*
den här	det här	de här	*diese/r/s (hier)*
den där	det där	de där	*diese/r/s (dort)*
denna	detta	dessa	*diese/r/s*
(en) sådan	(ett) sådant	sådana	*(ein/e) solche/r/s*
densamma	detsamma	desamma	*der-/die-/dasselbe, der/die/das Gleiche*
samma	samma	samma	*der-/die-/dasselbe, der/die/das Gleiche*

Det relativa pronomenet *som*

Ingrid har en man **som** heter Göran.	*Ingrid hat einen Mann, **der** Göran heißt.*
Kristianstad är en stad **som** ligger i Skåne.	*Kristianstad ist eine Stadt, **die** in Schonen liegt.*
Erla är en flicka **som** bor på Island.	*Erla ist ein Mädchen, **das** auf Island wohnt.*
Vi har två barn **som** heter Olle och Annika.	*Wir haben zwei Kinder, **die** Olle und Annika heißen.*

6 Räkneord

Grundtal

0 noll	6 sex	12 tolv	18 arton	30 trettio	90 nittio
1 ett (en)	7 sju	13 tretton	19 nitton	40 fyrtio	100 (ett) hundra
2 två	8 åtta	14 fjorton	20 tjugo	50 femtio	200 tvåhundra
3 tre	9 nio	15 femton	21 tjugoett	60 sextio	224 tvåhundra-
4 fyra	10 tio	16 sexton	22 tjugotvå	70 sjuttio	tjugofyra
5 fem	11 elva	17 sjutton	usw.	80 åttio	1000 (ett) tusen

Ordningstal

1 första	9 nionde	17 sjuttonde	25 tjugofemte	50 femtionde
2 andra	10 tionde	18 artonde	26 tjugosjätte	60 sextionde
3 tredje	11 elfte	19 nittonde	27 tjugosjunde	70 sjuttionde
4 fjärde	12 tolfte	20 tjugonde	28 tjugoåttonde	80 åttionde
5 femte	13 trettonde	21 tjugoförsta	29 tjugonionde	90 nittionde
6 sjätte	14 fjortonde	22 tjugoandra	30 trettionde	100 hundrade
7 sjunde	15 femtonde	23 tjugotredje	31 trettioförsta	134 hundratrettiofjärde
8 åttonde	16 sextonde	24 tjugofjärde	40 fyrtionde	1000 tusende

Kiruna den 15 juni   *Kiruna, den 15. Juni*   1:a, 2:a, 3:e gången   *das erste, zweite, dritte Mal*
Gustav VI (den sjätte) Adolf   *Gustav VI. Adolf*   det första försöket   *der erste Versuch*
    i sjunde himlen   *im siebten Himmel*

7 Verb

Infinitiv, imperativ, presens, preteritum, perfekt och pluskvamperfekt

Konj.	Infinitiv	Stam	Imperativ	Presens	Preteritum	Supinum	Perfekt	Pluskvamperfekt
1.	tala	tala	Tala!	tala**r**	tala**de**	tala**t**	**har** talat	**hade** talat
2a.	ringa	ring	Ring!	ring**er**	ring**de**	ring**t**	**har** ringt	**hade** ringt
2b.	köpa	köp	Köp!	köp**er**	köp**te**	köp**t**	**har** köpt	**hade** köpt
3.	bo	bo	Bo!	bo**r**	bo**dde**	bo**tt**	**har** bott	**hade** bott
4.	skriva	skriv	Skriv!	skriv**er**	**skrev**	**skrivit**	**har skrivit**	**hade skrivit**
	ligga	ligg	Ligg!	ligg**er**	**låg**	**legat**	**har legat**	**hade legat**

Jag/Du/Han/Hon/Vi/Ni/De **ringer**.   *Ich rufe an./Du rufst an./Er ruft an./usw.*

De modala hjälpverben

Infinitiv		Presens	Preteritum	Perfekt	Pluskvamperfekt
vilja	*wollen, mögen*	vill	ville	har velat	hade velat
skola	*sollen, wollen, müssen, werden*	ska	skulle	har skolat	hade skolat
kunna	*können, dürfen*	kan	kunde	har kunnat	hade kunnat
–	*müssen*	måste	måste	har måst	hade måst
böra	*sollen*	bör	borde	har bort	hade bort
–	*soll*	lär	–	–	–
få	*können, dürfen*	får	fick	har fått	hade fått

Futurum

		Verb för att bilda futurum	Infinitiv av huvudverbet	Tidsuttryck
a)	Vilja, plan, avsikt:	Jag **ska**	arbeta	i morgon.
b)	Plan, avsikt:	Han **tänker**	åka	i morgon bitti.
c)	Program, förutsägelse:	Det **kommer att**	regna	på lördag.
d)	Verb i presens + tidsuttryck för framtid:	Jag **åker**		nästa vecka/månad/år.

s-Passiv

Konj.	Aktiv Infinitiv	Passiv Infinitiv	Presens	Preteritum	Perfekt	Pluskvamperfekt
1.	baka	bakas	bakas	bakades	har bakats	hade bakats
2a.	stänga	stängas	stängs	stängdes	har stängts	hade stängts
2b.	köpa	köpas	köps	köptes	har köpts	hade köpts
3.	sy	sys	sys	syddes	har sytts	hade sytts
4.	skriva	skrivas	skrivs	skrevs	har skrivits	hade skrivits

bli + Perfekt particip

	Presens	Preteritum	Perfekt/Pluskvamperfekt
En-ord	Pojken blir förvandlad.	Pojken blev förvandlad.	Pojken har/hade blivit förvandlad.
Ett-ord	Huset blir målat.	Huset blev målat.	Huset har/hade blivit målat.
Plural	Husen blir renoverade.	Husen blev renoverade.	Husen har/hade blivit renoverade.

Deponens

Infinitiv	Presens	Preteritum	Perfekt/Pluskvamperfekt	
andas	andas	andades	har/hade andats	*atmen*

fattas	*fehlen*	vistas	*sich aufhalten*	kräkas	*sich erbrechen*
saknas	*fehlen, nicht haben*	kännas	*sich anfühlen*	mötas	*sich begegnen*
hoppas	*hoffen*	minnas	*sich erinnern*	finnas	*vorhanden sein*
lyckas	*glücken*	skiljas	*sich trennen*	slåss	*sich prügeln*
låtsas	*so tun als ob*	trivas	*sich wohl fühlen*	umgås	*Umgang haben*
svettas	*schwitzen*	hjälpas åt	*einander helfen*		

Presens particip

Konj.	Infinitiv	Stam	Presens particip
1.	tala	tala	talande
2a.	ringa	ring	ringande
2b.	köpa	köp	köpande
3.	bo	bo	boende
4.	skriva	skriv	skrivande
	gå	gå	gående

Presens particip används ...

a) som adjektiv: en **hjälpande** hand
b) som substantiv: ett **förtroende**
c) som adverb: Han är **fortfarande** singel.
d) efter verben *komma* och *gå*: Eva kom **springande**.

Perfekt particip

Konj.	Predikativt	Attributivt obestämd form	bestämd form
1.	Stugan är renoverad.	en renoverad stuga	den renoverade stugan
	Huset är renoverat.	ett renoverat hus	det renoverade huset
	Stugorna är renoverade.	två renoverade stugor	de renoverade stugorna
2a.	Grinden är stängd.	en stängd grind	den stängda grinden
	Fönstret är stängt.	ett stängt fönster	det stängda fönstret
	Grindarna är stängda.	två stängda grindar	de stängda grindarna
2b.	Ringen är köpt.	en köpt ring	den köpta ringen
	Huset är köpt.	ett köpt hus	det köpta huset
	Ringarna är köpta.	två köpta ringar	de köpta ringarna
3.	Kjolen är sydd.	en sydd kjol	den sydda kjolen
	Nattlinnet är sytt.	ett sytt nattlinne	det sydda nattlinnet
	Kjolarna är sydda.	två sydda kjolar	de sydda kjolarna
4.	Boken är skriven.	en skriven bok	den skrivna boken
	Brevet är skrivet.	ett skrivet brev	det skrivna brevet
	Böckerna är skrivna.	två skrivna böcker	de skrivna böckerna

8 Prepositioner

Viktiga prepositioner

av	von, aus, an	före	vor	om	an, um, von, in
bakom	hinter	genom	durch	omkring	ungefähr
bland	zwischen	hos	bei	på	auf, an, in
enligt	laut	i	in	till	zu, nach
efter	nach	inom	innerhalb	under	unter, während
framför	vor	med	mit	utan	ohne
från	aus, von	mellan	zwischen	vid	an
för	für	mot	gegen, gegenüber, in Richtung	åt	für, nach
för ... sedan	vor			över	über

9 Konjunktioner

Konjunktioner

antingen ... eller	entweder ... oder
både ... och	sowohl ... als auch
eller	oder
för	denn
men	aber
och	und
samt (Schriftspr.)	und, sowie
utan	ohne
inte bara ... utan också	nicht nur ... sondern auch
varken ... eller	weder ... noch

Subjunktioner

att	dass
så att	so dass
därför att	weil, da
eftersom	weil, da
fastän	obwohl
för att	damit
innan	bevor
medan	während
när, då	wenn, wann, als
om	wenn
ju ... desto	je ... desto

10 Interjektioner

Viktiga interjektioner

Äsch!	Ach was!	Usch!	Igitt!, Pfui!	Fy!	Pfui!
Aj!	Au!	Oj!, Ojdå!	Ach!, Oh!	O!, Oh!, Åh!	Oh!

11 Ordföljd

Huvudsats - påståendesats

Subjekt	Predikat	
Jag	kommer	från Stockholm.
Han	heter	Pelle.

Huvudsats - frågesats

Frågeord	Predikat	Subjekt	
Vad	heter	du?	
	Kommer	han	från Lund?

Huvudsats - rak ordföljd

Subjekt	Predikat	
Vi	äter	middag klockan sex.
Pia	kommer	i morgon.

Huvudsats - omvänd ordföljd

	Predikat	Subjekt	
Klockan sex	äter	vi	middag.
I morgon	kommer	Pia.	

Bisats

Huvudsats	Bisats
Vi kom för sent,	därför att väckarklockan inte ringde.
Stefan sprang,	eftersom han hade bråttom.

Huvudsats	Bisats
Ulla säger,	att Karin kommer klockan 15.00.
Lena frågade,	om vi var i Göteborg i helgen.

Placering av "vandrande" adverb, t.ex. *alltid, aldrig, bara, gärna, inte, kanske* och *ofta*

I huvudsatsen
Vi **äter alltid** middag klockan fem.
Pernilla **gillar inte** glass.

I bisatsen
Jag vill, att vi **alltid äter** middag klockan fem.
Eva vet, att Pernilla **inte gillar** glass.

Ordbildning

1. Alfabetisk lista över vanliga prefix

Prefix	Betydelse	Exempel
an-	transitiverande*	anklaga, anlita
anti-	mot	antioxidant
auto-	själv	automat, autograf
be-	transitiverande*	behandla, besvara
bi-	två, sido-	bilabial, biverkning, bismak
botten-	nedsättande	bottendålig, bottenbetyg
centi-	hundradels	centimeter, centiliter
deci-	tiondels	decimeter, decimaltal
e-/ex-	ut, före detta	emigrera, exportera, exmake
fort-	vidare	fortbilda, fortplanta
för-	transitiverande*	förneka, fördröja
	nedsättande	fördöma, förfalla, föräta sig på ngt
	handlingens slut	förbränna, förblöda, förfrysa
	avlägsna	förjaga, fördriva
hel-	förstärkande	helbra, helkul
hyper-	förstärkande	hypernervös, hyperelegant
ill-	intensivt, ilsket	illröd, illtjut
in-/il-	inte	inkompetent, illegal
im-/ir-	inte	impopulär, irrationell
inter-	mellan	internationell, interaktiv
jätte-	förstärkande	jättestor, jättebra
kalas-	förstärkande	kalasfin, kalasväder
kanon-	förstärkande	kanonväder, kanonform
kilo-	tusen	kilometer, kilopris
kon-/ko-	samman	konjunktion, kooperativ
kol-/kom-	samman	kollision, komposition
kor-	samman	korrelation
max(i)-	stor, största	maxfart, maximihöjd
mega-	stor	megawatt, megabit
mikro-	liten	mikroskop, mikroteknik
milli-	tusendels	milliliter, millisekund
mini-/minimi-	liten, minsta	minivan, minimikrav
miss-	negerande	missnöjd, missförstå
mono-	en, ensam	monopol, monoton
multi-	flerfaldig	multimiljonär, multinationell
mång-	flerfaldig	mångmiljonär, mångkulturell
o-	negerande	olaglig, obegriplig
poly-	mångfaldig	polyglott, polyteknisk
pre-	för-, före	prefix, preposition
re-	åter-	reformera, rekonstruktion
sam-	tillsammans	samlevnad, samhälle
samman-	tillsammans	sammanblanda, sammandrabbning
semi-	halv	semifinal
skit-	förstärkande	skiträdd, skitkul
stört-	förstärkande	störtkär, störtskön
super-	förstärkande	superbra, supermakt
syn-/sym-	sam-	synkron, symbios
toppen-	förstärkande	toppenbra, toppenställe
trans-	genom, över-	transformera, transplantation
tri-/tre-	trefaldig	triangel, treenighet
tve-/två-	tvåfaldig	tvestjärt, tvetydig, tvåfärgad, tvåfilig
ultra-	ytterligt	ultraradikal, ultralätt
uni-	en-	uniform, unison
ur-	mycket, äldst	urfin, urberg
van-	negerande	vantrivas, vansinnig
vice-	ställföreträdande	vicechef, viceminister
ärke-	förste, över-	ärkebiskop, ärkeängel
över-	ytterligt	överkänslig, överdriva

* *an-*, *be-* och *för-* är prefix som gör intransitiva verb (som inte kan ha objekt) till transitiva (som kan ha objekt).

2. Alfabetisk lista över vanliga suffix

Suffix	Exempel
-a	starta, bada
-a	syrra (syster), frissa (frisör), kossa (ko) farsa (far) morsa (mor)
-abel/-ibel	kapabel, variabel, flexibel
-ad	promenad, blockad
-age	garage, bandage
-aktig	varaktig, lögnaktig
-al	normal, central
-an	ansökan, inbjudan
-ande/-ende	tv-tittande, studerande, boende, troende
-ans/-ens	elegans, frekvens
-ant/-ent	trafikant, konsument
-are	besökare, äventyrare, makthavare, högtalare
-inna	väninna, värdinna
-artad	chockartad, storartad
-at	citat, referat
-ation/-tion	information, instruktion
-ition/-ion	addition, division
-ativ/-tiv/-iv	demonstrativ, informativ, konstruktiv, explosiv
-ator, -atör	generator, operatör, illustratör
-itör/-tör/-ör	servitör, kompositör, instruktör, konstruktör, massör, frisör
-bar	höjbar, sänkbar
-dom	sjukdom, fördom, svordom
-e	Janne, Pelle, matte, sosse (socialdemokrat) moppe (moped)
-ell/-iell/-uell	nationell, traditionell, kommersiell, individuell
-else	betydelse, förlåtelse, förstörelse
-en	dagligen, möjligen, årligen
-enlig	sanningsenlig, avtalsenlig
-era	studera, möblera, komplettera
-eri	bageri, slakteri
-erska/-ska	sångerska, sjuksköterska, kassörska

Suffix	Exempel
-graf	fotograf, koreograf
-het	medvetenhet, säkerhet
-i	byråkrati, biologi, ekonomi
-ifiera/-ificera	exemplifiera, personifiera, klassificera
-ig	fiffig, bråkig, rörig
-ik	grammatik, kritik, gymnastik
-iker	musiker, kritiker, elektriker
-ing/-ling	skåning, femåring, älskling, främling
-ning	tidning, böjning, betalning
-is	kompis, fegis, snackis, godis
-isera	centralisera, dramatisera, automatisera
-isk/-istisk	jordisk, politisk, teknisk, humanistisk, kommunistisk
-sk	stockholmsk, småländsk, himmelsk
-ism	socialism, liberalism, optimism
-ist	bilist, cyklist, turist
-itet	aktivitet, aktualitet
-krat	aristokrat, demokrat
-lek	storlek, väderlek, grovlek, tjocklek
-lig	begriplig, festlig, allvarlig, statlig
-ligen	nyligen, förmodligen, möjligen
-log	biolog, psykolog, monolog
-lunda	någorlunda, annorlunda
-mässig	vanemässig, ytmässig, planmässig
-na	kallna, blekna, gulna
-nom	ekonom, socionom
-nad	svullnad, kostnad, tystnad
-or	doktor, rektor, motor
-sam	sparsam, hjälpsam, tveksam
-skap	egenskap, kunskap, vetenskap
-vis	sammanfattningsvis, exempelvis, kvartalsvis
-yr	frisyr, dressyr
-är	formulär, miljonär
-ös/-iös	nervös, dansös, massös, religiös, graciös

3. Sammansättning av ord i svenskan

Ett sammansatt ord kan man i regel dela upp i ett förled och ett efterled.
I t.ex. ordet *bokhylla* är *bok* förled och *hylla* efterled. Förledet är en bestämning till efterledet, talar alltså om vilken hylla det är frågan om. Efterledet är sammansättningens huvudord och bestämmer dess ordklass och genus.
Här följer en tabell på sammansatta substantiv, adjektiv och verb med olika förled.

Förled	Efterled Substantiv	Efterled Adjektiv	Efterled Verb
Adjektiv	mjuk/glass (en)	ljus/gul	ren/skriva
Adverb	bak/gård (en)	in/läst	ut/trycka
Pronomen	all/rum (ett)	själv/säker	själv/torka
Substantiv	bok/hylla (en)	hem/lös	sol/bada
Verb	läse/krets (en) (läsa + krets)	kör/vänlig (köra + vänlig)	ös/regna (ösa + regna)
Preposition	över/gång (en)	över/känslig	av/vika
Räkneord	fjärde/del (en)	tre/kantig	tre/dubbla

4. Fogeform utan -s

ett hus + en vagn	en husvagn
ett vin + ett glas	ett vinglas
en kultur + en vecka	en kulturvecka
en sommar + en stuga	en sommarstuga

5. Fogeform med -s

Vanliga ord med fogeform på -s är:
bostad, fred, gård, hav, krig, kropp, kväll, kök, rum, själ, skydd, bord, död, gud, man, skog, stad, stat, strid, svar, tvång, värld, tid, dag, ugn, år

ett bord + en kant	en bordskant
en kväll + en sol	en kvällssol
ett kök + ett fönster	ett köksfönster
en dag + en tidning	en dagstidning
en stad + en karta	en stadskarta

6. Andra fogeformer

Ett obetonat -a eller -e stryks:

en soffa + en grupp	**en soffgrupp**
en skola + en gård	**en skolgård**
en flicka + ett rum	**ett flickrum**
en karta + en bok	**en kartbok**
en måne + en förmörkelse	**en månförmörkelse**
en läkare + ett intyg	**ett läkarintyg**
en fånge + en vård	**en fångvård**
en pojke + en cykel	**en pojkcykel**
en granne + en tomt	**en granntomt**

Ett obetonat -a ersätts av -e, -o eller -u:

en resa + en byrå	**en resebyrå**
en ränta + en sänkning	**en räntesänkning**
en skada + en ersättning	**en skadeersättning**
en vilja + en styrka	**en viljestyrka**
en fråga + ett formulär	**ett frågeformulär**
en kyrka + en herde	**en kyrkoherde**
en vecka + en dag	**en veckodag**
en lära + en bok	**en lärobok**
en saga + ett bröllop	**ett sagobröllop**
en kvinna + ett yrke	**ett kvinnoyrke**
en gata + ett kök	**ett gatukök**
en vara + ett märke	**ett varumärke**

Ett -e tillsätts:

en skatt + en deklaration	**en skattedeklaration**
ett lån + ett kort	**ett lånekort**
en familj + ett liv	**ett familjeliv**

Stavning - några viktiga regler

I svenskan stavas de flesta orden precis som de låter. Men det finns ljudkombinationer som exempelvis tje-ljudet som stavas på flera olika sätt. Det kan verka krångligt. Men stavning är något man kan lära sig och bli riktigt bra på. Här följer de viktigaste reglerna för stavning i svenskan. "Svenska Akademiens ordlista" (SAOL) är sedan länge den allmänt vedertagna normen för stavning och böjning av svenska ord. Om du är intresserad eller skriver mycket svenska kan SAOL och "Svenska skrivregler", båda utgivna av Svenska språknämnden, vara till stor nytta och hjälp. Du kan använda orden i de blåa rutorna som diktamensövning!

Exempel

1. Kort ä-ljud

1. Många ord med kort ä-ljud stavas med **ä**: **ägg, älg, bäst, väst, häst, vägg, ärta, bäck, däck, päls, pärm, jätte, värma, läcka, jämn, jäkta**

2. Många ord med kort ä-ljud stavas med **e**: **berg, enkel, pressa, mest, pensel, penna, vecka, helg, hej, grej**

3. Även i importord stavas kort ä-ljud oftast med **e**: **hotell, toalett, adress, bagatell, intresse, perfekt, biljett, nervös, termometer, defekt, persika, reserv, konserv, bukett, temperatur, termin, direkt**

4. Några undantag med **ä**: **bassäng, poäng, maräng, refräng, mannekäng**

5. Några ord uttalas lika men stavas olika: **elva - älva, en - än, enda** (einzig) **- ända** (Ende, Hintern), **verka** (wirken) **- värka** (schmerzen), **egg - ägg, verk - värk, festa** (feiern) **- fästa** (befestigen), **beck** (Pech) **- bäck, vecka - väcka, veck** (Falte) **- väck** (verschwunden), **streck** (Strich) **- i sträck** (ohne Unterbrechen)

2. Kort å-ljud

1. Många ord med kort å-ljud stavas med **å**: **gång, påsk, många, hålla, stång, måste, ångra, våld, ålder, åska, åtta, fånga**

2. Många ord med kort å-ljud stavas med **o**: **roll, omkring, moln, docka, norr, ofta, rost, sorg, tolv, torg, kopp, kofta, troll, folk, hoppa, orka, lock, stocka, sort, boll, om, koppla, morra**

3. I importord stavas kort å-ljud oftast med **o**: **populär, proffs, kompis, korrekt, officiellt, jobb, kommentera, ekonomi, konversation, koordinator**

3. S-ljudet i importord

1. S-ljudet stavas med **c** i många importord: **ocean, cell, cello, cellofan, december, cement, procent, centimeter, centrum, recept, placera, cigarett, medicin, cirka, cirkel, cirkus, ciss** (der Ton Cis), **citat, citron, city, civil, cykel, cyklopöga** (Taucherbrille/-maske), **cyklon, cylinder, cyniker, cynisk**

2. S-ljudet stavas med **sc** i några få ord: **ascendent, disciplin, science fiction, scenario, scen**

    och andra ord som är sammansatta med ordet **scen**: **scenskola, scenvana, scenbelysning, sceningång**

3. S-ljudet stavas med **z** i några ord: **zappa, zebra, zenbuddism, zenit, zigenerska, zinnia, zirkon, zon, zonterapi** (Reflexzonentherapie), **zoo, zoolog, zooma, zombie**

4. Obs! Med t: **patient, patiens**

4. K-ljudet före t

1. K-ljudet före **t** stavas **-kt**: bukt, frukt, dikt, sekt, släkt, lukta, utflykt, pakt, makt, sakta (langsam), olikt

2. K-ljudet före **t** stavas **-ckt** i många böjda ord: släckt, väckt, upptäckt, kvickt, omtyckt, tjockt, tryckt

3. K-ljudet före **t** stavas **-gt** i många böjda ord: lågt, högt, roligt, viktigt, dåligt, försiktigt

4. K-ljudet före **t** stavas **-ggt** i några böjda ord: snyggt, byggt, tryggt, styggt, skyggt, piggt

5. För att få reda på vilken stavning som är rätt kan man ofta fråga: Hur är adjektivets grundform eller verbets stam? högt - hög, snyggt - snygg, nybyggt - bygg(a), släckt - släck(a), ryckt - ryck(a), roligt - rolig, rikt - rik, friskt - frisk, fräckt - fräck

6. Obs! Några undantag: flyga - flykt, jaga - jakt, lägga - lagt

5. J-ljudet

1. J-ljudet stavas med **j** i många ord: jacka, jakt, jobba, jord, ju, juli, jurist, jämn, järn

2. J-ljudet stavas ofta med **g** före vokalerna **e, i, y, ä, ö**: ungefär, ge, genast, geografi, gick, gift, giltig, gissa, gymnasium, gynekolog, gynna (begünstigen), gyttja, gälla, gäng, gärna, gäst, gödsel (Dünger), gök, gömma, göra

3. J-ljudet stavas med **gj** i några ord: sadelgjord (Sattelgurt), gjorde, gjort, gjuta, fiskgjuse (Fischadler)

4. J-ljudet stavas med **dj** i några ord: djungel, djup, djur, djärv (mutig, kühn), djävul (Teufel)

5. J-ljudet stavas med **hj** i en del ord: hjord (Herde), hjort (Hirsch), hjul, hjälm, hjälpa, hjälte (Held), hjärna, hjärta, hjässa (Scheitel, Schädeldach), ihjäl (zu Tode)

6. J-ljudet stavas med **lj** före **u** i några ord: ljud, ljuga, ljum (lauwarm), ljumske (Leiste im Körper), ljung (Heide), ljus, ljuv (lieblich)

7. I ord med ändelsen **lg** eller **rg** stavas j-ljudet med **g**: älg, sälg (Salweide), helg, alg, talg (fett från djur), färg, berg, borg, sorg, torg, märg (Mark), sarg (Kantenleiste), karg (unfruchtbar), varg, arg, ärg (Grünspan)

6. Dubbelskrivning av konsonant

1. Efter kort betonad vokal följer dubbla konsonanter: finna, alla, kall, vägg, hall, tall, sill, vill, kille, ligga, vass, fulla, rulle

2. Undandtag: **j** och **x** dubbleras inte: boj (Boje), haj, oj, sax, sex, lax, läxa, växa

3. Finns det mer än en konsonant efter kort betonad vokal dubbleras vanligen ingen konsonant: bränsle (Brennstoff), bild, plats, salt

4. Många ord får dubbel konsonant efter kort vokal framför böjningsändelser och suffixavledningar som börjar med **l, n** och **r**: vattna, vissla (pfeifen), paddla, bläddra, hellre, kvittra, grubbla, tofflor, hygglig, öppna, vissna, tunnlar

5. Konsonanter behåller sin dubblering i böjda former efter kort vokal framför **d, t** och **s**, om stammen skrivs med två konsonanter: snabbt (stam: snabb), byggde, byggt, byggs (stam: bygg)

6. I importord dubbleras ofta konsonanten efter kort obetonad vokal (huvudbetoningen är då på sista stavelsen): affär, bassäng, rapport, effekt, support, accent, massör, kassör

7. Bokstaven **m** dubbleras bara mellan vokaler. Den första vokalen är då kort: hemma, framme, simma, glömma, tömma, rymma, blomma, mamma, stämma

8. I slutet av ett ord dubbleras **m** bara i tre ord: damm (Staub, Teich), lamm (Lamm), ramm (Rammbug)

9. Bokstaven **k** dubbleras med **ck**: vecka, tack, jacka, tecken, väcka, släcka, tycka, rycka, sticka, ficka, backe

7. Sje-ljudet

Inhemska ord

1. Sj-ljudet stavas med **sj**:

   sjal, sju, sjuda, sjuk, sjunga, själ, själv, sjö, sjöng

2. Stavningen **sk** används framför **e, i, y, ä** och **ö** i framför allt inhemska ord:

   sked, skede (Phase), **skepp, skina, skiva, skygg** (scheu), **skyldig, skymma, skynda, skyskrapa** (Wolkenkratzer), **skägg, skäl, skämmas, skämta, skära, skön, skör** (zerbrechlich), **sköterska**.

3. Stavningen **skj** används i fem ord:

   skjorta, skjul (Schuppen), **skjuta** (schießen), **skjuts** (mitfahren), **skjutsa** (jemanden fahren)

4. Stavningen **stj** används i fem ord:

   stjäla (stehlen), **stjälk** (Stengel), **stjälpa** (umkippen), **stjärna, stjärt** (Schwanz, Gesäß)

5. I uppsvenskan uttalas konsonantkombinationen **rs** med sje-ljud:

   kurs, körsbär, årskurs, fors, resurs, mars, borste, först, störst, kors

Importord

1. Stavningen **ch** används i importord från engelskan och franskan:

   charm, champagne, champinjon, chassi, chaufför, chef, chiffer, chock, choklad

2. Stavningen **sch** används främst i importord från franskan och tyskan:

   affisch, nisch, dusch, broschyr, marsch, schema, schablon, schampo, schlager, schnitzel, schyst, schimpans, schäfer, schäslong, manschett

3. Stavningen **sh** används ofta i importord från engelskan:

   shejk, sheriff, sherry, shirt, shop, shoppa, shorts, show

4. Stavningen **j** används i några ord, främst importord från franskan:

   jasmin, jargong, jour, journalist, jalusi, justera, projekt

5. Stavningen **si, ssi, sti** och **ti** används främst i importord från engelskan och franskan:

   division, precision, explosion, invasion, kollision, pension, television, mission, passion, diskussion, kommission, permission, suggestion, addition, demonstration, auktion, expedition, information, instruktion, station, gratulation, situation, aktion

6. Stavningen **g** används framför allt i importord från franskan:

   energi, genera, gelé, genant, generalisera, generell, geni, giraff, regi, arrangera, tragedi, generös, gest, religiös, passagerare

7. Stavningen **ge** och **age** används i några importord från franskan:

   eloge, prestige, bandage, fromage, sabotage, massage, garage, spionage, bagage, emballage

8. Ng-ljudet

1. Ng-ljudet stavas oftast med **ng**:

   hänga, springa, stänga, triangel, balkong, hälsning, mening, ingenting, pengar, lång

2. Ng-ljudet stavas med **g** framför **n** i en del ord och namn:

   regn, ugn, agn (Spelze, Spreu), **lögn** (Lüge), **välsigna** (segnen), **vagn, begagnad, lugn, signal, magnet, dygn, ögna** (überfliegen, schnell durchlesen), **signatur, ägna sig åt** (sich beschäftigen), **å ... vägnar** (im Namen), **mahogny, magnat, Magnus, Agnes, Ragnar, Signe, Agnetha**

3. Obs! Släktord:

   tvungen - tvungna, ringa - ringning, fånga - fångna

4. Ng-ljudet stavas med **n** framför **k**:

   stänka, bank, bänk, hink, vinka, tänka, sänka, punkt, blinka, tankar, blank

5. Ng-ljudet stavas med **n** i några importord:

   enkät (Umfrage), **entré, pension, patiens, engagemang**

9. Enkelskrivning av konsonant

1. Efter en lång vokal följer alltid en enkel konsonant:
   ful, kul, fin, väg, vas, glas, ras, vin, tak, gran, smal, brun, skina, bara, håla, flyta, mata, läger

2. Några småord har bara ett **n**:
   in, allmän, den, men, igen, min, din, sin, hon, han, vän, än, en, man, män, kan

3. Man skriver ett **m** i slutet av ett ord:
   slam, öm, söm (Naht)**, ström, bom, gom** (Gaumen)**, lim, fem, grym, bakom, honom, program, fram, stam, medlem, rum, kam, som, vem, hem, dem**

4. Obs! Undantag:
   damm, lamm, ramm

5. Man skriver alltid ett **m** före annan konsonant:
   bromsa, gamla, dumt, klämde, drömde, samla, ramla, vimla, stämpla, hamra, lampa, kompis, somras, simning, rymde, rymt, tömning

6. Man skriver alltid ett **m** i ord med **-dom** och **rom-**:
   dom, domare, döma, rikedom, fattigdom, ungdom, ålderdom, barndom, sjukdom, romare, romersk, roman, romans

7. Man skriver alltid ett **n** före **d** och **t**:
   sand, tand, brand, kände, brände, vända, sund, kund, kunde, rund, sant, brant, runt, tunt, kant, tant, pant, sunt, vänta, vantar

10. Ljudförbindelsen *ks*

1. Ljudförbindelsen ks stavas med x:
   kex, pjäxor, läxa, exakt, examen, strax, taxi, blixt, lyx, explosion, export, flaxa, växa, häxa, lexikon, lax, sax, fixa, extra

2. Ljudförbindelsen ks stavas med cc:
   vaccinera, acceptera, accent, succé, successiv, accelerera

3. Ljudförbindelsen ks stavas med xc:
   excellens, exceptionell, excentrisk, excess

4. Ljudförbindelsen ks stavas i sammansatta ord med gs:
   dagstidning, skogsarbetare, krigsleksaker, slagsmål

5. Ljudförbindelsen ks stavas i sammansatta ord med ks:
   köksbord, kärleksdikt, fabriksjobb, tobaksrök, riksmuseum

6. Ljudförbindelsen ks stavas i sammansatta ord med cks:
   dricksglas, olycksfall, tändsticksask, skräckslagen

11. Tje-ljudet

1. Stavningen **k** används framför de mjuka vokalerna **e, i, y, ä, ö**:
   kedja, kemi, kila, kilometer, kika, kirurg, kyckling, kyla, kypare, kyrka, källare, kälke, känna, känsla, kära, kärna, kök, köld, kön, köpa, köra, kött

2. Undantag:
   kö (Schlange, Billardstock)**, kille** (Mann, Junge)

3. Stavningen **tj** används i många inhemska ord:
   förtjust, tjalla (verpetzen)**, tjata, tjattra** (plappern)**, tjeck** (Tscheche)**, tjej, tjoa** (fröhlich lärmen)**, tjock, tjog** (20 Stück)**, tjudra** (anbinden)**, tjuga** (20-Kronen-Schein)**, tjugo, tjur, tjura** (schmollen)**, tjusig, tjuv, tjäder** (Auerhahn)**, tjäle** (gefrorener Boden)**, tjäna, tjänst, tjära** (Teer)**, tjärn** (kleiner Waldsee)**, tjöt** (preteritum av **tjuta**)

4. Stavningen **kj** används främst i ett ord och ett namn:
   kjol, Kjell

5. Stavningen **ch** används framför allt i engelska och spanska importord:
   chans, charter, chatta, check, Chile, chilenare, chinchilla, chips, chutney, ketchup

6. Stavningen **c, ci, cci** används enbart i italienska importord:
   cembalo, ciabatta, cappuccino

12. Stor eller liten bokstav?

Stor bokstav

1. Stor bokstav används i början av en mening:	Han kom punktligt.
2. Stor bokstav används efter kolon, om det som följer är en anföring eller citat:	Anna ropade: "Hämta hinken, Emma".
3. Namn på personer, gator, städer, länder, floder, sjöar, berg osv. skrivs med stor bokstav:	Maria Larsson, Kungsgatan, Östersund, Sverige, Dalälven, Vänern, Kebnekaise
4. Om förleden i en sammansättning är ett egennamn som har kvar sin namnkaraktär:	Stockholmsområdet, Sydafrikafrågan, Bonnierpressen, Östersjöfisk
5. Om efterleden i en sammansättning är ett egennamn:	Mellaneuropa, Västsverige, Sydskåne
6. I flerordiga geografiska egennamn skrivs som regel endast det första ordet med stor bokstav:	Göta kanal, Indiska oceanen, Stilla havet, Höga kusten
7. Om art- och sortbeteckningar innehåller ett egennamn kan man (man måste inte!) använda stor bokstav:	Flitiga Lisa, Jack-Russel-terrier, Cox orange, King Edward
8. Vissa religiösa benämningar på gudomar brukar skrivas med stor bokstav:	Gud, Herren, Frälsaren
9. Byggnader och anläggningar:	Stadshuset, Stadsteatern, Louvren, Vasaparken, Dramaten, Stockholms central/Centralen, Storan
10. Stjärnbilder och himlakroppar:	Oxen, Lejonet, Mars, Jupiter
11. I namn på organisationer, företag, föreningar, myndigheter, tidningar m.m. skrivs för det mesta första ordet och ord som är egennamn med stor bokstav (det kan variera lite beroende på företagets eller organisationens egen praxis):	Nordiska Kompaniet, Riksarkivet, Röda korset, Arbetarnas bildningsförbund, Dagens Nyheter, Utrikesdepartementet, Högsta domstolen
12. Varumärken:	Volvo, Mercedes, Coca-cola, Magnecyl
13. Namn på skolor och utbildningar skrivs med stor bokstav om man avser en bestämd skola:	Tekniska Högskolan
14. Fullständiga namn på regionala och kommunala myndigheter:	Nacka tingsrätt, Länstyrelsen i Uppsala län, Svea hovrätt, Polismyndigheten i Stockholm

Liten bokstav

1. Substantiv skrivs generellt med liten bokstav i svenskan:	hus, by, torg
2. Månader, veckodagar, helg- och kalenderdagar:	mars, juni, tisdag, söndag, påsk, nyårsafton, midsommarafton, lucia, Glad påsk!, God jul!
3. Undantag:	Kristi himmelfärdsdag, Gustav Adolfs-dagen, Jungfru Marie bebådelsedag
4. Ord som ursprungligen är egennamn, men som används som beskrivande substantiv:	lucia, krösus, cardigan, derby
5. I sammansättningar, där förleden har förlorat sin karaktär av egennamn:	medelhavsklimat, montessoriskola, dieselmotor
6. Beteckningar för historiska händelser och perioder:	inkariket, romarriket, medeltiden, järnåldern, andra världskriget, franska revolutionen
7. Beteckningar för djur och växter:	apa, hund, gotlandsruss, tulpan, liljekonvalj, karljohanssvamp, tomater, sparris

8. Namn på politiska partier skrivs för det mesta med liten bokstav:

centerpartiet, folkpartiet liberalerna, kristdemokraterna, miljöpartiet, moderaterna, socialdemokraterna

9. Namn på skolor och utbildningar skrivs med liten bokstav om man syftar på utbildningen (skolformen):

**Anna läser på komvux.
Eva kom in på musikhögskolan.**

10. Namn på centrala myndigheter som det finns många av i landet:

arbetsförmedlingen, länsstyrelsen

11. Icke fullständiga namn på regionala och kommunala myndigheter:

hovrätten, tingsrätten, länsstyrelsen, a-kassan, polismyndigheten, landstinget, fritidsnämnden

12. Grundläggande samhällsinrättningar som inte ses som namn:

regeringen, riksdagen, polisen, tullen, kyrkan, flottan, staten

13. Några svårstavade ord

abonnemang	iaktta	koncentrera	parallell	särskilt
bestämde	jämt	konferens	plötsligt	terrass
cykel	jämlik	konkurrens	parentes	tillfredsställa
definiera	jämföra	korrekt	recension	tvungna
direkt	jämnt	människor	religiös	tyvärr
dubblett	karriär	noggrann	restaurang	överens
egentligen	komplettera	nämnde	successiva	överraskad

Facit till några uppgifter

Avsnitt 1

1
ungdomsspråk   talspråk   sms-språk
dataspråk   skriftspråk   fackspråk
invandrarspråk   minoritetsspråk   teckenspråk
bildspråk   valspråk   ordspråk
kroppsspråk   barnspråk

2

1. Man får inte cykla utan hjälm!
2. Ja, men det ordnar jag.
3. Nej, lägg av nu!
4. Kanon!
5. Men, fattar du inte!
6. Jag har ingen aning.
7. Usch, vad äckligt!
8. Varsågod och sitt!
9. Jag avskyr sådana samtal!

6

1 Island	16 Liechtenstein	31 San Marino
3 Sverige	17 Schweiz	32 Slovenien
2 Norge	18 Österrike	33 Kroatien
4 Finland	19 Polen	34 Bosnien och Hercegovina
5 Danmark	20 Vitryssland	35 Serbien
6 Ryssland	21 Ukraina	
7 Estland	22 Tjeckien	36 Montenegro
8 Lettland	23 Slovakien	37 Kosovo
9 Litauen	24 Ungern	38 Makedonien
10 Irland	25 Frankrike	39 Moldavien
11 Storbritannien	26 Monaco	40 Rumänien
12 Nederländerna	27 Andorra	41 Bulgarien
13 Belgien	28 Portugal	42 Albanien
14 Luxemburg	29 Spanien	43 Grekland
15 Tyskland	30 Italien	44 Turkiet

7
1. fel   3. fel   5. fel   7. fel
2. rätt   4. rätt   6. rätt

Text:
Men Mira var upprörd.
Varför hade hon sagt så mycket? Hon som i åratal hade övat på det svenska sättet att prata utan att säga något. Hålla avstånd. Hålla med. Tala om väder och kläder, klaga på mörkret och snöskottningen. Och skvallra, inte om grannarna utan om folk som fanns på bilder i veckotidningarna. Mira hade inte råd att köpa veckotidningar, så hon kunde inte bidra. Men det gjorde inget, hon lärde sig att se instämmande ut.
Under de första åren i Sverige hade hon funderat mycket på svenskarnas sätt att prata. Och kommit fram till att det gick ut på att inte släppa någon nära.
Det var bra, hon tyckte det i början.
Men sen kom en tid när hon lade ner oändlig möda på att vara som de. Få vara med. Så småningom förstod hon att det var omöjligt, hennes hud skilde ut henne. Och språket. Och bakgrunden, erfarenheterna från en värld där fördomarna var annorlunda. Svenskarna gillade människor som var annorlunda. Bara de var lika. Fan också, tänkte hon på svenska.
Vanligen tänkte hon på spanska, men när det kom till svordomar vågade hon inte.

Saxat
Slangord:
brallor = byxor   på dirren = på direkten/genast
fetto = en person som är fet   dinkan = klockan
guss = tjej   vi drar = vi går
käk = mat

10b
a) Mjau!   d) Smack!   g) Blä!   j) Ticktack!
b) Attjo!   e) Pang!   h) Kuckeliku! k) Kvack!
c) Pip/Mums! f) Bä!   i) Aj!/Jävlar!/Oj!   l) Plask!

15
Till exempel:

Stavning:	ä	e
	kärring	serbiska
	gräns	helst
	rätt	tecken
	främmande	Sverige
		korrekt
		engelska

Ordbildning:

-a	-na	-era	-isera
passa	klarna	inspirera	praktisera
starta		studera	
kika		stimulera	
tala		irritera	

Avsnitt 2

1
1. Himlen   5. planeten   9. satelliter
2. jorden   6. Universum   10. stjärnor/stjärnorna
3. värld   7. Astronauter
4. månen   8. rymdfärja   11. solen

2
Vi upptäckte mer och mer
och jorden blev större och större.
Upptäckte ändå mer
och jorden blev bara en prick,
en liten leksaksballong
i oändligheten.

3a
bättre,
själv, klarat,
tack, nästan,
ju, undrar, får, sommar,
hörde, där,
varit, länge,
väl, råd,
vunnit,

tur, vann, skulle,
till, inte, klokt,
talat, nog, hade,
drömmer,
kunna, längtar,
tid, vore, mörkt, Vilka,
bli,
måste, bra

3b
Konjunktiv
Ja, gudskelov!
Ja, det vete katten!
Bevare mig väl!
Måtte det inte bli åska!
Det vore bra för mig.
Nej, det vore dumt!

Konditionalis
Men om jag vann på Lotto, skulle jag skänka pengar till någon hjälporganisation och inte köpa en sådan där jättevilla.
Jag skulle nog rest en del, om jag hade haft så mycket pengar.
Visst skulle man kunna resa.
Hade jag haft pengar och tid, skulle jag börja måla.

7
något	jättesal	gevär	drack
aldrig	rad	militär	dansade
jord	reste	folk	
krig	soldater	krog	

13b
somliga	bägge	ingen
en del	båda	vissa
ett par	åtskilliga	ens
något	annat	en och annan
varje	man	samtliga
allt	hela	

15
Till exempel:
Stavning: scen, zebra, centrala, zoo, speciella, zenit

Ordbildning: jättestressad, hypernervös, superhungriga, överlycklig, urdåligt, urskönt, kanonbra, jättemycket

Avsnitt 3

2
Likheter
2 terminer
skolan är obligatorisk
läromedel är avgiftsfria
man har rätt att välja skola
avgiftsfri skolgång
efter studenten och Abitur har man högskolekompetens
det finns specialskolor för handikappade
det finns DaF-kurser (Deutsch als Fremdsprache)

Skillnader
Tyskland har inga förskoleklasser
grundskolan är för det mesta 4-årig
det finns inte tre stadier (låg- mellan- och högstadium)
sommarlovet är 6 veckor
skolbuss och måltider kostar pengar
de flesta skolor har inte lov i februari
gymnasieskolan har inte så många profiler
det finns naturligtvis ingen sameskola
Det finns fler lärlingsutbildningar i Tyskland

7
1. Lasse går i nian, Palle och Mia i åttan.
2. De har superbra kompisar, schysta lärare och rektorn är cool. Man kan prata med honom och han är snäll.
3. Mia: svenska och engelska, Palle: fysik, Lasse: idrott och matte
4. Den är känd för att ha lite skolkning, mobbning och missbruk.
5. De är supersnälla och förstående.
6. Alla lärare vet var tonåringarna behöver stöd. Eleverna känner sig trygga. De pratar om allt när det händer något. Ingen hamnar i ett utanförskap.
7. De var skoltrötta. De fick be om ursäkt.
8. Det är en sexgradig skala från A-F.
9. Han måste jobba hårt.
10. Lasse tänker välja naturvetenskapsprogrammet och Mia kanske barn- och fritidsprogrammet eller vård- och omsorgsprogrammet.

Text:
R: reporter L: Lasse M: Mia P: Palle
R: Hej, får jag ställa några frågor till er?
P: Nääj, helst inte.
L: Jo, men det är lugnt. Kör på bara!
R: Tack! Vad heter ni?
L: Lasse.
M: Jag heter Mia.
P: Palle.
R: Vilken klass går ni i då? Lasse?
L: Jag går i nian.
P: Åttan.
R: Och du då, Mia?
M: Jag går också i åttan.
R: Gillar ni er skola?
M: Ja, vi har superbra kompisar och schysta lärare.
P: Rektorn är ganska nice också faktiskt.
R: Jaha! Varför då?
P: Jo, men han är mer normal och snäll. Man kan prata med honom.
R: Jaha. Vad bra! Har ni favoritämnen? Mia?
M: Ähh… jag tycker nog bäst om svenska och engelska, tror jag.
R: Och du då, Lasse?
L: Jag vet faktiskt inte riktigt, fysik kanske.
R: Och du?
P: Mina ämnen är nog idrott och matte.
R: Den här skolan är känd för att ha väldigt lite skolkning, mobbning och missbruk och sånt. Vad beror det på, tror ni?
M: Ja, vi har ju Anna och Sebastian, våra kuratorer här på skolan. Det är två personer som är så där supersnälla och förstående.
P: Ja, alltså jag tror att alla lärare vet var vi tonåringar behöver stöd. Det känns tryggt här helt enkelt. Och sen så snackar vi ju om allt när det händer nåt. Så, det är liksom ingen som hamnar i ett utanförskap.
R: Det är oerhört fint. Har ni skolkat någon gång?
L: Ja. Vi var ett gäng som var väldigt skoltrötta. Och så blev det så.
R: Vad hände då?
L: Det hände inte så mycket. Vi fick be om ursäkt bara.
P: Det var hur pinsamt som helst. Vi gjorde aldrig om det.
R: Vad tycker ni om betygssystemet?
M: Ja, den sexgradiga skalan från A-F är bra. Och jag gillar att det är målrelaterade betyg.
R: Jaha! Pluggar ni mycket?
P: Nja … sådär … men i nian måste jag nog ge järnet.
R: Lasse, du går ut nian nu i sommar. Vad tänker du välja för program?
L: Jag tänker läsa naturvetenskapsprogrammet. Det verkar kul.
R: Ja! Och du Mia? Vad har du för planer?
M: Jag får väl se… för min del blir det nog nåt mer yrkesinriktat, barn- och fritid eller vård- och omsorg. Jag får väl se.
R: Spännande! Är skollunchen bra här?
P: Ja, det är ok. Idag var det varmkorv med potatismos. Det är gott.
R: Tack för att jag fick prata med er, och lycka till!
Alla: Hej då!

9

Till exempel:
- Ursäkta att jag kommer för sent till lektionen.
- Ja, det är sånt som händer.

- Åh förlåt, jag måste ha ringt fel.
- För all del.

- Ledsen att jag stör, men jag glömde mina nycklar.
- Ingen fara. De ligger här på katedern.

- Förlåt, det var inte meningen.
- Det är okej.

- Hoppsan! Hur gick det?
- Det gick bra.

- Förlåt att du fick vänta.
- Ja men, det gjorde inget.

10a

1. rätt	3. rätt	5. fel	7. fel	9. rätt
2. fel	4. rätt	6. rätt	8. fel	10. fel

Text:
Folkhögskolan i Sverige
Folkhögskolan är en nordisk skolform för vuxenutbildning, ofta med internat. Den första folkhögskolan grundades 1844 i Rödding, Danmark. Sverige fick sina första folkhögskolor Önnestad, Hvilan och Lunnevad 1886.
För att till en början nästan uteslutande ha varit böndernas högre undervisningsanstalt, knöts folkhögskolorna snart till arbetarrörelsen, nykterhetsrörelsen och frikyrkorörelsen. Skolorna fungerade både som centrum för sin bygd och som hemvist för folkrörelsernas medlemmar.
Idag (2013) finns det 150 folkhögskolor, varav 107 är knutna till föreningar, stiftelser, folkrörelser eller ideella organisationer. De övriga 43 drivs av landsting eller regioner. Folkhögskolorna finansieras genom statsbidrag och landstingsbidrag.
Varje folkhögskola bestämmer självständigt över sitt kursutbud och sin profil och är inte bunden till centralt fastställda läroplaner. Något som utmärker folkhögskolan är samtalet och den studerandes aktiva deltagande i gruppen.
Folkhögskolornas kurser delas vanligen in i tre kategorier:
- Allmänna kurser som helt eller delvis ersätter gymnasiestudier. De ses som ett alternativ till komvux och det finns många olika profiler och inriktningar beroende på vilken skola man läser på.
- Särskilda kurser, vilka är inriktade på ett speciellt ämne som största delen av kursen ägnas åt. En del av kurserna är yrkesinriktade, t.ex. idrottskonsulentlinjen, friskvårdskonsulentlinjen eller journalistlinjen.
- Övriga kurser som utgörs av uppdragsutbildningar, kortkurser eller sommarkurser t.ex. skrivarkurser, akvarellkurser, kurser i trädgårdsgestaltning eller mindfullness. (Efter www.folkhogskola.nu)

11b

1. Anna bor i en trea.
2. Lasse går i sjuan.
3. Karin brukar ta åttan.
4. Linda går i ettan.
5. Emma kom etta.
6. Kan du låna mig en tjuga?
7. Stefan bor i en etta.
8. Rickard gick ut nian i somras.
9. Ann tar alltid femman till stan.
10. Helge har en tvåa mitt i stan.

en trefjärdedels deciliter
en tredjedels liter
en halv deciliter
en fjärdedels deciliter

en trefjärdedels deciliter
en och en halv tesked
en trefjärdedels matsked
en halv liter

12

Drygt en femtedel av sökande till ...
En fjärdedel av Stockholms ...
Hälften av gymnasieskolorna ...
Drygt fyra femtedelar av tonårsföräldrarna ...
Två tredjedelar av alla svenskar ...
Tre fjärdedelar av alla utlandsfödda ...
En sjättedel av alla högskolenybörjare ...
Drygt en femtedel av alla ungdomar ...
En fjärdedel av alla gymnasieelever ...
Hälften av alla ungdomar ...
Nästan en tredjedel av alla barn ...
Tre fjärdedelar av alla skolbarn ...
En fjärdedel av alla svenskar ...

17

Till exempel:
Stavning:

-kt	-ckt	-gt	-ggt
ursäkt	tyckte	ordentligt	tryggt
försökt	knäckt	ledigt	
sikta		roligt	
inriktning		drygt	
		duktigt	

Ordbildning:

-are		-ent/-ant	-log
invandrare	nybörjare	student	psykolog
ägare	tandläkare	praktikant	
forskare	föreläsare		
lärare			

-or	-nom	-när
rektor	socionom	konstnär
doktor		
professor		
kurator		

Avsnitt 4

1

Exempel på tidningar:
hundtidning   datortidning   biltidning
hästtidning   äventyrstidning   motorcykeltidning
fisketidning   pysseltidning   fotomagasin
jakttidning   modetidning   vetenskapsmagasin

2

a) kultur och nöjen
b) serier
c) resor
d) familj
e) sport
f) nyheter inrikes/ledare
g) annonser
h) tv och radio
i) nyheter utrikes
j) näringsliv/ekonomi
k) kryss
l) debatt
m) ledare/debatt
n) väder

3a

fängelse   överklagades   nekat
domen   Hovrätten   erkänner
åklagaren   döms
straff   narkotikabrott

4

stöld	2	våldtäkt	5	krock	–
inbrott	9	efterlysning	–	rattfylleri	1
rån	6	olycka	7	på fri fot	3
mord	–	brand	8	böter	4

Text:
Nyhet 1: Rattfylleri
En bilist körde av vägen och när polisen kom till platsen grep de föraren, eftersom han var rejält berusad och dessutom saknade

körkort. Som orsak till avkörningen uppgav mannen att han hade bråttom. Han var på väg till en rättegång i tingsrätten. Han var nämligen åtalad för rattfylleri. Rättegången fick inställas och mannen togs till polisens arrestlokaler för att sova ruset av sig.

Nyhet 2: Stöld
En 32-årig person, hemmahörande i Norge, åtalas för stöld, då han i juli stulit ett par jeans värda 900 kronor. 32-åringen har erkänt brottet.

Nyhet 3: På fri fot
Chefsåklagare Peter Nilsson har försatt den 20-årige man, som greps natten mellan fredag och lördag, på fri fot. Den 20-årige mannen greps misstänkt för misshandel.

Nyhet 4: Böter
En 53-årig man riskerar dryga böter efter att ha gjort flera fel vid en körning. Dels saknade han körkort för lastbilen han körde, dels åtalas han nu även för fortkörning. Dessutom uppgav han sonens namn när han åkte fast.

Nyhet 5: Våldtäkt
En kvinna överfölls och våldtogs i centrala Stockholm tidigt i går morse. Enligt polisen blev kvinnan förföljd av en okänd man och indragen i ett utrymme på Skaraborgsgatan vid 03-tiden. Mannen kunde gripas i området kort därefter.

Nyhet 6: Rån
Tre maskerade män, beväpnade med knivar, rånade ett konditori. Det var strax före klockan elva på tisdagsförmiddagen som de tre rånarna kom in på ett konditori i Västerås och hotade personalen med knivar. Rånarna tilltvingade sig butikens växelkassa och i samband med rånet blev en av de anställda slagen. Den skadade fördes till sjukhus för omplåstring.

Nyhet 7: Olycka
En mc-förare slungades av vägen på tisdagseftermiddagen på väg 21 vid Röinge. Med skador i ena armen och högra benet fördes han till sjukhus i ambulans.

Nyhet 8: Brand
En brand gjorde fyra familjer hemlösa i Huddinge. På grund av vinden spreds branden och förstörde flera fastigheter. Brandorsaken är ännu oklar.

Nyhet 9: Inbrott
Apoteket Ödlan i centrala Bromölla hade besök av inbrottstjuvar under natten till tisdagen. Enligt polisen slog gärningsmännen sönder ett skyltfönster, innan de tog sig in i butikslokalen. Det är ännu oklart vilka läkemedel som blev stulna i samband med inbrottet. När väktarna kom till platsen var tjuvarna redan försvunna.

5b
1. behövs, ställs
2. halveras, bedöms
3. hotades, larmades, gripas, hittades
4. stöttas
5. försvagades
6. åtalades
7. dömts, dömdes

1. Svenska löntagares jobb blir påverkade av den ekonomiska krisen i Europa.
2. 37 människor blev tvingade att lämna sina hem.
3. Arne blir utnämnd till ordförande.
4. Bilarna hade blivit stulna av en ung man.
5. Vid krocken på E22:an blev en person skadad.
6. Tjuvarna blev förföljda av polisen.
7. Domen blev överklagad igår.
8. 47-åringen har blivit anklagad för narkotikabrott.
9. En 35-årig man blev gripen för grovt bedrägeri.
10. Två kvinnor blev häktade i Malmö i onsdags.

7
1. fel
2. rätt
3. fel
4. fel
5. fel
6. rätt
7. fel
8. rätt

Text:
Efterlysning
En kvinna i 40-årsåldern från Norrland efterlyses. Hon är ungefär 1,70 lång, har litet ansikte, små tänder, böjd näsa och mörka ögon. Hyn är ljusbrun, något finnig och ögonbrynen starkt markerade. Håret är mörkt och lockigt. Vid försvinnandet bar hon en blå jacka med kapuschong, blå jeans och svarta stövlar. I handen hade hon en röd väska. Kvinnan talade snabbt och osammanhängande.

11a
stackars
chockad
verkstaden
trillat
att
Och
eldsflammor
sig
flög
Allt
det
brandkåren,
tjugo
Släckningsarbetet
Karlsson,
ledde
smycken/smyckena,
ingen
är
på
värst
försäkringsbolaget

11b
I texten finns följande ord:
en fönsterlucka
en taknock
en tegelpanna
en skorsten
ett tak
en gavel
ett rum
en bottenvåning

12b
1. Det är med tåg Karin ska resa.
2. Det var Olle som ringde igår.
3. Det var via internet som Hanna bokade sin biljett.
4. Det är Pedro som kommer från Spanien.
5. Det är feriearbetare som ska hålla stan snygg.
6. Det är 50 kronor i timmen som lönen ligger på.
7. Det är jobbpolitik (som) det handlar mycket om just nu.
8. Det är för ökad jämställdhet (som) vi arbetar.

16b
1. Svarte
2. ende
3. yngste
4. Gode
5. andre
6. starke
7. gode
8. sjuke
9. ryske
10. vise

18
Till exempel:
Stavning:

j	g	gj	dj
jobbpolitik	ungefär	gjorde	djuren
ju	ge		djupa
jag	ogillades		fördjupande
jord	gärningsmannen		
jobba	gör		
	gick		

hj	lj	lg	rg
hjärnor	ljuv	helg	sorg
hjälp	ljög		arg
	ljudbok		

Ordbildning:

-ig/-lig	-bar	-ande/-ende	-sam
blåsig	kännbar	spännande	hjälpsam
smidig		blivande	lättsam
ansvarig		ältande	
enig		tillfredsställande	
rolig		resonerande	
jobbig		provocerande	
betydlig		ofredande	
		beteende	

Avsnitt 5

1
Man ska inte kasta yxan i sjön.
Han vänder kappan efter vinden.
Man ska inte lägga näsan i blöt.
Kläderna gör mannen.
Bättre bocka sig än stöta huvudet i dörren.

4b
inleda ett möte
Välkomna till mötet.
Ska vi börja?
Alltså, idag ska vi gå igenom ...

besluta något
Men kan vi inte besluta att ...

klargöra något
Det betyder eventuellt en konkurrent mindre.
Hänger ni med?

avbryta, hålla tiden
Fatta dig kort, vi är lite försenade.
Förlåt att jag avbryter, men ...
Får jag bara säga en sak?
Det kanske vi kan diskutera en annan gång.

leda diskussionen
Jessica, kan du göra lite anteckningar?
Åke, kan du börja?
Jessica vill säga något.
Vad tycker ni andra?
Andra förslag?
Linus, varsågod.
Jag tycker vi håller oss till ämnet.
Tycker ni Linus förslag är bra?

be om förtydligande
Men förlåt, det förstår jag inte.
Vad menar du med det?

ta ställning
Jag är övertygad om ...
Min uppfattning är ...
Jag är inte nöjd med ...
Jag tycker/tror ...

begära ordet
Får jag bara säga en sak?

protestera
Jag tror däremot inte att det stämmer.
Jag håller inte heller riktigt med.
Jag vill inte klaga, men ...

ge stöd
Precis, det tycker jag också.
Det verkar bra.
Mer reklam är nog ett bra förslag, men ...

föreslå något
Vad sägs om nästa möte om två veckor?
Jag föreslår att vi drar igång en rabattkampanj.

avsluta ett möte
Bra!
Något mer?
Då kan vi avsluta diskussionen.
Tack, då var vi klara.
Något mer?

5b
därför	däremot	annars
alltså	tvärtom	eventuellt

10
utbildning: rad 11-12
intressen: rad 13-15
motivering: 3-5 och 18-19
egenskaper: rad 16-17 och 9-10
arbetslivserfarenhet: 6-9

11

Färg	Bra färg	Ingen bra färg	Signalerar	Kommentar
beige, brunt	x		trygghet, stabilitet	
rött		x	styrka, mod, aggressivitet	
rosa		x	för mycket femininitet	använda sparsamt
svart	x		elegans	säger inte mycket om din person, matcha med färger
vitt		x		säger inget om personligheten/vit blus eller skjorta ok
grått		x	ingen karaktär alls	
grönt	x		empati, omsorg	inom miljöbranschen och vården
gult	x		intellektets färg	för lärare, jurister och forskare
blått	x		att man är seriös, pålitlig	inom bankbranschen, näringslivet
turkost	x		ungdomlighet	inom hygien och hälsa ska helst inte överdoseras
orange	x		humor, kreativitet	för kreativa jobb

Text:
Rätt klädfärger på jobbintervjun
R: reporter S: Birgitta Svensson

R: Hej och välkommen hit!
S: Tack. Roligt att få vara här!
R: Birgitta, hur viktig är klädfärgen när man går på en anställningsintervju?
S: Alltså, det första intrycket är ju ofta kvarstående. Så visst är det viktigt att välja klädfärg med omsorg innan man går på jobbintervju.
R: Är det lika för män och kvinnor?
S: Nej, naturligtvis inte helt lika. Kvinnor klär sig givetvis mer varierat och använder ofta mycket mer färg än män. Men männen kan ju välja färgen på slipsen och många män har också blivit modigare, vad gäller t.ex. färgval på skjortan och sånt.
R: Hur uppfattas t.ex. färgen brun, en av 70-talets älsklingsfärger?
S: Ja, brunt och beige utstrålar trygghet och uppfattas som stabila och jordnära. Det är väl inte lämpligt att gå helt i brunt, men med brunt och beige kan man ju kombinera andra färger. Rött däremot signalerar styrka, mod och aggressivitet. Så det är ingen bra färg för en intervju.
R: Rosa då?
S: Nej, rosa ska man helst inte bära. Det utstrålar för mycket femininitet. Gillar man rosa så ska man använda färgen sparsamt.
R: Jaha. Svart är sorgens färg, eller hur?
S: Nähä, svart är ju inte enbart sorgens färg numera, utan svart symboliserar elegans faktiskt. Men det säger inte så mycket om din person. Så det är liksom oerhört viktigt att matcha med en färgglad detalj, ett större smycke, eller en sjal av något slag.
R: Jaha. Hur är det med vitt då?
S: Jag brukar avråda från helvitt, därför att det inte säger någonting om personligheten. Men däremot en vit blus eller skjorta klassiskt och passar alltid! Det är som grått. Det är en färg som är heltrist och inte ska bäras på en intervju. Den har ingen karaktär alls. Men t.ex. grönt och gult är härliga färger, tycker jag. Gult, som är intellektets färg, är en utmärkt färg för lärare, jurister och forskare. Grönt t.ex. är den perfekta färgen för den som söker inom vården och miljöbranschen, därför att färgen signalerar empati och omsorg.
R: Ja, men det kan man ju känna.
S: Sedan har vi ju kvar blått som visar att du är seriös och pålitlig. Alltid ett säkert kort! Passar bra i näringslivet och ...
R: ... bankbranschen kanske?
S: Ja, exakt.
R: Birgitta, vad säger du om turkost och orange?
S: Ja, det är roliga, sprakande färger. Jag personligen tycker att turkost passar bra för yrken inom hygien och hälsa. Färgen är ungdomlig och tilltalande. Men ska helst inte överdoseras. Och sen orange då som passar bra, om man söker ett kreativt jobb. Har man på sig det, så visar man att man har humor och är kreativ.
R: Det här var jättespännande. Tack för samtalet, Birgitta.
S: Tack själv!

14
Till exempel:
1. Han umgås med Annette, som är skådespelerska.
2. Jag tror att han lyckas.
3. Han verkar blyg. Han jobbar på en bilfabrik.
4. Nej. Det finns inget spår av reservation eller ointresse.

5. Han minns några skolteaterföreställningar.
6. Han vistas nio timmar om dagen på sitt jobb.
7. Det känns jobbigt. Samma nio arbetsmoment varje dag, att kasta i sig maten, att aldrig känna sig riktigt ren, att vara trött men inte kunna somna i tid.
8. Ja, han skäms nog lite för det, när han är tillsammans med Annette som är skådespelerska.
9. Kanske en flickvän, ett bättre jobb och mer livsglädje.
10. Han vet inte riktigt om han trivs eller vantrivs. Han har fastnat i en likgiltig lunk.
11. Ja, jag tror att han hoppas på att få ett annat jobb.

17

Svar:
1. Samuel bor i Stockholm i en trea i ett fint område söder om innerstan.
2. Hans ateljé ligger i ett industriområde med cykelavstånd från hemmet.
3. Han arbetar med ett par målningar till en utställning i sommar.
4. Nej, han är inte uppvuxen i en familj som haft kultur som intresse. Han ritade en del som barn och tonåring, men först på konstskolan hade måleriet fångat hans intresse.
5. Han låter ofta flera målningar finnas tillsammans med olika objekt, teckningar och till och med videoverk.
6. Med sin konst vill han uttrycka längtan efter något större, något djupare som går bortom det vi kan se med våra ögon.
7. Han säger att ordets innebörd är en djupare längtan, en slags saknad och ett slags vemod.

Text:
Samuel Sander heter jag och jag bor i Stockholm med min fru Anna och mina två döttrar, Molly och Maja.
Vi bor i en trea i ett fint område söder om innerstan. Jag arbetar som konstnär och min ateljé har jag i ett industriområde med cykelavstånd från hemmet. Just nu arbetar jag med ett par målningar till en utställning i sommar.

Konstnär? Ja, det har inte alltid varit så självklart. Jag är inte uppvuxen i en familj som haft kultur som intresse och det var inte heller något som jag upplevde att jag saknade. Visst ritade jag en del som barn och tonåring, men det var nog ingen som skulle ha kallat mig speciellt begåvad. Nej, det var något som jag upptäckte relativt sent, när jag var så där runt 22 - 23 år gammal. Det kom sig som så att jag hade börjat på en konstskola, lite för att jag inte riktigt visste vad jag ville göra av mitt liv och kände att det nog skulle vara ett roligt år att få stå och måla. Mer än så tänkte jag nog inte. Men efter ett tag så hade måleriet verkligen fångat mitt intresse och jag ville fortsätta, åtminstone ett tag till. Så jag fortsatte. Och fortsatte... och kort därefter som om jag nästan inte förstod hur det gick till, hade jag kommit in på Kungliga Konsthögskolan. Efter fem långa men mycket givande år tog jag så min examen 2008 och har sedan dess arbetat i egen ateljé med olika projekt.

Fortfarande är det måleriet som utgör grunden i mitt konstnärskap och som jag hela tiden faller tillbaka på. Men sättet som jag målar på eller som jag presenterar mitt måleri på, kanske skiljer sig en aning från klassiskt måleri. Jag låter ofta flera målningar finnas tillsammans med olika objekt, teckningar och till och med videoverk. Tillsammans skapar de olika delarna en större berättelse än vad de enskilda objekten eller målningarna förmår att göra. Den ena relaterar till den andra på ett sätt som påverkar läsningen av konsten. Jag dras till de stora berättelserna, som har existensiella perspektiv och berättar något om människan, om vår historia och vår situation, om vad det innebär att vara människa. Om längtan efter något större, något djupare som går bortom det vi kan se med våra ögon. I Tyskland har de ett fantastiskt ord som svenskan saknar - Sehnsucht. Ordets innebörd, som är en djupare längtan, en slags saknad och ett slags vemod beskriver lite grann den känsla som jag vill förmedla genom min konst.

20

Till exempel:
Stavning:

mitt	topp	hålla	mycket
sitt	kappa	jobba	uttrycka
till	blomma	kassa	offert
jobb	vänner	tycker	

Ordbildning:

dansös	elektriker	skulptör	sångerska
artist	musiker	vice direktör	fotograf
journalist	frisör	kassör	

Avsnitt 6

1b
föräldrar, kön, krig, skäl, bevilja, etablera sig, invandring, öka, fattigdom, dominera, ansöka, utvandra

2
1. främmande
2. djupt
3. flyter
4. fångenskap
5. ansikte
6. tung
7. trädets
8. upp
9. mötas
10. hemlands

4a
1. med andra ord
2. (eller) rättare sagt
3. Vad jag försöker säga är att ...

8

Till exempel:

kyrka	julotta	bibelläsning	borgerlig begravning
kristen	muslim	grav	gravning
nattvard	be	bön	döpt
Gud	församling	begravning	präst
troende	gudstjänst	kyrklig vigsel	kantor
religiös	högmässa	konfirmerad	

1. Till exempel: Får jag ställa en fråga? / Är du troende? / Tror du på Gud? / Går du i kyrkan? / Är du religiös? / Får jag fråga en sak? / Är nattvarden något som är viktigt för dig? / Vad heter du? / Vad tycker du om borgerliga begravningar?/ Varför då?
2. Ingen kan bevisa att det finns en gud.
3. Hon tillhör Pingstkyrkan.
4. Till Saras vardag hör gudstjänster, bibelläsning och bön.
5. Bön är samtal med Gud.
6. Han kommer från Pakistan.
7. Islam.
8. Det är bra att de finns.
9. Hon är inte djupt troende, men är övertygad om att det finns en kraft som styr oss.
10. Inte regelbundet, men hon går i julottan.
11. Han går dagligen till sin frus grav.
12. Han känner gemenskap och frid.

Text:
Person A
R: Hej, får jag ställa en fråga?
A: Javisst!
R: Tror du på Gud?
A: Ja, det gör jag. Jag kommer från Pakistan och är troende muslim. Men jag är absolut ingen fundamentalist. För mig är det jätteviktigt att inte äta griskött och undvika alkohol. Ja, och sedan ber jag regelbundet och läser i Koranen.

Person B
R: Hejsan! Du ... är du troende?
B: Nej inte alls!
R: Nähä, varför då?
B: Ja, men, det finns ingen som kan bevisa att Gud finns. Det är skitsnack alltihop!

Person C
R: Hej, vad heter du?
C: Sara Svensson.
R: Sara, tror du på Gud?
C: Ja, definitivt! Det är helt naturligt för mig. Gud är alltid närvarande. Jag tillhör pingstkyrkan, där gemenskap i församlingen, gudstjänster, bibelläsning och bön tillhör vardagen.
R: Så bön är viktigt för dig?
C: Ja absolut! Många tror att bön är någonting mystiskt. Men att be handlar helt enkelt om att tala med Gud.
R: Ok, tack!

Person D
R: Hej, vad heter du?
D: Dagmar.
R: Får jag fråga en sak?
D: Javisst!
R: Är du religös?
D: Nja, religös ... jag vet inte riktigt vad jag ska säga om det. Jag är nog inte djupt troende.
R: Men du tror att det finns en Gud?
D: Ja, oh ja! Jag är övertygad om att det finns en kraft som styr oss.
R: Går du i kyrkan?
D: Inte regelbundet, nej ... men vi brukar gå i julottan, det är alltid högtidligt och fint. Och båda mina barn är döpta och konfirmerade ... och jag ville absolut ha en kyrklig vigsel när jag gifte mig.
R: Vad tycker du om borgerliga begravningar?
D: Ja, men det är bra att de finns. Men ... för min del så tycker jag kyrkliga begravningar är fina. Vi är ju uppvuxna i en kristen tradition, så det är nog viktigt för mig.
R: Tack för det!
D: Tack!

Person E
R: Hej, får jag ställa en fråga?
E: Ja, ok.
R: Tror du på Gud?
E: Ja.
R: Går du i kyrkan?
E: Ja, det gör jag. Det är högmässa här nästan varje söndag. Jag brukar gå dit. Vi har en enormt trevlig präst och en engagerad kantor. De är så karismatiska bägge två, så det är nog därför man gärna går i kyrkan regelbundet. Och sen min fru dog är jag nästan dagligen på kyrkogården vid hennes grav.
R: Ja, jag förstår det. Är nattvarden något som är viktigt för dig?
E: Ja, det har blivit det. Man känner en sådan gemenskap och frid.
R: Tack ska du ha.
E: Tack, tack.

11a
1. ställas på sin spets: en situation förvärras/blir mer problematisk
2. vara ute på hal is: vara i en situation som man har svårt att klara
3. med en klackspark: man gör något utan att fundera särskilt länge/ med lätthet

11b
substantiv: en bekräftelse, ett behov, en hjälp, ett dop, en kostnad, ett råd, ett beteende, en relation, en kontakt, en ordning
verb: bjuda, skylla på, bryta, såra, kränka, isolera, tala, kommunicera, tänka, dela, fungera, flörta

12b
1. Skatterna lär höjas igen.
2. Vädret lär bli fint i morgon.
3. Julia lär ha gift om sig.
4. Du bör/borde ringa polisen.
5. Olle bör/borde verkligen tappa några kilon.
6. Nicke lär vara rik som ett troll.
7. Den filmen bör/borde du se!
8. Kalle bör/borde sluta röka.
9. Ellen lär ha flyttat.
10. Wilma bör/borde byta lägenhet.

15b
1. ny
2. fina, röda
3. kulturella
4. vackra
5. svårt
6. allvarliga
7. snälla
8. trevliga/trevlige
9. intressanta
10. lilla

16
Idiom:
på tu man hand
rik som ett troll
vara ute på hal is
inte ett smack
dra åt skogen
med en klackspark
ställas på sin spets
stel av fasa
ögon stora som tefat
en positiv kick
vara helt slut
gå upp för någon

det vete fåglarna: inte ha en aning om något
på nolltid: jättesnabbt
sitta i klistret: att ha hamnat i svårigheter
sätta sig på tvären: att vägra gå med på något
gå i land med något: lyckas med något
leva i sus och dus: festa och dricka mycket, leva mycket gott
vara en sölkorv: vara långsam
på rak arm: genast, utan vidare
köpa grisen i säcken: köpa något utan att veta säkert vad det är
vara på hugget: vara aktiv/alert
vara mitt i prick: vara perfekt

17
Till exempel:
Stavning:

sj	**sk** (framför e, i, y, ä, ö)	**skj**
(svart)sjuk	skydd	skjutsa
sjal	skyller	
sjungande	skäl	
sjöng	skilsmässan	
själva	skilda	
sju	skönt	

stj	**rs**	
stjärna	skorstenar	partners
stjärngosse	förstå	första
	tonårsnoja	översatte
	försöker	versform
	först	eftersom
	personen	särskilt
	försona	

Ordbildning:

-dom	**-skap**
fördom	fångenskap
ungdom	(o)kunskap
fattigdom	utanförskap
visdom	vänskap
sjukdom	gemenskap

Avsnitt 7

1 smattra	11 porla	8 surra	14 sorla	7 gnissla
15 smälla	5 mullra	6 skvalpa	3 klirra	9 susa
4 ringa	2 kvittra	13 bullra	12 skramla	10 knaka

2b
en syn, en lukt, en doft, en hörsel, en känsel, en smak

3
Till exempel:

Det luktar...	Det smakar ...	Det känns ...
illa	gott	ojämt
gott	beskt	hårt
fränt	surt	varmt
friskt	salt	kallt
	sött	strävt
	starkt	lent
	illa	friskt
	fränt	

6b
års, meters, timmars, till hands, på, procents

7
På vilket sätt? ..., eller hur?
Vad menar du med det? Är det så?
Oh vad gör man då?

Till exempel:

Höjdsjuka
det handlar om syrebrist
man har huvudvärk
man mår illa
man kan få feber

Packning
ryggsäckarna får väga 15 kg
bärare bär sovsäckar, kläder och köksutrustning

Gruppen
Bra!
15 personer mellan 28-69 år
alla utom en hade erfarenhet av bergsvandringar

Vandring
dagsetapper mellan 6-9 timmar
coca-cola-rutten
rätt enkel vandring

Coca-cola-rutten
rätt enkel vandring
sova i enkla hyddor
man bär endast på en dagryggsäck med klädombyte och vatten

Utmaning
extrema och enkla förhållanden
personlig utveckling
utsatthet
dålig hygien
höjdsjuka
stora temperaturskillnader

Text:
M: Magnus S: Signe A: Agnetha
A: Hej, är ni hemma igen! Hur var resan?
S: Suveränt bra!
M: Ovanlig och intressant, en utmaning, alltså.
A: Utmaning? På vilket sätt?
M: Jo, det var en utsatthet som vi aldrig upplevt tidigare. Att bestiga en bergstopp, som ligger på 5 895 meters höjd, handlar om mer än att bara nå en bergstopp. Det är personlig utveckling också.
A: Ja, det tror jag det. Jag har hört att man går i ett lugnt tempo och att det inte handlar om någon avancerad klättring. Är det så?
S: Ja, själva vandringen är rätt enkel. Men den stora utmaningen är att man lever under extremt enkla och inte särskit hygieniska förhållanden ...
M: Du anar inte hur skitiga vi var! På morgonen så kom bärarna med ett litet handfat med varmt vatten. Det var "duschen" för samtliga sex personer i vår hydda.
S: Hur som helst, en annan grej som är rätt extrem är att man inte vet hur kroppen reagerar på så hög höjd.
A: En kompis till mig mejlade häromdagen. Hon vill göra en liknande resa och skrev något om höjdsjuka.
M: Jag klarade mig rätt bra faktiskt, men Signe var rejält höjdpåverkad.
A: Höjdpåverkad, vad menar du med det?
S: Jo, man får huvudvärk och mår illa. Man kan inte stå stadigt på benen och att äta är det inte tal om.
A: Så vitt jag vet har det med syrebrist att göra, eller hur?
M: Precis.
A: Och vad gör man då? Finns det medicin?
M: Nej, det finns bara ett sätt att bota höjdsjuka och det är att ta sig ner igen.
A: Ok. Så du nådde aldrig toppen, Signe?
S: Nej jag gjorde inte det. Vid sista nivån, före själva toppbestigningen var det definitivt inte läge för mig att fortsätta. Sen fick jag 39 graders feber också, så att eeh ... nej, jag mådde jättedåligt. Men Magnus nådde toppen.
M: Ja, det var kul! Det kändes helt fantastiskt!
A: Du sa något om bärare. Bar ni inte er packning själva?
M: Nej. Alltså vi gick den så kallade coca-cola-rutten, och den är inte så extrem. Det innebar att vi sov i enkla hyddor, att vi endast bar en dagryggsäck med något enkelt klädombyte och vatten. Resten av packningen, kläder och sovsäckar och så bars av ett 30-tal bärare ...
S: ... som dessutom kånkade på hela köksutrustningen. Det var tuffa killar, ska du tro!
A: Ja, det låter ju fantastiskt!
M: Fast ryggsäckarna vägdes noga, de fick bara väga 15 kilo. Och man skulle ju ha kläder med sig för 25 plusgrader och 15 minusgrader, som det kan vara på toppen.
A: Oj då! Vilka temperaturskillnader!
M: Ja, det var det verkligen!
A: Och gruppen då? Gick det bra?
S: Ja, vi var 15 personer mellan 28 och 69 år. Alla utom en hade varit till fjälls tidigare och var vana vid bergsvandringar. Och det var nog bra, för våra dagsetapper var mellan sex och nio timmar. Så på kvällarna var vi rätt slut allihopa.
A: Men måste man inte förbereda sig ordentligt inför en sådan här ovanlig resa?
M: Jo, absolut. Det är jätteviktigt ....

8
A vik ned, vik in, vik ut, vik bakåt, vik in, vik upp, låser ihop, vänd upp
B blanda samman, blanda ner, häll i, arbeta ihop, stjälp upp, platta ut, sätt in, brut isär
C kratsa bort, hugg sönder, skrapa bort, borsta rent, se till, tippa in, pressa ner, trycka till, jobba in, torka bort, polera rent

12
ruter hjärter
spader klöver

en knekt en dam en kung ett ess

en joker en kortlek

13
1. klassisk musik 5. blues
2. pop 6. modern/ny musik
3. dansbandsmusik 7. folkmusik
4. opera 8. jazz

18
Till exempel:
Stavning:

ng	g+n	n+k	n
långt	Agnetha	omtänksamt	pensionering
fungerar	Signe	tanke	entré
kängor	regn	instinkt	nyans
omgivningen	ugn		lanseras
dinglande	lugn		enkät
resonemang	begagnad		
salong	ögna		
gång			

Ordbildning:

-are	-else	-an	-ing/-ning
hammare	förnimmelse	inbjudan	exponering
spelare	rörelse		beröring
träblåsare	tillfredsställelse		vandring
trumslagare	betydelse		spinning
50- plussare	förberedelse		träning
musikälskare	händelse		utmaning
konsthandlare	upplevelse		stämning
motståndare			nedsättning
			forskning
			spridning
			undersökning
			ökning
			utrüstning

-tion/-ation	-ion/-ition
reaktion	diskussion
definition	sektion
instruktion	repetition
ventilation	
information	
presentation	
situation	
federation	

Avsnitt 8

1

handen på hjärtat	- ärligt talat
på egen hand	- utan hjälp
på tu man hand	- ensamma tillsammans; få en stund för sig själv
ge någon kalla handen	- säga nej till någon
vara som en omvänd hand	- vara helt förändrad
en hjälpande hand	- hjälpa någon
i första hand	- det som är viktigast
ta hand om någon	- sköta om någon, hjälpa någon
leva ur hand i mun	- leva så, att man precis klarar sig ekonomiskt

2

Ord:	Uttryck:
bistånd	Förlåt, vad sa du det hette?
volontär	Kan du säga det en gång till?
filantrop	På tal om svåra ord ...
donationer	Nej, ingen aning!
jamboree	Nej, aldrig hört!

Text:
I: Du Emma, kan du hjälpa mig med en sak?
E: Självklart!
I: Kan du förklara ordet bistånd för mig.
E: Javisst! Bistånd är t.ex. stöd i form av pengar eller saker som skänks till en organisation eller enskild person.
I: Jaha, nu förstår jag. Och sedan en annan sak jag inte fattade. Ordet "Ehrenamt" finns inte på svenska på samma sätt.
E: Jo, men det måste det ju finnas. Jag är inte så bra på tyska. Kan du förklara innebörden?
I: Ja, alltså, det är en person som jobbar i en hjälporganisation utan att kräva någon lön, alltså någon som bedriver ideellt arbete.
E: Ja, men då vet jag. Det heter frivillig eller aktiv medlem.
I: Jaha!
E: Men sedan kan man säga volontär också.
I: Volontär ...jaja, på det sättet.
E: På tal om svåra ord: Vet du vad en filantrop är för en typ?
I: Förlåt, vad sa du det hette?
E: Filantrop.
I: Nej, ingen aning!
E: Jo, en filantrop är en människovän eller välgörare, en person som osjälviskt hjälper människor i utsatta situationer, t.ex. genom donationer.
I: Vad då för nåt? Kan du säga det en gång till?
E: Donationer, alltså skänkta pengar eller gåvor till en organisation eller någon enskild person.
I: Ja, ok! ... en filantrop är alltså en människovän och jag har lärt mig ordet donation. Kanon! Du Emma, det var ett annat ord jag läste häromdagen som jag inte kände till ... jamboree, vet du vad det är?
E: Jamboree? Nej, aldrig hört! Men du, vi slår upp och kollar det genast!

5b

1. lag	5. locket	9. plan	13. byråar
2. former	6. formar	10. vågar	14. sträng
3. vågor	7. byråer	11. lockar	15. planer
4. bokar	8. böcker	12. lagar	16. sträng

8

bostadsrättsförsäkring	olycksfallsförsäkring
hyresrättsförsäkring	motorcykelförsäkring
fritidshusförsäkring	snöskoterförsäkring
släpvagnsförsäkring	lätt lastbilsförsäkring
mopedförsäkring	sjukvårdsförsäkring

båtförsäkring	djurförsäkring
livförsäkring	reseförsäkring
bilförsäkring	gravidförsäkring
barnförsäkring	studentförsäkring
brandförsäkring	gårdsförsäkring
villaförsäkring	inkomstförsäkring
husbilsförsäkring	trafikförsäkring

9
En drulle är en person som (ofta omedvetet) bär sig dumt eller vårdslöst åt.

11b

Substantiv av verb:

försäkring	händelse	anmälan
ersättning	skydd	intyg
ansökan	anställning	risk

Verb av substantiv:

administrera	bidra	skada
betala	bo	studera
bedöma	omplacera	

12

Text:
1. Olof Nylund jobbar inom skogsbruket. Han är gift och har två döttrar. Han brukar jobba utomhus och ser alltid frisk och sund ut. I eftermiddags, när han fällde en ek, råkade en stor gren falla på hans fot. En arbetskamrat körde honom till sjukhuset. Han kan inte gå just nu och har mycket ont.

2. Eva-Maria Mårtensson är 43 år. Hon har jobbat på "Sting Media" som designer i många år. För några dagar sedan blev hon uppsagd. Visst är det hårt. Men hon känner sig ändå trygg och positiv och är säker på att få ett nytt jobb rätt snart.

3. Susann är en tjej på 26 år. Hon är sambo med Fredrik. Susann jobbar på ett företag som producerar fasadfärger och har ibland att göra med kemikalier. Just nu är hon jättelycklig, för hon är i sjätte månaden och ska snart bli mamma.

4. Jens Larsson bor i Uppsala. Han studerar ekonomi på universitetet där. Vid sidan om sina studier jobbar han på en revisionsbyrå. När Jens kom hem från ett afterworkparty kände han sig krasslig och bestämde sig för att stanna hemma.

5. Niklas och Emma bor i Malmö med sina två barn, Eva-Lena, 16 år, och Jonas, 15 år, och schäferhunden Boy. Niklas jobbar som hjärtspecialist på ett sjukhus och Emma är mäklare. Niklas känner sig lite dålig, han har feber och väldigt ont i halsen. Han bestämmer sig för att inte gå till jobbet idag.

6. Lotta är 38 år och bor i Linköping. Hon jobbar som frisörska. Hon lider av depressioner. Hon ligger mest i sängen hela dagen och orkar inte gå till jobbet. Hon har varit sjukskriven ett tag nu, men funderar allvarligt på att söka hjälp.

7. Håkan och Eva är ett ungt par som just fått barn. Eva arbetar inte just nu. Deras inkomst räcker nätt och jämnt till mat, kläder och en liten lägenhet. Semesterresor är inte att tänka på just nu.

8. Karin och hennes man Olle gillar att resa tillsammans. Olle var lärare och Karin sekreterare.
Nu jobbar de inte längre. Barnen är stora och de njuter av sin fritid och sina barnbarn.

16
Till exempel:
Personlig situation:

hemlös	vara missbrukare
skilsmässa	chanser som inte tas till vara
tigga	narkoman
sova i sovsäck under en bro	alkoholist
stå i kö för en egen lägenhet	bo tillfälligt och kontraktlöst
ha en svullnad på foten	andrahandsboende
förlora sin värdighet	dålig kontakt med barnen

hjälperbjudanden:

gratis natthärbärge	gåva
frukost på härbärget	socialbidrag
ostsmörgås från kyrkan	stödboende

Orsaker:

skilsmässa	uppsägning
vräkning	betalningsanmärkningar
skulder	personliga problem
konflikter med grannar	sociala nätverket borta
missbruk	svårt att hitta en ny lägenhet
arbetslöshet	

15b
Rätt rubrik: **Hemlöshet - orsaker och åtgärder**

1. Knark- och alkoholmissbruk är den största orsaken till hemlöshet.
2. Exempel: De kan bli vräkning, skilsmässa, skulder, uppsägning, psykiska problem
3. Man ville ge funktionshindrade möjligheten att bo i egna lägenheter istället för på mentalvårdsinstitutioner.
4. Det måste byggas fler bostäder; städerna borde jobba efter "Housing-first"-modellen; man borde stärka psykiatrin och missbruksvården; det måste vara lätt att få hjälp dvs. man ska inte behöva skickas mellan olika myndigheter och förhindra för tidiga vräkningar.
5. Man har rätt till natthärbärge utan särskild biståndsprövning. Benny tycker, att det är ett jättestort framsteg.
6. Roten ligger mycket djupt. Det kan vara sexuella övergrepp, misshandel eller något annat trauma.

Text:
A: Annika B: Benny C: Christer

A: Ingen väljer att vara hemlös, det är jag övertygad om. Det är när det sociala nätverket är borta, som det kan gå utför väldigt snabbt. Man kan ha blivit uppsagd, ha skulder eller blivit vräkt av sin hyresvärd på grund ekonomiska svårigheter.

B: Visst, eller en skilsmässa. Det finns så oerhört många splittrade familjer och folk som på något vis hamnat mitt emellan. Alltså ... människor som inte är så pass illa däran att de kan få hjälp, men inte har det så pass bra att de klarar sig själva.

A: Jag tror att knark- och alkoholmissbruk är den största orsaken till hemlöshet. Över 60 procent av alla hemlösa har missbruksproblem i Stockholm ...

B: ... och 35 procent har psykiska problem.

C: Ja ok, men det råder faktiskt delade meningar om missbruk eller psykiska problem är en orsak till eller konsekvens av hemlösheten.

A: Jag vet, men oavsett vilket som kommer först, är missbruk av något slag en försvårande omständighet, för att komma in i samhället och bostadssystemet, eftersom det naturligtvis är svårare att behålla sitt jobb och därmed sin inkomst, ifall drogproblemen är svåra. Och eftersom socialen idag inte har de resurser som behövs för att hjälpa dessa människor, leder det till att den enda utvägen är ett liv på gatan.

C/A: Ja, det är tråkigt. Ja.

B: Jag undrar om man inte borde jobba mycket mer på att förebygga hemlöshet. Samarbetet mellan socialtjänsten å ena sidan och kronofogden och hyresvärdarna å andra sidan måste förbättras. Så att man så långt som möjligt förhindrar vräkningar. Många har ekonomiska problem och klarar inte den psykiska pressen vi har idag. Jag har ofta konstaterat att det vräks för tidigt.

A: Ja, jag håller helt och hållet med dig, Benny. Men en sak tycker jag nog man borde nämna i det här sammanhanget och det är hyresvärdarnas situation. De har ju folk boende i sina lägenheter som inte betalar sin hyra, som på grund av sin situation är vårdslösa och missköter lägenheten, vilket naturligtvis ofta leder till vräkning. Men därutöver tycker jag att bostadsmarknaden måste reformeras. Det måste byggas fler och billigare bostäder. Så här kan det inte fortsätta! Kommunerna har ett ansvar!

C: Absolut! Det är en ond cirkel. Utan hemadress, telefonnummer eller plats där man kan tvätta sig, är det svårt att få ett jobb eller kunna behålla sitt arbete. Det vore bra om städerna jobbade efter den här "Housing first"-modellen, vilket innebär att hemlösa först måste få en bostad, innan de kan börja ta tag i sina sociala problem.

B: Det du säger, Christer, är intressant, därför att de sociala problemen är så stora och roten till problemen ofta ligger mycket djupt. I många fall är det fråga om sexuella övergrepp, misshandel eller något annat trauma,... så det vore ju verkligen viktigt att stärka psykiatrin och missbruksvården.

C: Psykiatrireformen som genomfördes 1995 var ju ett försök. Man ville bl.a. ge funktionshindrade möjlighet att bo i egna lägenheter i stället för på mentalvårdsinstitutioner. I och för sig en bra idé. Men många av dem klarade inte det egna boendet och blev i stället hemlösa. Det är inte så lätt.

B: Men här i Stockholm infördes i alla fall den här Tak-över-huvudet-garantin 2000. Eh ... det här att man har rätt till ett natthärbärge utan särskild biståndsprövning. Det ... det anser jag vara ett jättestort framsteg.

A: Ja, verkligen! Alltså, det måste vara lätt att få hjälp. Den som är hemlös ska aldrig behöva skickas mellan olika myndigheter. Det är ohållbart.

B: Sen en annan sak ... vi får inte glömma frivilligorganisationerna och volontärer som faktiskt gör en oerhörd insats. Situationen hade säkerligen varit ännu värre utan deras hjälp, så jag tror att deras arbete måste stödjas och uppmuntras mycket, mycket mer.
A: Precis, det ... är en viktig del av satsningen. Och så samverkan mellan kommun, stat, landsting och frivilligorganisationerna som verkligen måste förbättras.
C: Ja, det är väldigt viktigt att ...

19

Till exempel:
Stavning:

ch	g	j
chans	generellt	journalist
(verksamhets)chef	generös	
	strategi	
	arrangör	
	engagemang	
	arrangemang	

sch	sh	si
schema	shoppingvagn	vision
bransch	show	pension
	t-shirt	

ssi	ti	ge
mission	tradition	bandage
	donation	reportage
	internationell	
	information	
	organisation	
	generation	
	situation	
	kombination	
	funktion	
	kommunikation	

Ordbildning:

-het		-lek
hemlöshet	ledighet	storlek
välgörenhet	arbetslöshet	
verksamhet	lägenhet	
erfarenhet	värdighet	
myndighet	möjlighet	

-nad	-vis	
svullnad	förhoppningsvis	troligtvis
kostnad	möjligtvis	givetvis
byggnad	vanligtvis	naturligtvis

Avsnitt 9

2

a) al   d) lind   g) asp   j) ask
b) kastanj e) alm   h) ek   k) gran
c) lönn   f) bok   i) björk   l) tall

3

Trafikkontoret fortfarande övertygade om fällning
Den må vara 1000 år gammal. Den legendariska tv-eken ska ändå bort från Stockholms gator – om trafikkontoret får bestämma. Hårda protester stoppade dock måndagens planerade trädfällning. Huruvida eken har stått i 500 eller 1000 år är omöjligt att svara på. Men Stockholms trafikkontor har beslutat att den omtalade tv-eken nu ska väck för gott.
– Vi måste göra det nu för att ingen ska råka illa ut. Den är angripen av svamp och har sådan röta att det är extremt farligt, säger Björn Embrén, trädspecialist vid trafikkontoret. [...]
Vid 08.30-tiden skulle arbetet påbörjas, men då hade trädkramarna redan hunnit formera sig.
Eduardo Hornos Ledoux var en av dem som under natten och dagen vaktat trädet.
– Trädet har ett sådant otroligt starkt symbolvärde och är äldre än hela staden. Vi känner att det nästan var som ett mord eller övergrepp, säger han till Aftonbladet.

4

a) kolkraftverk   f) kärnkraft
b) trädfällningar   g) genmodifiering
c) Arktis exploatering   h) valfångst och destruktivt fiske
d) oljeborrning   i) skövling av regnskog
e) utsläpp av metan och lustgas

5

1. Han står och kollar på tranor.
2. i månadsskiftet mars-april
3. De äter, vilar och dansar.
4. upp till 25 000 fåglar
5. Han sitter och skriver protokoll, eftersom de räknar fåglarna.
6. i skymningen
7. en klar dag
8. Det är ungdomar som driver föreningen.

Text:
Tranräkning
B: Benny   R: Reporter
R: Hej, får jag fråga: Vad är det du håller på med?
B: Javisst, jag står och kollar på tranorna där borta. Titta i kikaren, så får du se!
R: Vad fint det ser ut! Brukar de vara här på vårkanten?
B: Ja, precis. Tranornas ankomst brukar vara i månadsskiftet mars-april.
R: Ett vårtecken!
B: Ja verkligen! De kommer från sitt vinterkvarter i Spanien och rastar här, tills de flyger vidare till sina häckningsplatser. De äter, vilar och dansar!
R: Brukar ni stå här och titta ofta?
B: Ja, just nu är vi här varje kväll under sex veckor.
R: Är ni? Och din kompis då? Vad sysslar han med?
B: Greger sitter och skriver protokoll. Vi håller på att räkna fåglarna. Det brukar vara omkring 3000 - 5000. Men när tranorna är som flest kan det vara upp till 25 000.
R: Oj, så många!
B: Ja, det är otroligt!
R: Hur räknar man tranor? Räknar ni benen och delar med två?!
B: Nej, nej! Räkningen sker alltid i skymningen när tranorna flyger ut i sjön för att sova. Det tar oftast mer än en timme och då är det relativt lätt att räkna de små flockar som långsamt flyger förbi här.
R: Är det viktigt att vädret är bra?
B: Ja absolut! Tranantalet stämmer mycket bra, om vädret är klart och fint som i kväll! Men dagar, då vädret är dåligt, är det däremot svårt, ibland nästan omöjligt att räkna.
R: Ja, det är klart. Är ni här från naturskyddsföreningen eller fågelklubben?
B: Ingetdera. Vi är fältbiologer.
R: Jaha! Kan du berätta lite om organisationen?
B: Javisst! Fältbiologerna är Sveriges kanske största organisation för barn och ungdomar, främst mellan 6 och 25 år, som är intresserade av natur och miljöfrågor. Unikt är väl, att det är vi ungdomar som själva driver hela föreningen ... från topp till tå, alltså från riksförening till klubb. Vår verksamhet är ganska bred. Vi är ute och går i naturen, genomför inventeringar, har exkursioner och spetskurser kring olika ämnen. Sedan åker vi och tittar på fåglar eller lyssnar på fågelsång. Vi är här varje vår och är ute och kollar, när ejdrarna brassar norrut igen eller när småfåglarna kommer tillbaka söderifrån.
R: Spännande! Tack för att du tog dig tid och lycka till med räkningen!
B: Tack, tack!

7b

a) ... är ute och cyklar.
   ... var ute och cyklade.
b) ... är ute och äter.
   ... var ute och åt.
c) ... ligger och solar/vilar.
   ... låg och solade/vilade.
d) ... står och skriker.
   ... stod och skrek.
e) ... sitter och mejlar/surfar.
   ... satt och mejlade/surfade.
f) ... står och bakar.
   ... stod och bakade.
g) ... är ute och spelar volleyboll.
   ... var ute och spelade volleyboll.
h) ... går och handlar.
   ... gick och handlade.
i) ... är ute och dansar.
   ... var ute och dansade.
j) ... ligger och sover.
   ... låg och sov.
k) ... är ute och krattar löv.
   ... var ute och krattade löv.
l) ... är ute och målar. /
   ... sitter och målar.
   ... var ute och målade. /
   ... satt och målade.

9

1. Föredragshållaren är Staffan Johansson och föredraget hålls på Bollnäs bibliotek.
2. Edvard Wibeck var naturvårdare och naturfotograf. Han kämpade större delen av sitt liv för att skydda Store Mosse.
3. Det finns sjöar, kärr, rocknar, barrskog, lövskog, betesmarker och mossar.
4. Parken är på 7 740 hektar.
5. Den invigdes 1982.
6. När inlandsisen smälte blev området en enorm issjö. När landhöjningen satte in torrlades sjön. Sand hade lagrats på sjöbotten och vinden som nu hade fritt spel bildade flygsanddyner, s.k. rocknar. Klimatet blev fuktigare och sandheden försumpades. Det bildades torv och myren växte sig störst på mitten. En högmosse hade bildats.
7. Det finns trollsländor, kattugglor och tranor.
8. t.ex. sileshår och lingon
9. Det är flygsanddyner.
10. Det kommer ca 80 000 besökare per år.
11. Där finns en utställning om landskapets förändring, men man kan också se tillfälliga utställningar om djur och natur. Dessutom kan man testa sina kunskaper om allemansrätten, spela spel, undersöka skelett, titta på fåglar och mycket mer.
12. Ja, det går bra. Det finns vandringsleder som är anpassade för synskadade och rullstolsburna.

Text:
Hej och hjärtligt välkomna till det här föredraget här på Bollnäs bibliotek! Roligt att så många, trots det starka regnet, har tagit sig hit i kväll. Mitt namn är Staffan Johansson och jag har i många år intresserat mig för och engagerat mig i nationalparken Store Mosse. Till yrket är jag fotograf och det har naturligtvis blivit massor med bilder genom åren. Ett litet urval har jag tagit med mig hit i kväll. Jag kommer bl. a. att tala lite om nationalparkens historia, geologi, naturen, djuren som finns där, naturum och vandringslederna. Jag tänkte inleda med att visa en karta. Här har vi Sveriges 29 nationalparker. Store Mosse är belägen här, på västsidan av Småländska höglandet i Jönköpings län. Marken ägs av staten, ett område på 7 740 hektar.
1982 blev Store Mosse äntligen nationalpark. Det har vi till stor del en man som hette Edvard Wibeck (han var född 1877) att tacka för. Han var professor, jägmästare, naturvårdare och en briljant naturfotograf, som kämpade för skapandet av nationalparken Store Mosse under större delen av sitt liv. Och tio år efter hans bortgång så gick hans dröm i uppfyllelse och Store Mosse blev nationalpark. Inom parken finns många olika naturtyper. Det finns sjöar, kärr, rocknar, barrskog, lövskog, betesmarker och mossar.
Hur har då detta landskap bildats?
Jo, om vi går tillbaka 13 500 år, när inlandsisen smälte, blev hela Store Mosse-området en enorm issjö som hette Fornbolmen. Sjön täckte stora delar av västra Småland. Store Mosse och Bolmen utgör rester av den vidsträckta sjön. När landhöjningen sedan satte in, "tippade" så att säga landet långsamt över åt söder och för ca 12 000 år sedan torrlades issjön. Sand hade lagrats på sjöbotten och vinden hade fritt spelrum. Så bildades ett system av flygsanddyner, så kallade rocknar. De kan vi se här på bilderna. Sedan blev klimatet fuktigare och sandheden försumpades. Eftersom det finns ont om syre i sumpmarker och döda växter inte kan brytas ner till jord, bildas allt tjockare skikt torv. I ett regnigt och svalt klimat kan torvbildningen fortsätta även ovan vattenivån. Myren växer sig störst på mitten. En högmosse, som får allt sitt vatten från nederbörd, har bildats.
Jag talade om rocknar tidigare, de här flygsanddynerna ... Idag är de bevuxna med tallskog. På marken växer ljung, olika lavar och lingon. En annan spännande växt som finns här är sileshår som är en köttätande växt.
Djur som lever här är älg, det finns örnar, tranor, kattuggla och nötväcka och mycket vackra trollsländor.
Det kommer årligen ca 80 000 besökare till Store Mosse. Här finns naturum, där man kan få information om parken. Där finns en utställning om landskapets förändring, men man kan också se tillfälliga utställningar om djur och natur. Dessutom kan man testa sina kunskaper om allemansrätten, spela spel, undersöka skelett, titta på fåglar och mycket mer.
Sedan kan man boka guidade turer, t.ex. kan man vandra med snöskor. Det är jättespännande! Vandringen tar ca 4 timmar och man lämnar de trygga plankorna och ger sig ut på mossen. Men självklart kan man vandra på egen hand i parken. Det finns ca 40 kilometer vandringsleder, t.ex. Svartgölsleden som är rullstolsanpassad, Wibecksleden som är både anpassad för synskadade och rullstolsburna, Lilla Lövörundan som är 6 km, Kävsjön runt ca 12 km , Kittlakull - Lövö som är 12 km tur och retur och så Transtigen som är en slinga för barn med frågor om naturen.
Ja, mitt ute på högmossen är det som att vara på en ödslig myr i Norrland. Det är fantastiskt!
Men ha rejäla kängor och stövlar på er när ni vandrar, eftersom det är rätt blött på många ställen.
Ja, jag har kommit till slutet på mitt föredrag. Tack ska ni ha! Nu finns det kaffe och bullar i rummet intill och det blir tillfälle att ställa frågor, titta på fler bilder och låna böcker som behandlar detta tema.

10a

1. Kontakt med Atlanten
2. Sällsynta djurarter
3. Sveriges enda korallrev
4. Geologi och berggrund
5. Snorkelleder

12b

Djur	Fysik	Väder
myggor	norrsken	snö
stickmyggor	elektroner	istappar
sorgmyggor	protoner	solstrålning
gallmyggor	atomer	minusgrader
svampmyggor	energi	luften
fjädermyggor	ljus	smältvatten
larver	magnetiska polen	frysa
fjäril	geomagnetiska stormar	temperaturen
katter		solnedgång
		dagsmeja

Biologi/kemi		Jorden
förpuppas	ägg	luft
vattenlevande organismer	blod	latitud
	vatten	norra halvklotet
brännhår	hud	södra halvklotet
brännässlor	växtsafter	atmosfären
myrsyra	syre	magnetiska polen
acetylkolin	honmyggor	Sydeuropa
histamin	hanmyggor	Afrika

14b

1. sticks
2. bits
3. trängs/trängdes
4. nypas och rivas
5. sparkas
6. retas
7. bränns
8. knuffades
9. luras/narras
10. kittlas

15b
Rimmens anordning:
Midvinternattens köld är hård, **A**	Månen vandrar sin tysta ban, **C**
stjärnorna gnistra och glimma. **B**	snön lyser vit på fur och gran, **C**
Alla sova i enslig gård **A**	snön lyser vit på taken. **D**
djupt under midnattstimma. **B**	Endast tomten är vaken. **D**

16a
Dagens matproduktion ...:	B	Det stora miljöproblemet ...:	B
Djurhållning för köttproduktion ...:	A	En viktig anledning till ...:	A
Runtom i världen ...:	A	Köttet är också en mycket ...:	B
Alla vet att det inte ...:	B	Metanet bildas främst ...:	A
Exotiska frukter fraktas ...:	B	Det är alltså viktigt att ...:	B
Regnskogen tillhör våra ...:	A	Det är mycket enklare ...:	B
		Lustgas bildas också ...:	A

17
A: köttbullar   D: vingummi   G: chips
B: mjukost (kräftost)   E: kakor
C: punschrullar   F: kaviar

18b

Jämförande	Orsaksgivande	Medgivande
som	därför att	även om
som om	eftersom	fastän
ju ... desto	i synnerhet som	fast
än	särskilt som	trots att
		medan

Följdangivande	Avsiktsangivande	Villkorsangivande
så	för att	om
så att	så att	ifall
sådan ... att		bara

Tidsangivande
så ofta	medan
sedan	förrän
just som	när
innan	alltefter som
tills	

20
Till exempel:
Stavning:
om, men, hon, fem, man, sin, som, den, dem, en, kan, ström, tom
rimlig, rymden, kompis, blomstrade, slumra, tomte, tromb, samband, främst, temperaturen, jämföra, gamla, svamp
dominera, kontakt, stund, grund, hundra, under, ändå, lind, runt, händelserik, bestånd, enda, handla
inte, smältvatten, känslig, doft, viftar, gnistra, minst, salt, plats, ofta

Ordbildning:

-isk	-sk	-lig	-ig
exotisk	glömsk	känslig	dålig
vegetabilisk	ironisk	ovanlig	viktig
faktisk		omöjlig	riktig
kronisk		mänsklig(het)	häftig
typisk		plötslig	kraftig
		tillräcklig	ostadig
		rimlig	väldig
			försiktig
			tidig

Avsnitt 10

1
a) lagar, ansvar
b) politiker
c) växer
d) rösträtt
e) demokratisk
f) maj
g) Makten, partipolitiskt, regering, träda tillbaka

2
a) Kristdemokraterna
b) Centerpartiet
c) Vänsterpartiet
d) Socialdemokraterna
e) Miljöpartiet
f) Folkpartiet
g) Moderaterna
h) Sverigedemokraterna

4
F D K G C L I H A E B

5
riksdag och regering
landsting och regioner
kommuner

kommunfullmäktige
kommunstyrelsen
miljö- och byggnadsnämnd | barn- och utbildningsnämnd
kommunförvaltningen/förvaltningar

Text:
Hur styrs en kommun?
I Sverige finns tre demokratiskt valda nivåer. På riksnivå är det riksdag och regering, på regional nivå landsting och regioner samt på lokal nivå kommunerna. Staten beslutar alltså om lagar och förordningar som styr vad landsting, regioner och kommuner ska göra. Kommunen sköter de lokala uppgifterna och ansvarar för frågor i din närmiljö, t.ex. skola, barnomsorg, vård av äldre och funktionshindrade samt vatten och avlopp.
Sverige är indelat i 290 kommuner. Sveriges kommuner är, i internationell jämförelse, ytmässigt stora och omfattar i allmänhet såväl tätbebyggelse som landsbygd. Den tätort som är huvudort i en kommun kallas centralort.
Kommunfullmäktige är kommunens högsta beslutande organ och kan sägas vara kommunens riksdag. I kommunfullmäktige sitter folkvalda politiker som väljs vart fjärde år, på samma sätt och på samma dag som riksdagen.
Kommunfullmäktige styr, beslutar och fastställer mål och riktlinjer för kommunens verksamhet. Kommunfullmäktige ska fastställa kommunens budget och besluta om hur mycket skatt invånarna ska betala, besluta vilka nämnder som ska finnas, välja ledamöter till kommunstyrelsen och nämnderna samt välja revisorer som granskar kommunens verksamhet. Kommunfullmäktiges möten är öppna för alla som vill sitta med och lyssna.
Endast ett fåtal politiker brukar vara heltidsanställda i kommunen; de flesta kommunalpolitiker arbetar vid sidan om sina politiska uppdrag.
Under kommunfullmäktige finns kommunstyrelsen som man kan kalla för kommunens regering. Kommunstyrelsen utses av politiker i kommunfullmäktige. Kommunstyrelsen leder och samordnar allt arbete inom kommunen samt ansvarar för kommunens ekonomi. Styrelsen har även det övergripande ansvaret för att besluten verkställs, följs upp och utvärderas.
Under kommunfullmäktige finns förutom kommunstyrelsen olika nämnder. Varje kommunal nämnd är en myndighet som sköter kommunens uppgifter inom olika områden. Det kan finnas t.ex. en valnämnd, en socialnämnd, en teknisk nämnd och en kultur- och fritidsnämnd. Andra nämnder kan vara en miljö- och byggnadsnämnd, som handlägger bygglov, eller en barn- och utbildningsnämnd som bl.a. har hand om skolfrågor.
Som kommuninvånare har man rätt att överklaga kommunens beslut, t.ex. byggnadslov eller socialt bistånd. Detta kallas förvaltningsbesvär.
Staten granskar och stöder kommunens arbete genom att vissa statliga myndigheter är tillsynsmyndigheter. Skolinspektionen är till exempel en tillsynsmyndighet, som regelbundet inspekterar

alla skolor, och varje år granskas kommunens verksamhet av revisorer.

Under varje nämnd finns förvaltningar, kommunstyrelsens tjänstemannastab. Förvaltningens roll är att utgöra ett professionellt stöd och bistå kommunstyrelsen med ledning, samordning och uppföljning av den samlade verksamheten. Kommunförvaltningen leds av kommunchefen.

6

enligt lag	frivilligt	
☐	☒	Öppen förskola
☒	☐	Förskoleklass, grund-, gymnasie- och särskola
☒	☐	Kommunal vuxenutbildning
☒	☐	Svenska för invandrare
☐	☒	Fritidsverksamhet
☒	☐	Socialtjänst, inklusive individ- och familjeomsorg
☒	☐	Omsorg om äldre och funktionshindrade
☐	☒	Sysselsättning
☒	☐	Bibliotek
☐	☒	Kultur
☐	☒	Hälso- och viss sjukvård i hemmet
☒	☐	Hälso- och viss sjukvård i särskilt boende
☒	☐	Räddningstjänst
☒	☐	Stadsplanering och byggfrågor
☐	☒	Bygga bostäder
☒	☐	Kollektivtrafik (tillsammans med landstingen)
☐	☒	Näringslivsutveckling
☒	☐	Hälso- och miljöskydd
☒	☐	Renhållning och avfallshantering
☐	☒	Energi
☒	☐	Vatten och avlopp

7

1. Landstinget har dragit in ambulansen. Den ska nu komma från grannkommunen fem mil bort. Detta innebär längre väntetider.
2. I kommuner i Lapplands inland.
3. Problemet är att befolkningen minskar.
4. Ambulansen har ersatts med en akutbil som bemannas av räddningstjänsten. Men många är tveksamma till hur det ska fungera.
5. Den är utrustad med bår, hjärtstartare, möjlighet att skicka EKG, syrgas och utrustning för att intubera personer som inte kan andas själva.
6. Sjukvårdslagen innebär att alla medborgare har rätt till samma vård.
7. Man vill värna om patientsäkerheten.

Text:
Uppror i glesbygden
Ingenstans i Sverige tar det så lång tid att få en ambulans som i Åsele. På grund av besparingsåtgärder har landstinget sedan den 1 februari i år dragit in ambulansen, vilket innebär längre väntetider. Ambulansen ska nu komma från grannkommunen, fem mil bort.
– Ja, vi här i Åsele måste vänta minst 40 minuter vid akutfall. Det är ohållbart! Mitt barnbarn har epilepsi och när han har ett anfall, måste det gå fort. Det är fruktansvärt att veta att hjälpen nu kanske kommer för sent.
Under de senaste månaderna har det pyrt i flera kommuner i Lapplands inland. Landstinget har klubbat igenom nedskärningar som innebär att delar av sjukvården på flera orter lagts ned.
– Orter som Lycksele, Åsele, Dorotea och Vilhelmina är verkligen drabbade. Här i glesbygden minskar ju befolkningen. Men ska vi lida mer än folk i Stockholm? Alla betalar ju lika mycket skatt. Och sjukvårdslagen säger faktiskt att alla medborgare har rätt till samma vård och det innebär ju även ambulans.
Sedan oktober har kommunalpolitikerna försökt komma fram till en acceptabel lösning med landstinget. I Åsele har ambulansen nu ersatts med en akutbil, en Volkswagen Multivan som bemannas av räddningstjänsten. Akutbilen har bl. a. utrustats med bår, hjärtstartare, möjlighet att skicka EKG, syrgas och utrustning för att intubera personer som inte kan andas själva.
– Vi får väl se hur det går. Efter alla incidenter med akutbilen är jag tveksam till att det fungerar i längden.
Trots stora problem ger norrlandsborna inte upp. Efter månader av lokal kamp samordnas nu protesterna. Nedrustningen av sjukvården har lett till att nätverket Lapplandsupproret startats. Målet för upproret är att värna om patientsäkerheten.
– Ja, alla måste ju ha rätt till lika sjukvård, säger Ulrika Andersson från Lycksele.
Reporter var Stellan Mårtensson.

8b

1. ur
2. i fråga om
3. i stället för
4. trots
5. inom
6. på grund av
7. för - skull
8. med undantag av, bortsett från
9. I och med, På grund av, Med anledning av
10. med anledning av, i och med, på grund av
11. tack vare
12. Med hänsyn till, På grund av, Med anledning av

11

Abba - Kalles kaviar
Elektrolux - tvättmaskiner
Findus - ärter
Fjällräven - sovsäckar
Gudrun Sjödén - kläder
Husqvarna - gräsklippare
Höganäs - keramik (bruksföremål)
Polarbröd - tunnbröd
Rörstrand - porslin (servis)
Scan - falukorv
Swedish Match - tändstickor

14

Text:
Dialog 1
A: Anders J: Julia
A: Hej Julia! Du, jag måste ta upp en sak. Det gäller Per. Vi har haft lite problem på sista tiden. Han verkar ofta så frånvarande och okoncentrerad, och så är han riktigt ovänlig ibland.
J: Men vad säger du! Jag tycker Per ger intryck av att vara en sådan där supereffektiv och närvarande kille, vänlig och tillmötesgående. Men jag förstår. Det verkar ju vara något som inte stämmer.
A: De andra i arbetsgruppen har börjat bli missnöjda med mötena och har klagat flera gånger. Per kan liksom inte kommunicera på ett sådant sätt att alla hänger med. Det är ju oacceptabelt på lång sikt.
J: Men Anders, självklart ska det här gå att lösa. Jag föreslår att vi först kollar med Per hur han mår. Det kanske har hänt något privat som ingen känner till. Jag träffar honom på tisdag och då kan jag ta upp det här. Jag ringer dig när jag vet mer.
A: Jättebra!

Dialog 2
A: Anna E: Expedit
A: Hej, jag måste reklamera den här brödrosten som jag köpte här förra veckan.
E: Jaha. Var det något fel på den?
A: Jo, du förstår den är helt oduglig och opraktisk. Dessutom har den här spaken gått av, så den är helt oanvändbar.
E: Får jag se ....? Ja, men det är inget snack om saken. Du får pengarna tillbaka. Har du kvittot?
A: Japp! Här är det.
E: Okej. Fyll i namn och adress här. Och så din namnteckning där nere bara. .... Så där ja. Hundratrettio kronor, varsågod!
A: Det var schyst! Tack ska du ha.
E: Tack, tack!

15

oduglig	intolerant	opålitlig	missuppfatta
ogilla	ostadig	otrevlig	vantrivas
ineffektiv	oflexibel	ovänlig	inkompetent
missköta, vansköta	missnöjd	okunnig	missförstå
osäker	ohållbar	ohanterlig	olaglig
opraktisk	oanvändbar	ohälsosam	omöjlig

16a
a rad 21
b rad 19-20
c rad 19-20
d rad 27
e rad 23-24
f rad 43-45 och 46-47

17b

bakerst	först	nederst	överst
borterst	hiterst	underst	närmast/närmst
främst	innerst	ytterst	

19b
undersökning - utredning
erbjudande - utbud
akilleshäl - öm punkt
större område - region
duglighet - kompetens
ersätta - kompensera
fordra - kräva
effektivisering - rationalisering

22
Till exempel:
Stavning:

gs, ks, cks

skogsindustri	verksamhet	index	exakt
skogsväg	tycks	växer	flexibel
företagsägande		vuxenutbildning	export
föredragsturné		exempelvis	komplex
riksdagen		expansion	lyxig
verkstadsvaror		paradoxalt	saxat

cc
acceptera
acceptabel
succé

xc
excellensen

Ordbildning:

o-
ohållbar
oacceptabel
opraktisk
ogilla
osäker

ohanterlig
okunnig
olaglig
oanvändbar

miss-
missnöjd
missköta
missuppfatta
missförstå

van-
vantrivas
vansköta

in-
ineffektiv
intolerant
inkompetent

Avsnitt 11

2
Ann-Sofie

fort
när hon är på flygplatser
när hon shoppar

långsamt
när hon väntar på ett försenat pendeltåg
när hon är i väntrummet hos tandläkaren

Mikael

fort
när han väntar på tåg (han läser något)
när han spelar poker
när han ser en bra film

långsamt
när han väntar på flygplatser

Text:
A: Ann-Sofie   M: Mikael
M: Att vänta på flygplatser är det värsta jag vet! Jag vill komma iväg och inte hänga där i timmar. Tiden kryper liksom bara fram.
A: Tycker du? Jag gillar atmosfären. Jag tycker faktiskt att tiden går rätt fort just på flygplatser. Vad jag däremot tycker är jättejobbigt är att stå på perrongen tidigt på morgonen och vänta på ett försenat pendeltåg. Man stirrar på stationsklockan och det känns som att minutvisaren aldrig vill röra på sig …
M: Men det är väl en baggis! Du kan väl läsa något. Det brukar jag göra, någon spännande deckare, då rusar tiden.
A: Men jag kan absolut inte koncentrera mig. Och det drar och … nääe. Men apropå tid … jag kan tycka att tiden rusar iväg när jag shoppar. Jag hinner liksom aldrig kolla i alla affärer och så.
M: Ah … det går alltid oerhört fort när man gör något kul, typ spelar poker eller tittar på någon bra film.
A: Ja, det är sant. Och minuterna kan gå i snigelfart i väntrummet hos tandläkaren. Åh, vad jobbigt det kan vara ibland! Och så har man brådis och man kommer aldrig iväg.
M: Ja, det är typiskt …

6
1. barndom   2. ungdom   4. ålderdom

11
a en läshörna
b ett hundöra
b ett bokmärke
c ett bokstöd
d en läsplatta
e en ljudbok
e en inbunden bok
e en pocketbok
f en bokmal
g ett par läsglasögon

13a
Kåseriet är skrivet i slutet av 50-talet.

15b

Transitiva verb		Intransitiva verb
släcka	-	slockna
sätta	-	sitta
fälla	-	falla
söva	-	sova
lägga	-	ligga
bleka	-	blekna
väcka	-	vakna
röka	-	ryka
spräcka	-	spricka
sänka	-	sjunka
bränna	-	brinna
ställa	-	stå
slå		komma
bita		
köpa		
skapa		
bära		
ringa		

Både transitiva och intransitiva verb

gräva	filma
tjata	chatta

16
a) Byggnad: ringmuren i Visby
   Tid: medeltiden
b) Byggnad: Stockholms slott
   Stil: barock
c) Byggnad: Kalmar slott
   Stil: renässans
d) Byggnad: Lunds domkyrka
   Stil: romansk stil
e) Byggnad: Kiviksgraven
   Tid: bronsåldern

f) Byggnad: Karlsborgs fästning
   Stil: klassicism
g) Byggnad: Stockholms stadsbibliotek
   Stil: tjugotalsklassicism, "Swedish grace"
h) Byggnad: Stockholms stadshus
   Stil: nationalromantik
i) Byggnad: Uppsala domkyrka
   Stil: gotisk stil

Substantiv som har med arkitektur att göra:

stenröse (ett)	absid (en)	sandsten (en)
torn (ett)	krypta (en)	tegel (ett)
basilika (en)	valv (ett)	symmetriska former
skepp (ett)	stenväggar	interiör (en)
tvärskepp (ett)	(ring)mur (en)	skiss (en)
kor (ett)	konstruktion av sten	formgivning (en)
strävpelare (en)	glasyta (en)	kolonner

Stil:	Kännetecknas av:
romansk stil	massiva stenväggar, många valv
gotisk stil	betonar vertikalitet, har smala spiror, stora glasytor, strävpelare, tegel är nytt material
renässans	antiken är förebild, man utgick från symmetriska figurer som kvadraten, cirkeln och triangeln, kvadratiska och runda torn
barock	influerades också av antiken; det skulle vara dramatiskt, tungt, pampigt; det skulle vara överväldigande, storslagna byggnader som skulle inge respekt och makt
klassicism	klarhet och harmoni
nationalromantiken	byggnaderna är slutna, massiva och har små fönster, enkel interiör
tjugotalsklassicism/ "Swedish grace"	enkelhet och förfinad elegans

Text:
Svenska byggprojekt genom tiderna
E: Erik   K: Kristina

E: Hjärtligt välkomna till programmet "Svenska byggprojekt genom tiderna". Idag har Kristina och jag valt nya spännande slott, kyrkor och byggnader som har kunnat bevaras och imponerar med sin arkitektur. Kristina, om vi tittar på bilderna vi har framför oss här: Vad ska vi börja med?

K: Alltså, jag skulle vilja börja med kungagraven i Kivik som har en särpräglad formgivning.

E: Ja, det tycker jag är en bra idé.

K: Jag tycker Kiviksgraven är fantastisk och den är faktiskt ett av de märkligaste bronsåldersfynden i Nordeuropa.

E: Ja, det kan man säga. Den imponerar verkligen. Man kan se här att den består av ett stort stenröse som har en omkrets av 75 m, och röset täcker en hällkista i en gravkammare. Och det har byggts för tretusen år sen!

K: Ja! Det har ju skapats byggnadsverk sedan stenåldern, men de flesta husen och byggnaderna var byggda i trä och har inte överlevt till vår tid helt enkelt.

E: Nej precis! Det var först på medeltiden som man började bygga kyrkor och kloster av grovt bearbetade stenar. Lunds domkyrka här är från den tiden, byggd av sandsten och uppförd som en basilika i romansk stil och har då tre skepp, tvärskepp, kor med absid och krypta.

K: Den är magnifik.

E: Ja verkligen! Och den romanska stilen är tydlig som då kännetecknas av massiva stenväggar och många valv inne i kyrkan; ja, man hade på den tiden löst problemet med att bygga en välvd konstruktion av sten.

K: På medeltiden byggdes det ju många sakrala byggnader. Profana byggnader finns det nästan inga kvar från den tiden.

E: Det finns några undantag. Ett är ju den vackra ringmuren i Visby, som med sina 44 torn och en längd på 3,5 kilometer faktiskt är en av de bäst bevarade ringmurarna i Europa.

K: Vi har en bild här på Uppsala domkyrka.

E: Ja, det är Nordens största kyrka i gotisk stil. Det är en stil som betonar vertikalitet, har smala spiror, strävpelare och stora glasytor, vilket gjorde att det kom in mer ljus i kyrkorna. Intressant är att Uppsala domkyrka är lika hög som lång, 118,7 m. Det är faktiskt lite speciellt. Kyrkan är byggd i tegel, ett material som började användas i och med gotiken. Och här är bl.a. Gustav Vasa begravd.

K: Vi bryter för lite musik ... Erik, ska vi ta oss en titt på Kalmar slott?

E: Javisst! Här har vi ett renässansslott som fick sitt nuvarande utseende under Gustav Vasa och hans söner Erik XIV och Johan III.

K: Det har spelat en avgörande roll i Sveriges historia.

E: Helt riktigt. Det hade ju en strategisk position vid Östersjön för att man skulle kunna kontrollera landet.

K: Ja, och det tjänade som övernattningsställe för det kungliga hovet, när det var på resa. Hur kan man se att det är ett renässansslott, Erik?

E: Ja, man hade den antika arkitekturen som förebild och utgick från symmetriska former som kvadraten, cirkeln och triangeln, och jag tycker man kan se det symmetriska här med kvadratiska och runda torn.

K: Ja, abslolut! Titta här, Stockholms slott. Är inte det ett av Sveriges mest uppseendeväckande byggnadsverk?

E: Jo, det stämmer nog. Ett klockrent barockslott! Sverige blev ju stormakt på 1600-talet och aristokratin påbörjade nya stora byggprojekt. Och det var arkitekten Nicodemus Tessin den yngre som förde arkitekturen framåt till högbarocken i Sverige. Och Stockholms slott med sina cirka 600 rum är ett av hans stora verk.

K: Ja, det får man nog säga ... Men Erik, vad kännetecknar barocken?

E: Jo men, barockens arkitektur influerades av antiken. Karakteristiskt är att det skulle vara dramatiskt, tungt, pampigt. Det skulle vara överväldigande. Det är storslagna byggnader som skulle inge respekt och makt.

K: ... vilket man verkligen kan säga om Stockholms slott.

E: Absolut! En annan stil som fascinerar mig är nationalromantiken som dominerade under en tid i början av 1900-talet. Stockholms stadshus här av Ragnar Östberg är ett jättefint exempel på den stilen. Byggnaderna var ofta slutna, massiva och fönstren är små. Interiörerna enkla. Stadshuset är verkligen epokens mest storslagna byggnad, tror jag!

K: Och man tänker genast på Nobelfesten!

E: Ja, det gör man. Stadshuset har ju blivit en symbol för Sverige faktiskt. Men Kristina, ska vi gå tillbaka i tiden lite och titta på Karlsborgs fästning. Det är ju ett byggnadsverk som var ett jätteprojekt. Jag tycker det är helt enormt!

K: Jag håller med dig, det är en imponerande byggnad. Här har vi förresten ett exempel på klassicism.

E: Ah, just det. Stilen präglas av klarhet och harmoni. ... och det tycker jag man kan se här.

K: Ah, visst. Den här fästningen började byggas 1819 och stod färdig 90 år senare och blev som en stad med affärer, kyrka och bostadskvarter.

E: Ja, det var ett byggnadsprojekt som slukade enormt stora belopp. Vid en inspektion lär kungen, Karl XIV ha sagt: "Är denna fästning av sten? Jag trodde den var av guld".

K: Härligt! ... Vi närmar oss slutet av programmet - men en intressant byggnad har vi kvar...

E: ... just det Kristina, det är Stockholms stadsbibiliotek.

K: Arkitekten är Gunnar Asplund och han var ju ledande och stilbildande. Hans tidiga skisser för byggnaden visar en mer traditionell klassicism. Men när biblioteket stod klart 1928, tio år senare, hade den blivit ett av de främsta exemplen på svensk tjugotalsklassicism, en stilriktning som i övriga världen kallas för "Swedish grace".

E: Ja, stilen präglas av enkelhet och och förfinad elegans.

K: Det blev Asplunds sista storverk i denna stil. Längorna vid bibliotekets entré har redan funktionalistiska drag och vid Stockholmsutställningen 1930 hade Asplund gått över till funktionalismen.

E: Tack, Kristina. Nästa vecka ska vi bl.a. tala om Lunds universitet med sina kolonner och sfinxer.

K: Ja, mer om det nästa gång. Vi säger tack för oss.

17

Till exempel:
1. Kerstin anser att det finns många dolda kvaliteter. Det finns rymd och luft kring husen och de flesta har mycket välplanerade lägenheter. Husen är välkonstruerade. Det är stabila, gediget byggda fastigheter.
2. Husen var fula, monotona, för många asfaltytor. Det var olyckligt att man byggde områdena runt städerna, så att motorvägar och skogsområden bildar en mental mur mellan satellitstäderna och den övriga staden.
3. Dessa höghusområden isoleras från den övriga staden. Det finns inga naturliga vägförbindelser, vilket gör att man inte kan mötas fysiskt.
4. Levnadsstandarden ökade och folk började flytta till småhus eller radhus. Bostadsföretag fick svårt att hyra ut sina lägenheter. När flyktingvågorna kom erbjöds plats i dessa bostadsområden.
5. Hon menar att husen är välkonstruerade.
6. Husen måste renoveras. Det måste ske en teknisk upprustning, lägenheternas storlek måste anpassas och utemiljöerna förändras. När man tar itu med det kan det lätt bli väldigt dyrt.

Text:
Kerstin, du som arkitekt: Hur ser du på miljonprogrammet?
Ja, alltså miljonprogrammet har ju kritiserats. Men jag tycker att det har ett oförtjänt dåligt rykte. Jag anser att det finns många dolda kvaliteter. Det finns rymd och luft kring husen och de flesta har mycket välplanerade lägenheter. Trots fördomar om motsatsen är husen välkonstruerade. Det är stabila, gediget byggda fastigheter. Och långt ifrån allt är bara grå, trist betong, fuskbyggen och storskalighet. Men om man tittar tillbaka på 60-talet, så var det ju inne med betong, upprepningar och höga hus. Estetiska värden var inte viktiga utan det var funktionalism som gällde.
För mig har vissa områden från den här tiden faktiskt rätt höga arkitektoniska värden, som vi borde bevara.

Kjell, du är socialpedagog och har skrivit kring temat miljonprogrammet. Vad gick snett enligt din mening?
Ja, mycket blev utan tvekan fel i miljoprogrammet. Det mottogs aldrig riktigt som man tänkt. Man hade nått sina mål redan 1972, då lägenheterna började stå tomma. Levnadsstandarden ökade och folk började flytta till småhus eller radhus. Bostadsföretag fick svårt att hyra ut sina lägenheter. Man hade helt enkelt byggt för mycket. Dessutom blev kritiken, främst från medierna, våldsam. Fult, monotont, för många asfaltytor och alltför storskaligt var vanliga uppfattningar. Och det kan man ju hålla med om. Mycket olyckligt var ju att man byggde de stora höghusområdena runt städerna och att de ligger rätt isolerade geografiskt. Alltså motorvägar och skogar bildar mentala murar mellan satellitstäderna och den övriga staden. Det finns få naturliga vägförbindelser och på så sätt är det även svårt att mötas fysiskt, vilket idag är ett stort problem vad gäller segregationsproblematiken.
För det var ju så, att när flyktingvågorna kom, erbjöds plats i dessa bostadsområden och nu bor det upp till 80% migranter i dessa höghus som idag ofta är i dåligt skick. Så problemen vi har där idag är ju en uppenbar följd av 60-talets funktionalistiska synsätt och snabba industriella expansion.

Inger, du jobbar inom kommunen och har sysslat med miljonprogrammet en del. Hur ser framtiden ut för områden som Tensta, Rinkeby eller Rosengård?
Ja, det finns säkert en framtid för miljonprogrammet. Visst finns det möjligheter. Men det krävs naturligtvis att man renoverar, förändrar och bygger om. De behöver säkerligen inte rivas, för husen är ofta välkonstruerade. En teknisk upprustning, anpassning av lägenheternas storlek, förändring av utemiljön med t.ex parker och planteringar är bara några exempel på möjligheter. Men risken är ju, när man börjar ta itu med det här, att miljonprogrammet blir till miljardprogrammet.

18b

Projektet blev lagt på is	rad 20-24, 28-30, 33-35
en man med järnvilja	rad 35-38
industrialism	rad 106-111
merkostnad för Kanalbolaget	rad 69-70
rymmare får arbete	rad 59 -62
84 miljoner timmars arbete	rad 87
Öresund var danskt fram till 1658	rad 16-17
godstrafiken blir obetydlig	rad 117-118

21

Till exempel:
Stavning:

k (framför e, i, y, ä, ö)   **tj**
känna   tjugotalsklassicism
känslor   tjuvläsa
känslig   tjata
källaren   tjänstgjorde
kännetecknas
överkörd   **ch**
köket   chatta
kött   chans
bekymmersamt
arkitektur   **ci**
kilometer   cappuccino

kj
Kjell
kjol

Ordbildning:
-mässig   **-ism**
yrkesmässigt   klassicism   humanism
yrkeslivsmässiga   industrialism   analfabetism
vanemässiga   mysticism   bilism
    protestantism   feminism

Källförteckning

Bilder

Seite 11: Samuel Sander • Seite 12: (1,2) Stefan Guttke; (3) Alexander Lobozinski; (4) © Juan Carlos Román – Fotolia.com • Seite 13: Stefan Guttke • Seite 14: (1) © pressmaster – Fotolia.com; (2) © Zooropa – Fotolia.com; (3) © Almgren – Fotolia.com; (4) © farbkombinat – Fotolia.com • Seite 15: (1) © Arid Ocean – Fotolia.com; (2) Stefan Guttke); (3) © KDImages – Fotolia.com; (4) © Marén Wischnewsky – Fotolia.com; (5) © Rüdiger Jahnke – Fotolia.com; (6) © Clarence Alford – Fotolia.com; (7) Marlen Guttke; (8) © kristina rütten – Fotolia.com; (9) © Edyta Pawlowska – Fotolia.com; (10) Robert Klein; (11) © Christian Jung – Fotolia.com • Seite 16: (1) © lawcain – Fotolia.com; (2-10) Stefan Guttke • Seite 17: © ruscello – Fotolia.com • Seite 18: Lola Akinmade/imagebank.sweden.se • Seite 20: © Simone van den Berg – Fotolia.com • Seite 21: (1, 4) © Andrey_Arkusha – Fotolia.com; (2) Stefan Guttke; (3) © Yuri Arcurs – Fotolia.com • Seite 22: © Alexei Novikov – Fotolia.com • Seite 23: (1) © Václav Mach – Fotolia.com; (2) © Daniel Fuhr – Fotolia.com • Seite 24: (1, 3, 4) Wibke Wittern; (2) Tonia Tell-Cerexhe • Seite 25: Stefan Guttke • Seite 26: (1) © WavebreakMediaMicro – Fotolia.com; (2) © ISO K°- photography – Fotolia.com; (3) © RRF – Fotolia.com; (4) © Yurok Aleksandrovich – Fotolia.com; (5) © M.Rosenwirth – Fotolia.com; (6) © vsurkov – Fotolia.com; (7) © photolens – Fotolia.com; (8) © CandyBox Images – Fotolia.com; (9) © Yuri Arcurs – Fotolia.com; (10) © chesterF – Fotolia.com • Seite 27: (1) © Krzysztof Czuba – Fotolia.com; (2) © Kovalenko Inna – Fotolia.com • Seite 28: Robert Kneschke – Fotolia.com • Seite 30: © RioPatuca Images – Fotolia.com • Seite 31: (1) © iko – Fotolia.com; (2) © puje – Fotolia.com; (3) © Mikael Damkier – Fotolia.com; (4) © originalpunkt – Fotolia.com; (5) © Yvonne Bogdanski – Fotolia.com; (6) © SwexX – Fotolia.com; (7) © Cheryl Ann Quigley – Fotolia.com • Seite 32: © Merlindo – Fotolia.com • Seite 33: (1) © VectoriX – Fotolia.com, (2) Bärbel Wittern • Seite 34: (1, 3) Heinrich Aistinger; (2) © goodluz – Fotolia.com • Seite 35: (1) © evron.info – Fotolia.com; (2) © sonya etchison – Fotolia.com; (3) © Mopic – Fotolia.com • Seite 36: (1) © LVDESIGN – Fotolia.com; (2) © endostock – Fotolia.com; (3) © AVAVA – Fotolia.com; (4) © Dmitry Nikolaev – Fotolia.com; (5) © shock – Fotolia.com; (6) © Yuri Arcurs – Fotolia.com; (7) © Richard Villalon – Fotolia.com; (8) © Moritz Wussow – Fotolia.com; (9) © Anton Vasilkovsky – Fotolia.com; (10) © lrochka – Fotolia.com • Seite 37: Johannes Koch • Seite 38: (1-13) Stefan Guttke • Seite 39: (1) © babimu – Fotolia.com; (2) © Fotogrund – Fotolia.com; (3) © Jens Ottoson – Fotolia.com • Seite 40: Johannes Koch • Seite 41: Önnestads Folkhögskola • Seite 42: (1) © nyul – Fotolia.com; (2) © by-studio – Fotolia.com; (3) © yellowj – Fotolia.com; (4) © Ulrich Müller – Fotolia.com • Seite 43: © Robert Kneschke – Fotolia.com • Seite 44: Karin Lundengård • Seite 45: (1) Karin Lundengård; (2) AVAVA – Fotolia.com; (3) endostock – Fotolia.com • Seite 46: (1) © farbkombinat – Fotolia.com; (2) © bodo011 – Fotolia.com • Seite 47: Stefan Guttke • Seite 48: Stefan Guttke • Seite 49: © Gina Sanders – Fotolia.com • Seite 51: (1) © claudiaveja – Fotolia.com; (2) © fuzzbones – Fotolia.com; (3) © Picture-Factory – Fotolia.com; (4) © nyul – Fotolia.com; (5) © Picture-Factory – Fotolia.com • Seite 52: (1) © Oligo – Fotolia.com; (2) © Galyna Andrushko – Fotolia.com; (3) © Murat Subatli – Fotolia.com; (4) © ilike – Fotolia.com; (5) © Dpix Center – Fotolia.com; (6) © Greg Epperson – Fotolia.com • Seite 53: (1) Maret Guttke; (2) © Terence Mendoza – Fotolia.com • Seite 54: (1) Stefan Guttke; (2) Almgren – Fotolia.com • Seite 55: © Elenathewise – Fotolia.com • Seite 57: Anna Mannheimer • Seite 58: © detailblick – Fotolia.com • Seite 59: (1) © MP2 – Fotolia.com; (2) © Pixeltheater – Fotolia.com; (3) © Radek Mestan – Fotolia.com; (4) © Mikolaj Klimek – Fotolia.com; (5) © originalpunkt – Fotolia.com; (6) © Birgit Reitz-Hofmann – Fotolia.com; (7) © cav – Fotolia.com; (8) © Luminis – Fotolia.com; (9) © sionistamponi – Fotolia.com; (10) © Marén Wischnewski – Fotolia.com; (11) © Eisenhans – Fotolia.com; (12) © Romanchuck – Fotolia.com; (13) © jesterlsv – Fotolia.com; (14) © charles taylor – Fotolia.com; (15) Junial Enterprises – Fotolia.com; (16) © endostock – Fotolia.com • Seite 60: © auremar – Fotolia.com • Seite 62: © pressmaster – Fotolia.com • Seite 64: © Janina Dierks – Fotolia.com • Seite 65: (1) © contrastwerkstatt – Fotolia.com; (2) © Kurhan – Fotolia.com • Seite 66: (1) © sonne fleckl – Fotolia.com; (2) © gradt – Fotolia.com • Seite 67: pavel yashenkov – Fotolia.com • Seite 68: Zornmuseet, Mora, Fotograf: (1) Patric Evinger, (2) Lars Berglund, (3) Lars Hallén • Seite 69: (1-3) Samuel Sander • Seite 70: (1) Zornmuseet, Mora, Foto: Hjalmar Klingvall ateljé; (2) Samuel Sander • Seite 71: (1) © WavebreakMediaMicro – Fotolia.com; (2) © Franz Pfluegl – Fotolia.com; (3) © Rido – Fotolia.com; (4) © WavebreakmediaMicro – Fotolia.com; (5) © Aliaksei Lasevich – Fotolia.com; (6) © detailblick – Fotolia.com; (7) © Picture-Factory – Fotolia.com; (8) © picsfive – Fotolia.com; (9) © Andreas Wolf – Fotolia.com; (10) diego cervo – Fotolia.com • Seite 72: (1) © Anton Gvozdikov – Fotolia.com; (2) © lu-photo – Fotolia.com • Seite 73: (1) Stig Rosenlund; (2) Maret Guttke • Seite 74: © javiindy – Fotolia.com • Seite 75: (1) © Fontanis – Fotolia.com; (2) © grafikplusfoto – Fotolia.com; (3) © DDRockstar – Fotolia.com • Seite 76: Dror COHEN – Fotolia.com • Seite 77: © Renate W. – Fotolia.com ; (2) © absolut – Fotolia.com; (3) © Zooropa – Fotolia.com; (4) © sonya etchison – Fotolia.com (5) © MAK – Fotolia.com • Seite 78: xjbxjhxm – Fotolia.com • Seite 79: © nyul – Fotolia.com • Seite 80: (1) © vgstudio – Fotolia.com; (2) © Tyler Olson – Fotolia.com • Seite 82: © Dark Vectorangel – Fotolia.com • Seite 83: (1) © artivista/werbeatelier – Fotolia.com; (2) © lastsamson – Fotolia.com; (3) © Sandra Cunningham – Fotolia.com; (4) © der vierländer – Fotolia.com; (5) © matttilda – Fotolia.com; (6) © tinadefortunata – Fotolia.com; (7) © Patrizia Tilly – Fotolia.com; (8) © Jens Ottoson – Fotolia.com; (9) © foto.fritz – Fotolia.com; (10) © daskleineatelier – Fotolia.com • Seite 84: (1) © Dmitry Naumov – Fotolia.com; (2) © electra8 – Fotolia.com • Seite 85: (1) © Barbara-Maria Damrau – Fotolia.com; (2) © Cmon – Fotolia.com; (3) © Osterland – Fotolia.com; (4) © Anna Velichkovsky – Fotolia.com; (5) © Bobo – Fotolia.com; (6) © Freesurf – Fotolia.com; (7) © Christopher Meder – Fotolia.com; (8) © Brad Pict – Fotolia.com; (9) Regina Möller • Seite 86: (1) © detailblick – Fotolia.com; (2) © belinka – Fotolia.com; (3) © Robert Kneschke – Fotolia.com; (4) © Picture-Factory – Fotolia.com; (5) © Robert Kneschke – Fotolia.com • Seite 87: (1) © paul hampton – Fotolia.com; (2) © forcdan – Fotolia.com; (3) © Volker Haak – Fotolia.com; (4) © Dan Race – Fotolia.com • Seite 88: Stefan Guttke • Seite 90: © contrastwerkstatt – Fotolia.com; (2) © stef – Fotolia.com; (3) © Dusan Kostic – Fotolia.com; (4) © Dan Race – Fotolia.com • Seite 91: (1) © Robert Kneschke – Fotolia.com; (2) © Nejron Photo – Fotolia.com • Seite 92: (1) © Grischa Georgiew – Fotolia.com; (2) © DWP – Fotolia.com; (3) Stefan Guttke • Seite 95: (1) © Kzenon – Fotolia.com; (2) © roxcon – Fotolia.com; (3) © Franz Pfluegl – Fotolia.com; (4) © Cornelia Kalkhoff – Fotolia.com • Seite 96: (1) © Picture-Factory – Fotolia.com; (2) © Nikolay Tonev – Fotolia.com; (3) © Dominique LUZY – Fotolia.com; (4) © Carlos Santa Maria – Fotolia.com; (5) © Ferrari – Fotolia.com; (6) © Gina Sanders – Fotolia.com; (7) © Alexey Klementiev – Fotolia.com; (8) © Living Legend – Fotolia.com; (9) © Angela Köhler – Fotolia.com • Seite 97: (1) © Robert Kneschke – Fotolia.com; (2) Stefan Guttke • Seite 98: © denphumi – Fotolia.com • Seite 99: (1) © RedDaxLuma – Fotolia.com; (2) © FrankBirds – Fotolia.com • Seite 101: (1) © openiens – Fotolia.com; (2) © Christian Malsch – Fotolia.com • Seite 102: (1) © Liv Friis-larsen – Fotolia.com; (2) © Sven Bähren – Fotolia.com; (3) © LanaK – Fotolia.com • Seite 103: (1) © ArTo – Fotolia.com; (2) © Eléonore H – Fotolia.com; (3) © Monkey Business – Fotolia.com • Seite 104: (1, 2, 6) Kim Rask/Scouterna; (3) Magnus Fröderberg/Scouterna; (4) © WSB Inc. / Victor Ortega; (5) Anders Forsell / Scouterna • Seite 105: (1) © pavel vashenkov – Fotolia.com; (2) © Almgren – Fotolia.com • Seite 106: (1) © OlgaLiS – Fotolia.com; (2) © James Steidi – Fotolia.com • Seite 107: © Alexey Klementiev – Fotolia.com • Seite 108: © Kzenon – Fotolia.com • Seite 109: (1) © Image Source IS2 – Fotolia.com; (2) © mixmotive – Fotolia.com; (3) © Svenni – Fotolia.com; (4) © Patrick Lauffs – Fotolia.com; (5) © Andrew Gusew – Fotolia.com; (6) © allevad – Fotolia.com; (7) © tony740607 – Fotolia.com; (8) © Peter Wey – Fotolia.com; (9) Robert Klein; (10) Erbrou Guttke, (11) Maret Guttke • Seite 110: Stefan Guttke • Seite 111: (1) © Shawn Hempel – Fotolia.com; (2) © Thomas Bethge – Fotolia.com; (3) © Tino Neitz – Fotolia.com; (4) © guentermanaus – Fotolia.com; (5) © fritzmax – Fotolia.com; (6) © stormarn – Fotolia.com; (7) © Goinyk Volodymyr – Fotolia.com; (8) © davis – Fotolia.com; (9) © bizoo_n – Fotolia.com • Seite 112: Lars Johansson – Fotolia.com • Seite 113: (1) © detailblick – Fotolia.com; (2) © wollertz – Fotolia.com; (3) © chagin – Fotolia.com; (4) © W Heiber Fotostudio – Fotolia.com; (5) © Fotofreundin – Fotolia.com; (6) © Sunny Images – Fotolia.com; (7) © Firma V – Fotolia.com; (8) © Warren Goldswain – Fotolia.com; (9) © WavebreakMediaMicro – Fotolia.com; (10) © yanlev – Fotolia.com; (11) © CandyBox Images – Fotolia.com; (12) © George Dolgikh – Fotolia.com; (13) © nyul – Fotolia.com • Seite 114: (1, 2) Robert Klein • Seite 115: Kosterhavets nationalpark/(1) Kjell Holmner, (2) Bengt Frizell, (3) Tomas Lundälv och Lisbeth Jonsson • Seite 116: Kosterhavets nationalpark/(1) Tomas Lundälv och Lisbeth Jonsson, (2) Lars-Ove Loo; (3) Robert Klein • Seite 117: (1) © jamenpercy – Fotolia.com; (2) © Stocksnapper – Fotolia.com; (3) © Sergejs Nescereckis – Fotolia.com • Seite 118: (1) © Ludmila Smite – Fotolia.com; (2) © Gelpi – Fotolia.com • Seite 121: (1) © TheStockCube – Fotolia.com; (2) © Anthony Leopold – Fotolia.com • Seite 122: (1) © Robert Kneschke – Fotolia.com; (2) © Art Allianz – Fotolia.com; (3, 4) © industrieblick – Fotolia.com; (5) © Kzenon – Fotolia.com • Seite 123: © Fotodil – Fotolia.com • Seite 124: (1) © helix – Fotolia.com; (2) © fritzmax – Fotolia.com; (3) Miriam Preis/imagebank.sweden.se; (4) Peter Grant/imagebank.sweden.se; (5) Anders P. Hansson/imagebank.sweden.se; (6) Sonia Jansson/imagebank.sweden.se; (7, 8) Melker Dahlstrand/imagebank.sweden.se; (9) Jan-Olof Yxell/imagebank.sweden.se; (10) © neuartelena – Fotolia.com • Seite 125: Melker Dahlstrand/imagebank.sweden.se • Seite 126: (1) © Kitty – Fotolia.com; (2) Melker Dahlstrand/imagebank.sweden.se • Seite 127: © Andrei Nekrassov – Fotolia.com • Seite 128: Maret Guttke • Seite 129: (1) Abba; (2) Elektrolux; (3) Findus; (4) Fjällräven; (5) Gudrun Sjödén; (6) Husqvarna; (7) Höganäs; (8) Polarbröd; (9) Rörstrand; (10) Swedish Match; (11) Stefan Guttke • Seite 131: (1) © Anja Greiner Adam – Fotolia.com; (2) © Helma Spona – Fotolia.com; (3) © zdshooter – Fotolia.com; (4) © Tom – Fotolia.com • Seite 132: (1) © K.-P. Adler – Fotolia.com; (2) © majtas – Fotolia.com; (3) © diego cervo – Fotolia.com; (4) © RioPatuca Images – Fotolia.com • Seite 133: (1) © Pixel & Création – Fotolia.com; (2) © lassedesignen – Fotolia.com; (3) © Alexandra GI – Fotolia.com; (4) © vetal1983 – Fotolia.com • Seite 134: (1-6) Polarbröd • Seite 135: (1) © sonya etchison – Fotolia.com; (5) © Stefan Schurr – Fotolia.com; (6) © scusi – Fotolia.com; (7) © fergregory – Fotolia.com; (8) © sonya etchison – Fotolia.com • Seite 136: © bigganvi38 – Fotolia.com • Seite 137: © tinadefortunata – Fotolia.com • Seite 138: (1) © Anton Balazh – Fotolia.com; (2) © violetkaipa – Fotolia.com; (3) © Nataliya Hora – Fotolia.com • Seite 139: (1) © Václav Mach – Fotolia.com; (2) © etra_arte – Fotolia.com; (3) © Marco Desscouleurs – Fotolia.com; (4) © dieter76 – Fotolia.com; (5) © drubig-photo – Fotolia.com; (6) © Bastos – Fotolia.com; (7) © Yuri Arcurs – Fotolia.com; (8) © simonalvinge – Fotolia.com; (9) Stefan Guttke; (10) Erbrou Guttke • Seite 140: (1) © ivan kmit – Fotolia.com; (2) © flucas – Fotolia.com; (3) © ISO K° – Fotolia.com • Seite 141: (1) © f9photos – Fotolia.com; (2) © STB – Fotolia.com • Seite 142: (1) © Masson – Fotolia.com; (2) © Be Ta-Artworks – Fotolia.com; (3) © photocrew – Fotolia.com; (4) © Sergejs Rahunoks – Fotolia.com; (5-7) Arne Palm • Seite 143: (1, 2) Arne Palm • Seite 144: (1) © Olga Galushko – Fotolia.com; (2) © bilderstoeckchen – Fotolia.com • Seite 145: (1) © Inga Nielsen – Fotolia.com; (2) © Martina Fenske – Fotolia.com; (3) Stefan Guttke; (4) © afxhome – Fotolia.com • Seite 146: (1) © pressmaster – Fotolia.com; (2) © apops – Fotolia.com; (3) © Patrizia Tilly – Fotolia.com; (4) © Irochka – Fotolia.com; (5-7) Stefan Guttke • Seite 147: (1) © Birgit Reitz-Hofmann – Fotolia.com; (2) © Daniel Nimmervoll – Fotolia.com; (3) © Scanrail – Fotolia.com; (4) © mrgarry – Fotolia.com • Seite 148: (2) © Leo Blanchette – Fotolia.com • Seite 149: (1) © huxflux – Fotolia.com; (2) © sellinmedia – Fotolia.com; (3) © tiggra – Fotolia.com; (4) © tromsoe – Fotolia.com; (5) © donkey IA – Fotolia.com; (6) © neuartelena – Fotolia.com; (7) © Mikhail Markowskiy – Fotolia.com; (8) Erbrou Guttke; (10) Torsten Palluck • Seite 150: (1) © Janina Dierks – Fotolia.com; (2) © Narayan Lazic – Fotolia.com; (3) © Kurhan – Fotolia.com • Seite 151: (1) Göran Billeson; (2) AB Göta kanalbolag • Seite 152: (1) motala-industrimuseum.com; (2) © Marco Desscouleurs – Fotolia.com • Seite 153: (1) © lily – Fotolia.com; (2) © Kadmy – Fotolia.com; (3): © olly – Fotolia.com ; (4) © Christian Harendt – Fotolia.com; (5) © contrastwerkstatt – Fotolia.com; (6) © Kaponia Aliaksei – Fotolia.com; (7) © olesiabilkei – Fotolia.com; (8) GROA Verlag, (9) © auremar – Fotolia.com; (10) © CandyBox Images – Fotolia.com • Seite 154/155: © Olly – Fotolia.com • Seite 156/157: © Giuseppe Porzani – Fotolia.com • Seite 158/159: Stefan Guttke • Seite 160/161: (1) © JSB – Fotolia.com; (2) © a40757se – Fotolia.com; (3) © Frankix – Fotolia.com; (4) © RRF – Fotolia.com; (5) © Almgren – Fotolia.com • Seite 162: © Václav Mach – Fotolia.com • Seite 212/213: Stefan Guttke

Texter
Seite 20: Marianne Fredriksson, Wahlström & Widestrand 1999 • Seite 22: Sara Kadefors, Bonnier Carlsen • Seite 32: Berthold Franke, SvD Kultur 09.12.2007 • Seite 49: Erik Högström, Expressen 20.06.2011 • Seite 66: Text: Mats Berggren, Rabén & Sjögren 1987 • Seite 98: Text: Hanna Dunér, SvD Näringsliv 18.12.2011 • Seite 119: Victor Friberg, Aftonbladet 19.07.2012

Wir haben uns bemüht, alle Inhaber von Text- und Bildrechten ausfindig zu machen. Sollten Rechteinhaber hier nicht aufgeführt sein, so wären wir für entsprechende Hinweise dankbar.

Gesamtspielzeit:	CD1 79:02
	CD2 78:21
Produktion:	GROA Verlag
Tontechnik:	Stefan Guttke
Sprecher:	Kjell Ebenå, Erbrou Guttke, Maret Guttke, Ingrid Kampås, Ingrid Norlund Brinck, Anna Sander, Samuel Sander, Sebastian Scarpa, Sophia Schutte
Produktion:	Record Partner
Musik:	© ClipDealer; CD1, Track 11: Sophia Schutte, Erbrou Guttke (Gesang); Jacob Schutte, Marlen Guttke (Rhythmus); Stefan Guttke (Gitarre); CD 2, Track 5: (1) Robert Schumann, Variationen und Fantasien; Annette Töpel (Klavier); musicaphon; (6) Michael Töpel, Klavierwerke; Annette Töpel (Klavier); Eres Edition

Alle Urheber- und Leistungsschutzrechte vorbehalten. Kein Verleih! Keine unerlaubte Vervielfältigung, Vermietung, Aufführung, Sendung!

Tala svenska © GROA Verlag

Materialien für den Bereich Schwedisch

Weitere Informationen zu den folgenden Artikeln, wie Beispielseiten oder Hörproben, erhalten Sie auf www.groa.de.

Torr sommar
und andere schwedische Erzählungen
im schwedischen Originaltext

Mit Erzählungen von Vilhelm Moberg (Torr sommar), Tage Danielson (Sagan om den rättvisa Gudrun), Birgitta Stenberg (Några valssteg till Haffners ära) und August Strindberg (Ett halvt ark papper). Mit textbegleitenden Wortübersetzungen und Übungen. Für Fortgeschrittene ab B1-Niveau geeignet.

ISBN 978-3-933119-55-1 • 112 S. • € 12,90

Uttala svenska
Ein Lehrwerk der schwedischen Aussprache
mit 8 Audio-CDs (ca. 420 min)

Dieses Aussprache-Lehrwerk trainiert und festigt die schwedische Aussprache und das Hörverstehen. Es beinhaltet einen Hörkurs auf 8 Audio-CDs, mit dem auch ohne Begleitbuch gearbeitet werden kann. Es umfasst die Bereiche Artikulation und Intonation und ist auch als Nachschlagewerk benutzbar. Uttala svenska eignet sich hervorragend zum Selbststudium.

ISBN 978-3-933119-30-8 • 248 S. • € 29,90

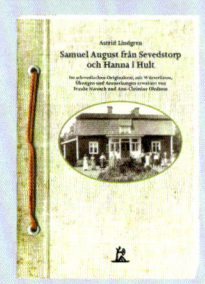

Samuel August från Sevedstorp och Hanna i Hult von Astrid Lindren
im schwedischen Originaltext

In dieser Novelle erzählt Astrid Lindgren die Liebesgeschichte ihrer Eltern. Mit textbegleitenden Wortübersetzungen und Übungen. Für Fortgeschrittene ab B1-Niveau geeignet.

ISBN 978-3-933119-47-6 • 80 S. • € 9,90

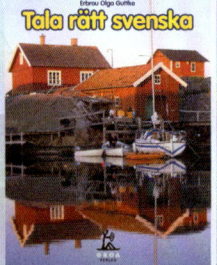

Tala rätt svenska
Sprachtrainer

Dieses Buch macht aufmerksam auf sogenannte „False friends". Es trainiert den richtigen Gebrauch vieler schwedischer Wörter und hilft so, Missverständnisse zu vermeiden. Der Sprachtrainer besteht aus einem Übungs- und einem Lexikonteil. Er ist für Fortgeschrittene konzipiert und bestens zum Selbststudium geeignet.

ISBN 978-3-933119-60-5 • 208 S. • € 14,90

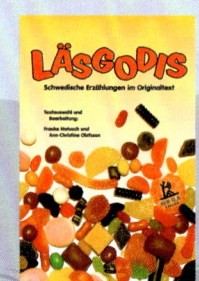

Läsgodis
Schwedische Erzählungen im Originaltext

Mit Texten von Stefan Andhé, Åke Arenhill, Anna-Lena Brundin, Cello, Ludvig Rasmusson, Selma Lagerlöf und Hjalmar Söderberg. Mit textbegleitenden Wortübersetzungen und Übungen. Für Fortgeschrittene ab B1-Niveau geeignet.

ISBN 978-3-933119-52-0 • 106 S. • € 12,90

Lättläst-Taschenbücher im GROA Verlag:

Lättläst
- leicht zu verstehen
- einfaches Vokabular
- kurze Sätze

Mannen på stranden
Fotografens död
von Henning Mankell
Bearbeitung: Johan Werkmäster

Zwei spannende Krimis mit Kommissar Kurt Wallander
ISBN 978-3-933119-45-2 • 120 S. • € 10,95

Glasets hemlighet
von Bodil Mårtensson

Der Antikhändler Gerner wird tot in seinem Laden gefunden. Die Journalistin Annelie Bergelin ist sofort davon überzeugt, dass er ermordet wurde. Hat es vielleicht mit dem mysteriösen Glas zu tun, das sie von ihm geliehen hatte?

ISBN 978-3-933119-72-8 • 108 S. • € 9,95

Dödens och suckarnas stad
Ett stillsamt litet mord
Ormblomman
von Håkan Nesser
Bearbeitung: Johan Werkmäster

Drei spannende Krimis von einem der beliebtesten Autoren Schwedens.
ISBN 978-3-933119-65-0 • 160 S. • € 11,95

Herr Arnes penningar
von Selma Lagerlöf
Bearbeitung: Gerd Karin Nordlund

Eine Geschichte aus alten Zeiten über Geister und Mörder.
ISBN 978-3-933119-90-2 • 64 S. • € 7,95

Döden och kärleken i Kumla
von Håkan Nesser
Bearbeitung: Johan Werkmäster

Es ist Sommer 1967. Der 16-jährige Mauritz wohnt in dem langweiligen Ort Kumla. Er ist verliebt in die schöne Nachbarstochter. Dann geschieht plötzlich ein Mord ...

ISBN 978-3-933119-75-9 • 152 S. • € 11,95

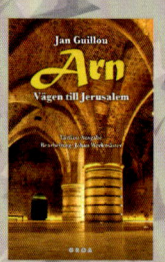

Arn - Vägen till Jerusalem
von Jan Guillou
Bearbeitung: Johan Werkmäster

Ein historischer Abenteuerroman, der sich im 11. Jahrhundert in Schweden und Dänemark abspielt.
ISBN 978-3-933119-70-4 • 192 S. • € 11,95

Preisänderung und Irrtum vorbehalten. Stand: 01.04.2023

Tala svenska

Schwedisch
B1–B2

Lektionswortschatz
Grammatik

GROA
VERLAG

Gestaltung:	Stefan Guttke
Umschlagsfoto:	Samuel Sander
Druck:	Onlineprinters

1. Auflage

Druck 2   Jahr 2023

Alle Drucke dieser Auflage sind inhaltlich unverändert und können im Unterricht nebeneinander verwendet werden.

Dieses Buch ist Teil eines Sets und nicht einzeln im Handel erhältlich.

© 2014 GROA Verlagsgesellschaft mbH, Plön

Das Werk und seine Teile sind urheberrechtlich geschützt. Jede Verwertung in anderen als den gesetzlich zugelassenen Fällen bedarf deshalb der vorherigen schriftlichen Einwilligung des Verlags.
Hinweis zu § 52a UrhG: Weder das Werk noch seine Teile dürfen ohne eine schriftliche Einwilligung des Verlags eingescannt und in ein Netzwerk eingestellt werden. Das gilt auch für Intranets von Bildungseinrichtungen.

ISBN 978-3-933119-03-2

Besuchen Sie uns im Internet: **www.groa.de**
E-Mail: kundenservice@groa.de

Inhalt

- 4 Lektionswortschatz
- 37 Grammatik (mit Sachregister)
- 92 Wortstellung
- 94 Verzeichnis starker und unregelmäßiger Verben

Lektionswortschatz

Angabe des Substantivs:	Grundform, bestimmte Form Singular, unbestimmte Form Plural Ein Strich (-) bedeutet, dass die Pluralform mit der Grundform identisch ist.
Angabe des Verbs:	Infinitiv, Präsens, Präteritum, Supinum (Perfekt, Plusquamperfekt)
Angabe des Adjektivs:	Grundform, t-Form, Plural
Abkürzungen:	ngn, ngt — någon, något
	oböjl. — oböjligt
	åld. — ålderdomligt
	vard. — vardagligt
	adj. — adjektiv (Partizip Perfekt als Adjektiv)
	jmdn., jmdm. — jemanden, jemandem
	etw. — etwas
Zeichen: **!**	Wörter, die zu dem Wort, das über dem Zeichen steht, in Beziehung stehen.

Idiomatische Ausdrücke (nicht lektionsbezogen)

Avsnitt 0

2
bosätt/a -er, bosatte, bosatt **sig** — sich niederlassen
myndighet -en -er — Behörde
motivera -r -de -t — motivieren

3
behärska -r -de -t — beherrschen
svårighet -en -er — Schwierigkeit
ordförråd -et - — Wortschatz
tal -et - — Sprache, Rede
skrift -en -er — Schrift
cirkel -n, cirklar — Kurs, Zirkel, Kreis
! **krets** -en -ar — Kreis (gesellschaftlich)
ring -en -ar — Kreis (als Formation), Ring
in/född -fött -födda — (ein)geboren
sammankomst -en -er — Zusammenkunft
ledare -n - — Leiter
huvuddrag -et - — Hauptzug
komplex -t -a — komplex

kommunicera -r -de -t — kommunizieren
detaljerad adj. — detailliert
ståndpunkt -en -er — Standpunkt
lösning -en -ar — Lösung
spridd, spritt, spridda — verstreut
friska -r -de -t **upp** — auffrischen
studieförbund -et - — Studienverband
studiecirkel -n, -cirklar — Kurs
katalog -en -er — Katalog

4
nyfiken adj. nyfiket, nyfikna — neugierig
pratsam -t -ma — redselig
attraktiv -t -a — attraktiv
kännetecknande — bezeichnend, charakteristisch

5
bläddra -r -de -t — blättern
tilltala -r -de -t — ansprechen

Avsnitt 1

förknippa -r -de -t	verbinden
tulpan -en -er	Tulpe
fjord -en -ar	Fjord

1

teckenspråk -et -	Zeichensprache
fackspråk -et -	Fachsprache
valspråk -et -	Wahlspruch
minoritetsspråk -et -	Sprache einer Minderheit
skriftspråk -et -	Schriftsprache
talspråk -et -	Umgangssprache
kroppsspråk -et -	Körpersprache
vardagsspråk -et -	Alltagssprache
definiera -r -de -t	definieren

2

samordna -r -de -t	zuordnen
replik -en -er	Replik
pratbubbla -n, -bubblor	Sprechblase
gest -en -er	Geste
mimik -en	Mimik
kroppshållning -en -ar	Körperhaltung
respektive	beziehungsweise
avsky -r, avskydde, avskytt	verabscheuen
äcklig -t -a	ekelhaft, widerlich
välj/a -er, valde, valt	wählen
få -r, fick, fått	bekommen

3a

officiell -t -a	offiziell
indoeuropeisk -t -a	indoeuropäisch
baltisk -t -a	baltisch
keltisk -t -a	keltisch
germansk -t -a	germanisch
romansk -t -a	romanisch
slavisk -t -a	slawisch
dryg -t -a	gut, etwas mehr als
uralisk -t -a	uralisch
finsk-ugrisk -t -a	finnisch-ugrisch
ungerska -n	Ungarisch
finska -n	Finnisch
estniska -n	Estnisch
samojediska -t -a	Samojedisch
samiska -n	Samisch
maltesiska -n	Maltesisch
semitisk -t -a	Semitisch
isolerad adj.	isoliert
turkiska -n	Türkisch
mongolisk -t -a	Mongolisch
institution -en -er	Institution
allmänhet -en	Allgemeinheit
procedurspråk -et -	Verwaltungssprache
uppge -r, uppgav, uppgett	angeben
konversation -en -er	Konversation
majoritet -en -er	Mehrheit
modersmål -et -	Muttersprache
uppmuntra -r -de -t	ermuntern
ge -r, gav, gett (givit)	geben
kunna, kan, kunde, kunnat	können
regional -t -a	regional
skriv/a -er, skrev, skrivit	schreiben
finnas, finns, fanns, funnits	vorhanden sein, finden
jämställ/a -er -de -t	gleichstellen
språklag -en -ar	Sprachgesetz

3b

kommentera -r -de -t	kommentieren, erläutern
veta, vet, visste, vetat	wissen
förvåna -r -de -t sig	erstaunen
meningsfull -t -a	sinnvoll
förståelse -n	Verständnis
språkinlärning -en	Sprachenlernen
främja -r -de -t	fördern

4

omkring	ungefähr
runt	rund
så där en	ungefähr
nästan	fast
knappt	knapp

6

resrutt -en -er	Reiseroute
världsresa -n -resor	Weltreise
slå -r, slog, slagit	schlagen
ät/a -er, åt, ätit	essen
drick/a -er, drack, druckit	trinken

7

citat -et -	Zitat
upprörd adj.	aufgeregt, erregt
håll/a -er, höll, hållit	halten
avstånd -et -	Abstand
skvallra -r -de -t	klatschen
sätt -et -	Art
gå -r, gick, gått	gehen
anpassa -r -de -t sig	sich anpassen
kulturskillnad -en -er	Kulturunterschied
faktor -n -er	Faktor
håll/a -er, höll, hållit med	zustimmen
snöskottning -en -ar	Schneeschippen
släpp/a -er -te -t	(los)lassen
möda -n, mödor	Mühe
fördom -en -ar	Vorteil
svordom -en -ar	Fluch

8

sitt/a -er, satt, suttit	sitzen
bur -en -ar	Käfig
buren adj. buret, burna	getragen
bli -r, blev, blivit	werden

Att tala med svenskar

generell -t -a	generell
påträngande (oböjl.)	aufdringlich
lågmäld adj.	leise, mit leiser Stimme
avbryt/a -er, -bröt, -brutit	unterbrechen
samstämmighet -en	Übereinstimmung
yttra -r -de -t	äußern

9

Tyck till!	Sag deine Meinung!
slangord -et -	Slang
anglicism -en -er	Anglizismus
hata -r -de -t	hassen
förortsslang -en	Vorortslang
låt/a -er, lät, låtit	klingen
vulgär -t -a	vulgär
korrekt, korrekt, korrekta	korrekt
ta -r, tog, tagit sig in	hineinkommen
ta -r, tog, tagit	nehmen
sorts, en/ett sorts	eine Art
generation -en -er	Generation
ålder -n, åldrar	Alter
sjukt häftigt	total toll
kompisgäng -et -	Clique
samhörighet -en	Zusammengehörigkeit
bidra -r, bidrog, bidragit	beitragen
Vad gäller ...	Was ... anbelangt
bevara -r -de -t	bewahren
undersök/a -er -te -t	untersuchen
ta -r, tog, tagit ställning till ngt	Stellung nehmen zu etw.

SAXAT

inflytande -t -n	Einfluss
lågtyska -n	Plattdeutsch
härröra -rör, -rörde, -rört	seinen Ursprung haben
kommersiell -t -a	kommerziell
utbyte -t -n	Austausch
hov -et -	Hof
adlig -t -a	adlig
stavning -en -ar	Rechtschreibung
ha -r, hade, haft	haben
rumpa -n, rumpor	Hintern
låtsas, låtsas, låtsades, låtsats	so tun als ob
fortsätt/a -er, fortsatte, fortsatt	weiter machen
höj/a -er -de -t	hier: aufdrehen
nynna -r -de -t	summen
nuförtiden	heutzutage
rörelse -n -r	Bewegung

dramatisk -t -a	dramatisch
bralla -n, brallor (vard.)	Hosen
fetto -t -n (vard.)	eine dicke Person
kväv/a -er -de -t	ersticken
säg/a -er, sa(de), sagt	sagen
stocka -r -de -t sig	sich stocken
täpp/a -er -de -t igen	verstopfen
rouge -t	Rouge
verka -r -de -t	wirken
se -r, såg, sett	sehen
galen, galet, galna	verrückt
kärring/käring -en -ar	alte Tante
frenetisk -t -a	frenetisch
sug/a -er, sög, sugit	saugen
illigt (ill-, illande)	schrill
nyans -en -er	Nuance
ögonskugga -n, -skuggor	Lidschatten
likadan -t -a	gleich
läppstift -et -	Lippenstift
ogenerad adj.	ungeniert
glo -r, glodde, glott	glotzen
våt vått våta	feucht
glosögon	Glotzaugen
banta -r -de -t	abnehmen
snörp/a -er -te -t ihop	zusammenziehen
uppenbar -t -a	offenbar
lovord -et -	Lob
accelerera -r -de -t	beschleunigen
kajalpenna -n, -pennor	Kajalstift
sminkväska -n, -väskor	Schminktasche
på stört	sofort
Vi drar!	Wir hauen ab!
återberätta -r -de -t	nacherzählen
rikta -r -de -t	richten

11

gå -r, gick, gått	gehen
snödroppe -n, -droppar	Schneeglöckchen
värm/a -er -de -t	wärmen
bestå -r, bestod, bestått	bestehen
rad -en -er	Zeile
! råd -et -	Rat

12a

en/ett slags	eine Art
möte -t -n	Begegnung
förverkliga -r -de -t	verwirklichen
vilja, vill, ville, velat	wollen
krog -en -ar	Kneipe
stökig -t -a	unordentlich
bullrig -t -a	laut
hur som helst	wie auch immer
katastrofal -t -a	katastrophal
manual -en -er	Handbuch
inspirera -r -de -t	inspirieren

inte ett dugg	„nicht die Bohne"	hinn/a -er, hann, hunnit	schaffen
levande	lebendig	ta -r, tog, tagit **upp all min tid**	meine ganze Zeit in Anspruch nehmen
lämplig -t -a	geeignet		
lokal -en -er	Raum		
kika -r -de -t	gucken	**12b**	
valv -et -	Gewölbe	återge -r, -gav -gett	wiedergeben
fastighetsbolag -et -	Wohnungsbaugesellschaft		
		14	
slump -en -ar	Zufall	avancerad adj.	qualifiziert, fortgeschritten
flytande	fließend		
njut/a -er, njöt, njutit **av**	genießen	snål -t -a	geizig
flerspråkig -t -a	mehrsprachig	socialbidrag -et -	Sozialhilfe
avgift -en -er	Gebühr	proffs -et -	Profi
praktisera -r -de -t	praktizieren	spinn/a -er, spann, spunnit	schnurren
avslappnad adj.	entspannt	morra -r -de -t	knurren
stimulerande	stimulierend	ladda -r -de -t	laden
språkkoordinator -n -er	Sprachenkoordinator	värdeladdad adj.	wertgeladen
meny -n -er	Menü	laddning -en -ar	Ladung
tillställning -en -ar	Veranstaltung	överens	überein, einig
bjud/a -er, bjöd, bjudit	einladen		

Avsnitt 2

1

universum -et -	Universum
satellit -en -er	Satellit
rymdfärja -n, -färjor	Raumschiff
sol -en -ar	Sonne
måne -n, månar	Mond
astronaut -en -er	Astronaut
stjärna -n, stjärnor	Stern
planet -en -er	Planet
jord -en -ar	Erde
himmel, himlen, himlar	Himmel
värld -en -ar	Welt
själstillstånd -et -	Seelenzustand
ta -r, tog, tagit **vara på**	wahrnehmen,
spana -r -de -t	spähen, beobachten
oändlighet -en	Unendlichkeit
koll -en -ar (vard.)	Kontrolle
fiende -n -r	Feind
hopp -et -	Hoffnung
rädda -r -de -t	retten

2

rekonstruera -r -de -t	rekonstruieren
utantill	auswendig
! **utvändigt**, utvändigt, utvändiga	außen
prick -en -ar	Punkt

3a

Bevare mig väl!	Du meine Güte!
Gudskelov!	Gott sei Dank!
Tack och lov!	Gott sei Dank!
urdålig -t -a	grottenschlecht
få -r, fick, fått	bekommen
Det vete katten!	Keine Ahnung!
vinn/a -er, vann, vunnit	gewinnen
somlig -t -a	manche
skulle	würde
skänk/a -er -te -t	schenken
hjälporganisation -en -er	Hilfsorganisation
Ärligt talat ...	Ehrlich gesagt ...
Måtte ...	Möge ...

3b

stryk/a -er, strök, strukit	streichen
lämna -r -de -t **in**	einreichen
göra, gör, gjorde, gjort	machen

4

zoo, ett zoo (oböjl.)	Zoo
scen -en -er	Szene
scenario -t, scenarier	Szenario
ascendent -en -er	Aszendent

Att avsluta ett samtal
kolla -r -de -t in — beobachten, gucken auf

5a
skola, ska, skulle, skolat — sollen, wollen, müssen

5b
skojig -t -a — lustig
pussla -r -de -t — puzzeln
lägg/a -er, la(de), lagt — legen

6
missa -r -de -t — verpassen
gå -r, gick, gått i lås — ins Schloss fallen

7
gevär -et - — Gewehr
köl -en -ar — Kiel
hot -et - — Drohung
fånge -n, fångar — Gefangene(r)
vapen vapnet - — Waffen
sal -en -ar — Saal
ruff -en -ar — Kajüte
konflikt -en -er — Konflikt
soldat -en -er — Soldat
le -r, log, lett — lächeln

8
bidra -r, bidrog, bidragit — beitragen
fredlig -t -a — friedlich
avskaffa -r -de -t — abschaffen
värnplikt -en — Wehrdienst
blanda -r -de -t sig i — sich einmischen
exportera -r -de -t — exportieren
omvänd adj. — umgekehrt
redovisa -r -de -t — hier: vortragen
nämn/a -er -de -t — erwähnen
framhåll/a -er, -höll, -hållit — betonen
sammanfattningsvis — zusammenfassend

9
viss, visst, vissa — bestimmt
blogg -en -ar — Blogg
hög -en -ar — Haufen
plugga -r -de -t — pauken
genomsvettig -t -a — durchgeschwitzt
uppäten adj. -ätit, -ätna — aufgegessen
smyg/a -er, smög, smugit — schleichen
käft -en -ar — Maul
bit/a -er, bet, bitit — beißen
girig -t -a — gierig
smaska -r -de -t — genüsslich essen, schmatzen
skrik/a -er, skrek, skrikit — schreien
panikslagen adj. -slaget, -slagna — panisch

häromnatten — neulich Nachts
! häromdagen — neulich, vor ein paar Tagen
häromåret — vor ein paar Jahren
häromkvällen — neulich Abends
häromsistens — kürzlich, neulich
häromkring — hier in der Nähe
skäll/a -er -de -t — bellen
vara livrädd, livrädda — Todesangst haben
vara less på ngt — von etw. müde sein
mardröm -men -mar — Albtraum
pinsam -t -ma — peinlich
stirra -r -de -t — starren
hypernervös -t -a — hypernervös
spring/a -er, sprang, sprungit — laufen, rennen
fastklistrad adj. — festgeklebt
flyg/a -er, flög, flugit — fliegen
trädtopp -en -ar — Baumwipfel
sväva -r -de -t — schweben
liknande — ähnlich
frihetskänsla -n, -känslor — Freiheitsgefühl
glid/a -er, gled, glidit — gleiten

SAXAT
oavsett — ungeachtet
dödsstraff -et - — Todesstrafe
svält/a -er, svalt, svultit — hungern
yttrandefrihet -en — Meinungsfreiheit
våld -et — Gewalt
den rätte — der Richtige
haka -n, hakor — Kinn
! kind -en -er — Wange
vaka -n, vakor — Wache, Wachsein
ideal -et - — Ideal
komm/a -er, kom, kommit — kommen
nervikt adj. — heruntergeschlagen
kliv/a -er, klev, klivit — steigen
skinn -et - — Haut
skapa -r -de -t om — umgestalten
slå -r, slog, slagit itu — zerschlagen
bestående av — bestehend aus
frammanad adj. — heraufbeschwört
utopi -n -er — Utopi
i enlighet med — gemäß
definition -en -er — Definition
glimt -en -ar — Schimmer
odefinierbar -t -a — undefinierbar
längtan (en) — Sehnsucht
ditintills — bisher
okanaliserad adj. — unkanalisiert
sätt/a -er, satte, satt — setzen
ojämförlig -t -a — unvergleichlich
dragningskraft -en -er — Anziehungskraft
präglande — prägent
genomsyrad adj. — durchdrungen

omvälvd adj.	verändert, revolutioniert	
amalgamerad adj.	mit Amalgam gefüllt	
psykisk -t -a	psychisch	
uppträd/a -er, -trädde, -trätt	auftreten	
sömn -en	Schlaf	
pågå -r, -gick, -gått	andauern	
upphöra, -hör, -hörde, -hört	aufhören	
nervsystem -et -	Nervensystem	
fysiologisk -t -a	physiologisch	
anledning -en -ar	Anlass, Grund	
uppfyll/a -er -de -t	erfüllen	
förträng/a -er -de -t	verdrängen	
begär -et -	Verlangen, Begehren	
behov -et -	Bedürfnis	
påstå -r, -stod, -stått	behaupten	
känslomässig -t -a	gefühlsmäßig	
fotfäste -t	Boden unter den Füßen	

10a

föreställ/a -er -de -t	vorstellen

10b

anknytning -en -ar	Anknüpfung
solkräm -en -er	Sonnencreme

11

illusion -en -er	Illusion

12a

äventyrslysten adj.	abenteuerlustig
prova -r -de -t på	ausprobieren, testen
rulla -r -de -t	rollen
slipp/a -er, slapp, sluppit	etw. nicht machen müssen
klimatsmart, -smart, -smarta	klimaneutral
fåraherdevagn -en -ar	Schäferwagen
kapell -et -	Überzug, Hülle
regntät, -tätt, -täta	regendicht
hydraulisk -t -a	hydraulisch
broms -en -ar	Bremse
säkerhetsskäl -et -	Sicherheitsgrund

avlasta -r -de -t	entlasten
kuperad adj.	hügelig
sovhytt -en -er	Schlafkabine
bägge	beide
rykta -r -de -t	striegeln
mata -r -de -t	füttern
sto -et -n	Stute
töm -men -mar	Zügel
åtskillig -t -a	etlich
invänd/a -er, invände, invänt	einwenden
öm -t -ma	zärtlich
elstängsel -stängslet -	Elektrozaun
spade -n, spadar	Spaten
foder, fodret -	Futter
skötsel -n	Pflege
vattendunk -en -ar	Wasserkanister
myggnät -et -	Mückennetz
luftmadrass -en -er	Luftmatratze
proviant -en	Proviant
kyl/a -er -de -t	kühlen
kanonbra	supergut
kurra -r -de -t	knurren, gurren
abborre -n, abborrar	Barsch
så pass	so
lärorik -t -a	lehrreich
ekipage -et -	Equipage
lägerplats -en -er	Lagerplatz
urskön -t -a	total schön, superschön
vildmark -en -er	Wildnis
samvaro -n	Beisammensein

14

klippklättring -en -ar	Felsklettern
forsränning -en -ar	Rafting
dressinåkning -en -ar	Draisine fahren
bäver -n, bävrar	Biber
fallskärmshoppning -en -ar	Fallschirmspringen
timmerflottsfärd -en -er	Floßfahrt
åktur -en -er	Fahrt
hundspann -et -	Gespann
ballongflygning -en -ar	Ballonfliegen

Fler nyttiga idiom

som hastigast	flüchtig	Jag tror vi sågs som hastigast på lunchen igår.
passa på att	die Gelegenheit wahrnehmen	Jag vill passa på att presentera vår nya kollega.
få klart för sig	sich klarwerden	Jag fick rätt fort klart för mig att jag vill jobba med barn.
inte hela världen	nicht so schlimm	Ja, men det var väl inte hela världen!
när allt kommer omkring	wenn man darüber nachdenkt	När allt kommer omkring, är jag inte säker på att jag vill flytta.

Avsnitt 3

associera -r -de -t	assoziieren	
rast -en -er	Pause	
lov -et -	Ferien	
skoltrött -trött -trötta	schulmüde	
skolka -r -de -t	schwänzen	
gäng -et -	Clique	

1a

skolväsen -det -	Schulwesen	
kostnad -en -er	Kosten	
läromedel -medlet -	Lehrmittel	
skolskjuts -en -ar	Schulfahrdienst	
friskola -n, -skolor	Privatschule	
bidrag	Beihilfe	
läsår -et -	Schuljahr	
i slutet av ...	Ende ...	
stimulera -r -de -t	anregen, stimulieren	
obligatorisk -t -a	obligatorisch	
sameskola -n, -skolor	Schule der Samen	
döv -t -a	taub	
hörselskadad adj.	hörgeschädigt	
särskola -n, -skolor	Sonderschule	
begåvningsmässig -t -a	begabungsmäßig	
funktionsnedsättning -en -ar	Behinderung	
omfatta -r -de -t	umfassen	
inriktning -en -ar	Ausrichtung	
motsvara -r -de -t	entsprechen	
vid sidan av	neben	
individuell -t -a	individuell	
kombinera -r -de -t	kombinieren	
påbörja -r -de -t	anfangen	
migrant -en -er	Migrant	
nyanländ adj.	gerade angekommen	
enstaka	vereinzelt	
linje -n -r	hier: Zweig	

1b

därutöver	darüber hinaus
kännedom -en	Kenntnis

2

likhet -en -er	Ähnlichkeit
skillnad -en -er	Unterschied
resonera -r -de -t	überlegen, sprechen

3

sax -en -ar	Schere
hålslag -et -	Locher
kulspetspenna -n, -pennor	Kugelschreiber
gem -et -	Büroklammer
överstrykningspenna -n, -pennor	Textmarker
häftapparat -en -er	Hefter
pennfodral -et -	Federtasche
miniräknare -n -	Taschenrechner
pennvässare -n -	Anspitzer
passare -n -	Zirkel
blyertspenna -n ,-pennor	Bleistift
tejp -en -er/tejphållare -n -	Klebefilm/Handabroller

4b

flytande	fließend

5

genomsnitt -et -	Durchschnitt
längd -en -er	Länge
vikt -en -er	Gewicht
medellängd -en	Durchnittslänge

6

tumstock -en -ar	Zollstock
måttband -et -	Maßband
bredd -en -er	Breite
höjd -en -er	Höhe

7

schyst, schyst, schysta	fair
missbruk -et -	Missbrauch, Sucht
trygg -t -a	geborgen
kurator -n -er	Sozialfürsorger (Sozialpädagoge)
målrelaterad adj.	zielorientiert
ge -r, gav, gett järnet	alles geben
hemkunskap -en	Haushaltskunde
ämne -t -n	Fach
rättvis -t -a	gerecht
orättvis -t -a	ungerecht

8

revisor -n -er	Wirtschaftsprüfer
donator -n -er	Donator, Spender
sponsor -n -er	Sponsor

9

störa, stör, störde, stört	stören
Ingen fara!	Nicht so schlimm!
spinn/a -er, spann, spunnit	spinnen

10a

folkrörelse -n -r	Volksbewegung
driv/a -er, drev, drivit	betreiben, treiben
läroplan -en -er	Lehrplan
internat -et -	Internat
till en början	am Anfang, anfangs
nykter -t, nyktra	nüchtern

bygd -en -er	Gegend, Provinz		
ägna -r -de -t sig åt	sich widmen		

10b

hemsida -n, hemsidor	Webbseite

Svenskarna och tiden

värdefull -t -a	wertvoll
respektera -r -de -t	respektieren
dyrbar -t -a	teuer, kostbar
slösa -r -de -t på	verschwenden
i onödan	unnötig
prick -en -ar	Punkt

SAXAT

genmodifierad adj.	genmanipuliert
brist -en -er	Mangel
transplantation -en -er	Transplantation
anatomi -n	Anatomie
påminn/a -er, påminde, påmint	erinnern
hjärta -t -n	Herz
njure -n, njurar	Niere
immunförsvar -et	Immunsystem
omedelbar -t -a	unmittelbar
grisorgan -et -	Schweineorgan
förstöra, -stör, -störde, -stört	zerstören
avstötning -en -ar	Abstoßung
gen -en -er	Gen
reta -r -de -t	ärgern, hier: reizen
djurstall -et -ar	Tierstall
reservdelsleverantör -en -er	Ersatzteillieferant
oro -n	Unruhe
bära, bär, bar, burit	tragen
synas, syns, syntes, synts	zu sehen sein, sichtbar
epidemi -n -er	Epidemie
vara ense om	einig sein
i stor skala	in großem Stil
attraktiv -t -a	attraktiv
behandla -r -de -t	behandeln
knäck/a -er -te -t	knacken, hier: lösen
lura -r -de -t	hereinlegen
ägare -n -	Besitzer
uppträdande -t -n	Auftreten
kompetens -en -er	Kompetenz
ambitionsnivå -n -er	Ambitionsniveau
kork -en -ar	Korken
mät/a -er -te -t	messen
tryck -et -	Druck
risk -en -er	Risiko
studie -n -r	Studie
nolltolerans -en	keine Toleranz
någorlunda	einigermaßen
ohållbar -t -a	inakzeptabel, nicht zu verteidigen

11a

bråk -et -	hier: Bruch

12

socionom -en -er	Sozialwirt
fristående	freistehend
snatta -r -de -t	klauen
psykolog -en -er	Psychologe
terapeut -en -er	Therapeut

13a

klar -t -a	fertig
konstnär -en -er	Künstler
tonårsuppror -et -	Teenageraufstand
sikta -r -de -t på	anpeilen, zielen auf
kvantfysik -en	Quantenphysik
konstnärskap -et -	Künstlertum
vetenskap -en -er	Wissenschaft
anda -n	Sinn, Geist
varelse -n -r	Wesen
högskolekatalog -en -er	Hochschulkatalog
rangordna -r -de -t	nach Größe ordnen
masterexamen, -examen, -examina	Masterexamen
molekylärgenetik -en	Molekulargenetik
fysiologi -n	Physiologie
krångel, krånglet	Schererei
administration -en -er	Verwaltung
ställ/a -er -de -t till med	verursachen
besvär -et -	Schwierigkeiten
långvarig -t -a	langwierig
doktorandtjänst -en -er	Doktorandenstelle
modell -en -er	Modell
utbytesstudent -en -er	Austauschstudent
uppföra, -för, -förde -fört sig mot	sich benehmen gegenüber
attityd -en -er	Haltung
utbyte -t -n	Austausch
beroende på	davon abhängend
asiatisk -t -a	asiatisch
presentation -en -er	Präsentation
förväntning -en -ar	Erwartung
kritisera -r -de -t	kritisieren
argumentera -r -de -t	argumentieren
formulera -r -de -t	formulieren
elitistisk -t -a	elitär
överlag	insgesamt
examinationssätt -et -	Prüfungsart
inträdeskrav -et -	Aufnahmebedingung
separat separat, separata	separat
vik/a -er, vek, vikit sig	nachgeben
balansera -r -de -t	balancieren
ha nytta av ngt	Nutzen von etw. haben
självständig -t -a	selbstständig
genomdriv/a -er, -drev, -drivit	durchsetzen

envis -t -a	stur, hartnäckig	
förmåga -n, förmågor	Fähigkeit	
entusiasmera -r -de -t	begeistern	
vink -en -ar	Wink	
långsiktig -t -a	langfristig	
egenvärde -t -n	Eigenwert	
någonstans	irgendwo	
hormon -en -er	Hormon	
humör -et -	Laune	
humor -n	Humor	

14

praktikant -en -er	Praktikant	
påbyggnadsutbildning -en -ar	Zusatzausbildung	
fortbildning -en -ar	Fortbildung	

15b

ringa -r -de -t in	einkreisen	

16

lojal -t -a	lojal
utåtriktad adj.	aufgeschlossen
omtänksam -t -ma	umsichtig
modig -t -a	mutig
snål -t -a	geizig
slösaktig -t -a	verschwenderisch
otålig -t -a	ungeduldig
blyg -t -a	schüchtern
självgod, -gott, -goda	selbstgefällig
omogen, omoget, omogna	unreif
opålitlig -t -a	unzuverlässig
krånglig -t -a	verwickelt, kompliziert
oengagerad adj.	unengagiert
oerhört	hier: sehr
kolossal -t -a	kolossal
otrolig -t -a	unglaublich
enorm -t -a	enorm
utomordentlig -t -a	außerordentlich

Avsnitt 4

känn/a -er -de -t till	kennen	
ordna -r -de -t in	einordnen	
kvällstidning -en -ar	Abendzeitung	
veckotidning -en -ar	Wochenzeitschrift	
facktidskrift -en -er	Fachzeitschrift	
prenumerera -r -de -t	abbonnieren	

1

massor av	eine Menge von
magasin -et -	Magazin

2

ledare -n -	Leitartikel
kryss -et -	Kreuzworträtsel
debatt -en -er	Debatte
serie -n -r	Comicstrip
näringsliv -et -/ ekonomi -n -er	Wirtschaft

Text a:
ljudbok -en, -böcker	Hörbuch
nominerad adj.	nominiert
i samband med	im Zusammenhang mit
bokmässa -n, -mässor	Buchmesse
förlag -et -	Verlag
sammanlagd adj.	insgesamt
titel -n, titlar	Titel

varur	woraus
sålla -r -de -t	sieben
jury -n -er	Jury
bedöm/a -er -de -t	beurteilen

Text c:
förfallen adj.	verfallen
trivsam -t -ma	gemütlich

Text e:
misslyckas, -lyckas, -lyckades, -lyckats	misslingen
spelövertag -et -	Überlegenheit im Spiel

Text f:
budskap -et -	Botschaft
vänd/a -er, vände, vänt sig till	sich wenden an
tjänst -en -er	Dienst

Text g:
tidsbokning -en -ar	Terminbuchung

Text i:
bomba -r -de -t	bomben
tunnel -n, tunnlar	Tunnel
smuggeltrafik -en	Schmuggelverkehr
genomföra, -för, -förde, -fört	durchführen
granatattack -en -er	Granatattacke
avlossa -r -de -t	abfeuern
territorium, territoriet, territorier	Territorium

Text j:

aktie -n -r	Aktie
rusa -r -de -t	rasen
i synnerhet	insbesondere
fall/a -er, föll, fallit	fallen
basera -r -de -t	basieren

Text l:

samtycke -t -n	Einwilligung, Zustimmung
lag -en -ar	Gesetz
sexualdrift -en -er	Sexualtrieb
straffrätt -en -er	Strafrecht

Text m:

vettig -t -a	vernünftig
nationalism -en	Nationalismus
spåra -r -de -t ur	entgleisen
frånvaro -n	Abwesenheit
riskabel -t, riskabla	riskant, gewagt
kulturarv -et -	Kulturerbe

3a

dom -en -ar	Urteil
döm/a -er -de -t	verurteilen
erkänn/a -er -kände, -känt	bekennen
fängelse -t -r	Gefängnis
hovrätt -en -er	Oberlandesgericht
narkotikabrott -et -	Drogenstraftat
neka -r -de -t	leugnen
straff -et -	Strafe
åklagare -n -	Staatsanwalt
överklaga -r -de -t	Berufung einlegen
tingsrätt -en -er	Amtsgericht
mordbrand -en, -bränder	Brandstiftung mit Tötungsabsicht
fastställ/a -er -de -t	feststellen
tvinga -r -de -t	zwingen
lämna -r -de -t	verlassen
bryt/a -er, bröt, brutit ut	ausbrechen
hyresfastighet -en -er	Mietshaus
gryning -en -ar	Morgendämmerung
pyroman -en -er	Brandstifter
enig -t -a	einig
beslut -et -	Beschluss
yrka -r -de -t på ngt	bestehen auf etwas
sträng -t -a	streng
ändring -en -ar	Änderung
anslut/a -er, -slöt, -slutit sig	sich anschließen
bedömning -en -ar	Beurteilung
de boende	die Bewohner
förstörelse -n -r	Zerstörung
egendom -en -ar	Eigentum
anlägg/a -er, -(la)de, -lagt	anlegen
förolämpning -en -ar	Beleidigung
egenmäktigt förfarande	eigenmächtiges Handeln
förgripelse mot tjänsteman	Gewalt gegen Beamten
våldsam -t -ma	gewaltsam
motstånd -et -	Widerstand
åtalspunkt -en -er	Anklagepunkt
olaga	widerrechtlich
ofredande -t -n	Belästigung
igelkotte -n, igelkottar	Igel
anklagelse -n -r	Klage
hävda -r -de -t	behaupten

3b

ingress -en -er	Einleitung
brödtext -en -er	Haupttext (Brottext)
byline -n -s	Verfasserzeile
rubrik -en -er	Schlagzeile
mellanrubrik -en -er	Überschrift, die den Text unterteilt

4

stöld -en -er	Diebstahl
rån -et -	Raub
våldtäkt -en -er	Vergewaltigung
rattfylleri -et	Trunkenheit am Steuer
på fri fot	auf freiem Fuß
bot -en, böter	Bußgeld, Geldstrafe

5b

tidningsklipp -et -	Zeitungsausschnitt
halvera -r -de -t	halbieren
larma -r -de -t	alarmieren
grip/a -er, grep, gripit	greifen
hota -r -de -t	drohen
stötta -r -de -t	stützen
verksamhet -en -er	hier: Betrieb
misstänk/a -er -te -t	verdächtigen
knark -et	Drogen
okänd okänt, okända	unbekannt
konjunktur -en -er	Konjunktur
bedrägeri -et -er	Betrug
manipulation -en -er	Manipulation
promille -n -	Promille
löntagare -n -	Arbeitnehmer
utnämn/a -er -de -t	ernennen
ordförande -n -	Vorsitzende(r)
tjuv -en -ar	Dieb
förfölj/a -er, -följde, -följt	verfolgen
häkta -r -de -t	verhaften
stjäla stjäl, stal, stulit	stehlen

7

efterlysning -en -ar	Vermisstenmeldung
rak -t -a	gerade
lockig -t -a	lockig, gelockt
väskryckare -n -	Taschendieb
kön -et -	Geschlecht
kroppsbyggnad -en -er	Körperbau

13

panna -n, pannor	Stirn	
ögonbryn -et -	Augenbraue	
hy -n	Haut	
klädsel -n, klädslar	Kleidung	

8

vinkla -r -de -t	winkeln

10

reklam -en -er	Werbung
fånge -en, fångar	Gefangene(r)
uppmärksamhet -en	Aufmerksamkeit
anspelning -en -ar	Anspielung
könsroll -en -er	Geschlechtsrolle
skildra -r -de -t	schildern
tvärtom	im Gegenteil, vielmehr
falsk -t -a	falsch
påverka -r -de -t	beeinflussen

SAXAT

drabba -r -de -t	treffen, betreffen
inbrott -et -	Einbruch
obehaglig -t -a	unbehaglich
vidta -r, -tog, -tagit **åtgärder**	Maßnahmen treffen
åtgärd -en -er	Maßnahme
samverkan (en)	Mitwirkung
brottslighet -en	Kriminalität
förråd -et -	Lagerraum
utrymme -t -n	Platz, Raum
skadegörelse -n -r	Beschädigung
bry -r, brydde, brytt **sig om**	sich kümmern
nödlarm -et -	Notalarm
skugga -r -de -t	beschatten
bugga -r -de -t	heimlich abhören
speja -r -de -t	spähen
glutta -r -de -t	gucken
smussla -r -de -t	mogeln
granska -r -de -t	prüfen
fiffla -r -de -t	schummeln
dölj/a -er, dolde, dolt	verbergen
hjärna -n, hjärnor	Gehirn
häkte -t -n	Haft, Arrest
dyk/a -er, dök, dykt	tauchen
skridskobana -n, -banor	Schlittschuhbahn
omskakande	erschütternd
skrämmande	erschreckend
brottsoffer -offret -	Opfer
ta -r, tog, tagit **itu med**	sich mit ... auseinandersetzen
kräv/a -er, de, -t	fordern
rättegång -en -ar	Gerichtsverfahren
gärningsman -nen, gärningsmän	Täter
advokat -en -er	Rechtsanwalt
ideell -t -a	ideell

organisation -en -er	Organisation
engagera -r -de -t **sig**	sich engagieren
såra -r -de -t	verletzen
livshotande	lebensbedrohlich
sylvass -t -a	spitz wie eine Nadel, sehr scharf
burkrest -en -er	Dosenrest
åker -n, åkrar	Feld
skörd -en -ar	Ernte
splittra -r -de -t	zersplittern
ensilage -t	Gärfutter
lid/a -er, led, lidit	leiden
i onödan	unnötig, unnötigerweise

11a

riv/a -er, rev, rivit **bort**	wegreißen
chockad adj.	geschockt
fönsterlucka -n, -luckor	Fensterladen
trilla -r -de -t **ner**	herunterfallen
eldsflamma -n, -flammor	Feuerflammen
taknock -en -ar	Dachfirst
sprid/a -er, spred, spridit	verbreiten, ausbreiten
glödande	glühende
gnista -n, gnistor	Funken
tegelpanna -n, -pannor	Ziegelpfanne
fyr -en -ar	Feuer, Leuchtturm
orsak -en -er	Grund
brinn/a -er, brann, brunnit	brennen
skorsten -en -ar	Schornstein
brandkår -en -er	Feuerwehr
släckningsarbete -t -n	Löscharbeit
brukshundsklubb -en -ar	Hundeschule
hjälpsam -t -ma	hilfsbereit
insats -en -er	Einsatz
tak -et -	Dach
gavel -n, gavlar	Giebel
försäkringsbolag -et -	Versicherungsgesellschaft

12a

kampanj -en -er	Kampagne

12b

feriearbetare -n -	Ferienarbeiter
jämställdhet -en	Gleichstellung
nyhetsuppläsare -n -	Nachrichtensprecher
stig/a -er, steg, stigit	steigen
rapport -en -er	Bericht
rasa -r -de -t	einstürzen
gasexplosion -en -er	Gasexplosion
läsplatta -n, läsplattor	Tablet
företrädare -n -	Vertreter
förlagsbransch -en -er	Verlagsbranche
semifinal -en -er	Halbfinale

14

kåseri -et -er	Glosse	
krönika -n, krönikor	Chronik	
kolumn -en -er	Kolumne, Spalte	
ordinarie	fest angestellt	
referera -r -de -t	berichten	
objektiv -t -a	objektiv	
krönikör -en -er	Chronist	
resonerande	diskutierend	
vetenskaplig -t -a	wissenschaftlich	
humoristisk -t -a	humoristisch	
hög -t -a	hier: laut	
avhandla -r -de -t	abhandeln	
sorglös -t -a	sorglos	
lättsam -t -ma	leicht	
smidig -t -a	geschmeidig	
överdriven adj. -driven, -drivna	übertrieben	
provocerande	provozierend	
gråt/a -er, grät, gråtit	weinen	
gapskratta -r -de -t	aus vollem Halse lachen	
stick/a -er, stack, stuckit **ut**	herausstechen	
belasta -r -de -t	belasten	
återhållsam -t -ma	zurückhaltend	
skämta -r -de -t	scherzen	
överdrift -en -er	Übertreibung	

15a

domstol -en -ar	Gericht	
rutten, ruttet, ruttna	verfault, verrottet	
relation -en -er	Relation	
märklig -t -a	bemerkenswert	
! märkbar -t -a	merklich	
lurad adj.	hereingelegt	
förnedrad adj.	gedemütigt	
utnyttjad adj.	ausgenutzt	
make -n, makar	Ehemann	
stick/a -er, stack, stuckit	hier: abhauen	
olaglig -t -a	widerrechtlich	

svinpäls -en -ar	Schweinehund
samvete -t -n	Gewissen
tull -en -ar	Zoll
otrogen adj. otroget, otrogna	untreu
ohederlig -t -a	unehrlich
red/a -er, redde, rett **ut**	klären
moral -en -er	Moral
ältande	wiederkäuend
bitterhet -en -er	Bitterkeit
svälj/a -er, svalde, svalt	schlucken
oförrätt -en -er	Kränkung, Unrecht
hämnd -en -er	Rache
ljuv -t -a	lieblich, süß
utdömd adj.	verhängt
tillfredsställande	zufriedenstellend
smågräl -et -	kleiner Streit
ljug/a -er, ljög, ljugit	lügen
svik/a -er, svek, svikit	im Stich lassen
vård -en	Pflege
fiffig -t -a	pfiffig
svikare -n -	Person, die jmdn. im Stich lässt
mus -en, möss	Maus
hane -n, hanar	Männchen
hona -n, honor	Weibchen
anonym -t -a	anonym

16b

påve -n, påvar	Papst
president -en -er	Präsident

17

rättvisa -n	Gerechtigkeit
självförverkligande -t	Selbstverwirklichung
anseende -t	Ansehen
sann, sant, sanna	wahr
vänskap -en -er	Freundschaft
rikedom -en -ar	Reichtum

Fler nyttiga idiom

höra hemma	hierher gehören	Jag tycker inte att svordomar hör hemma här!
till råga på allt	noch obendrein	Jag försov mig i morse. Till råga på allt missade jag bussen.
med tanke på att	wenn man bedenkt, dass	Han spelar mycket bra med tanke på att han är så ung.
tyda på att	darauf hindeuten, dass	Allt tyder på att hösten kommer tidigt i år.
på tal om ingenting	apropos	På tal om ingenting: Vet du vad Karin sysslar med nuförtiden?
löpa risk att	Gefahr laufen, dass	När man röker löper man risk att bli sjuk.

Avsnitt 5

arkitekt -en -er	Architekt	
artist -en -er	Artist	
byggarbetare -n -	Bauarbeiter	
dansare -n -	Tänzer	
dansös -en -er	Tänzerin	
detektiv -en -er	Detektiv	
domare -n -	Richter	
guldsmed -en -er	Goldschmied	
idrottare -n -	Sportler	
rörmokare -n -	Klempner	
veterinär -en -er	Tierarzt	

1

kasta -r -de -t	werfen
vänd/a -er, vände, vänt	wenden
bocka -r -de -t **sig**	sich bücken, verbeugen

2

talang -en -er	Talent
begåvning -en -ar	Begabung
arvsanlag -et -	Erbanlage
viljestyrka -n, -styrkor	Willensstärke
mod -et -	Mut

3

vd (verkställande direktör)	geschäftsführender Vorstandsvorsitzende(r)
möte -t -n	Sitzung
rekreation -en -er	Erholung
energikälla -n, -källor	Energiequelle
sociala medier	soziale Medien

4a

omsättning -en -ar	Umsatz
dyster, dystert, dystra	düster, finster
däremot	dagegen
avbryt/a -er, -bröt, brutit	unterbrechen
övertyga -r -de -t	überzeugen
rabattkampanj -en -er	Rabattaktion
tvärtom	umgekehrt, im Gegenteil
sjunk/a -er, sjönk, sjunkit	sinken
konkurrent -en -er	Konkurrent
effektiv -t -a	effektiv
i det förflutna	in der Vergangenheit
konkurs -en -er	Konkurs
rykte -t -n	Gerücht
marknadsandel -en -ar	Marktanteil
Hänger ni med?	Könnt ihr folgen?
avsluta -r -de -t	abschließen
granska -r -de -t	prüfen
avdelning -en -ar	Abteilung

4b

klargöra -gör, -gjorde, -gjort	klären, erklären
förtydligande -t -n	Verdeutlichung
begära begär, begärde, begärt ordet	um das Wort bitten
protestera -r -de -t	protestieren

5b

markera -r -de -t	markieren
ovanstående	obenstehend
närvarande	anwesend

6

bostadsrättsförening -en -ar	ungefähr: Wohnungsgenossenschaft
styrelse -n -r	Vorstand
ordförande -n -	Vorsitzender
vice ordförande	zweiter Vorsitzender
sekreterare -n -	Schriftführer
kassör -en -er	Kassierer/in
ledamot -en, ledamöter	Mitglied
suppleant -en -er	Stellvertreter
angelägen, angeläget, angelägna	dringend
tillägg/a -er, -la(de), -lagt	hinzufügen

7

rösta -r -de -t **på**	stimmen

8

tjänst -en -er	Dienst, hier: Gefallen
subtil -t -a	subtil
uppmaning -en -ar	Ermahnung
offert -en -er	Angebot
hjälpas, hjälps, hjälptes, hjälpts **åt**	sich gegenseitig helfen

9

risk -en -er	Risiko
chans -en -er	Chance
j-vla (jävla)	hier: verdammt
bli -r, blev, blivit **varslad**	darauf hingewiesen werden, dass man gekündigt wird
uppsagd adj.	gekündigt
harva -r -de -t	eggen, hier: schleppen
titt och tätt	ständig
lån -et -	Darlehen, Anleihe
lön -en -er	Lohn, Gehalt
a-kassa	Arbeitslosenversicherung
tandgnissel -gnisslet	Zähneknirschen
föräldrapenning -en	Elterngeld

konvention -en -er	Konvention
starta -r -de -t eget	sich selbstständig machen
råd -et -	Rat
bolla -r -de -t idéer	mit Ideen spielen

10a

platsansökan -ansökan -ansökningar	Bewerbung
arbetslivserfarenhet -en	Berufserfahrung
se -r, såg, sett	sehen
livförsäkring -en -ar	Lebensversicherung
rådgivare -n -	Ratgeber
finans (-en) -er	Finanzwesen
bredda -r -de -t	verbreitern
se -r, såg, sett fram emot	sich freuen auf
tillhandahåll/a -er, -höll, -hållit	zur Verfügung stellen
försäkringsupphandling -en -ar	Versicherungsabschluss
skadehantering -en -ar	Schadensregulierung
rådgivning -en -ar	Beratung
administrera -r -de -t	administrieren
försäkringsförmedling -en -ar	Versicherungsvermittlung

11

jobbintervju -en -er	Einstellungsgespräch
stilkonsult -en -er	Stilberater

12

anställ/a -er -de -t	anstellen
hantera -r -de -t	hantieren, mit etwas umgehen
svaghet -en -er	Schwäche
initiativ -et -	Initiative
samarbetsförmåga -n, -förmågor	Fähigkeit zusammenzuarbeiten
villig -t -a	bereit sein
frustrerad adj.	frustriert
upprörd adj.	aufgeregt
lönekrav -et -	Gehaltsansprüche

13

pension -en -er	Pension, Rente
fast anställd	fest angestellt
frilansare -n -	Freelancer, freiberuflich arbeitend
dessförinnan	vorher
kräv/a -er -de -t	fordern
fordra -r -de -t	fordern
! fodra	füttern
flextid -en -er	Gleitzeit

SAXAT

analfabet -en -er.	Analphabet
skolföreställning -en -ar	Schulvorstellung
avslöja -r -de -t	enthüllen, aufdecken
förekomm/a -er, -kom, -kommit	vorkommen
undvikande	ausweichend
bemöda -r -de -t	bemühen
ovidkommande	belanglos
förskingra -r -de -t	unterschlagen
montera -r -de -t	montieren
bäva -r -de -t	beben
reservation -en -er	Vorbehalt
ta -r, tog, tagit vägen	abbleiben
fördriv/a -er, -drev, -drivit	vertreiben
arbetsglädje -n	Arbeitsfreude
yrkesstolthet -en	Berufsstolz
ackordstakt -en -er	Akkordtakt
impregnerad adj.	imprägniert
sanning -en -ar	Wahrheit
skygga -r -de -t för	scheuen vor
tröghet -en	Trägheit
bekvämlighet -en	Bequemlichkeit
rottråd -en -ar	Wurzelfaser
vetskap -en	Wissen
slingra -r -de -t	winden
vantrivas, -trivs, trivdes, -trivts	sich unwohl fühlen
fastna -r -de -t	hier: steckenbleiben
vana -n, vanor	Gewohnheit
vakant, vakant, vakanta	frei, vakant
post -en -er	Posten
handling -en -ar	Unterlage
likartad adj.	gleichartig
kvalifikation -en -er	Qualifikation
rekryteringskonsult -en -er	Personalberater
hög -en -ar	Haufen
förbluffad adj.	verblüfft
utbrist/a -er, -brast, -brustit	ausrufen

14b

brottas, brottas, brottades, brottats	ringen
! brottare -n -	Ringkämpfer
brottning -en -ar	Ringen, Ringkampf
brott -et -	Verbrechen, Bruch
brottsling -en -ar	Verbrecher
berättarjag -et -	Ich-Erzähler
skämmas skäms, skämdes, skämts	sich schämen

Svenskar i arbetslivet

hierarki -en -er	Hierarchie
mildra -r -de -t	mildern
konsensus -en	Konsens
förhindra -r -de -t	verhindern
tålmodig -t -a	geduldig

16a

genombrott -et -	Durchbruch	aktstudie -n -r	Aktstudie
framgång -en -ar	Erfolg	naken, naket, nakna	nackt
betrakta -r -de -t	betrachten	sinnlighet -en	Sinnlichkeit
främsta	vorderst, hier: bedeutendsten	makarna	die Eheleute
		utformning -en -ar	Gestaltung
bryggmästare -n -	Braumeister	hembygd -en -er	Heimat
romans -en -er	Romanze	vallkulla -n, vallkullor	Hirtenmädchen aus Dalarna
skulptör -en -er	Bildhauer		
slå -r, slog, slagit **igenom**	bekannt werden	gå -r, gick, gått **bort**	sterben
blivande	werdende	begrav/a -er -de -t	beerdigen
hustru -n -r	Ehefrau	samling -en -ar	Sammlung
förmögen adj. förmöget, förmögna	vermögend	## 17	
judisk -t -a	jüdisch	konstnärskap -et -	Künstlertum
nå -r, nådde, nått	erreichen	bortom	hinter, jenseits
porträtt -et -	Porträt	vemod -et	Wehmut
ofattbar -t -a	unfassbar	ateljé -n -er	Atelier
industrimagnat -et -er	Industrimagnat	## 19	
summa -n, summor	Summe	föregående	vorige
genre -n -r	Genre		

Avsnitt 6

generalisering -en -ar	Generalisierung	vård -en	Pflege
generalisera -r -de -t	generalisieren	zigenare -n -	Zigeuner
		hantverkare -n -	Handwerker
## 1a		köpman, -nen, -män	Kaufmann (Kaufleute)
asyl -en -er	Asyl	locka -r -de -t	locken
migration -en -er	Migration	vallon -en -er	Wallone
asylsökande -n -	Asylant, Asylbewerber	järnhantering -en -ar	Eisenverarbeitung
ansök/a -er, -te, -t	beantragen	etablera -r -de -t **sig**	sich niederlassen
flyktingkonvention -en -er	Flüchtlingskonvention	filosof -en -er	Philosoph
skäl -et -	Grund	skotte -n, skottar	Schotte
välgrundad adj.	wohlbegründet	bryggeri -et -er	Brauerei
förföljelse -n -r	Verfolgung	stuckatör -en -er	Stukkateur
ras -en -er	Rasse	guldfeber -n	Goldrausch
religiös -t -a	religiös	sammanbrott -et -	Zusammenbruch
sexuell läggning	sexuelle Neigung	terror -n	Terror
löp/a -er -te -t	laufen	etnisk -t -a	ethnisch
utsätt/a -er, -satte, -satt	aussetzen	rensning -en -ar	Säuberung, Reinigung
tortyr -en -er	Folter	f. d. (före detta)	der, die das ehemalige
väpnad adj.	bewaffnet		
övrig -t -a	übrige	## 1b	
bevilja -r -de -t	bewilligen	missnöjd, missnöjt, missnöjda	unzufrieden
uppehållstillstånd -et -	Aufenthaltsgenehmigung	## 2	
arbetstillstånd -et -	Arbeitsgenehmigung	ringlande	ringelnd, hier: sich umschlingend
frihetskämpe -n, -kämpar	Freiheitskämpfer		
placerad adj.	platziert, untergebracht	intet	nicht, kein, das Nichts
fosterfamilj -en -er	Pflegefamilie		

gren -en -ar	Ast
ligg/a -er, låg, legat på lur	auf der Lauer liegen
susande	säuselnd
hal -t -a	glatt
stam -men -mar	Stamm
raglande	taumelnd
rök -en -ar	Rauch

3

tolka -r -de -t	deuten, dolmetschen
karikatyr -en -er	Karikatur
grafik -en	Grafik
syfte -t -n	Zweck
förgrund -en -er	Vordergrund
bakgrund -en -er	Hintergrund
i jämnhöjd med	in gleicher Höhe mit

4a

nämligen	nämlich
etapp -en -er	Etappe
fös/a -er -te -t	treiben, schieben
likblek -t -a	leichenblass
oro -n	Unruhe, Besorgnis
sätt/a -er, satte, satt sig på huk	sich hocken
svep/a -er -te -t in	einhüllen
sjal -en -ar	Halstuch, Umschlagtuch
oavbrutet	ununterbrochen
hejdlös -t -a	maßlos
med livet i behåll	mit dem Leben davonkommen, lebendig
vägra -r -de -t	sich weigern
ge -r, gav, gett upp	aufgeben
ifrågasätt/a -er, -satte, -satt	infrage stellen
tonårsnoja -n, -nojor	Teenagerspleen
bli -r, blev, blivit kär	sich verlieben
råka -r -de -t	zufällig
kick -en -ar	Kick, Stoß
förstående	verständnisvoll
smält/a -er, smälte, smält in i	hineinschmelzen
förvånansvärt	erstaunlich
respektfull -t -a	respektvoll
snarare	eher, vielmehr
tacksam -t -ma	dankbar
rättare sagt	besser gesagt
lid/a -er, led, lidit	leiden
smugglare -n -	Schmuggler

4b

mångkulturell -t -a	multikulturell

jämlikhet och jämställdhet	
värde -t -n	Wert
rättighet -en -er	Recht

5b

våga -r -de -t	sich trauen

7

kennel -n, kennlar	hier: Hundezucht
keps -en -ar	Schirmmütze, Käppi
kissa -r -de -t	Pipi machen
skelett -et -	Skelett
skippa -r -de -t	sausen lassen
plantage -n -r	Plantage
getto -t -n	Ghetto

8

gud (Gud) -en -ar	Gott
tro -n	Glaube
! tro -r, trodde, trott på	glauben an
vara troende	gläubig sein
kyrkogård -en -ar	Friedhof
nattvard -en -er	Abendmahl
bön -en -er	Gebet
borgerlig -t -a	bürgerlich
begravning -en -ar	Beerdigung

9

undantagsvis	ausnahmsweise
bråka -r -de -t	zanken

10

på tu man hand	zu zweit
stavelse -n -r	Silbe

SAXAT

munk -en -ar	Mönch
pilgrimsresa -n, -resor	Pilgerreise
förfärad adj.	entsetzt
erbjud/a -er, -bjöd, -bjudit	anbieten
vada -r -de -t	waten
färd -en -er	Fahrt
avlägg/a -er, -la(de), -lagt	ablegen
kyskhetslöfte -t -n	Keuschheitsgelübde
visdom -en -ar	Weisheit
rinn/a -er, rann, runnit	fließen
tömm/a -er, tömde, tömt	leeren
glans -en	Glanz
skåda -r -de -t	schauen
säll -t -a	glücklich, selig
smek/a -er -te -t	streicheln, liebkosen
famna -r -de -t	umarmen
grand -et -	Korn, Krümel, hier: ein wenig
! lite grand/lite grann (Vänta lite grann!)	ein wenig Warte ein wenig!
trist, trist, trista	trübe, langweilig
ömhet -en	Zärtlichkeit
sova en blund	ein Schläfchen machen

19

11a

upprepning -en -ar	Wiederholung
skumläs/a -er, -te -t	einen Text überfliegen
rådgivning -en -ar	Beratung
samlevnad -en	Zusammenleben
flörta/flirta -r -de -t	flirten
änka -n, änkor	Witwe
behov -et -	Bedürfnis
någon annanstans	irgendwo anders
skyll/a -er, skyllde, skyllt **på ngt**	einer Sache die Schuld geben
styra, styr, styrde, styrt	steuern
svartsjuk -t -a	eifersüchtig
vara svartsjuk på ngn	auf jmdn. eifersüchtig sein
vara ute på hal is	auf dem Glatteis sein
inte rå -r, rådde, rått **för**	nichts dafür können
medelålders	im mittleren Alter
bekräftelse -n -r	Bestätigung
gångbar -t -a	gangbar
dölj/a -er, dolde, dolt	verbergen
smått	ziemlich
kränkande	kränkend, verletzend
råd/a -er, rådde, rått	raten
böra, bör, borde, bort	sollen
dop -et -	Taufe
döp/a -er, -te -t	taufen
med en klackspark	mit Leichtigkeit
föredra -r, föredrog, föredragit	vorziehen

13

banta -r -de -t	abnehmen
försona -r -de -t **sig**	sich versöhnen
ormskräck -en	Angst vor Schlangen
undvik/a -er, -vek, -vikit	meiden
tveka -r -de -t	zögern, unschlüssig sein

14a

kulturkrock -en -ar	Aufeinandertreffen der Kulturen
fjät -et -	Schritt
varhelst	wo (auch) immer
boning -en -ar	Wohnstätte
blygas blygs, blygdes, blygts	sich schämen
pinsam -t -ma	peinlich
skrid/a -er, skred, skridit	schreiten
egyptisk -t -a	ägyptisch
regnskog -en -ar	Regenwald
preskriberad adj.	verjährt
synnerligen	besonders, außerordentlich
fuktig -t -a	feucht
råd/a -er, rådde, rått	herrschen
kryllande	wimmelnd

kackerlacka -n, kackerlackor	Schabe
råtta -n, råttor	Ratte
ödla -n, ödlor	Eidechse
unge -n, ungar	Junge, hier: Kind
myller, myllret	Gewimmel
oväsen, oväsendet	Lärm, Krach
plastbricka -n, -brickor	Plastikspielstein
tjoa -r -de -t	fröhlich lärmen
hojta -r -de -t	rufen
det gick upp för oss	uns wurde klar
överbrygga -r -de -t	überbrücken
motsättning -en -ar	Gegensatz
förberedelse -n -r	Vorbereitung
adventsstake -n, -stakar	Adventsleuchter
upprymd adj.	angeheitert
orgie -n -r	Orgie
dämpa -r -de -t	dämpfen
botemedel -medlet -	Heilmittel
oförglömlig -t -a	unvergesslich
klä -r, klädde, klätt **ut**	verkleiden
skrovlig -t -a	rau
vinglig -t -a	schwankend, unsicher
korridor -en -er	Korridor
sjung/a -er, sjöng, sjungit	singen
släpa -r -de -t	schleppen
titthål -et -	Guckloch
dra åt skogen	Leine ziehen, abhauen
skräckslagen adj.	vor Schreck gelähmt
tefat -et -	Untertasse
fladdra -r -de -t	flattern
stirra -r -de -t	starren
gap -et -	Schlund, hier: Loch
helgon -et -	Heilige(r)
bål -et -	Scheiterhaufen, Feuer
renhet -en	Reinheit, Unbeflecktheit
mytologi -n -er	Mythologie
antropologi -n	Anthropologie
perplex -t -a	perplex
inte ett smack	gar nichts
retirera -r -de -t	sich zurückziehen
spark -en -ar	Tritt
inställ/a -er -de -t	einstellen
enskild överläggning	hier: Beratung
dödståg -et -	Todeszug
spökparad -en -er	Gespensterzug
omen, omenet -	Omen
ohygglig -t -a	ungeheuerlich

16

klister, klistret	Kleister
sätt/a -er, satte, satt **sig på tvären**	sich sträuben, widerspenstig sein
sölkorv -en -ar	Trödelfritze/-liese

Avsnitt 7

påfallande	auffallend	tillfredsställelse -n	Befriedigung, Zufriedenstellung
utmärkande	bezeichnend	salig -t -a	selig
iögonfallande	auffallend, auffällig	folkvimmel, -vimlet	Gewimmel
smultronställe -t -n	Lieblingsplatz, Platz, wo es Walderdbeeren gibt	omvärld -en	Umwelt

1

smattra -r -de -t	prasseln
smäll/a -er, small (smällde), -t	knallen
porla -r -de -t	rieseln
mullra -r -de -t	mullern, grollen
kvittra -r -de -t	zwitschern
surra -r -de -t	summen, surren
skvalpa -r -de -t	plätschern, schwappen
bullra -r -de -t	lärmen
sorla -r -de -t	murmeln
klirra -r -de -t	klirren
skramla -r -de -t	rasseln, klappern
gnissla -r -de -t	quietschen
susa -r -de -t	säuseln
knaka -r -de -t	knacken

2a

sinne -t -n	Sinn
känsel -n	Fühlen
! känsla -n, känslor	Gefühl
hörsel -n	Gehör
syn -en -er	Sehen, Anblick
fastslå -r ,-slog, -slagit	feststellen
redskap -et -	Werkzeug
rörelse -n -r	Bewegung
sinnesförnimmelse -n -r	Sinneswahrnehmung
röst -en -er	Stimme
fosterstadium, -stadiet, -stadier	Embryonalstadium
knyt/a -er, knöt, knutit an	anknüpfen
cell -en -er	Zelle
omgivning -en -ar	Umgebung
galant galant, galanta	galant
skarp -t -a	scharf
hisnande/hissnande	schwindelnd
dofta -r -de -t	duften
åtminstone	wenigstens
hud -en -ar	Haut
muskel -n, muskler	Muskel
organ -et -	Organ
utspridd adj.	verbreitet
beröring -en -ar	Berührung
smärta -n, smärtor	Schmerz
kyla -n	Kälte, Kühle
rogivande	beruhigend
våg -en, vågor	Welle
klippa -n, klippor	Felsen

3

besk -t -a	bitter
ojämn -t -a	uneben, ungleichmäßig
sträv -t -a	rau, streng, herb
len -t -a	weich, sanft
frän -t -a	scharf, beißend

4

bak -en -ar	Hintern
mindervärdig -t -a	minderwertig
lansera -r -de -t	einführen
konsthandlare -n -	Kunsthändler
term -en -er	Fachwort
sötaktig -t -a	süßlich
spridning -en -ar	Verbreitung
så småningom	allmählich
karaktärisera -r -de -t	charakterisieren, kennzeichnen
sentimental -t -a	sentimental
ironisk -t -a	ironisch
överdådig -t -a	prachtvoll, verschwenderisch
undantag -et -	Ausnahme

5

ovana -n, ovanor	schlechte Angewohnheit

6a

fickkniv -en -ar	Taschenmesser

6b

bestig/a -er, -steg, -stigit	besteigen
begagnad adj.	gebraucht
tävlingsinstinkt -en -er	Kampfinstinkt
avskalad adj.	abgeschält, hier: einfach
researrangör -en -er	Reiseveranstalter

7

packning -en -ar	Gepäck
utmaning -en -ar	Herausforderung
föresätt/a -er, -satte, -satt sig	sich vornehmen
synpunkt -en -er	Gesichtspunkt
backträning -en -ar	Hügeltraining
spinning -en	Spinning, in einer Gruppe Trainingsfahrrad fahren

stärk/a -er -te -t	stärken	
utrustning -en -ar	Ausrüstung	
ryggsäck -en -ar	Rucksack	
känga -n, kängor	Stiefel	
knäskydd -et -	Knieschoner	
förberedelse -n -r	Vorbereitung	
gångstav -en -ar	Nordic-Walking-Stock	

8

instruktion -en -er	Instruktion
vik/a -er, vek, vikit	falten
linje -n -r	Linie
kant -en -er	Kante
ärm -en -ar	Ärmel
flik -en -ar	Zipfel
snibb -en -ar	Zipfel
skära, skär, skar, skurit	schneiden
grynig -t -a	körnig
stjälp/a -er -te -t upp	umstürzen
skåra -r -de -t	eine Kerbe schneiden
korsvis	kreuzweise
nygräddad adj.	frisch gebacken
trasig -t -a	kaputt
kakelplatta -n, -plattor	Kachel
kratsa -r -de -t	kratzen
fog -en -ar	Fuge
mejsel -n, mejslar	Meißel
stämjärn -et -	Stemmeisen
borra -r -de -t	bohren
hål -et -	Loch
hugg/a -er, högg, huggit	hauen
hammare -n -	Hammer
fix -et	Fliesenkleber
borsta -r -de -t	bürsten
fixkam -men -mar	Zahnspachtel
täckt adj.	bedeckt
på högkant	hochkant
tippa -r -de -t	kippen
pressa -r -de -t	pressen
tryck/a -er -te -t till	zudrücken
plan -t -a	eben, plan
vattenpass -et -	Wasserwaage
fogbruk -et	Fugenmasse
spackel -n, -spacklar	Spachtel
polera -r -de -t	polieren
trasa -n, trasor	Lappen
ögna -r -de -t (i)genom	überfliegen

9

tina -r -de -t upp	auftauen
kantlist -en -er	Randleiste
rep -et -	Seil, Strick
knut -en -ar	Knoten

10 a

isär	auseinander
undan	fort-, weg-
loss	los-

10 b

fäll/a -er -de -t	klappen, fällen
såga -r -de -t	sägen

11

instruera -r -de -t	anleiten
alternativ -et -	Alternative
manus -et -	Manuskript
punktering -en -ar	Reifenpanne
fågelholk -en -ar	Nistkasten
Fia med knuff	Mensch-ärgere-dich-nicht
knapp -en -ar	Knopf

12

vinn/a -er, vann, vunnit	gewinnen
kortlek -en -ar	Spielkartenset
kung -en -ar	König
dam -en -er	Dame
knekt -en -ar	Bube
ess -et -	Ass
joker -n, jokrar	Joker
spader	Pik
klöver	Kreuz
hjärter	Herz
ruter	Karo
(spel)kort -et -	Spielkarte
kortspel -et -	Kartenspiel
talong -en -er	Talon, Kartenstapel
förhand -en	Vorhand
giv -en -ar	Geber
trumf -en - (-ar)	Trumpf
stick -et -	Stich
valör -en -er	Wert
dela -r -de -t ut	verteilen
ett klätt kort	Bildkarte

SAXAT

fullspäckad adj.	gefüllt
påverka -r -de -t	beeinflussen
hjärtfrekvens -en -er	Herzfrequenz
miljöhälsoenkät -en -er	Gesundheitsumfrage
uppge -r, -gav, -gett	angeben
fläkt -en -ar	Ventilator, Lüfter
nattetid	nachts
nervositet -en	Nervosität
nedstämdhet -en	Niedergeschlagenheit
långvarig exponering	längere Zeit ausgesetzt sein
exponering -en -ar	Exponieren

kronisk -t -a	chronisch
hjärtinfarkt -en -er	Herzinfarkt
avgöra, -gör, -gjorde, -gjort	entscheiden, beurteilen
hjärt-kärlsjukdomar	Herz- und Gefäßkrankheiten
docent -en -er	Dozent
tåla, tål, tålde, tålt	vertragen
förstås	selbstverständlich
volym -en -er	Lautstärke
inneröra -t	Innenohr
hörselnedsättning -en -ar	Schwerhörigkeit
tinnitus (-en)	Tinnitus
hörselkåpa -n, -kåpor	Hörschutz
öronpropp -en -ar	Ohrstöpsel
decibel (en) -	Dezibel
trumhinna -n, trumhinnor	Trommelfell
sprick/a -er, sprack, spruckit	platzen
gevärsskott -et -	Gewehrschuss
viskning -en -ar	Flüstern
hörselskydd -et -	Gehörschutz
säd -en	Getreide
böj/a -er -de -t	biegen
hindra -r -de -t	hindern
barnasinne -t	kindliches Gemüt
tjusning -en	Zauber, Reiz
50-plussare -n -	Überfünfzigjährige(r)
höginkomsttagare -n -	Vielverdiener
uttråkad adj.	gelangweilt
förolämpad adj.	beleidigt
besviken adj.	enttäuscht

13

rap, rappen	Rap
rock -en	Rock
hårdrock -en	Hardrock
klassisk musik	klassische Musik
musik -en	Musik
modern/ny musik	moderne/neue Musik
dansbandsmusik	Tanzmusik, Musikrichtung der 1970er Jahre
pop -en	Pop
blues -en	Blues
jazz -en	Jazz
soul -en	Soul
gospel -n	Gospel
folkmusik -en	Volksmusik
opera -n, operor	Oper
uppmuntrad adj.	erheitert, ermuntert
förbannad adj.	böse, wütend

14

kompositör -en -er	Komponist
dirigent -en -er	Dirigent
känd/berömd adj.	berühmt
ensemble -n -r	Ensemble
orkester -n, orkestrar	Orchester
kör -en -er	Chor
stycke -t -n	Stück

15a

röra, rör, -de -t	rühren
avskedsvalsen	Abschiedswalzer
klinga -r -de -t ut	ausklingen
lock -et -	Deckel
pirra -r -de -t	kribbeln
ryktas, ryktas, ryktades, ryktats	gerüchteweise erzählen
Det ryktas att ...	Es geht das Gerücht, dass ...
utomordentlig -t -a	außerordentlich
glunka -r -de -t	munkeln
till förfogande	zur Verfügung
oigenkännlighet -en	Unkenntlichkeit
instifta -r -de -t	stiften
invalidiserad adj.	arbeitsunfähig (geworden)
vara är, var, varit skrajsen (vard.)	Bammel haben
niding -en -ar	Frevler
gå -r, gick, gått av stapeln	vom Stapel laufen, stattfinden
högtidsklädd adj.	festlich gekleidet
bevittna -r -de -t	bezeugen
applåd -en -er	Applaus
kärra -n, kärror	Karre
fogsvans -en -ar	Fuchsschwanz
hacka -n, hackor	Hacke
spett -et -	Brechstange
slägga -n, släggor	Vorschlaghammer
klaviatur -en -er	Tastatur
Bättre förekomma än förekommas.	Schnell zupacken, ehe andere einem zuvorkommen.
bakfram	verkehrt
häpen adj. häpet, häpna	erstaunt
pedal -en -er	Pedal
byxben -et -	Hosenbein
pladask	plumps
jubel, jublet	Jubel
salong -en -er	Salon
måtta -r -de -t	zielen
ofantlig -t -a	ungeheuer, riesig
innanmäte -t -n	Eingeweide
avvakta -r -de -t	abwarten
förödande	verheerend
tilldrämning -en -ar	Schlag
motståndare -n -	Gegner
dinglande i vädret	in der Luft hängend
hjälte -n, hjältar	Held
febril -t -a	fieberhaft
sammanträde -t -n	Sitzung
etablera -r -de -t	etablieren

generalstrejk -en -er	Generalstreik	
omedelbar -t -a	unmittelbar	
sänd/a -er, sände, sänt	senden	
bongotrumma -n, -trummor	Bongotrommel	
inte ha mycket/ngt till övers för ngn/ngt	keinen Wert auf jmdn./ etw. legen	
fisförnäm -t -a	sehr vornehm	
säja/säg/a -er, sa(de), sagt **ifrån**	Bescheid sagen	
cello -n, cellor/celli	Cello	
sektion -en -er	Sektion, Abteilung	
sandpapper -et -	Schleifpapier	
skälv/a -er -de/skalv, skälvt	beben	
blotta tanken	der bloße Gedanke	
sirén/siren -en -er	Sirene	
reaktionär -t -a	Reaktionär	
resonemang -et -	Gedankengang	
självbevarelsedrift -en -er	Selbsterhaltungstrieb	
takt -en -er	Takt	
fiolist -en -er	Geiger (Volksmusik)	
fila -r -de -t	feilen, hier: geigen	
besatt adj.	besessen, verrückt	
träblåsare -n -	Holzbläser	
blåsbälg -en -ar	Blasebalg	
trumslagare -n -	Trommler	
ihjäl	zu Tode	
uppsättning -en -ar	Satz	

taktpinne -n, -pinnar	Taktstock
skandal -en -er	Skandal
anmoda -r -de -t	auffordern
fara, far, for, farit	fahren
i vredesmod	im Zorn
bakelit -en	Bakelit

15b

löjlig -t -a	albern

16

göra, gör, gjorde, gjort **bort sig**	sich blamieren
otäck -t -a	unangenehm, scheußlich
obehaglig -t -a	unangenehm
hamna -r -de -t	landen, kommen
behärska -r -de -t	beherrschen

Män! Råkar ni sitta bredvid värdinnan ...

hylla -r -de -t	feiern, ehren
klunk -en -ar	Schluck
svep/a -er -te -t	schweifen

17b

plantera -r -de -t	pflanzen
tjatig -t -a	nörgelig
omtänksam -t -ma	umsichtig

Fler nyttiga idiom

A och O	A und O	Den sociala kontakten är A och O.
ha koll på	im Griff haben	Ulla har alltid koll på ungarna.
långt ifrån	weit davon entfernt	Krisen i Europa är långt ifrån över.
vara på benen	auf den Beinen sein	Jag hoppas vara på benen igen nästa vecka.
utöver det vanliga	außergewöhnlich	Det här var verkligen en upplevelse utöver det vanliga.
till att börja med	als erstes	Till att börja med vill jag tacka alla som medverkat.
i brist på	mangels	Kalle satt och lekte med mobilen i brist på annan sysselsättning.
tänkbart	denkbar	Det är tänkbart att det finns ett alternativ.
på gränsen till ngt	an der Grenze zu etw.	Eva var på gränsen till utbrändhet.
i värsta fall	im schlimmsten Fall	I värsta fall måste vi stanna hemma.
i bästa fall	im besten Fall	I bästa fall skulle jag kunna köra hem redan i kväll.
med flit	mit Absicht	Alla visste att Pelle inte hade haft sönder kameran med flit.

Avsnitt 8

reflektera -r -de -t nachdenken
framkalla -r -de -t hervorrufen

1

på egen hand selber
ta -r, tog, tagit **hand om** sich kümmern
omvänd adj. verkehrt,
hier: verwandelt

2

jamboree -n -r Weltpfadfindertreffen
misantrop -en -er Misanthrop,
Menschenfeind
socialbidrag -et - Sozialhilfe
filantrop -en -er Philantrop,
Menschenfreund
volontär -en -er Volontär, Ehrenamt
bistånd -et - Beistand,
Entwicklungshilfe
donation -en -er Schenkung, Stiftung

3a

skölj/a -er -de -t spülen
givmildhet -en Freigiebigkeit
trend -en -er Trend
uppmana -r -de -t auffordern
förmögenhet -en -er Vermögen
göra, gör, gjorde, gjort
skillnad Unterschied machen
fåfänga -n Eitelkeit
givarkultur -en Geberkultur
förväntan, förväntan,
förväntningar Erwartung
involverad adj. involviert
globalisering -en Globalisierung
sektor -n -er Sektor
förmögen, förmöget, förmögna wohlhabend
gynnsam -t -ma günstig
träd/a -er, trädde, trätt **i kraft** in Kraft treten
avdragsrätt -en -er Abzugsrecht
strategi -n -er Strategie
investering -en -ar Anlage, Investition
benämning -en -ar Benennung
resultatorienterad adj. ergebnisorientiert
inflytelserik -t -a einflussreich
osjälviskhet -en Selbstlosigkeit
dela -r -de -t **med sig** abgeben
bekräftelse -n -r Bestätigung

3b

påpeka -r -de -t auf etwas hinweisen,
hervorheben
konstatera -r -de -t feststellen

föra, för, förde, fört **fram** vorführen
understryk/a -er, -strök, -strukit unterstreichen, betonen

4

investera -r -de -t anlegen, investieren
skeptisk -t -a skeptisch
betvivla -r -de -t bezweifeln

5b

lyd/a -er, lydde, lytt lauten, gehorchen

6

bilda -r -de -t bilden
bedriv/a -er, -drev, -drivit betreiben
hemlös -t -a heimatlos, obdachlos
missbrukare -n - Süchtige(r)
finansiera -r -de -t finanzieren
gåvomedel, -medlet - Schenkung, Gabe
intäkt -en -er Einnahme
insamling -en -ar Einsammlung
drabba -r -de -t treffen, betreffen, erleiden
beslutsfattare -n - Entscheidungsträger
oberoende unabhängig
värdering -en -ar Ansicht, Ansehen
till sjöss zur See
sällskap -et - Gesellschaft
misshandla -r -de -t misshandeln
prostituera -r -de -t **sig** sich prostituieren
katastrof -en -er Katastrophe
rättsprocess -en -er Gerichtsprozess
vision -en -er Vision
bestånd -et - Bestand
förvärva -r -de -t erwerben
nuvarande gegenwärtig, jetzig
gammelskog -en -ar alter Wald
funktionshinder, -hindret - Behinderung
mänskliga rättigheter Menschenrechte

7

övertala -r -de -t überreden

8

bostadsrätt -en -er Dauerwohnrecht
hyresrätt -en -er Mietwohnung
släpvagn -en -ar Anhänger
snöskoter -n, skotrar Schneescooter

9a

drulle -n, drullar Trottel
allriskförsäkring -en -ar Vollschutzversicherung
häromkvällen neulich Abends

cocktailparty -t -n	Coctailparty
drink -en -ar	Drink
klack -en -ar	Absatz
! avsats -en -ar	Absatz bei Treppen, Klippen
snava -r -de -t	stolpern
gå -r, gick, gått i kras	zu Bruch gehen
ersättning -en -ar	Erstattung, Ersatzleistung
oförutsedd adj.	unvorhergesehen
p.g.a. (på grund av)	auf Grund von
slarv -et	Nachlässigkeit
snubbla -r -de -t	stolpern
huruvida	ob

10a

stipendium, stipendiet, stipendier	Stipendium

11a

ålderdom -en	Alter
medlemskap -et -	Mitgliedschaft
förmån -en -er	Vorteil
administrera -r -de -t	verwalten
uppdragsgivare -n -	Auftraggeber
inkomstgrundad adj.	einkommensabhängig
barnbidrag -et -	Kindergeld
bostadsbidrag -et -	Wohngeld
preliminär -t -a	vorläufig
skyldig -t -a	verpflichtet
graviditetspenning -en	Schwangerschaftsgeld
sammanhängande	zusammenhängend
period -en -er	Periode, Zeitraum
påfrestande	anstrengend
lyft -et -	Heben
skadlig -t -a	schädlich
omplacera -r -de -t	versetzen
arbetsskadeförsäkring -en -ar	Berufsunfallversicherung
skyddsombud -et -	Arbeitsschutzbeauftragte(r)
sjukpenning -en	Krankengeld
uppdragstagare -n -	Auftragnehmer
läkarintyg -et -	ärztliches Attest
ha koppling -en -ar till	an ... gekoppelt sein
inträde -t -n	Eintritt
grundvillkor -et -	Grundbedingung
arbetsför -t -a	arbeitsfähig

SAXAT

åskådare -n -	Zuschauer
anordna -r -de -t	veranstalten
scout -en -er	Pfadfinder
arrangera -r -de -t	veranstalten, arrangieren

mathantering -en -ar	Organisation der Mahlzeiten
förutom	außer
mångfald -en -er	Vielfalt
sammanlänkad adj.	verknüpft
agera -r -de -t	handeln, darstellen
ändamål -et -	Zweck
sänd/a -er, sände, sänt	senden
arena -n, arenor	Arena
show -en -er	Show

13

havsörn -en -ar	Seeadler
havsyta -n, -ytor	Meeresoberfläche

14

innerstan	die Innenstadt
idyllisk -t -a	idyllisch
på gott och ont	im Guten wie im Schlechten, mit allen Vor- und Nachteilen
skjutsning -en -ar	Fahren

15a

reportage -t -	Reportage
medkänsla -n	Mitgefühl
skuld -en -er	Schuld
sorg -en -er	Sorge, Trauer
ilska -n	Wut, Zorn
förbittring -en	Verbitterung
ånger -n	Reue
samvetskval -et -	Gewissensbisse
bestörtning -en	Bestürzung
förakt -et	Verachtung
uteliggare -n -	Obdachlose(r)
andrahandsboende -t -n	Wohnen zur Untermiete
underskott -et -	Mangel
fenomen -et -	Phänomen
generell -t -a	generell
annorlunda	anders
uppsägning -en -ar	Kündigung
vräkning -en -ar	Zwangsräumung
socialt/sociala nätverk -et -	soziales Netzwerk
utför	bergab
betalningsanmärkning -en -ar	Mahnung
tuff -t -a	hart
vänj/a -er, vande, vant	sich gewöhnen
utomhus	draußen
förmodligen	vermutlich
papp -en	Pappe
tigg/a -er -de -t	betteln
cigg -en - (-ar) (vard.)	Zigarette
narkoman -en -er	Drogenabhängige/r

sov/a -er, sov, sovit	schlafen	macka -n, mackor	belegtes Brot
soptunna -n, soptunnor	Mülltonne	! mack -en -ar	Tankstelle
presenning -en -ar	Plane	maka -n, makor	Ehefrau
kartong -en -er	Karton	make -n, makar	Ehemann
madrass -en -er	Matratze	furusäng -en -ar	Kiefernbett
sovsäck -en -ar	Schlafsack	lysrörslampa -n, -lampor	Leuchtstoffröhrenlampe
sandlåda -n, -lådor	Sandkiste	pinnstol -en -ar	Sprossenstuhl
värdighet -en	Würde	stödboende -t -n	betreutes Wohnen
komm/a -er, kom, kommit åt	herankommen	pentry -t -n	Kochnische
vräk/a -er -te -t	zwangsräumen	krypin -et -	kleine Wohnung, Unterschlupf
uppsagd adj.	gekündigt		
vårdbiträde -t -n	Pfleger/in		
skyll/a -er -de -t sig själv	selber Schuld sein		
natthärbärge -t -n	Nachtherberge		
vanligtvis	gewöhnlich		
dra -r, drog, dragit iväg	losziehen		
snigelfart -en	Schneckentempo		
bandage -t -	Verband		
stum -t -ma	stumm		
svullnad -en -er	Schwellung		
bolaget (Systembolaget)	Geschäft für Spirituosen		
mikra -r -de -t	in der Mikrowelle heiß machen		

16

en kronofogde -n, -fogdar	Gerichtsvollzieher
en hyresvärd -en -ar	Vermieter
socialtjänsten/socialen	Sozialamt
vårdslös -t -a	nachlässig
missköt/a -er, -skötte, -skött	vernachlässigen

18

debattera -r -de -t	debattieren, erörtern
verksamhetschef -en -er	Betriebsleiter

Avsnitt 9

barrskog -en -ar	Nadelwald	sund -et -	Sund
bäck -en -ar	Bach	mo -n, moar	Heide
fjärd -en -ar	Förde, offenes Wasser in den Schären	skär -et -	Schäre
		näs -et -	Landzunge
glaciär -en -er	Gletscher	dal -en -ar	Tal
holme -n, holmar	kleine Insel		
kulle -n, kullar	Hügel	**3**	
lövskog -en -ar	Laubwald	trädkramare -n -	Umweltaktivist, der Bäume schützt
mosse -n, mossar	Moor		
träsk -et -	Sumpf	fällning -en -ar	Fällung
å -n, åar	Fluss	omtalad	berühmt, vielbesprochen
åker -n, åkrar	Feld		
ås -en -ar	langgestreckte Anhöhe	väck	verschwinden
äng -en -ar	Wiese	extrem -t -a	extrem
		formera -r -de -t sig	sich formieren
1		vakta -r -de -t	hüten
backe -n, backar/-backa	Hügel	röta -n, rötor	Fäulnis
vik -en -ar	Bucht	för gott	für immer
udde -n, uddar	Landzunge	övergrepp -et -	Übergriff
! udda	ungerade	råka -r -de -t illa ut	schlecht ergehen
udd -en -ar	Spitze	legendarisk -t -a	legendär
uddig -t -a	zackig, spitz		

4

exploatering -en -ar	Ausbeutung
utsläpp -et -	Emission, Luftverunreinigung
valfångst -en -er	Walfang
destruktiv -t -a	destruktiv
oljeborrning -en -ar	Ölbohrung
skövling -en -ar	Abholzung
kolkraftverk -et -	Kohlekraftwerk
kärnkraft -en	Kernkraft
atomkraft -en	Atomkraft

5

trana -n, tranor	Kranich
ejder -n, ejdrar	Eiderente
månadsskifte -t -n	Monatswende
häcka -r -de -t	hecken, brüten
rasta -r -de -t	rasten
upp till	bis zu
ringmärk/a -er -te -t	beringen
gryning -en -ar	Morgendämmerung
skymning -en -ar	Abenddämmmerung
brassa -r -de -t	hier: mit Kraft fliegen

8

miljöbalken	Umweltschutzgesetz

9

föredragshållare -n -	Referent
hektar -et/-en -	Hektar
invig/a -er -de -t	einweihen
högmosse -n, -mossar	Hochmoor
rocknar	Flugsanddünen
årligen	jährlich
! dagligen	täglich
månatligen	monatlich

10 a

snorkelled -en -er	Schnorchelpfad
sällsynt, sällsynt, sällsynta	selten
korallrev -et -	Korallenriff
geologi	Geologie
berggrund -en -er	Felsgrund
djupränna -n, -rännor	Tiefseerinne
i sin tur	seinerseits
larv -en -er	Larve
brant, brant, branta	steil
sluttande	abschüssig
art -en -er	Art
alg -en -er	Alge
fotbollsssvamp -en -ar	Meeresschwamm (Geodia baretti)
armfoting -en -ar	Armfüßler
musselliknande	muschelähnlich
Limamussla -n, -musslor	Feilenmuschel

grön skedmask -en -ar	Igelwurm
kosterpiprensare -n -	Kophobelemnon stelliferum
vars	dessen, deren
grynna -n, grynnor	Untiefe, Grund
knubbsäl -en -ar	Seehund
silvertärna -n, -tärnor	Küstenseeschwalbe
utrotningshotad adj.	vom Aussterben bedroht
ostronört -en -er	Austernpflanze
martorn -en	Stranddistel
strandvallmo -n -r	Gelber Hornmohn
ögonkorall -en -er	Lophelia pertusa
stenkorall -en	Steinkoralle
skrymsle -t -n	Winkel
vrå -n -r	Ecke, Winkel
lättvittrad adj.	leicht verwittert
gnejs -en -er	Gneis
glimmerrik -t -a	reich an Glimmer
glimmer -n	Glimmer (ein Mineral)
spricka -n, sprickor	Riss
jordskorpa -n, -skorpor	Erdkruste
veck -et -	Falte
doppa -r -de -t	tunken, tauchen
! ta sig ett dopp	kurz ins Wasser gehen
streck -et -	Strich
diabasmagma -n	Diabasmagma
stig -en -ar	Pfad
lina -n, linor	Seil
sediment -et -	Ablagerung, Sediment
boj -en -ar	Boje
snorkla -r -de -t	schnorcheln
fågelskådning -en	Vogelbeobachtung

11

disposition -en -er	Disposition, Gliederung

12 a

stick/a -er, stack, stuckit	stechen
varav	wovon, woraus
blodsugare -n -	Blutsauger
hanmygga -n, -myggor	männliche Mücke
honmygga -n, -myggor	weibliche Mücke
livnära, livnär, livnärde livnärt	
sig på	sich ernähren von
organism -en -er	Organismus
norrsken -et -	Polarlicht
atmosfär -en -er	Atmosphäre
elektron -en -er	Elektron
proton -en -er	Proton
kollidera -r -de -t	kollidieren, zusammenstoßen
syre -t	Sauerstoff
kollision -en -er	Kollision, Zusammenstoß

exciterad adj.	angeregt, stimuliert, Energie zugefügt	**häftig** -t -a	stark, toll
latitud -en -er	Breite	**framfart** -en -er	Durchzug
klot -et -	Kugel	**horisont** -en -er	Horizont
analog -t -a	analog	**läskig** -t -a	unheimlich
magnetisk -t -a	magnetisch	**smäll/a** -er, small (smällde), smällt	knallen
mellersta	mittlere, mittel-	**headset** -et -	Headset, Kopfhörer mit Mikrofon
brännässla -n, -nässlor	Brennnessel		
myrsyra -n, -syror	Ameisensäure	**plåttak** -et -	Blechdach
spets -en -ar	Spitze	**stuprör** -et -	Fallrohr
spruta -r -de -t	spritzen	**snögubbe** -n, -gubbar	Schneemann
oberäknelig -t -a	unberechenbar	**hagelskur** -en -ar	Hagelschauer
rivas, rivs, revs, rivits	kratzen	**avlång** -t -a	lang und schmal
klösas, klöses, klöstes, klösts	kratzen	**bymoln** -et -	Böenwolke
bitas, bits, bets, bitits	beißen, bissig sein	**anmärkningsvärd** adj.	erwähnenswert, bemerkenswert
! **bit/a** -er, bet, bitit	beißen		
klös/a -er -te -t	kratzen	**glutenintolerans** -en	Glutenunverträglichkeit
riv/a -er, rev, rivit	kratzen, abreißen	**vete** -t	Weizen
tina -r -de -t **upp**	auftauen	**korn** -et	Gerste
det yttersta lagret	die äußerste Schicht	! **korn** -et -	Korn
isyta -n, -ytor	Eisfläche	**råg** -en	Roggen
rinn/a -er, rann, runnit	laufen, fließen	**slemhinna** -n, -hinnor	Schleimhaut
gångbana -n, -banor	Gehweg	**diagnos** -en -er	Diagnose
frys/a -er, frös, frusit	frieren	**Konsumentverket**	Ungefähr: Verbraucherzentrale
sjunk/a -er, sjönk, sjunkit	sinken	**rimlig** -t -a	angemessen, glaubwürdig, plausibel
solnedgång -en -ar	Sonnenuntergang		
smält/a -er, smälte, smält	schmelzen		
istapp -en -ar	Eiszapfen		

14a

knuffas, knuffas, knuffades, knuffats	schubsen
kittlas, kittlas, kittlades, kittlats	kitzeln
nypas, nyps, nöps, nypts	kneifen
sparkas, sparkas, sparkades, sparkats	treten
narras, narras, narrades, narrats	ein wenig lügen
luras, luras, lurades, lurats	anschwindeln
trängas, trängs, trängdes, trängts	drängeln

14b

föräldramöte -t -n	Elternabend
klassföreståndare -n -	Klassenlehrer
stökig -t -a	unordentlich, hier: unruhig

SAXAT

lys/a -er, -te -t	leuchten
bråtт	eilig
dån -et -	Donnern
hydda -n, hyddor	Hütte
tromb -en -er	Trombe
torna -r -de -t **upp sig**	sich auftürmen

15a

midvinternatt -en, -nätter	Mittwinternacht
köld -en	Kälte
gnistra -r -de -t	funkeln
glimma -r -de -t	glitzern
enslig -t -a	einsam, abgeschieden
ban(a) -n, banor	Bahn, Laufbahn
levnadsban(a)	Laufbahn
lad(u)gårdsdörr -en -ar	Stalltür
driva -n, drivor	Schneewehe
dunkel, dunkelt, dunkla	dunkel
grubbla -r -de -t	grübeln
båta -r -de -t	helfen, nützen
gåta -n, gåtor	Rätsel
hätta -n, hättor	Haube, Häubchen
pläga -r -de -t	pflegen
slik -t -a (sådan)	solche
spörjande	fragend
pyssla -r -de -t	pusseln
visthus -et -	Vorratshaus
lås -et -	Schloss
bås -et -	Box
glömsk -t -a	vergesslich
sele -n, selar	Geschirr
pisk -et (vard.)	Haue, hier: Peitschenhieb
krubba -n, krubbor	Krippe

29

klöver -n	Klee	utrota -r -de -t	ausrotten
tupp -en -ar	Hahn	djurhållning -en -ar	Tierhaltung
pinne -n, pinnar	Stange, Stock	bunden adj. bundet, bundna	gebunden
vifta -r -de -t	wedeln	bind/a -er, band, bundit	binden
husbondfolk -et -	Dienstherrschaft	svinn -et -	Schwund
flit -en	Fleiß	i onödan	unnötig
ära -n	Ehre	metan -et	Methan
nalkas, nalkas, nalkades, nalkats	sich nähern	lustgas -en -er	Lachgas
		kassera -r -de -t	ausrangieren
förtyck/a -er -te -t	verdenken, verübeln	idissla -r -de -t	wiederkäuen
det må ingen förtycka	das darf keiner verübeln	matsmältning -en	Verdauung
		gödsel -n	Dünger
ren (redan)	schon	undvik/a -er, -vek, -vikit	vermeiden
slumra -r -de -t	schlummern	gödselstack -en -ar	Misthaufen
neder (åld.)	herunter	sprid/a -er, spred, spridit	verbreiten

17

släkte -t -n	Geschlecht
lada -n, lador	Scheune
loft -et -	Boden
fäste -t -n	Halt
skulle -n, skullar	Heuboden
svala -n, svalor	Schwalbe
näste -t -n	Nest
boning -en -ar	Wohnstätte
näpen, näpet, näpna	niedlich
färdeminne -t -n	Reiseerinnerung
nejd -en -er	Gegend
fjärran (oböjl.)	fern, entfernt

kräftstjärt -en -ar	Krebsschwanz
färgämne -t -n	Farbstoff
havregryn -et -	Haferflocken
medel medlet -	Mittel
surhetsreglerande medel	Säureregulator
fuktighetsbevarande medel	Feuchthaltemittel
konserveringsmedel	Konservierungsmittel
emulgeringsmedel	Emulgator
förtjockningsmedel	Verdickungsmittel
stärkelse -n	Stärke
svingelatin -et	Schweinegelatine
arom -en -er	Aroma
ytbehandlingsmedel	Trennmittel
bivax -et	Bienenwachs
fettreducerad adj.	fettreduziert
vegetabilisk -t -a	vegetabilisch
antioxidationsmedel	Antioxidationsmittel
syra -n, syror	Säure
smakförstärkare -n -	Geschmacksverstärker

16a

släng/a -er -de -t	wegschmeißen
klimatbov -en -ar	Klimakiller
utsläpp -et -	Emission
runtom(kring)	ringsum, ringsherum
betesmark -en -er	Weide(land)
fläck -en -ar	Fleck
vissen, visset, vissna	verwelkt
växthus -et -	Gewächshaus
bränsle -t -n	Treibstoff, Brennstoff

Fler nyttiga idiom

inte det minsta	nicht im Geringsten	Det förvånar mig inte det minsta att Anna är trött, såsom hon jobbar.
i stor utsträckning	im Großen und Ganzen	Vi är i stor utsträckning nöjda med resultatet.
vid behov	bei Bedarf	Det är viktigt att alla får sjukvård vid behov!
allt som oftast	des Öfteren	Hon hälsar på oss allt som oftast.
på rak arm	aus dem Stand	Kan du på rak arm säga vem som regerade i Sverige på 1700-talet?
vara ur gängorna	sich nicht wohlfühlen	- Mår du inte bra? - Nej, jag är lite ur gängorna.
haja till	zucken, stutzig werden	Jag hajade till när jag fick syn på björnen.

Avsnitt 10

Svenska	Tyska
översta, den översta	oberst, der/die/das oberste ...
understa, den understa	unterst, der/die/das unterste ...
mellersta, den mellersta	mittlerst, der/die/das mittlerste ...
näringsliv -et -	Wirtschaft
börs -en -er	Börse
! börs -en -ar	Portemonnaie
index -et -	Index

1

skjut/a -er, sköt, skjutit	schießen
måhända	vielleicht
ty	denn
bärkraftig -t -a	tragkräftig
Var på din vakt!	Pass auf!
den beskedlige mannen	der bescheidene Mann
hädanefter	von nun an
elände -t -n	Elend
korrumpera -r -de -t	bestechen
ingalunda	keineswegs, durchaus nicht
rösträtt -en	Stimmrecht

2

opposition -en -er	Opposition
talman -nen, talmän	entspricht: Bundestagspräsident

3

rättighet -en -er	Recht
skyldighet -en -er	Pflicht, Verpflichtung
rösta -r -de -t blankt	einen leeren Stimmzettel abgeben
valurna -n, valurnor	Wahlurne

4

rennäring -en	Rentierhaltung
lagstiftning -en -ar	Gesetzgebung
väsende -t -n	Wesen
kriminalvård -en	Strafvollzug
beredskap -en -er	Bereitschaft
påfrestning -en -ar	Belastung, Beanspruchung
välfärd -en	Wohlfahrt
trossamfund -et -	Glaubensgemeinschaft
budget -en -ar	Budget, Haushaltsplan
företagsägande -t -n	Besitz an Firmen

5

ytmässig -t -a	flächenmäßig
följ/a -er -de -t upp	weiterbearbeiten
verkställ/a -er -de -t	ausführen, vollziehen
utvärdera -r -de -t	auswerten
tillsynsmyndighet -en -er	Aufsichtsbehörde
överklaga -r -de -t	Berufung einlegen
revision -en -er	Prüfung
revisor -n, revisorer	Wirtschaftsprüfer
nämnd -en -er	Amt, Ausschuss, Kommission

6

omsorg -en	Fürsorge
sysselsättning -en -ar	Beschäftigung
boende -t -n	Wohnen
avlopp -et -	Abfluss

7

glesbygd -en -er	dünnbesiedeltes Gebiet
uppror -et -	Aufstand
pyra, pyr, pyrde, pyrt	schwelen
incident -en -er	Zwischenfall
bår -en -ar	Bahre
intubera -r -de -t	intubieren

8b

uppskattningsvis	schätzungsweise
övergiven adj.	verlassen
bli -r ,blev, blivit av med	loswerden
skrotbil -en -ar	Schrottauto
skräpa -r -de -t	verschandelnd herumliegen/herumstehen
skylla ngt på ngn	jmdm. die Schuld für etw. geben
forsla -r -de -t bort	abtransportieren, wegschaffen
skrot -en -ar	Schrottplatz
ihärdig -t -a	beharrlich
stulen adj.	gestohlen
stjäla stjäl, stal, stulit	stehlen
nonchalans -en	Nachlässigkeit
för pengarnas skull	des Geldes wegen
premie -n -r	Prämie
dumpa -r -de -t	wegkippen, hier: abstellen
Trafikverket	Verkehrsamt
kvicksilver -silvret	Quecksilber
glassplitter -splittret -	Glassplitter
skattepengar	Steuergelder

10

nationalekonomi -n	Volkswirtschaft
inprisa -r -de -t	mit einberechnen
pragmatisk -t -a	pragmatisch
avkastning -en -ar	Ertrag

portfölj -en -er	Aktentasche, Bestand an Wertpapieren	
stalltips -et -	Geheimtipp	

11

fusionera -r -de -t	fusionieren
porslin -et -er	Porzellan
keramik -en	Keramik

12

cirkeldiagram -met -	Kreisdiagramm
tårtdiagram -met -	Tortendiagramm
stapeldiagram -met -	Balkendiagamm
linjediagram -met -	Liniendiagramm
klassa -r -de -t	einstufen
medelstor -t -a	mittelgroß
järnmalm -en	Eisenerz
stål -et -	Stahl
plast -en -er	Plastik
läkemedel -medlet -	Arzneimittel
tekovaror (textil- och konfektionsvaror)	Textil- und Konfektionsware

13

synkrongunga -n, -gungor	Wippmechanik
sits -en -ar	Sitz
armstöd -et -	Armstütze
tillbehör -et -	Zubehör
steglös -t -a	stufenlos
ergonomi -n	Ergonomie
viktjustering -en -ar	Gewichtseinstellung
stegvis -t -a	schrittweise
reglage -t -	Reguliervorrichtung
i höjdled	in senkrechter Richtung
fjäder -n, fjädrar	Feder
svankstöd -et -	Lendenwirbelstütze
ärendemening -en -ar	Betreff
utrustad adj.	ausgerüstet
slitstark -t -a	abriebfest

14

klagomål -et -	Klage, Beschwerde

15

pålitlig -t -a	zuverlässig
faktura -n, fakturor	Rechnung
gny -r, gnydde, gnytt	winseln
reklamera -r -de -t	reklamieren
givetvis	selbstverständlich

SAXAT

återvänd/a -er, -vände, -vänt	zurückkehren
portier -en/-n -er	Portier
dunka -r -de -t	schlagen, klopfen
excellens -en -er	Exzellenz

taktik -en -er	Taktik
vädjande	bittend
vädja -r -de -t	bitten
på vid gavel	sperrangelweit auf
mesamma (meddetsamma)	sofort
pågablära -n, -bläror	Schonisch: kleiner Schlingel, Bengel
föredragsturné -n -er	Vortragstournee
kurre -n, kurrar	Kauz
underslaf -en -ar	Unterbett
vädjan vädjan -	Bitte
konduktör -en -er	Schaffner
algoritm -en -er	Algorithmus
komplex -t -a	komplex
bana -r -de -t **väg ngt**	den Weg für etw. ebnen
offensiv -t -a	offensiv
värp/a -er -te -t	Eier legen
kackla -r -de -t	gackern, schnattern
gå ur tiden	sterben
göra ngn en björntjänst -en -er	jmdm. einen schlechten Dienst erweisen
intervall -en -er	Intervall
varv -et -	Runde
deal -en -ar	Übereinkommen
nuläge -t	jetzige Lage/Situation
spendera -r -de -t	ausgeben, spendieren
lågkonjunktur -en -er	Konjunkturtief
efterfrågan efterfrågan, efterfrågningar	Nachfrage
stig/a -er, steg, stigit	steigen
konsumtion -en -er	Konsum, Verbrauch
skuldsättning -en -ar	Verschuldung

16a

anfader -n, -fäder	Stammvater
gesäll -en -er	Geselle
bageri -et -er	Bäckerei
distribution -en -er	Distribution, Vertrieb
djupfryst adj.	tiefgefroren
succéprodukt -en -er	Erfolgsprodukt
expansion -en -er	Expansion, Ausbreitung
koncern -en -er	Konzern
marknadsledare -n -	Marktführer
omsätt/a -er, -satte, -satt	umsetzen
dagligvaruhandel -n	Verbrauchsgüterhandel
certifierad adj.	zertifiziert
processtyrning -en -ar	Prozesssteuerung
produktionsstyrning -en -ar	Produktionssteuerung
motto -t -n	Motto
vision -en -er	Vision
genomsyra -r -de -t	durchdringen
sponsring -en -ar	Sponsoring, Sponsern
klurig -t -a	raffiniert

17a

allra	aller-

17b

bakre	hintere
bortre	fernere, hintere
främre	vordere
förra	vorige
hitre	nächste
inre	innere
nedre	untere
undre	untere
yttre	äußere
övre	obere
närmare/närmre	nähere

18

logga -n, loggor (logotyp -en -er)	Logo
historik -en -er	geschichtliche Übersicht

19a

folkminskning -en -ar	Abnahme der Bevölkerung
rusta -r -de -t	rüsten
industrialisering -en -ar	Industrialisierung
tendens -en -er	Tendenz
kräftgång -en -ar	Krebsgang
tätbefolkad adj.	dicht besiedelt
professor emeritus	Professor Emeritus
oro -n	Unruhe
numera	jetzt, heutzutage
farsot -en -er	Seuche
påfyllning -en -ar	Aufschüttung, hier: Nachschub
avverka -r -de -t	abholzen

mist/a -er, miste, mist	verlieren
aggregera -r -de -t	anhäufen
utbud -et -	Angebot
scenario -t, scenarier	Szenario
tarm -en -ar	Darm
öde	menschenleer
! öde -t -n	Schicksal
krympande	schrumpfend
krymp/a -er -te -t	schrumpfen
decentralisering -en -ar	Dezentralisierung
återuppliva -r -de -t	wiederbeleben
driv/a -er, drev, drivit	betreiben, treiben
spola -r -de -t	spülen
klassificera -r -de -t	klassifizieren
utredning -en -ar	Untersuchung, Ermittlung
öm -t -ma	wund, zärtlich
konkurrera -r -de -t	konkurrieren
perspektiv -et -	Perspektive
i så måtto	insofern
välmående	gesund, wohlhabend
spindel -n, spindlar	Spinne
nät -et -	Netz

19b

akilleshäl -en	Achillesferse

20b

montör -en -er	Monteur
tjuvlarm -et -	Alarmanlage

21

yttrande -t -n	Äußerung
yttra -r -de -t	äußern
hopp -et -	Hoffnung

Fler nyttiga idiom

av och an	auf und ab	Olle gick av och an i köket och funderade på vad han skulle göra.
vara ute och cykla	daneben liegen	Nej, nu är du ute och cyklar. Det kan ju inte stämma.
i stora drag	in großen Zügen	Nisse berättade i stora drag vad som hänt.
med facit i hand	im Nachhinein	Nu med facit i hand vet vi att vi borde ha anlitat en arkitekt.
hux flux	ganz plötzlich	Killen bara försvann hux flux.
frid och fröjd	in Ordnung	Vi har det bra här i Vittsjö. Allt är frid och fröjd.
ha fullt upp (att göra)	vollauf zu tun haben	Jag har fullt upp att göra med flytten till Sverige.
ta ngt för givet	etw. als selbstverständlich ansehen	Vi tog för givet att ni tänkte komma idag.

Avsnitt 11

3
föl -et -	Fohlen	
lin -et	Leinen	
myr -en -ar	Moor	
rå, rått, råa	rauh	
hägg -en -ar	Traubenkirsche	
ylle -t	Wolle (verarbeitet)	
ull -en	Wolle	

4a
anda -n	Atem
Ta fatt´en!	Fass ihn!
fläng/a -er -de -t	rennen
flink -t -a	flink, schnell
ett-tu-tre	einz-zwei-drei
datten	Tick (Wort beim Tickerspielen, das man sagt, wenn man getickt wird)
ånga -n, ångor	Dampf
yngling -en -ar	Jüngling
vissna -r -de -t	eingehen, verwelken
stoft -et -	Staub

5
kartong -en -er	Karton
färgkrita -n, -kritor	Wachsmalstift
spritpenna -n, -pennor	Marker
måna -r -de -t om	sich sorgen um
affisch -en -er	Plakat

7a
verksam -t -ma	wirksam, tätig
på gamla da'r	auf alte Tage
sannolik -t -a	wahrscheinlich
göra, gör, gjorde, gjort med barn	schwängern
dö, dör, dog, dött	sterben
ödetorp -et -	verlassene Kate
riv/a -er, rev, rivit	abreißen, kratzen
yrkesmässig -t -a	berufsmäßig
brokig -t -a	bunt
infanteriregemente -t -n	Infanterieregiment
lärling -en -ar	Lehrling
möllare -n -	Müller
lemonad -en -er	Limonade
lukrativ -t -a	lukrativ, ergiebig
försörj/a -er -de -t sig	sich versorgen, sich ernähren
reparationsarbete -t -n	Reparaturarbeit
byggnadssnickeri -et -	Bautischlerei
tillkortakommande -t -n	Zukurzkommen
chikanera -r -de -t	beleidigen, kränken
stirrig -t -a	nervös

överkörd adj.	überfahren
ställföreträdande (oböjl.)	stellvertretend
lynne -t -n	Gemütsart
fatta -r -de -t humör	ärgerlich werden
rus -et -	Rausch
suput -en -er	Saufbold
nykterist -en -er	Antialkoholiker
välstånd -et	Wohlstand
svärjare -n -	jmd. der gern flucht
i någon mån	in einem gewissen Grad
gå -r, gick, gått på tok	schief gehen
indoktrinerad adj.	indoktriniert
ögonhåla -n, -hålor	Augenhöhle
så vitt jag kan förstå	soweit ich verstehen kann
fistel -n, fistlar	Fistel
malign -t -a	bösartig
ohygglig -t -a	entsetzlich
tjuvläs/a -er -te -t	heimlich lesen
vara sängliggande	bettlägerig sein
egendomligt nog	merkwürdigerweise
irritation -en -er	Irritation
generation -en -er	Generation
komma sättande	angelaufen kommen
inbillad adj.	eingebildet
tillgänglig -t -a	zugänglich
upprättelse -n -r	Ehrenrettung

8b
oroa -r -de -t sig för	sich beunruhigen
försörj/a -er -de -t sig på	sich ernähren von, sich versorgen von
nöj/a -er -de -t sig med	sich begnügen
unna -r -de -t sig	sich gönnen
jämra -r -de -t sig	jammern, klagen
beklaga -r -de -t sig över	sich beklagen über
visa -r -de -t sig	sich zeigen
ägna -r -de -t sig åt	sich widmen

SAXAT
fläta -n, flätor	Zopf
trumma -r -de -t	trommeln
gnola -r -de -t	summen
hörn -et -	Ecke
skygga -r -de -t	scheuen
skälvande	bebend
skälv/a -er -de (skalv), -t	beben
ilande	eilend
ila -r -de -t	eilen
lykta -n, lyktor	Laterne
kolmörk -t -a	stockdunkel
förfärlig -t -a	schrecklich

fladdra -r -de -t — flattern
svepande — schweifend
andfådd adj. -fått, -fådda — außer Atem
trätoffla -n, -tofflor — Holzklotzen
klappra -r -de -t — klappern
knopp -en -ar — Knospe
tveka -r -de -t — zweifeln
frusen adj. fruset, frusna — gefroren
bitterblek -t -a — sehr bleich
hölje -t -n — Hülle
tära, tär, tärde, tärt — zehren
spräng/a -er -de -t — sprengen
ängslan, ängslan - — Angst
klamra -r -de -t **sig** — sich klammern
glid/a -er, gled, glidit — gleiten
kläng/a -er -de -t — klettern
oviss -t -a — ungewiss
darra -r -de -t — zittern
skrämma skrämmer, skrämde, skrämt — erschrecken
tillit -en — Zutrauen, Vertrauen
likgiltig -t -a — gleichgültig
opp (upp) — hoch
pråla -r -de -t — angeben
glöd/a -er, glödde, glött — glühen
fläkt -en -ar — Hauch
blekna -r -de -t — erbleichen
luta -r -de -t — sich neigen

10

tjusig -t -a — reizend, schön
avtrubba -r -de -t — abstumpfen
sudda -r -de -t **ut** — ausradieren
vanemässig -t -a — gewohnheitsmäßig
skärp/a -er -te -t — schärfen
berömma, berömmer, berömde, berömt — loben
merkantil -t -a — kaufmännisch

11

mysfaktor -n, -faktorer — Gemütlichkeitsfaktor
ett bokmärke -t -n — Lesezeichen
bokmal -en -ar — Leseratte
hundöra -t, -öron — Eselsohr
filmatisera -r -de -t — verfilmen

12

kaffebryggare -n - — Kaffeemaschine

13a

knapp -en -ar — Knopf
svängning -en -ar — Schwingung
utväxling -en -ar — Auswechslung
lövkratta -n, -krattor — Laubharke
spade -n, spadar — Spaten

krattning -en -ar — Harken
grävning -en -ar — Graben
sådd -en -er — Saat
i färd med att — gerade dabei sein
opp (upp) — aus, auf
plommonträd -et - — Pflaumenbaum
backsippa -n, -sippor — Küchenschelle
maskinusling -en -ar — ungefähr: vermaledeite Maschine
usling -en -ar — Schuft
kabeljo -n — Kabeljau
grönsåpa -n, såpor — grüne Seife
latmask -en -ar — Faulpelz
grymhet -en -er — Grausamkeit
soldatanda -n — Soldatengeist
bekymmersam -t -ma — kümmerlich, besorgniserregend
nedlåtande — herablassend
krafsa -r -de -t — scharren, kratzen
lömsk -t -a — tückisch

14

trendig -t -a — trendig
vara beroende av ngt — von etw. abhängig sein
invändning -en -ar — Einwand

15b

greppa -r -de -t — greifen, begreifen, verstehen
sprick/a -er, sprack, spruckit — platzen, zerspringen
spräck/a -er -te -t — spalten, brechen
ryk/a -er -te -t — rauchen
blek/a -er -te -t — bleichen
söv/a -er -de -t — einschläfern, betäuben
slockna -r -de -t — erlöschen
sänk/a -er -te -t — senken, versenken

16

historiker -n - — Historiker
byggprojekt -et - — Bauprojekt
objekt -et - — Objekt

17

råd/a -er, rådde, rått **bot på** — Abhilfe schaffen
bostadsbrist -en — Wohnungsnot
rymlig -t -a — geräumig
trångbodd adj. — beengt/eng wohnen
lortig -t -a — dreckig, schmutzig
osund -t -a — ungesund
förflyttning -en -ar — Versetzung
tunnel -n, tunnlar — Tunnel
ostörd adj. — ungestört
hjärtprojekt -et - — Herzensprojekt
utsträckning -en -ar — Ausmaß, Umfang
rekrytera -r -de -t — rekrutieren

35

oförtjänt	unverdient	
rykte -t -n	Ruf	

18a

profitera -r -de -t	profitieren	exercera -r -de -t	exerzieren
någonsin	jemals	arrest -en -er	Arrest, Haft
sluss -en -ar	Schleuse	förseelse -n -r	Versehen
spräng/a -er -de -t	sprengen	dubbelbrits -en -ar	Doppelpritsche
tvärs genom	quer durch	frånvarande	abwesend
biskop -en -ar	Bischof	barack -en -er	Baracke
besittning -en -ar	Besitz	plank -en/plankor	dickes Brett, Latte
grepp -et -	Griff	bräda -n, brädor	Brett
sekel, seklet, sekler	Jahrhundert	kokgrop -en -ar	Kochgrube
anlita -r -de -t	hinzuziehen, engagieren	leverera -r -de -t	liefern
		korngryn -et -	Gerstengraupen
bergsbruk -et -	Bergbau	riksdaler -n -	alte Währung
greve -n, grevar	Graf	dagsverke -t -n	Tageswerk
fullmakt -en -er	Vollmacht	mura -r -de -t	mauern
fänrik -en -ar	Leutnant	plåtskodd adj.	mit Blech beschlagen
sträckning -en -ar	Verlauf	man -nen, mannar/män	Mann
höjdkurva -n, -kurvor	Höhenkurve	pompa och ståt	mit großem Pomp
avhandling -en -ar	Abhandlung	närvaro -n	Anwesenheit
utfärda -r -de -t	austellen	fullborda -r -de -t	vollenden
spadtag -et -	Spatenstich	avlid/a -er, -led, -lidit	sterben
tjänstgöra, -gör, -gjorde, -gjort	dienen, arbeiten	skål -en -ar för ngn	ein Hoch auf jmdn.
indelt, indelta	zugeteilt	åtaga/åta -r, åtog, åtagit sig	auf sich nehmen
regemente -t -n	Regiment	företag -et -	Unternehmung
desertör -en -er	Deserteur	verkmästare -n -	Handwerksmeister
trupp -en -er	Truppe	gjut/a -er, gjöt, gjutit	gießen
arbetskompani -et -er	Arbeitskompanie	gjutjärnsteknik -en -er	Eisengusstechnik
marsch -en -er	Marsch	komma till godo	zugutekommen

18b

godstrafik -en	Güterverkehr

Extra!

Fler nyttiga idiom

i det stora hela	im Großen und Ganzen	I det stora hela var föreställningen riktigt bra.
ingen höjdare	nicht besonders gut	Den här musikalen var ingen höjdare precis.
ta illa upp	übel auffassen	Du tog väl inte illa upp för det jag sa om din bror?
komma igen	weitermachen, Gas geben	Kom igen nu då! Kämpa!
ha något på känn	etw. im Gefühl haben	Jag har på känn att de kommer (att) gifta sig.
i ett kör	ständig	Varför måste du krångla till det i ett kör?
körigt	hektisch, stressig	Idag har det varit väldigt körigt på jobbet.
i senaste laget	gerade noch rechtzeitig	Du är i senaste laget. Vi måste vara i Mora klockan sju.
lägga sig i ngt	sich einmischen	Måste du lägga dig i våra planer?
hålla sig för skratt	sich vor Lachen halten	Jag hade svårt att hålla mig för skratt igår, när den där konstiga typen petade sig i näsan.

Grammatik-Sachregister

Thema	Abschnitt	Seite
„Wandernde" Adverbien	Avsnitt 8	72
Adjektiv *likadan, likadant, likadana*	Avsnitt 1	44
Adjektiv nach einigen Wörtern	Avsnitt 6	66
Adverbsuffix *-stans*	Avsnitt 9	79
Allt större/större och större	Avsnitt 2	51
Artikellose Substantive	Avsnitt 10	86
Ausdrücke für Häufigkeit	Avsnitt 11	91
Demonstrativpronomen *själv*	Avsnitt 5	62
Deponentien	Avsnitt 5	60
En/ett slags und *en/ett sorts*	Avsnitt 9	80
Endung *-na* bei einem Verb	Avsnitt 1	44
Europäische Länder, Sprachen, Völkernamen und Bezeichnungen für weibliche bzw. männliche Staatsbürger (Auswahl)	Avsnitt 1	38
Gebrauch von Präsens, Präteritum, Perfekt und Plusquamperfekt	Avsnitt 1	40
Genitiv	Avsnitt 7	67
Grundrechenarten	Avsnitt 3	52
Homonyme Substantive	Avsnitt 8	71
Indefinitpronomen (Auswahl)	Avsnitt 2	48
Indirekte Frage	Avsnitt 9	75
Indirekte Rede	Avsnitt 9	76
Infinitiv mit *att*	Avsnitt 6	64
Infinitiv ohne *att*	Avsnitt 6	64
Innan und *före*	Avsnitt 5	62
Interjektionen	Avsnitt 1	39
Konditional 1 und 2	Avsnitt 2	46
Konjunktionaladverbien	Avsnitt 5	59
Konjunktionen	Avsnitt 3	53
Konjunktionen *att, ifall, om* und *huruvida*	Avsnitt 8	71
Konjunktiv	Avsnitt 2	45
Maskulinssuffix *-e*	Avsnitt 4	58
Modalverben *böra* und *lär*	Avsnitt 6	65
Nebensätze mit *inte någon/något/några*	Avsnitt 2	51
Partikel	Avsnitt 7	68
Partikelverben	Avsnitt 7	68
Partizip Perfekt	Avsnitt 7	70
Passiv	Avsnitt 4	55
Platz der Präpositionen	Avsnitt 9	74
Präposition *för ... skull*	Avsnitt 6	66
Präpositionen	Avsnitt 10	81
Präpositionen, die Besitz, Zugehörigkeit und Beziehung ausdrücken	Avsnitt 7	67
Reflexive Possessivpronomen *sin, sitt, sina*	Avsnitt 5	61
Reflexive Verben	Avsnitt 11	89
S-Form des Verbes in der „absoluten" Bedeutung	Avsnitt 9	76
Satzadverbien	Avsnitt 8	73
Satzspaltung (emphatische Umschreibung)	Avsnitt 4	57
Subjunktionen	Avsnitt 9	77
Substantiv auf *-an*	Avsnitt 10	88
Substantive mit Umlaut	Avsnitt 1	43
Superlativ in der bestimmten Form	Avsnitt 10	85
Temporale Präpositionen	Avsnitt 3	54
Tempusharmonie	Avsnitt 1	42
Transitive und intransitive Verben	Avsnitt 11	90
Unveränderliche Adjektive (Auswahl)	Avsnitt 5	63
Vars	Avsnitt 9	80
Verb - das modale Hilfsverb *ska*	Avsnitt 2	47
Verben verbunden mit *och*	Avsnitt 9	74
Vergleich von Deponentien und reziproker Bedeutung	Avsnitt 9	77
Vorsilben *lätt-* und *svår-*	Avsnitt 11	90
Wörter *samma, nästa, varje, följande, fel, förra, hela, halva*	Avsnitt 1	43
Zahlwörter	Avsnitt 3	52
Zeitausdrücke	Avsnitt 4	58
Zusammensetzungen mit *som helst*	Avsnitt 2	50

Grammatik
Avsnitt 1

1. **Einige europäische Länder, Sprachen, Völkernamen und Bezeichnungen für weibliche bzw. männliche Staatsbürger**

Weibliche Suffixe sind meistens: **-a, -ska, -iska, -yska**
Männliche Suffixe sind häufig: **-man, -are**

Land	Språk	Invånare Man	Kvinna	Adjektiv
Sverige	svenska	svensk -en -ar	svenska -n, svenskor	svensk -t -a
Norge	norska	norrman -nen, norrmän	norska -n, norskor	norsk -t -a
Danmark	danska	dansk -en -ar	danska -n, danskor	dansk -t -a
Finland	finska	finländare -n -	finska -n, finskor	finsk -t -a
Island	isländska	isländare -n -	isländska -n, isländskor	isländsk -t -a
Storbritannien	engelska	britt -en -er	brittiska -n, brittiskor	brittisk -t -a
England	engelska	engländare -n -	engelska -n, engelskor	engelsk -t -a
Irland	iriska	irländare -n -	irländska -n, irländskor	irisk -t -a
Nederländerna	nederländska	nederländare -n -	nederländska -n, nederländskor	nederländsk -t -a
Holland	holländska	holländare -n -	holländska -n, holländskor	holländsk -t -a
Tyskland	tyska	tysk -en -ar	tyska -n, tyskor	tysk -t -a
Frankrike	franska	fransman -nen, fransmän	fransyska -n, fransyskor	fransk -t -a
Spanien	spanska	spanjor -en -er	spanjorska -n, spanjorskor	spansk -t -a
Portugal	portugisiska	portugis -en -er	portugisiska -n, portugisiskor	portugisisk -t -a
Italien	italienska	italienare -n -	italienska -n, italienskor	italiensk -t -a
Schweiz	tyska, franska, italienska, rätoromanska	schweizare -n -	schweiziska -n, schweiziskor	schweizisk -t -a
Österrike	tyska	österrikare -n -	österrikiska -n, österrikiskor	österrikisk -t -a
Polen	polska	polack -en -er	polska -n, polskor	polsk -t -a
Tjeckien	tjeckiska	tjeck -en -er	tjeckiska -n, tjeckiskor	tjeckisk -t -a
Turkiet	turkiska	turk -en -er	turkiska -n, turkiskor	turkisk -t -a
Grekland	grekiska	grek -en -er	grekiska -n, grekiskor	grekisk -t -a
Ungern	ungerska	ungrare -n -	ungerska -n, ungerskor	ungersk -t -a
Ryssland	ryska	ryss -en -ar	ryska -n, ryskor	rysk -t -a
Bulgarien	bulgariska	bulgar -en -er	bulgariska -n, bulgariskor	bulgarisk -t -a
Bosnien	bosniska	bosnier -n -	bosniska -n, bosniskor	bosnisk -t -a
Slovenien	slovenska	sloven -en -er	slovenska -n, slovenskor	slovensk -t -a
Lettland	lettiska	lett -en -er	lettiska -n, lettiskor	lettisk -t -a
Estland	estniska	estländare -n -/ est -en -er	estniska -n, estniskor	estnisk -t -a

2 Interjektionen

Interjektion bedeutet so viel wie „etwas dazwischen werfen". Es sind unveränderliche Ausrufewörter, die oft Gefühle ausdrücken oder Geräusche nachahmen. Die meisten Interjektionen werden in der Umgangssprache oder Schriftsprache, die Umgangssprache wiedergibt, benutzt.

a) Interjektionen, die Gefühle ausdrücken

Körperlicher Schmerz:	aj	Aj, det gör ont!; Aj, jag slog mig!
Freude, Wohlbehagen, Sehnsucht, Bewunderung:	åh, å, oh, o, mums, namnam, bravo, hurra	Åh, vad roligt!; Å, vad du sjunger vackert!; Oh, vad jag längtar!; O, så gott!; Mums, vad gott!; Det här var namnam!; Bravo, vad snabbt du sprang!
Bagatellisierung:	äsch, pyttsan	Äsch, det gör ingenting!
Kältegefühl:	hu, usch, brr	Hu, vad kallt det är!; Usch, vad hemskt!
Ekel:	blä, fy, usch, tvi	Blä, vad äckligt!; Fy, vad hemskt det smakar!
Erleichterung:	gudskelov, tack och lov	Gudskelov, det gick bra!
Skepsis:	hm, tja*, äh	Tja, jag vet inte riktigt.
Erstaunen, Überraschung:	oj, oj då, jösses, jisses, nej men (oj)	Oj då, är klockan redan så mycket!; Jösses, vad sent det har blivit!

* *Tja* ist auch eine Kurzform (Slang) für *tjena*, wird aber etwas anders ausgesprochen.

b) Interjektionen, die Verhalten und Gespräche regulieren

Verbot:	ajabaja, sch, sss	Ajabaja, inte röra!; Sch... var tysta nu!
Angebot:	varsågod, varsågoda	Varsågoda och ta av salladen.
Danken:	tack, tack så mycket	Tack ska du ha.
Trost:	såja	Såja, gråt inte!
Ermunterung:	åhej, heja	Heja Sverige!
Entschuldigung:	förlåt, ursäkta	Förlåt, det var inte meningen. Ursäkta, vad är klockan?
Gespräch beginnen:	hördu, hörni, ja, jo	Hörni, vad ska vi göra idag?
Nicht hören oder verstehen:	förlåt, hursa, va	Förlåt, vad sa du?; Va?
Bestätigung:	sådärja, jajamen, jojomen	Sådärja, det gick ju fint!

c) Zu den Interjektionen gehören auch Grußwörter, Rufe und Glückwünsche.

Hej!/ Hejsan!	Hallå där!	Skål!	Lycka till!
Prosit!	Hoppsan!	Grattis!	God jul!

d) Lautnachahmende Interjektionen

Menschliche Laute:	**hahaha** (*Gelächter*), **hihi** (*Gekicher*), **attji/attjo** (*Niesen*), **hm** (*Räuspern*)
Tierlaute:	**mjau** (*Katze*), **mu** (*Kuh*), **bä** (*Schaf*), **vov** (*Hund*), **kuckeliku** (*Hahn*), **nöff** (*Schwein*), **pip** (*Maus*), **brum** (*Bär*), **kvack/koack** (*Frosch*), **hoho** (*Eule*)
Andere Laute:	**tut** (*tut*), **bingbång/dingdong** (*bim-bam*), **plingeling** (*klingeling*), **töff**, **ticktack**, **knack**, **pang** (*peng*), **plask** (*platsch*), **smack** (*schmatz*), **vips** (*schwupp, schwuppdiwupp*), **bom** (*bumm*), **dunk** (*klopf, bumm*), **klafs** (*patsch*)

e) Fluchwörter werden auch als Verstärkung oder Füllwörter gebraucht:

Det är ett jäkla roligt spel!	Das ist ein verdammt/total witziges Spiel!
Det var en jädrans bra match!	Das war ein super/höllisch gutes Spiel!
Vad fan sysslar du med?	Was zum Teufel machst du?/Was machst du eigentlich?

f) Fluch-, Schimpfwörter und Beleidigungen

Fy fan!/Å fan!/Fy tusan!/Fy sjutton!/Jädrans!/Jäklar!	Pfui Teufel!
Vad i helvete!	Zum Teufel noch mal!
Jävlar!	Verdammt!
Jävla skit!	Verdammter Mist!
Håll käften!	Halt die Klappe!
Vilket jävla sätt!	So eine Sauerei!

3 Der Gebrauch von Präsens, Präteritum, Perfekt und Plusquamperfekt

a) Das Präsens

Das Präsens wird im Schwedischen wie im Deutschen gebraucht.

1. Mit dem Präsens drückt man die Gegenwart, allgemeine Verhältnisse und Aussagen aus:	Hon skriver ett mejl. Stockholm är Sveriges huvudstad.
2. Man drückt Gewohnheiten mit Präsens aus:	Jag städar varje lördag.
3. Mit dem Präsens + Zeitadverbial drückt man Zukunft aus:	Anna öppnar sin klädbutik på måndag. I morgon flyger vi till Kina.
4. Dramatisches oder historisches Präsens: Historisches Präsens wird gebraucht, um vergangenes Geschehen besonders spannend wiederzugeben. Es gibt dem Leser oder Hörer das Gefühl, im Augenblick der Schilderung dabeizusein.	Träden står vita av rimfrost denna nyårsnatt år 1719, när general Carl Gustaf Armfelts utmattade soldater vaknar och gnuggar sömnen ur ögonen. Det norska fälttåget är nu slut och snart ska armén börja sista etappen på återtåget tillbaka till Jämtland i Sverige. (Ur Lyckoslanten nr 1 2004, Barbro Rabenius)

b) Das Präteritum

Das Präteritum wird als erzählende Zeitform gebraucht. Man drückt aus, dass etwas in der Vergangenheit passiert ist. Zum Zeitpunkt des Erzählens ist die Handlung abgeschlossen.

Jag var på möte igår.	Ich war gestern auf einer Sitzung.
Som barn lekte vi ofta kurragömma.	Als Kinder spielten wir oft Verstecken.
När gick du till träningen?	Wann bist du zum Training gegangen?

c) Das Präteritum von *vara*

Das Präteritum von *vara* kan in gefühlsbetonten Ausdrücken gebraucht werden, ohne sich auf die Vergangenheit zu beziehen. Im Deutschen wird hier das Präsens gebraucht.

Vad salladen var god!	Der Salat schmeckt aber lecker!
Det var synd!	Das ist schade!
Det var snällt av dig!	Das ist nett von dir!
Det var tråkigt att höra!	Das ist traurig zu hören.
Den klänningen var snygg!	Das Kleid ist schick!
Hur var namnet?	Wie ist der Name, bitte?

d) Das Perfekt

1. Das Perfekt ist auch eine Zeitform der Vergangenheit. Das Ergebnis ist wichtiger als der Zeitpunkt, wann es passiert ist. Der Zeitpunkt für das Geschehen ist unbestimmt.
Die Handlung liegt vor dem Zeitpunkt des Sprechens, hat aber noch Bezug zur Gegenwart oder dauert immer noch an.

Det har regnat hela dagen.	Es hat den ganzen Tag geregnet.
Lotta har städat.	Lotta hat geputzt.
Vi har sänkt hastigheten till 30 km/h.	Wir haben die Geschwindigkeit auf 30 km/h gesenkt.
Jag har bott i Lund i hela mitt liv.	Ich habe mein ganzes Leben in Lund gewohnt.

2. Das Perfekt wird gebraucht, wenn eine Handlung kürzlich abgeschlossen wurde und im Sprechmoment noch von Bedeutung ist.

Vi har precis ätit.	Wir haben gerade gegessen.
Jörgen och Eva har just gift sig.	Jörgen und Eva haben gerade geheiratet.

d) Das Plusquamperfekt

1. Das Plusquamperfekt drückt aus, dass die Handlung zeitlich vor der Vergangenheit liegt.

När vi hade druckit kaffe, gick vi hem.	Als wir Kaffee getrunken hatten, gingen wir nach Hause.
Strax efter det att polisen hade kommit, var det någon som sköt.	Gleich nachdem die Polizei gekommen war, schoss jemand.
Jag hade varit i Paris några gånger innan jag började läsa franska.	Ich war einige Male in Paris gewesen, bevor ich anfing, Französisch zu lernen.
Jag träffade Olle häromdagen. Han hade just kommit hem från Spanien.	Ich traf neulich Olle. Er war gerade von Spanien nach Hause gekommen.

2. Das Plusquamperfekt drückt außerdem aus, dass eine Handlung in der Vergangenheit begonnen hat und noch andauert.

Vi hade bara bott i Göteborg i två år när min sambo fick jobb i Stockholm.	Wir hatten erst zwei Jahre in Göteborg gewohnt, als mein Lebenspartner eine Arbeit in Stockholm bekam.
När vi äntligen kom fram till stationen, hade tåget redan gått.	Als wir endlich am Bahnhof ankamen, war der Zug bereits abgefahren.

4 Tempusharmonie

Im Schwedischen gibt es zwei Zeitebenen: eine Gegenwartsebene (Präsens, Perfekt und Futur) und eine Vergangenheitsebene (Präteritum, Plusquamperfekt und Futur der Vergangenheit). Mit Tempusharmonie, auch Tempuskongruenz genannt, meint man, dass in einem Satz nur Verben aus einer Zeitebene benutzt werden sollten, um Gleichzeitigkeit, Vorzeitigkeit und Nachzeitigkeit zu bezeichnen.

a) Ebene der Gegenwart

davor	jetzt	danach
Perfekt	**Präsens**	**Futur**
har skrivit	skriver	ska skriva

När min kompis kommer, parkerar han alltid bilen på Strandvägen.
När vi har ätit, tittar vi på tv.
När vi är i Stockholm ska vi naturligtvis se Nordiska museet.

b) Ebene der Vergangenheit

davor	damals	danach
Plusquamperfekt	**Präteritum**	**Futur der Vergangenheit**
hade skrivit	skrev	skulle skriva

När min kompis kom, parkerade han alltid bilden på Strandvägen.
När vi hade ätit, tittade vi på tv.
När vi var i Stockholm skulle vi naturligtvis se Nordiska museet.

5 Substantive mit Umlaut

a → ä
o → ö
å → ä

Einige Substantive bilden den Plural mit Umlaut. Sie gehören zur 3. Deklination.
Bei *bok, fot* und *rot* verdoppelt sich der Schlusskonsonant und der Vokal wird kurz ausgesprochen.

Singular	Plural	
en and	änder	*Ente*
en bokstav	bokstäver	*Buchstabe*
en brand	bränder	*Brand*
en fader	fäder (förfäder)	*Vater (Vorfahren)*
en hand	händer	*Hand*
en natt	nätter	*Nacht*
en rand	ränder	*Rand*
en stad	städer	*Stadt*
en strand	stränder	*Strand*
en tand	tänder	*Zahn*
en verkstad	verkstäder	*Werkstatt*

Singular	Plural	
en stång	stänger	*Stange*
en tång	tänger	*Zange*
en gås	gäss	*Gans*
en bonde	bönder	*Bauer*
en bok	böcker	*Buch*
en dotter	döttrar	*Tochter*
en fot	fötter	*Fuß*
en ledamot	ledamöter	*Mitglied*
en morot	morötter	*Mohrrübe*
en moder	mödrar	*Mutter*
en rot	rötter	*Wurzel*
en son	söner	*Sohn*

Nästa vecka kan jag inte komma till träningen.

Vad synd! Vi blir nog bara halva laget!

6 Die Wörter *samma, nästa, varje, följande, föregående, fel, förra, hela, halva*

Nach den Wörtern *samma, nästa, varje, följande* und *fel* steht steht das Substantiv ohne Artikel. Nach *Förra, hela* und *halva* steht das Substantiv in der bestimmten Form.

Unbestimmte Form

Med **samma betydelse** används ordet *whina*.
Nästa vecka kan jag inte komma.
Susanna studerar **varje rörelse**.
Följande ord borde ni kunna!
På **föregående sida** har vi behandlat pluskvamperfekt.
Hon gick faktiskt **fel väg**.

Bestimmte Form

Förra veckan var det min tur att laga mat.
Hela landet behöver stöd.
Halva befolkningen talar mer än ett språk.

7 Das Adjektiv *likadan, likadant, likadana*

Dieses Adjektiv bedeutet „der, die das gleiche; ebenso". Es richtet sich nach dem Hauptwort und kann auch selbständig stehen.

En	Ett	Plural
likadan	likadant	likadana

Eva har en iPod. Jag skulle vilja ha en **likadan**.	Ich würde den gleichen haben wollen.
Jonas har ett stort, modernt hus. Peter har nästan ett **likadant**.	Peter hat fast das gleiche.
Karin hade gjort **likadana** erfarenheter som Anna.	Karin hat die gleichen Erfahrungen wie Anna gemacht.
Det är alltid **likadant** överallt!	Es ist überall das gleiche!
Det kommer (att) gå **likadant** för henne.	Es wird ihr ebenso ergehen.

8 Die Endung *-na* bei einem Verb

Die Endung *-na* bei einem Verb gibt an, dass ein Geschehen beginnt.

blek	blek**na**	(bli blek)	*erbleichen*
svart	svart**na**	(bli svart)	*schwarz werden*
röd	rod**na**	(bli röd)	*erröten*
kall	kall**na**	(bli kall)	*erkalten*
gul	gul**na**	(bli gul)	*gelb werden*

Avsnitt 2

1) Der Konjunktiv

Der Konjunktiv drückt einen Wunsch aus.

a) Der Konjunktiv Präsens

Der Konjunktiv Präsens kommt nur noch in einigen festen Ausdrücken vor:

Det vete katten!/Det vete sjutton!/ Det vete fåglarna!	Keine Ahnung!
Leve brudparet!	Hoch lebe das Brautpar!
Herren välsigne och bevare dig!	Der Herr segne und behüte dich!
Bevare mig väl!	Du meine Güte!, Ach, du liebe Zeit!
Gudskelov!	Gott sei Dank!
Ske din vilja!	Dein Wille geschehe!

b) *Må* und *måtte*

Oft wird der Konjunktiv mit den modalen Hilfsverben *må* und *måtte* umschrieben.

Ja, **må** han leva!	Hoch soll er leben!
Måtte det inte bli åska i kväll!	Hoffentlich gibt es heute Abend kein Gewitter!
Måtte det gå väl!	Hoffentlich geht es gut!
Måtte hon bli frisk!	Hoffentlich wird sie gesund!

c) *Vore*

Die meisten Konjunktivformen sind veraltet. Gebraucht wird fast nur noch *vore* (wäre), der Konjunktiv von *vara*.

> Det **vore** väl kul!
> Det **vore** bra!
> Vad **vore** han utan sin hund!
> Han lever som om han **vore** kung.

d) *Skulle*

Die Formen *skulle* + Infinitiv, *skulle vilja* + Infinitiv und *skulle kunna* + Infinitiv sind im Schwedischen auch eine Art Konjunktiv. Sie drücken Höflichkeit, Schüchternheit oder Zweifel aus.

> Det **skulle vara** kul!
> **Skulle** du **kunna** hjälpa mig med en sak?
> Jag **skulle vilja** ha en kopp kaffe.
> Det **skulle** man knappast **kunna** tro.
> **Skulle** jag **kunna** få några frimärken?

e) Präteritum als Konjunktiv

Um einen Wunsch auszudrücken, benutzt man im Schwedischen oft das Präteritum als Konjunktiv.

> Jag önskar jag **kunde** flyga.
>
> "Jag önskar att alla barn varje dag **störtade** till sina daghem och skolor med en sång på sina läppar och solsken i blick, att de **längtade** efter sina små kamrater och att de **törstade** efter dagens kunskapsdos och att jag på samma vis **dansade** i väg mot mina arbetsuppgifter."
> (Cecilia Hagen)

2 Konditional 1 und 2

Etwas Irreales, Unwahrscheinliches oder Wünschenswertes wird mit einer Form des konditionalen Nebensatzes ausgedrückt, die im Schwedischen als „konditionalis" bezeichnet wird. Es wird eine Handlung/ein Zustand beschrieben, die/der unter gewissen Bedingungen eintreffen kann. Der Unterschied zwischen Konditional 1 und 2 besteht darin, dass beim Konditional 1 die Bedingung in Erfüllung gehen könnte, es beim Konditional 2 dagegen dafür zu spät ist. Im Schwedischen werden meistens Indikativformen benutzt, während im Deutschen der Konjunktiv II gebraucht wird.

a) Konditional 1

Das Konditional 1 wird gebildet aus: *skulle* + Infinitiv + Präteritum im Nebensatz.

skulle	Inf.		Prät.		
Jag **skulle köpa**	en villa, om jag	**vann**	på lotteri.	Ich würde eine Villa kaufen, wenn ich im Lotto gewinnen würde.
Pelle **skulle bada**	om vattnet	**var**	lite varmare.	Pelle würde baden, wenn das Wasser wärmer wäre.
Jag **skulle hämta** Eva, om jag		**hade** tid.		Ich würde Eva abholen, wenn ich Zeit hätte.

b) Konditional 2

Das Konditional 2 wird gebildet aus: *skulle ha* + Supinum + Plusquamperfekt im Nebensatz. Ha und hade können auch weggelassen werden.

skulle ha	Supinum		Plusquamperf..		
Jag **skulle ha köpt**	en villa, om jag	**hade vunnit**	på lotteri.	Ich hätte eine Villa gekauft, wenn ich im Lotto gewonnen hätte.
Pelle **skulle ha badat**	om vattnet	**hade varit**	varmare.	Pelle hätte gebadet, wenn das Wasser wärmer gewesen wäre.
Jag **skulle ha hämtat** Eva, om jag		**hade haft** tid.		Ich hätte Eva abgeholt, wenn ich Zeit gehabt hätte.

c) **Die Wortfolge im Nebensatz:**

Hauptsatz + Nebensatz	Nebensatz + Hauptsatz
Jag skulle hämta Eva, om jag hade tid.	Om jag hade tid, **skulle jag** hämta Eva.
Jag skulle ha hämat Eva, om jag hade haft tid.	Om jag hade haft tid, **skulle jag** ha hämtat Eva.
Jag hade köpt en villa, om jag hade vunnit på lotteri.	Om jag hade vunnit på lotteri, **hade jag** köpt en villa.

d) **Umgangssprachliche Form**

Die Konstruktion Plusquamperfekt + Plusquamperfekt im Nebensatz kann ebenfalls benutzt werden, um etwas Unwahrscheinliches oder Unwirkliches auszudrücken.

Plusquamperf. + Plusquamperf.
Jag **hade köpt** en villa, om jag **hade vunnit** på lotteri.
Jag **hade hämtat** Eva, om jag **hade haft** tid.
Pelle **hade badat**, om vattnet **hade varit** lite varmare.

e) Man kann auch die Konjunktion *om* weglassen, wenn der Konditionalsatz dem Hauptsatz vorausgeht.

> Hade jag vunnit på lotteri, skulle jag ha köpt en villa.
> Hade jag tid, skulle jag hämta Eva.

3 Verb - das modale Hilfsverb *ska*

a) *Ska* - werden

Ska wird benutzt, um Zukunft auszudrücken:

Vi ska flyga till Thailand.	*Wir werden nach Thailand fliegen.*
Partierna ska starta valkampanjen nästa vecka.	*Die Parteien werden den Wahlkampf nächste Woche starten.*

b) *Ska* - wollen

Mit *ska* kann auch eine Absicht ausgedrückt werden:

I morgon ska jag städa.	*Morgen will ich aufräumen/putzen.*
Ska vi gå på bio?	*Wollen wir ins Kino gehen?*

c) *Ska* - sollen/müssen

Mit *ska* wird auch „sollen/müssen" ausgedrückt, ...

1. wenn etwas notwendig oder laut Norm ist:	För B1-testet ska man kunna rätt mycket. *Für den B1-Test soll/muss man eine ganze Menge können.* Torget ska hållas rent. *Der Marktplatz soll sauber gehalten werden.* Ni ska kunna glosorna till på tisdag. *Ihr sollt/müsst die Vokabeln bis Dienstag können.*
2. bei einer starken Aufforderung:	Nu ska ni sluta bråka! *Nun sollt/müsst ihr mit dem Zanken aufhören!*
3. bei einem Gebot oder einer Pflicht:	Du ska älska din nästa såsom dig själv. *Du sollst deinen Nächsten lieben wie dich selbst.* Man ska hålla vad man lovar. *Man soll halten, was man verspricht.*
4. bei einer Vermutung:	Eva ska vara mycket trevlig, har jag hört. *Eva soll sehr nett sein, habe ich gehört.*
5. wenn ein Sinn oder Zweck erläutert wird:	Tavlan ska föreställa en sommarmorgon. *Das Bild soll einen Sommermorgen darstellen.*
6. wenn ein Auftrag weitergegeben wird:	Jag ska hälsa från Pelle. *Ich soll von Pelle grüßen.*

d) *Ska* - in Fragen

Ska jag hjälpa dig?	*Kann/Soll ich Dir helfen?*
Ska vi stanna här?	*Wollen/Müssen wir hier halten/bleiben?*
När ska vi köra?	*Wann sollen/wollen/müssen/werden wir fahren?*
Vad ska det här föreställa?	*Was soll das sein?*

4 Einige Indefinitpronomen

a) *Man*

1. *Man* ist ein generalisierendes Pronomen. Es kann nur als Subjekt stehen und ist unveränderlich:	Man måste betala böter (*Geldstrafe*) när man felparkerar. Man kan fråga sig om inte fotbollsproffs tjänar för mycket pengar.
2. Als Objektform wird *man* zu *en* (einen/einem):	Man måste nog betala böter om polisen stoppar en. Det betyder mycket för en när man får hjälp av grannarna.
3. Als Genitivform wird *man* zu *ens*:	Det hörs på ens uttal om man inte är svensk.

4. Zu *man* gehört auch das reflexive Possessivpronomen in der 3. Person *sin/sitt/sina*, wenn es sich auf das Subjekt bezieht: Vergleichen Sie:

Man förstår inte alltid sitt eget bästa.
Man måste betala tillbaka sina skulder.
Jag måste betala tillbaka mina skulder.

5. In der Umgangssprache wird das unpersönliche *man* häufig in der Bedeutung „ich" benutzt:

Får man sitta här?
Darf man/ich hier sitzen?

b) Viss, båda, bägge, somlig, åtskillig, all, en del, ett par, en och annan

Viss, somlig und *åtskillig* sind adjektivisch, d. h. sie richten sich nach dem Hauptwort.
Åtskillig wird haupsächlich in der Schriftsprache gebraucht.
Åtskillig und *somlig* werden meistens im Plural verwendet.
En och annan/ett och annat gibt es nur im Singular.
Nach *alla* wird die bestimmte Form des Substantives verwendet, um eine begrenzte Anzahl anzugeben, und die unbestimmte Form, um eine unbegrenzte Anzahl anzugeben.

En	Ett	Plural	
viss	visst	vissa	ein gewisser/eine gewisse/ein gewisses, gewisse
somlig	somligt	somliga	mancher/manche/manches, manche
åtskillig	åtskilligt	åtskilliga	etlicher/etliche/etliches, etliche
all	allt	alla	der/die/das Gesamte, alle
annan	annat	andra	anderer/andere/anderes, andere
en och annan	ett och annat	–	dieser und jener, mancher
–	–	en del	einige
–	–	ett par	ein paar

Tjejträffen är alltid en viss dag på året, nämligen Lottas födelsedag.	Der Frauentreff ist immer ein gewisser Tag im Jahr, nämlich Lottas Geburtstag.
En aftonklänning passar bara vid vissa tillfällen.	Ein Abendkleid passt nur zu gewissen Anlässen.
Somliga kan aldrig få nog.	Einige können nie genug kriegen.
Den där filmen har jag sett åtskilliga gånger.	Diesen Film habe ich etliche Male gesehen.
Stig åt upp alla bullarna.	Stig aß alle Zimtschnecken auf.
Alla barn vill bada.	Alle Kinder wollen baden.
Kan jag få en annan stol?	Kann ich einen anderen Stuhl bekommen?
Man kan hitta en och annan bra grej på loppis.	Man kann manche guten Sachen auf dem Flohmarkt finden.
En del städer är mycket rena.	Einige Städte sind sehr sauber.
Eva-Lena har bott ett par år utomlands.	Eva-Lena hat ein paar Jahre im Ausland gelebt.

c) *Båda, bägge, samtliga* und *hel*

Båda, bägge, samtliga, hel sind totalitätsbezeichnende Pronomen.
Båda und *bägge* gibt es nur im Plural. *Båda* ist gebräuchlicher in der Schriftsprache. Nach *båda/bägge* steht das Substantiv mit dem bestimmten Artikel. *Båda/bägge* kann auch im Genitiv stehen (*bådas/bägges*).
Samtlig und *hel* sind adjektivisch. *Samtlig* wird hauptsächlich in der Schriftsprache verwendet und kommt meistens im Plural vor.

En	Ett	Plural	
–	–	båda/bägge	beide
samtlig	samtligt	samtliga	alle, sämtliche
hel	helt	hela	ganz

Båda/Bägge barnen stannade hemma.	Beide Kinder blieben zu Hause.
Båda/Bägge förslagen accepterades.	Beide Vorschläge wurden akzeptiert.
Det var bådas fel.	Das war der Fehler von beiden.
Samtliga stugor var till salu.	Sämtliche Hütten standen zum Verkauf.
Jag fick vänta ett helt år på operationen.	Ich musste ein ganzes Jahr auf die Operation warten.
Hela entrén ska byggas om.	Der ganze Eingangsbereich soll umgebaut werden.
Under hela min barndom var jag ensam.	Während meiner ganzen Kindheit war ich einsam.
Zum Vergleich: Ta det hela glaset!	Nimm das heile Glas!
Hela bilen var intryckt.	Das ganze Auto war eingedrückt.

5 Zusammensetzungen mit *som helst*

hur ... som helst	total (als Verstärkung)	Det var hur pinsamt som helst. Es war total peinlich.
någon/något/ några som helst	irgendein/e, irgendwelche	Det görs utan någon som helst kontroll.
vad som helst	alles	Det kan hända vad som helst.
hur som helst	wie auch immer auf beliebige Art	Hur som helst, vi reste dagen därpå. Gör hur som helst.
hur mycket/många som helst	beliebig viel/e, endlos viel/e	Du kan ju inte spara hur många lådor som helst.
hur länge som helst	beliebig lange	Lena kan spela piano hur länge som helst.
när som helst	zu jeder (beliebigen) Zeit, jeden Augenblick	Han kan komma när som helst.
vem som helst	wer auch immer, jeder	Vem som helst kan göra det.

6 Nebensätze mit *inte någon/något/några/någonting*

1. In Nebensätzen muss *ingen/inget/inga/ingenting* aufgelöst werden.

Det finns inga ormar där jag bor.	Jag vill bo där det inte finns några ormar.
Nils har ingen bil.	Nils cyklar till jobbet därför att han inte har någon bil.
Eva gör ingenting.	Eva är uttråkad därför att hon inte gör någonting.

2. Auch im Zusammenhang mit Perfekt, Plusquamperfekt, Futur, bei zusammengesetzten Verben und bei Verben mit einer Präposition muss *ingen/inget/inga/ingenting* aufgelöst werden.

Jag hittar inget paraply.	Jag har/hade inte hittat något paraply.
Jag skriver inga mejl idag.	Jag ska/tänker inte skriva några mejl idag.
Han gillar inga deckare av den författaren.	Han tycker inte om några deckare av den författaren.
Kalle gör inget särskilt.	Kalle sysslar inte med något särskilt.
Jag hittar ingenting.	Jag har inte hittat någonting.

7 *Allt större/större och större*

Die Konstruktion *allt större/större och större* drückt eine Verstärkung aus.

allt ...	... och ...
Jorden blev allt större. *Die Erde wurde immer größer.*	Jorden blev större och större. *Die Erde wurde größer und größer.*
Det går allt bättre. *Es geht immer besser.*	Det går bättre och bättre. *Es geht besser und besser.*
Han blev allt mer deprimerad. *Er wurde immer deprimierter.*	Han blev mer och mer deprimerad. *Er wurde deprimierter und deprimierter.*

Avsnitt 3

1 Die vier Grundrechenarten

Addition	2	+	2	=	4	Två **plus** två är (lika med) fyra.
Subtraktion	12	-	8	=	4	Tolv **minus** åtta är (lika med) fyra.
Multiplikation	6	·	6	=	36	Sex **gånger** sex är (lika med) trettiosex.
Division	15	:	3	=	5	Femton **delat med** tre är (lika med) fem.

2 Zahlwörter

a) Dezimalzahlen

1. Dezimalzahlen liest man folgendermaßen:

0,03	noll komma noll tre
4,57	fyra komma femtiosju

2. Bei Dezimalzahlen, die Länge oder Preis angeben, sagt man *och* statt *komma*. Wenn die Einheit aus dem Zusammenhang hervorgeht, wird sie oft weggelassen.

Tidningen kostar 5:90 kr/5,90 kr.	fem och nittio
Staffan hoppade 6,10 m.	sex och tio
Hanna är 1,70 m.	en och sjuttio

b) Substantivierte Zahlwörter

Zahlwörter, besonders die Zahlen 0 - 12, lassen sich durch das Hinzufügen des Suffixes *-a* substantivieren. Sie gehören dann der 1. Deklination an:

0	en nolla, nollan, nollor, nollorna
1	en etta, ettan, ettor, ettorna
2	en tvåa, tvåan, tvåor, tvåorna
3	en trea, trean, treor, treorna

> Hur gick det för Staffan?
>
> Han gick i mål som etta faktiskt!

Jag har två fyror.	Ich habe zwei Vieren.
De bor i en trea.	Sie wohnen in einer Dreizimmerwohnung.
Jag brukar ta sjuan till jobbet.	Ich nehme immer die Sieben zur Arbeit.
Staffan gick i mål som etta.	Staffan kam als Erster ins Ziel.
Kan du låna mig en tia?	Kannst du mir einen Zehner leihen?
Lina går i femman.	Lina geht in die fünfte (Klasse).

c) Bruchzahlen

1. Eine Bruchzahl:

2. Mit Ausnahme von $\frac{1}{2}$ (*en halv*) wird an die Ordnungszahl *-del/ar* angehängt. Bei einer Ordnungszahl mit drei Silben, z. B. *åttonde*, entfällt das *-de* vor *-del/ar* (*åttondelar*).

$\frac{3}{4}$	en täljare (*Zähler*)
	en nämnare (*Nenner*)
$3/4$	tre fjärdedelar
$2/3$	två tredjedelar
$4/6$	fyra sjättedelar
$5/8$	fem åttondelar
$1/10$	en tiondel
$1/100$	en hundradel
$1/1000$	en tusendel

d) Bruchzahlen vor einem Substantiv

Bei Maßangaben steht der Bruch im Genitiv. Nach *en och en halv, två och en halv* usw. steht das Substantiv im Singular.

$3/4$ dl grädde	tre fjärdedels deciliter grädde
$1/3$ l vatten	en tredjedels liter vatten

en och en halv sekund/timme/minut
ett och ett halvt år
två och en halv vecka

③ Konjunktionen

Konjunktionen (Bindewörter) fügen gleichartige Sätze oder Satzglieder zusammen. Sie werden nicht gebeugt und sind gewöhnlich unbetont. Man teilt im Schwedischen die Konjunktionen ihrer Bedeutung nach in 5 Gruppen ein:
kopulative (verbindende), disjunktive (ausschließende), adversative (entgegensetzende), explanative (erklärende) Konjunktionen und die konklusive (folgernde) Konjunktion *så*.

a) Kopulative (anreihende) Konjunktionen (*sammanbindande konjunktioner*)

Die Konjunktion *och* ist das am häufigsten gebrauchte Wort der schwedischen Sprache. *Samt* wird fast nur in der Schriftsprache gebraucht und kann keine Hauptsätze verbinden. *Samt* wird gebraucht, um die Wiederholung von *och* zu vermeiden.

och	und	Anna och Pia har föräldraledigt.
samt	und, sowie	De dukade upp patéer, ostar, lax, löjrom samt annat smått och gott.
både - och	sowohl - als auch	Både Karin och Anders är på semester.
inte bara - utan också	nicht nur - sondern auch	Annika spelar inte bara fotboll utan också basket.

b) **Disjunktive (ausschließende) Konjunktionen** (*särskiljande konjunktioner*)

Varken - eller kann nicht mit einer Negation in Verbindung stehen. In negierten Sätzen wird stattdessen *vare sig - eller* gebraucht.

eller	oder	Jan eller Lena hjälper till vid flytten.
varken - eller	weder - noch	Varken Ulf eller Göran studerar.
vare sig - eller	weder - noch	Jörgen kunde inte vare sig snickra eller måla.
antingen - eller	entweder - oder	Jag tänker antingen gå på bio eller teater.

c) **Adversative (entgegengesetzte) Konjunktionen** (*konjunktioner som uttrycker motsats/invändning*)

men	aber	Ulla hatar fisk men älskar kött.
utan	sondern	Här finns inga sura miner utan alla är glada!
visserligen - men	zwar - aber	Jag har visserligen ingen bra ekonomi, men jag har råd med en liten bil.

d) **Explanative (erklärende) Konjunktionen** (*förklarande konjunktioner*)

för	denn	Jag kunde tyvärr inte komma på föräldramötet, för jag var sjuk.

e) **Die konklusive (folgernde) Konjunktion** *så* (*konjunktion som uttrycker följd*)

Die Konjunktion *så* bedeutet *och därför* (und deshalb).

så	und deshalb	Kalle är förkyld, så han måste stanna hemma.

4 Temporale Präpositionen

Die temporalen Präpositionen kennzeichnen die Zeit und beantworten die Fragen: „Wie oft?" (Periodizität), „Wie lange?" (Zeitdauer), „Wie schnell?" (oft kürzere Zeitdauer) und „Wann?" (Zeitpunkt).

Wie oft?	i	Det går ett tåg i timmen. En gång i sekunden (i minuten, i veckan, i månaden).
	om	Jag åker till Stockholm en gång om året (om dagen, om dygnet).
Wie lange?	i	Vi har varit i Malmö i två veckor.
	på	Jag har inte träffat Jan på många år. (Negation + Zeitdauer)
Wie schnell?	på	Han lagade cykeln på två timmar. (abgeschlossene Handlung)
Wann?	om	Jag kommer till Sverige om fyra veckor.
	för ... sedan	För tre år sedan flyttade jag till Sundsvall.
	under	Under semestern åt vi mycket glass.

Avsnitt 4

1) Passiv

1. In einem Passivsatz steht das Geschehen im Vordergrund. Das Passiv wird häufig bei Rezepten, Gebrauchsanweisungen und Zeitungsartikeln gebraucht.
Im Schwedischen gibt es zwei Möglichkeiten, das Vorgangspassiv zu bilden:
Das einfache Passiv, das s-Passiv und das zusammengesetzte Passiv, *bli* + Partizip Perfekt.

Aktiv	Passiv	
	s-Passiv	bli + Partizip Perfekt
Domaren dömer mannen för rån.	Mannen döms för rån.	Mannen blir dömd för rån.

2. Das Zustandspassiv wird mit dem Hilfsverb *vara* + Partizip Perfekt des Vollverbs gebildet (siehe auch S. 70).

Mannen är dömd för rån.

3. Das Vorgangspassiv betont den <u>Verlauf eines Geschehens</u>, hingegen hebt das Zustandspassiv das <u>Resultat</u> hervor.

Verlauf des Geschehens	Resultat
Huset målas.	Huset är målat.
Resväskan blir stulen.	Resväskan är stulen.

a) S-Passiv

1. Das einfache Passiv wird durch Anhängen von *-s* an die Aktivform gebildet. Im Präsens fällt die Präsensendung *-r* bzw. *-er* vor der Endung *-s* weg (*bakar* → *bakas*, *köper* → *köps*).

Konj.	Infinitiv	Präsens	Präteritum	Perfekt	Plusquamperfekt
1.	bakas	bakas	bakades	har bakats	hade bakats
2a.	stängas	stängs	stängdes	har stängts	hade stängts
2b.	köpas	köps	köptes	har köpts	hade köpts
3.	sys	sys	syddes	har sytts	hade sytts
4.	skrivas	skrivs	skrevs	har skrivits	hade skrivits

2. Verben, bei denen der Stamm auf -s endet (z. B. *läs/a*), erhalten die Endung -es im Präsens.

> Boken läses inte för tillfället.

3. Für das Futur und zusammen mit modalen Hilfsverben wird die Infinitivform benutzt.

> Huset kommer att rivas.
> Affären ska stängas.
> Bilen måste säljas.

b) *Bli* + Partizip Perfekt

1. Das Passiv wird oft mit *bli* + Partizip Perfekt gebildet.

	Präsens	Präteritum	Perfekt/Plusquamperfekt
En	Mannen blir jagad.	Mannen blev jagad.	Mannen har/hade blivit jagad.
Ett	Huset blir målat.	Huset blev målat.	Huset har/hade blivit målat.
Plural	Husen blir renoverade.	Husen blev renoverade.	Husen har/hade blivit renoverade.

2. *Bli* + Partizip Perfekt nach *ska* und *kommer att* (Futur) drückt eine Zusage aus.

Mannen kommer att bli dömd.	*Der Mann wird verurteilt werden.*
Huset ska bli målat.	*Das Haus soll/wird gestrichen werden.*

3. Die Konjugationen zum Partizip Perfekt:

Konj.	En-Wörter	Ett-Wörter	Plural	
1.	renoverad	renoverat	renoverade	Stugan blev renoverad.
2a.	utkörd	utkört	utkörda	Hunden hade blivit utkörd.
2b.	klippt	klippt	klippta	Repet har blivit avklippt.
3.	sydd	sytt	sydda	Klänningen hade blivit sydd av en kinesiska.
4.	se	sedd	sedda	Mannen hade blivit sedd med en knarklangare.
	stulen	stulet	stulna	Väskan blir stulen.

c) Passiv mit unpersönlichem *det* als Subjekt

Man säger att det snart kommer att bli nyval.	**Det sägs** att det snart kommer att bli nyval.
Man märkte att hon var trött.	**Det märktes** att hon var trött.

2 Satzspaltung (emphatische Umschreibung)

Die Konstruktion Satzspaltung (utbrytning), auch emphatische Umschreibung (*emfatisk omskrivning*) genannt, wird im Schwedischen häufig gebraucht, um ein Satzglied hervorzuheben. Das Satzglied, das betont werden soll, wird „herausgebrochen" und in einen neuen Satz gesetzt, der mit *det är* oder *det var* beginnt. Der Rest wird ein Relativ-*som*-Satz.

	Det är/var +	betontes Satzglied +	som +	Rest des Satzes
Ann läser tidningen.	Det är	Ann	som	läser tidningen.
	Det är	tidningen	som	Ann läser.

1. *Som* kann wegfallen, wenn es vor dem Subjekt steht.

Bosse städade vardagsrummet igår.	Det var igår **(som)** Bosse städade vardagsrummet.

2. Nach *det är* steht eine Zeitform der Gegenwartsebene und nach *det var* eine Zeitform der Vergangenheitsebene.

Ann läser tidningen.	Det **är** Ann som **läser** tidningen.
Nils ska dammsuga.	Det **är** Nils som **ska** dammsuga.
Bo städade igår.	Det **var** Bo som **städade** igår.
Pia hade brutit foten.	Det **var** foten (som) Pia **hade brutit**.

3. Verschiedene Satzglieder können hervorgehoben werden:

	Stadsbiblioteket får nya böcker nästa vecka.
betontes Subjekt:	Det är **stadsbiblioteket** som får nya böcker nästa vecka.
betontes Objekt:	Det är **nya böcker** (som) stadsbiblioteket får nästa vecka.
betontes Adverbial:	Det är **nästa vecka** (som) stadsbiblioteket får nya böcker.

4. Wenn das hervorgehobene Satzglied eine Präposition enthält, kann die Präposition an das Ende des Satzes gestellt werden.

Jan leker med Kalle.	Det är **med** Kalle (som) Jan leker.
	Det är Kalle (som) Jan leker **med**.

5. Auch in Fragesätzen gebraucht man die emphatische Umschreibung.

Började kursen igår?	Var det igår (som) kursen började?
Vilket parti blev valt?	Vilket parti var det som blev valt?
Ska bröllopet äga rum i Venedig?	Är det i Venedig (som) bröllopet ska äga rum?
Vem kommer?	Vem är det som kommer?
Vad heter han?	Vad är det han heter?

3 Das Maskulinssuffix -e

Bei Adjektiven und Ordnungszahlen in der bestimmten Form Singular benutzt man manchmal die Endung -e statt -a, wenn das Bezugswort männlichen Geschlechts ist.

Das Maskulinsuffix -e:

1. wird benutzt bei Königen und in einigen Wendungen:	Fredrik I (den förste), Oscar II (den andre), Karl den store, August den starke Aber: Katarina II (den andra) lillebror　　　　　Aber: lillasyster de tre vise männen *die drei Weisen/die drei heiligen Könige* unge man, Gode Gud
2. wird benutzt in Zeitungsnotizen:	Den 43-årige mannen dömdes igår. Aber: Den 20-åriga kvinnan saknas fortfarande.
3. kann benutzt werden:	Men lille/lilla gubben, vad hände? Den ene/ena journalisten skrev för Svenska Dagbladet, den andre/andra var frilansare. Den gamle/gamla mannen gick med käpp. den sjuke/sjuka påven den enskilde/enskilda individen
4. wird bei substantivierten Adjektiven gebraucht:	den rätte　　　　　*der Richtige* den döde　　　　　*der Tote* den bortgångne/den avlidne　*der Verstorbene* den sjuke　　　　*der Kranke* den nyfödde　　　　*der Neugeborene*

4 Zeitausdrücke

igår	*gestern*	i måndags	*letzten Montag*
i förrgår	*vorgestern*	i tisdags kväll	*letzten Dienstag Abend*
igår morse	*gestern Morgen*	i somras	*letzten Sommer*
igår kväll	*gestern Abend*	i vintras	*letzten Winter*
igår natt	*gestern Nacht*	i våras	*letzten Frühling*
i natt	*heute Nacht*	i höstas	*letzten Herbst*
i eftermiddags	*heute Nachmittag*	i julas	*letztes Weihnachten*
i förmiddags	*heute Vormittag*	i påskas	*letztes Ostern*
i morse	*heute Morgen*	i år	*dieses Jahr*
i morgon bitti	*morgen früh*	förra året, i fjol	*letztes Jahr*
på måndag	*am Montag*	för ett år sedan	*letztes Jahr, vor einem Jahr*

Beachten Sie die Wortstellung:
Jag var i Stockholm **i måndags**.　　　　**I måndags var jag** i Stockholm.

Avsnitt 5

1 Konjunktionaladverbien

Konjunktionaladverbien gehören zu den Satzadverbien. Sie beziehen sich auf den ganzen Satz.

a) Adversative Adverbien (*motsats*)

Adversative Adverbien beziehen sich auf den Gegensatz.

ändå	dennoch/doch	Anna var sjuk, men ändå gick hon till jobbet. *Anna war krank, aber dennoch ging sie zur Arbeit.*
tvärtom	im Gegenteil	Jan ville inte sluta studera utan tvärtom fördjupa sig i sitt favoritämne. *Jan wollte nicht aufhören zu studieren, sondern im Gegenteil sich in sein Lieblingsfach vertiefen.*
däremot	dagegen	Jag gillar att dansa. Men däremot kan jag tycka att aerobic är jobbigt. *Ich mag tanzen. Dagegen finde ich aber, dass Aerobic anstrengend ist.*
i alla fall	auf jeden Fall	I alla fall kommer jag i tid. *Auf jeden Fall komme ich rechtzeitig.*
dock, emellertid	jedoch	Klädjätten fortsätter sin expansion. Det finns dock/emellertid orosmoln. *Der Kleiderriese setzt seine Expansion fort. Es gibt jedoch dunkle Wolken am Himmel.*

b) Kausale/konsekutive Adverbien (*följd/slutsats*)

1. Kausale/konsekutive Adverbien beziehen sich auf den Grund oder die Folgen.

därför	deshalb	Jag är alldeles hes och kan därför inte sjunga i kväll. *Ich bin total heiser und kann deshalb heute Abend nicht singen.*
följaktligen	folglich	Kommunen har inga pengar och kan följaktligen inte låta bygga cykelvägar. *Die Kommune hat kein Geld und kann folglich keine Fahrradwege bauen lassen.*

2. Vergleichen Sie:

därför	**Adverb**	Eva är förkyld och kommer därför inte idag.
därför att	**Konjunktion**	Jag stannar hemma idag därför att jag är förkyld.

c) Konditionale Adverbien (*villkor*)

Konditionale Adverbien beziehen sich auf die Bedingung.

i så fall	dann	- Jag har ingen väckarklocka! - Ja, i så fall är det klart att jag väcker dig. *- Ich habe keinen Wecker. - Ja, dann ist es klar, dass ich dich wecke.*
annars	sonst	Jag är lite förkyld, men annars mår jag bra. *Ich bin ein wenig erkältet, aber sonst geht es mir gut.*
eventuellt	gegebenenfalls, eventuell	Vi kan eventuellt tala om det på mötet i morgon. *Wir können darüber gegebenenfalls morgen auf der Sitzung sprechen.*
i värsta fall	schlimmstenfalls	I värsta fall måste vi avboka flyget. *Schlimmstenfalls müssen wir den Flug stornieren.*

2 Deponentien

1. Deponentien sind Verben, die trotz "Passiv-**s**"-Endung aktive Bedeutung haben.

Infinitiv	Präsens	Präteritum	Supinum	
andas	andas	andades	andats	*atmen*
avundas	avundas	avundades	avundats	*beneiden*
brottas	brottas	brottades	brottats	*ringen*
envisas	envisas	envisades	envisats	*eigensinnig sein*
fattas	fattas	fattades	fattats	*fehlen*
finnas	finns	fanns	funnits	*vorhanden sein*
förolyckas	förolyckas	förolyckades	förolyckats	*verunglücken*
hjälpas åt	hjälps åt	hjälptes åt	hjälpts åt	*einander helfen*
hoppas	hoppas	hoppades	hoppats	*hoffen*
hämnas	hämnas	hämnades	hämnats	*(sich) rächen*
kivas	kivas	kivades	kivats	*sich zanken*
kräkas	kräks	kräktes	kräkts	*sich erbrechen*
kännas	känns	kändes	känts	*sich anfühlen*
lyckas	lyckas	lyckades	lyckats	*glücken*
låtsas	låtsas	låtsades	låtsats	*so tun als ob*
minnas	minns	mindes	mints	*sich erinnern*
mötas	möts	möttes	mötts	*sich begegnen*
råkas	råkas	råkades	råkats	*sich treffen*
saknas	saknas	saknades	saknats	*fehlen, nicht haben*
skiljas	skiljs	skildes	skilts	*sich trennen*
skämmas	skäms	skämdes	skämts	*sich schämen*
slåss	slåss	slogs	slagits	*sich prügeln*
svettas	svettas	svettades	svettats	*schwitzen*
trivas	trivs	trivdes	trivts	*sich wohl fühlen*
umgås	umgås	umgicks	umgåtts	*Umgang haben*
vistas	vistas	vistades	vistats	*sich aufhalten*
väsnas	väsnas	väsnades	väsnats	*lärmen*
åldras	åldras	åldrades	åldrats	*altern*
ängslas	ängslas	ängslades	ängslats	*sich ängstigen*

2. Die Verben im Vergleich:

Deponens	Jag **hoppas** du kommer på min födelsedag. Det **saknas** en kniv.
Kein Deponens	Lisa **hoppar** hopprep *(Springseil)*. Jag **saknar** dig, Lena. *(Du fehlst mir, Lena.)*
Reziprokes Verb	De börjar **kyssas**. De kysser varandra. De **träffas**. De träffar varandra.

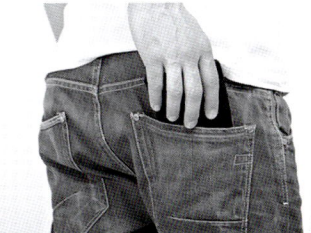

Han tar sin plånbok. Han tar hans plånbok.

3) Die reflexiven Possessivpronomen *sin, sitt, sina*

1. Die reflexiven Possessivpronomen *sin, sitt, sina* stehen bei einem Objekt eines Satzes und werden benutzt, wenn der Besitzer (des Objekts) Subjekt des Satzes ist.

En-Wörter	Ett-Wörter	Plural
sin	sitt	sina

2. Vergleichen Sie:

Sven tar **sin** läsplatta.	Sven nimmt sein Tablet.	Das Wort *sin* bezieht sich auf das Subjekt (Sven). Sven ist folglich der Besitzer des Tablets. Er nimmt also sein eigenes Tablet.
Kalle tar **hans** läsplatta.	Kalle nimmt sein Tablet.	Das Wort *hans* bezieht sich nicht auf das Subjekt (Kalle). Kalle ist daher nicht der Besitzer des Tablets. Er nimmt also das Tablet eines Anderen.
Eva kör med **sin** bil.	Eva fährt mit ihrem Auto.	Sie fährt mit ihrem eigenen Auto.
Eva kör med **hans** bil.	Eva fährt mit seinem Auto.	Sie fährt z. B. mit dem Auto eines Freundes.
Lena talar med **sin** syster.	Lena spricht mit ihrer Schwester.	Sie spricht mit ihrer eigenen Schwester.
Lena talar med **hennes** bror.	Lena spricht mit ihrem Bruder.	Sie spricht z. B. mit dem Bruder einer Freundin.
Olle och Anna leker med **sina** katter.	Olle und Anna spielen mit ihren Katzen.	Sie spielen mit den eigenen Katzen.
Olle och Anna leker med **deras** katter.	Olle und Anna spielen mit ihren Katzen.	Sie spielen mit den Katzen anderer Leute.

3. Aber: Bei einem doppelten Subjekt wird immer *hans/hennes/deras* verwendet.

Eva och hennes bror bor i Falun.	Eva und ihr Bruder wohnen in Falun.
Göran och hans fru arbetar i trädgården.	Göran und seine Frau arbeiten im Garten.

4 Das Demonstrativpronomen *själv*

1. *Själv* (selbst) wird wie ein Adjektiv gebeugt.

– Tack för igår!	– Danke für gestern!
– Tack själv!	– Danke, gleichfalls!
Hon gjorde allting själv.	Sie machte alles selbst.
Luckan stängdes av sig själv.	Die Klappe schloss sich von selbst.
Det talar för sig självt.	Das spricht für sich selbst.
Dörrarna stängdes av sig själva.	Die Türen schlossen sich von selbst.

2. Als vorangestelltes Attribut:

Själve/själva statsministern var närvarande.	Selbst der Staatsminister war anwesend.
Nu ska vi tala om själva strukturen.	Nun wollen wir über die eigentliche Struktur sprechen.

3. Einige Wendungen mit *själv*:

skylla sig själv	selbst Schuld sein
rå sig själv	sein eigener Herr sein
tala med sig själv	mit sich selbst sprechen
i själva verket	in Wirklichkeit

5 *Innan* und *före*

a) *Innan*

Innan (bevor) ist eine Konjunktion und leitet einen Nebensatz ein. Das Komma ist im Schwedischen nicht unbedingt erforderlich, wenn der Satz kurz ist, aber gebräuchlich, wenn der Nebensatz vor dem Hauptsatz steht.

> Jag skulle vilja läsa tidningen innan vi äter.
> Ni måste vara hemma innan det blir mörkt.
> Innan jag somnar, brukar jag läsa lite i en bra bok.

b) *Före*

Före (vor) ist eine Präposition und wird folgendermaßen gebraucht:

vor einem Substantiv:	Jag skulle vilja titta på nyheterna före kvällsmaten.
vor einem Eigennamen:	Får jag låna tidningen före Anna?
vor einem Pronomen:	Han tog examen ett år före mig.
vor einem Zahlwort:	Kom före fyra, är du snäll!

6 Einige unveränderliche Adjektive

1. Es gibt Adjektive, die sich nicht nach *en, ett* oder Plural richten, sondern unverändert bleiben.

En	Ett	Plural
bra	bra	bra
Vilken bra bok!	Vilket bra kontrakt!	Vilka bra glas!

2. Andere Beispiele:

beige	gratis	udda	De här cd-skivorna är **gratis**.
enstaka	gammaldags	samtida	Titta, ett **äkta** guldarmband!
extra	inrikes	stackars	De här tygerna har **gammaldags** mönster.
kul	utrikes	orange	De **udda** husnumren ligger på vänster sida.
äkta	stackars	lila	
öde	lagom		

Avsnitt 6

1 Infinitiv und Nebensatz ohne *att*

a) Infinitiv ohne *att*

1. Viele modalverbähnliche Verben stehen ohne Infinitiv-*att*. Einige Beispiele:

behöva	slippa *(nicht brauchen)*	Du behöver inte hjälpa mig om du inte orkar.
bruka	tyckas	Hon lyckades fly.
hinna	tänka	De orkade inte springa mer.
lyckas	verka *(scheinen)*	Det tycks/verka bli bättre igen.
orka	våga *(wagen)*	Jag tänker jobba till klockan nio i kväll.
råka *(zufällig treffen)*		Jag vågar inte opponera mig.

2. Auch bei einigen anderen Verben kommt der Gebrauch ohne Infinitiv-*att* immer häufiger vor. Beispiele:

be	glömma *(vergessen)*	Några kvinnor började gråta hejdlöst.
besluta	hoppas	Du har glömt skriva på blanketten.
börja	sluta	De har slutat röka.
försöka	vägra *(sich weigern)*	Pia vägrade stanna hemma.

b) Nebensatz ohne *att*

Nach einigen Verben fällt das *att* (als Subjunktion) immer häufiger weg. Beispiele:

anse	Olle anser pengar är viktigt. / Olle anser att pengar är viktigt.
hoppas	Jag hoppas jag kan engagera mig mer. / Jag hoppas att jag kan engagera mig mer.
säga	
tro	Lotta sa hon var lycklig.
tycka	Han tror det är en tonårsnoja. / Han tror att det är en tonårsnoja.
önska	Hon tycker det är roligt. / Hon tycker att det är roligt.
	Jag önskar jag kunde sjunga. / Jag önskar att jag kunde sjunga.

2 Infinitiv mit att

In einigen Konstruktionen muss der Infinitiv mit *att* gebraucht werden.

1. Der Infinitiv ist Subjekt. — Att reta sig på småsaker är onödigt.
   Att förälska sig på våren är härligt!
2. Der Infinitiv ist Objekt. — De tillät sina barn att leka i parken.
3. Nach einem Adjektiv. — Det är roligt att spela "Fia med knuff" *(Mensch-ärgere-dich-nicht)*
4. Nach einer Präposition. — Genom att höja medlemsavgiften fick de pengar till nya projekt.
   Johan funderar på att köpa bil.

5. Nach einem Substantiv.
> Kalle har inte lust att göra sin skattedeklaration.
> Jag fick inte tillfälle att träffa Göran.
> Han hade inte tid att rida.

3 Die Modalverben böra und lär

a) böra

Böra bedeutet „sollen" und wird gebraucht, um eine Aufforderung, Empfehlung, eine Vermutung oder Bedauern auszudrücken. Die Präteritumform *borde* entspricht dem deutschen Konjunktiv II von sollen, müssen und haben.

> Skolgården **bör** hållas ren. — Der Schulhof soll saubergehalten werden.
> Du **bör/borde** sluta röka! — Du solltest mit dem Rauchen aufhören!
> Kent **bör/borde** vara helt slut nu. — Kent müsste jetzt total erledigt sein.
> Vi **borde** ha hjälpt Erik. — Wir hätten Erik helfen sollen.

b) lär

1. *Lär* bedeutet „sollen". Mit dem Verb *lär* drückt man eine Vermutung aus, die auf einem Gerücht basiert. Man gibt eine Information weiter, ohne zu wissen, ob sie wirklich wahr ist. *Lär* drückt auch eine vermutete Entwicklung in der Zukunft aus.

> Per **lär** vara väldigt rik. — Per soll sehr reich sein.
> Det **lär** vara bra för hjärtat att dricka kaffe. — Es soll gut für das Herz sein, Kaffee zu trinken.
> Det **lär** bli en regnig sommar. — Es soll ein regnerischer Sommer werden.

2. *Lär* kann auch folgendermaßen ersetzt werden:

> Det sägs/det påstås att Per är väldigt rik.
> Per ska vara väldigt rik.

4 Das Adjektiv nach einigen Wörtern

Das Adjektiv steht ...

1. nach einem Possessivpronomen in der bestimmten Form.	Tänker du köpa hans **gamla** bil? Igår läste jag rätt länge i min **nya** bok.
2. nach einem Genitiv in der bestimmten Form.	Det här är Saras **nya** cykel. Föräldrarna stöttade skolans **trevliga** rektor.
3. nach einem Demonstrativpronomen in der bestimmten Form.	Vill du verkligen ha den där **randiga** kjolen? Jag älskar det här **varma** vädret!
4. nach einem Indefinitpronomen in der unbestimmten Form.	Har ni någon **fin** stuga till salu? Det finns inga **dåliga** kläder, bara **dåligt** väder. Kan du rekommendera några **fina** cykelvägar?

5 Die Präposition *för ... skull*

Die Präposition *för ... skull* bedeutet „um ... willen/...wegen".

för min skull	*meinetwegen*	för vår skull	*unseretwegen*
för din skull	*deinetwegen*	för er skull	*euretwegen*
för hennes/hans skull	*ihretwegen/seinetwegen*	för deras skull	*ihretwegen*

Han åkte till stan för min skull.
För Guds skull! (*Um Gottes willen!*)
för en gångs skull (*ausnahmsweise*)

Avsnitt 7

1) Der Genitiv

a) Der Genitiv bei Maßbezeichnungen

Bei Maßbezeichnungen verwendet man im Schwedischen oft den Genitiv.

Vid femtio **års** ålder började Jakob studera.	Im Alter von fünfzig Jahren fing Jakob an zu studieren.
Efter fyra **timmars** vandring tog vi paus.	Nach dreistündigem Wandern machten wir eine Pause.
Vissa flygplan flyger på 4000 **meters** höjd.	Einige Flugzeuge fliegen in einer Höhe von 4000 m.
Nu bjuder vi på 20 **procents** rabatt.	Nun geben wir 20 Prozent Rabatt.
Johan hade 40 **graders** feber.	Johan hatte 40 Grad Fieber.
Efter två **veckors** semester var vi verkligen utvilade.	Nach zwei Wochen Urlaub waren wir wirklich erholt.

b) Der Genitiv nach der Präposition *till*

Nach der Präposition *till* kommt der Genitiv in einigen festen Wendungen vor:

till tals	zu Wort	till havs	auf See
till fots	zu Fuß	till döds	zu Tode

Janne gick **till sjöss**.	Janne ging zur See.
Nu måste ni gå **till sängs**!	Jetzt müsst ihr ins Bett gehen!
Han fick ett helt hus **till skänks**.	Er bekam ein ganzes Haus geschenkt.
En turist jagade en björn **till skogs**.	Ein Tourist jagte einen Bären in den Wald.
Upplev fina dagar **till fjälls** i sommar!	Erlebe schöne Tage in den Bergen diesen Sommer!
En fjärrkontroll är bra att ha **till hands**.	Eine Fernbedienung ist gut zur Hand zu haben.
Ska vi sätta oss **till bords**?	Wollen wir uns zu Tisch setzen?

2) Präpositionen, die Besitz, Zugehörigkeit und Beziehung ausdrücken

Durch eine Präposition wird im Schwedischen oft ein Genitivverhältnis (Besitz, Zugehörigkeit und Beziehung) ausgedrückt. Im Deutschen wird meistens Genitiv gebraucht.

Innehållet **i** lådan var hemligt.	Der Inhalt der Kiste war geheim.
Ägaren **till** smycket var försvunnen.	Der Besitzer des Schmuckstücks war verschwunden.
Orsaken **till** mordet är ännu oklar.	Der Grund des Mordes ist noch unklar.
En bekant **till** min mamma är politiker.	Eine Bekannte meiner Mutter ist Politikerin.
Undersökningen **av** fallet tog några veckor.	Die Untersuchung des Falls brauchte einige Wochen.
Priset **på** huset var alldeles för högt.	Der Preis des Hauses war viel zu hoch.
Jag gillade inte färgen **på** byxorna.	Ich mochte die Farbe der Hose nicht.
Längden **på** repet var fem meter.	Die Länge des Seils war fünf Meter.
Vi tittade **på** en karta över Sverige.	Wir guckten uns eine Karte über Schweden an.

3 Partikelverben

1. Es gibt untrennbare und trennbare Verben. Bei den untrennbaren Verben kann man das Präfix nicht vom Verb trennen. Verben die immer trennbar sind, werden auch Partikelverben genannt. Die Partikel der Partikelverben sind meistens eine Präposition oder ein Adverb. Der Partikel wird immer betont, während das Grundverb unbetont bleibt.

Untrennbar	Trennbar
anställa	stänga av
betala	tina upp
samarbeta	brinna ner

2. Die Partikel können die Bedeutung einer Äußerung verändern.

Ska vi **gå in**?
Vi **gick ut** igen.
Nu tycker jag vi **går hem**.
Han **bröt av** en gren.
Branden **bröt ut** i köket.

3. Beim Partizip Präsens und Partizip Perfekt wird der Partikel vorangestellt und mit dem Verb zusammengeschrieben.

hålla i	→	ihållande
bryta av	→	avbruten
stänga in	→	instängd
tina upp	→	upptinad

4. Verben können als Partikelverb oder als untrennbares Verb mit demselben Partikel, dann Präfix, auftreten. Sie haben unterschiedliche Bedeutung.

bryta av	avbryta
abrechen	*unterbrechen*
lysa upp	upplysa
erleuchten	*informieren*
veckla ut	utveckla
auseinanderfalten	*entwickeln*
gå av	avgå
abgehen	*abfahren*
ställa in	inställa
hineinstellen	*einstellen*

4 Die Partikel

a) Die Partikel *av, isär, iväg, undan, ur, ut, loss, bort*

Die Partikel *av, isär, iväg, undan, ur, ut, loss* und *bort* kennzeichnen das Entfernen.

gå av	*abgehen*	dra undan	*wegziehen*
bryta av	*abbrechen*	rycka undan	*wegziehen/-zerren*
ta av	*abnehmen*	spåra ur	*entgleisen*
ta isär	*auseinandernehmen*	vrida ur	*auswringen*
plocka isär	*auseinanderpflücken*	andas ut	*ausatmen*
glida isär	*auseinandergleiten*	låna ut	*ausleihen*
springa iväg	*weglaufen, davonlaufen*	klippa ut	*ausschneiden*
gå iväg	*weggehen, davongehen*	slita loss	*losreißen*
köra iväg	*wegfahren, davonfahren*	rycka loss	*wegreißen*
rinna iväg	*wegfließen, davonfließen*	ta bort	*wegnehmen*
smyga undan	*wegschleichen, davonschleichen*	gå bort	*fortgehen, ausgehen, sterben*

b) Die Partikel *av, genom, ner, upp, ur, ut*

Die Partikel *av, genom, ner, upp, ur, ut* kennzeichnen das Ende eines Geschehens.

stänga av	ausmachen	bränna ner	aufbrennen
blåsa av	abblasen	äta upp	aufessen
rinna av	abtropfen	dricka upp	austrinken
läsa igenom	durchlesen	dö ut	aussterben
såga igenom	durchsegen	blåsa ut	auspusten
brinna ner	abbrennen	slita ut	völlig abnutzen/-tragen

c) Die Partikel *fast, ihop, samman, in*

Die Partikel *fast, ihop, in* kennzeichnen das Festmachen und Näherkommen.

limma fast	festleimen	vika ihop	zusammenfalten
sy fast	festnähen	koppla samman	verbinden
sätta fast	befestigen	andas in	einatmen
binda fast	festbinden	stiga in	(her)eintreten
knyta ihop	zusammenbinden	smyga in	hereinschleichen
bita ihop	zusammenbeißen	gå in	hineingehen

d) Die Partikel *in, till, på, upp, ut, igång*

Die Partikel *in, till, på, upp, ut* kennzeichnen den Anfang eines Geschehens.

slumra in	einschlummern	tina upp	auftauen
skratta till	auflachen	blåsa upp	aufblasen
skrika till	aufschreihen	bryta ut	ausbrechen
smälla till	einen Schlag versetzen	slå ut	ausschlagen
sätta på (tv:n, pc:n)	anmachen	sätta/dra igång	starten, beginnen
vrida på (kranen)	aufdrehen (Wasserhahn)	köra igång	starten, beginnen

e) Die Partikel *igen, till, upp*

Die Partikel *igen, till, upp* kennzeichnen Öffnen und Schließen.

dra igen	zuziehen	skjuta till	zuschieben	knyta upp	aufbinden
slå igen	zuschlagen	dra upp	aufziehen	knäppa upp	aufknöpfen
knyta till	zubinden	slå upp	aufschlagen	skjuta upp	aufschieben

f) Folgende Partikel kennzeichnen eine Änderung der Lage:

dra fram	hervorziehen	föra framåt	nach vorne führen
fälla ihop	zusammenklappen	mata in	einspeisen
fälla upp	aufspannen, aufklappen	pressa mot	dagegenpressen
trycka ner	herunterdrücken	vrida runt	herumdrehen
föra bakåt	zurückführen	ställa tillbaka	zurückstellen

5 Das Partizip Perfekt

Das Partizip Perfekt (Mittelwort der Vergangenheit) ist eine Vergangenheitsform, die eine Mittelstellung zwischen Verb und Adjektiv einnimmt. Es richtet sich nach dem Geschlecht (*en, ett* oder Plural) des Bezugswortes.

a) Prädikative Wortstellung

Das Partizip Perfekt wird prädikativ nach dem Verb **vara** benutzt und hat in diesem Fall eine passive Bedeutung. Es hebt ein Resultat hervor (siehe S. 55).

Konj.	Perfekt (*har*+ Supinum)	En-Wörter	Partizip Perfekt Ett-Wörter	Plural
1.	har renoverat	Stugan är renovera**d**.	Huset är renovera**t**.	Stugorna är renovera**de**.
2a.	har stängt	Grinden är stäng**d**.	Fönstret är stäng**t**.	Grindarna är stäng**da**.
2b.	har köpt	Ringen är köp**t**.	Huset är köp**t**.	Ringarna är köp**ta**.
3.	har sytt	Kjolen är sy**dd**.	Nattlinnet är sy**tt**.	Kjolarna är sy**dda**.
4.	har skrivit	Boken är skriv**en**.	Brevet är skriv**et**.	Böckerna är skriv**na**.

b) Attributive Wortstellung

Das Partizip Perfekt kann auch attributiv vor einem Substantiv stehen und wird dann wie ein Adjektiv benutzt. Es richtet sich nach dem Hauptwort (*en, ett* oder Plural). Die bestimmte Form ist mit der unbestimmten Form Plural identisch.

Konj.	Perfekt (*har* + Supinum)	Part. Perf. (unbestimmt)	Part. Perf. (bestimmt)
1.	har renoverat	en renovera**d** stuga	den renovera**de** stugan
		ett renovera**t** hus	det renovera**de** huset
		två renovera**de** stugor	de renovera**de** stugorna
2a.	har stängt	en stäng**d** grind	den stäng**da** grinden
		ett stäng**t** fönster	det stäng**da** fönstret
		två stäng**da** grindar	de stäng**da** grindarna
2b.	har köpt	en köp**t** ring	den köp**ta** ringen
		ett köp**t** hus	det köp**ta** huset
		två köp**ta** ringar	de köp**ta** ringarna
3.	har sytt	en sy**dd** kjol	den sy**dda** kjolen
		ett sy**tt** nattlinne	det sy**dda** nattlinnet
		två sy**dda** kjolar	de sy**dda** kjolarna
4.	har skrivit	en skriv**en** bok	den skriv**na** boken
		ett skriv**et** brev	det skriv**na** brevet
		två skriv**na** böcker	de skriv**na** böckerna

Avsnitt 8

1 Homonyme Substantive

Homonyme sind Wörter unterschiedlicher Bedeutung, die gleich geschrieben und gleich ausgesprochen werden. Häufig unterscheidet sich allerdings der Artikel und die Pluralbildung.

Singular	Plural	Singular	Plural
en bank (*Sandbank*)	bankar	en bank (*Bank, Geldinstitut*)	banker
en bok (*Buche*)	bokar	en bok (*Buch*)	böcker
en byrå (*Kommode*)	byråar	en byrå (*Büro*)	byråer
en damm (*Teich*)	dammar	ett damm (*Staub*)	–
en fil (*Feile*)	filar	en fil (*Fahrspur, Dokument*)	filer
en form (*Backform*)	formar	en form (*Form*)	former
en gång (*Gang/Weg*)	gångar	en gång (*Mal*)	gånger
en lag (*Gesetz*)	lagar	ett lag (*Mannschaft, Team*)	lag
en lock (*Locke*)	lockar	ett lock (*Deckel*)	lock
en mask (*Wurm*)	maskar	en mask (*Maske*)	masker
en plan (*Plan*)	planer	ett plan (*Flugzeug, Ebene*)	plan
ett pris (*Preis*)	priser	ett pris (*Preis, Belohnung*)	pris
ett prov (*Probe*)	prov(er)	ett prov (*Prüfung, Test*)	prov
en ras (*Rasse*)	raser	ett ras (*Sturz, Einsturz*)	ras
en rev (*Angelschnur*)	revar	ett rev (*Riff*)	rev
en vals (*Walze*)	valsar	en vals (*Walzer*)	valser
en våg (*Waage*)	vågar	en våg (*Welle*)	vågor

Jag tänker springa maraton om en månad. Tränar varannan dag.

Att du orkar!

2 Die Konjunktionen *att, ifall, om* und *huruvida*

a) Die Konjunktion *att*

Die Konjunktion *att* leitet Nebensätze ein. *Att* wird immer „att" ausgesprochen, im Gegensatz zum Infinitivkennzeichen *att*, das oft „o" ausgesprochen wird. In der Umgangssprache wird das *att* oft weggelassen, vor allem nach kurzen Hauptsätzen mit den Verben *tycka, tro, hoppas* und *säga* (siehe Seite 64).

Vi hoppas (att) attityderna förändras.	Wir hoffen, dass sich die Haltung verändert.
Att det var så svårt hade vi ingen aning om.	Dass es so schwer war, wussten wir nicht.
Jag tror (att) han kommer på tisdag.	Ich glaube, dass er am Dienstag kommt.
Att du orkar!	Dass du das schaffst!

b) Die Konjunktionen *om, ifall* und *huruvida*

1. Die interrogative Konjunktion *om* leitet indirekte Fragesätze ein, die ohne Fragewort beginnen. In der Umgangssprache wird synonym oft *ifall* und in der Schriftsprache oft *huruvida* gebraucht. *Huruvida* wird auch gebraucht, um nicht mit der Präposition *om* zu kollidieren.

Jag undrar om Anna är hemma.	Ich möchte wissen, ob Anna zu Hause ist.
Vet du om det blir fint väder i morgon?	Weiß du, ob das Wetter morgen gut wird?
Vet du ifall Emma Andersson har fått kommunens kulturstipendium?	Weißt du, ob Emma das Kulturstipendium der Kommune bekommen hat?
Karin visste inte om hon skulle klara tentan.	Karin wusste nicht, ob sie die Klausur bestehen würde.
Det var på onsdagen ännu oklart huruvida produktionen kan tas upp igen.	Es war am Mittwoch noch unklar, ob die Produktion wieder aufgenommen werden kann.
Partierna är inte överens om, huruvida pensionerna ska höjas eller inte.	Die Parteien sind sich nicht einig, ob die Renten erhöht werden sollen oder nicht.

2. Beachten Sie: *Om* kann Konjunktion, Partikel und Präposition sein:

interrogative Konjunktion:	Jag undrar om Anna kommer i eftermiddag.
konditionale Konjunktion:	Om jag får en ny cykel, kan du ha min gamla.
Partikel:	Jag tycker om glass.
Präposition:	Jag är kall om fötterna.

3 „Wandernde" Adverbien

1. Viele Satzadverbien und adverbiale Bestimmungen der Zeit sind sog. „wandernde" Adverbien. In einem Hauptsatz stehen sie nach dem Hauptverb und in einem Nebensatz vor dem Hauptverb.

Hauptsatz	Nebensatz
Anni **äter alltid** frukost.	Anni berättar, att hon **alltid äter** frukost.
Göran **är ofta** sjuk.	Svea tycker, att Göran **ofta är** sjuk.
Kalle **kommer gärna** till festen.	Arne säger, att Kalle **gärna kommer** till festen.

2. Übersicht über einige „wandernde" Adverbien:

absolut	absolut	förmodligen	wahrscheinlich	ogärna	ungern
aldrig	nie	givetvis	zweifelsohne	säkerligen	sicherlich
alltid	immer	gärna	gern	säkert	sicher
alltså	also	inte	nicht	troligen	vermutlich
antagligen	vermutlich	ju	ja, wie bekannt	troligtvis	vermutlich
åtminstone	wenigstens	kanske	vielleicht	tydligen	anscheinend
även	auch	knappast	kaum	vanligen	gewöhnlich
bara	nur	möjligen	möglicherweise	vanligtvis	gewöhnlich
egentligen	eigentlich	möjligtvis	möglicherweise	verkligen	wirklich
endast	nur	naturligtvis	selbstverständlich	väl (antagligen)	wahrscheinlich
faktiskt	tatsächlich	nog	wohl		

4 Satzadverbien

a) Verneinende, modale und fokussierende Satzadverbien

Satzadverbien beziehen sich auf einen ganzen Satz. Es gibt vier Gruppen: verneinende, modale und fokussierende Satzadverbien und Konjunktionaladverbien. Die Konjunktionaladverbien werden auf Seite 59 erläutert.

1. Verneinende Satzadverbien:	aldrig inte	icke ej	knappast knappt
2. Modale Satzadverbien drücken die subjektive Einstellung des Sprechers zum Satz aus:	kanske nog möjligen möjligtvis säkert säkerligen ju	väl egentligen tyvärr gärna lyckligtvis antagligen förmodligen	troligen troligtvis naturligtvis tydligen verkligen faktiskt
3. Fokussierende Satzadverbien heben ein bestimmtes Satzglied in einem Satz oder Ausdruck hervor:	bara/endast just/precis särskilt åtminstone till och med i synnerhet framför allt	*nur* *genau* *besonders* *wenigstens* *sogar* *insbesondere* *vor allem*	

b) Mehrere Adverbien hintereinander

Es kommt vor, dass mehrere Adverbien hintereinander stehen. Kurze Adverbien wie *ju*, *väl* oder *nog* stehen vor den längeren. Die Negation *inte* steht oft nach anderen Adverbien.

> Man kan ju verkligen inte veta om de vinner matchen.
> Det har jag faktiskt aldrig tänkt på.
> Man får absolut inte störa.

c) Das Adverbial *kanske*

Das Adverbial *kanske* ist sehr beweglich.

> Han kommer kanske aldrig tillbaka.
> Han kanske aldrig kommer tillbaka.
> Kanske kommer han aldrig tillbaka.
> Kanske han aldrig kommer tillbaka.

c) Platzierung von Satzadverbien

Satzadverbien werden zwischen einem Verb und einem Artikel oder einer Präposition platziert.

> Jag lånar aldrig ut bilen.
> Vi hälsade inte på varandra.

Avsnitt 9

1 Verben verbunden mit *och*

Im Schwedischen werden oft zwei Verben mit einem *och* verbunden. Damit drückt man eine gleichzeitige Handlung oder Absicht aus.
Das erste Verb ist immer unbetont und beide Verben haben die gleiche Zeitform.

1. Folgende Verben werden gerne mit einem zweiten Verb durch *och* verbunden:

gå	följa med	sitta
gå ut	komma	ligga
åka	vara ute	stå

2. Gleichzeitige Handlung:

Jan ligger och läser en deckare.	Jan (liegt und) liest einen Krimi.
Han sitter och skriver ett sms.	Er (sitzt und) schreibt eine sms.
Pontus ligger och sover.	Pontus schläft.
Kaj står och väntar på bussen.	Kaj wartet auf den Bus.

3. Absicht:

Jan har åkt och handlat.	Jan ist Einkaufen gefahren.
Nu går ni och lägger er, ungar!	Nun geht ihr ins Bett, Kinder!
Vi kan ju gå ut och dansa på fredag.	Wir können ja am Freitag Tanzen gehen.
Vill du följa med och jogga?	Möchtest du zum Joggen mitkommen?
Eva kommer och hälsar på oss i morgon.	Eva besucht uns morgen.
Han gick hem och lade sig.	Er ging nach Hause und legte sich ins Bett.
Vi var ute och gick i skogen igår.	Wir waren gestern im Wald spazieren.

2 Der Platz der Präpositionen

a) Vor einem Infinitiv oder einem Nebensatz

Ingen tänkte på att skriva mejlet.	Keiner dachte daran die E-Mail zu schreiben.
Mia var trött på att städa.	Mia war des Putzens müde.
Det beror på om jag hinner.	Es kommt darauf an, ob ich es schaffe.
Jag är rädd för hundar om de är aggressiva.	Ich habe Angst vor Hunden, wenn sie aggressiv sind.

b) Nachgestellte Präposition

In einigen Fällen wird die Präposition nachgestellt:

1. Wenn der Präpositionsausdruck zur Hervorhebung am Anfang des Satzes steht:

> Salt blir man törstig av. (Man blir törstig av salt.)
> Matte är Jörgen duktig i. (Jörgen är duktig i matte.)

2. Wenn ein Hauptsatz mit einem Interrogativpronomen beginnt:

Vem tänker du på?
Vad är Tobias misstänkt för?
Vilken bok handlar det om?

3. Bei einem Relativsatz, der mit dem Relativpronomen *som* eingeleitet wird:

Det här är en hund (som) jag verkligen litar på.
Här är mannen (som) Eva är kär i.

4. Bei der Satzspaltung (siehe S. xx):

Det är åska (som) Olle är rädd för.
Det var vete (som) Anna var allergisk mot.

c) **Ein Adverb steht meistens zwischen dem Verb und einer Präposition.**

Eva visslar på sin hund.
Vi är utan pengar i slutet av månaden.
Mårten valdes till ordförande.

Hon visslar **alltid** på sin hund.
Vi är **ofta** utan pengar i slutet av månaden.
Mårten valdes **genast** till ordförande.

3 Indirekte Frage

a) Ohne Fragewort

Die indirekte Frage folgt als Nebensatz einem Hauptsatz, der oft ein Verb des Fragens enthält (z. B. *undra, fråga*). Wenn die indirekte Frage kein Fragewort enthält, wird sie mit der Konjunktion *om* eingeleitet.

Direkte Frage	Indirekte Frage
– Var det roligt?	Lotta frågade **om** det var roligt.
– Har Peter nycklarna?	Anna frågar **om** Peter har nycklarna.
– Kan du hämta Lisa från skolan?	Jag undrar **om** du kan hämta Lisa från skolan.

b) Mit Fragewort

Beginnt die direkte Rede mit einem Fragewort, beginnt der Nebensatz der indirekten Rede mit diesem Fragewort. Dann ändert sich auch die Wortstellung. Ist das Fragewort Subjekt oder Teil des Subjekts, muss es im Schwedischen mit *som* erweitert werden.
Ein Komma wird nur in sehr langen Sätzen gesetzt.

Direkte Frage	Indirekte Frage
Vad gör du?	Anna frågar **vad** du gör.
Vem är det?	Anna frågar **vem** det är.
Vem har stulit bilen? (*vem* ist Subjekt)	Anna frågar **vem som** har stulit bilen.
Vilka myggor sticks? (*vilka* ist Teil des Subjekts)	Anna undrar **vilka** myggor **som** sticks.

4 Indirekte Rede

a) Hauptsatz der indirekten Rede steht im Präsens oder Perfekt

Die Zeitform ändert sich nicht, wenn der Hauptsatz der indirekten Rede im Präsens oder Perfekt steht:

Jag **städar** idag.	Lars säger/har sagt att han **städar** idag.
Jag **städade** igår.	Lars säger/har sagt att han **städade** igår.
Jag **har städat** igår.	Lars säger/har sagt att han **har städat** igår.
Jag **ska städa** i kväll.	Lars säger/har sagt att han **ska städa** i kväll.

b) Hauptsatz der indirekten Rede steht im Präteritum

Die Zeitform (manchmal auch die Temporaladverbien) ändert sich, wenn der Hauptsatz der indirekten Rede im Präteritum steht:

Präsens → Präteritum:	Jag **städar**.	Lars sa att han **städade**.
Präteritum → Plusquamperfekt:	Jag **städade** igår.	Lars sa att han **hade städat** dagen före.
Perfekt → Plusquamperfekt:	Jag **har städat**.	Lars sa att han **hade städat**.
Futur → skulle + Infinitiv:	Jag **ska städa** i kväll.	Lars sa att han **skulle städa** den kvällen.

5 Die s-Form des Verbes in der „absoluten" Bedeutung

Die s-Form des Verbes hat manchmal eine sogenannte „absolute" Bedeutung. Mit der s-Form drücken diese Verben aus, dass eine Handlung/ein Zustand allgemein ist, bzw. sehr oft oder immer herrscht. Sie drücken etwas Negatives aus (jemandem wehtun oder jemanden ärgern).

Myggen **sticks**.	Die Mücken stechen.	**Weitere Verben:**	
Den där schäfern **bits**.	Dieser Schäferhund ist bissig.	kittlas	kitzeln
Sluta **retas**!	Hör/Hört auf zu ärgern!	nypas	kneifen
Nässlorna **bränns**.	Die Nesseln brennen.	sparkas	treten
Akta dig, katten **rivs**!	Pass auf, die Katze kratzt!	narras	flunkern
Pojkarna **knuffades**.	Die Jungen schubsten.	luras	hereinlegen
		trängas	drängeln

Die Verben in der „absoluten" Bedeutung haben auch eine normale, transitive Form (mit Objekt). Hier handelt es sich <u>nicht</u> um eine allgemeine Aussage.

Lena nyper sin syster i armen.	Lena kneift ihre Schwester in den Arm.
Killen sparkade Pontus i magen.	Der Junge trat Pontus in den Bauch.
Eva retar sina klasskompisar.	Eva ärgert ihre Klassenkameraden.

6 Vergleich von Deponentien und reziproker Bedeutung

a) Deponentien

Deponentien kommen immer in der s-Form vor, haben aber aktive Bedeutung (siehe auch Seite 60).

Presens	Präteritum	Perfekt
Eva andas lugnt.	Eva andades lugnt.	Eva har alltid andats lugnt.
Jag trivs i Finspång.	Jag trivdes också i Lund.	Jag har aldrig trivts i små lägenheter.

b) Die s-Form des Verbes in reziproker Bedeutung

Die reziproke s-Form drückt eine Gegenseitigkeit aus.

Presens	Präteritum	Perfekt
Vi träffas på måndag.	Vi träffades i onsdags.	Vi har träffats hela dagen idag.
De möts nästa vecka.	De möttes igår.	De hade mötts på en fest.

c) Das reziproke Pronomen *varandra*

1. Statt mit einem s-Passiv kann man Gegenseitigkeit auch mit dem reziproken Pronomen *varandra* ausdrücken.

De träffas.	De träffar varandra.
De möts.	De möter varandra.
De hjälps åt.	De hjälper varandra.

2. Beachten Sie die unterschiedliche Bedeutung!

| De ses. | Sie sehen (treffen) sich. | De ser varandra. | Sie sehen sich. |

7 Subjunktionen

Subjunktionen verbinden einen Nebensatz mit einem übergeordneten Haupt- oder Nebensatz. Man teilt die Subjunktionen in folgende Gruppen ein:

a) Finale (Absicht bestimmende) Subjunktionen	avsiktsangivande
b) Kausale (begründende) Subjunktionen	orsaksangivande
c) Komparative (vergleichende) Subjunktionen	jämförande
d) Konditionale (bedingende) Subjunktionen	villkorsangivande
e) Konsekutive (folgernde) Subjunktionen	följdangivande
f) Konzessive (einräumende) Subjunktionen	medgivande
g) Temporale (zeitliche) Subjunktionen	tidsangivande

a) Finale Subjunktionen

Så att und *för att* in der Bedeutung „damit" wird mit dem Hilfsverb *ska* konstruiert.

så att	*damit*	Eva pluggar mycket **så att** hon **ska** få bra betyg.
för att	*damit*	Nu behövs det hjälp **för att** vattnet inte **ska** tränga in i husen.

b) Kausale Konjunktionen

därför att	*weil, da*	Linda vågade inte gå genom det höga gräset, därför att hon var rädd för ormar.
för att	*weil, da (ugs.)*	Du måste tala långsamt för att jag hör dåligt.
eftersom	*weil, da*	Jag sprang till bussen eftersom jag var sen.
i synnerhet som, särskilt som, speciellt som	*zumal*	Jag ville gärna städa åt Marta, i synnerhet som hon så ofta hjälpt mig.
emedan, då	*weil, da (schriftsprachl.)*	Dikten var svår att tyda emedan/då den var skriven på dialekt.
bara för att	*nur weil*	Han kommer hit bara för att han vill ha pengarna.

Zu beachten: *Emedan* und *då* kommen nur in der Schriftsprache vor.
Därför att kann nur gebraucht werden, wenn auf die Frage „*Varför?*" geantwortet wird oder wenn der Hauptsatz vorausgeht.

c) Komparative Konjunktionen

som	*wie*	Stefan körde genom stan som en galning.
än	*als*	Niklas är större än Åsa.
som om	*als ob/wenn*	Anna betedde sig som om hela huset var hennes.
ju ... desto	*je ... desto/umso*	Ju mer han skrek, desto hesare blev han.

d) Konditionale Konjunktionen

om	*wenn*	Om du vill kan vi gå på bio.
ifall	*falls*	Slå en signal om/ifall du vill följa med och träna.
bara	*wenn ... nur*	Du får gärna låna bilen, bara du är här till klockan fem.

e) Konsekutive Konjunktionen

så (att)	Barnet skrek så (att) Jörgen inte kunde höra musiken.	*Das Kind schrie, so dass Jörgen die Musik nicht hören konnte.*
att	Det var sådant oväder att vi inte kunde fortsätta vår vandring.	*Es war so ein Unwetter, dass wir unsere Wanderung nicht fortsetzen konnten.*

f) Konzessive Konjunktionen

trots att	obwohl, obgleich	Trots att Elin plågas av olika sjukdomar, är hon glad och nöjd.
fast, fastän	obwohl, obgleich	Kalle röker, fast/fastän han vet att det är farligt.
även om	auch wenn	Även om vattnet i sjön har blivit renare, kan man inte bada.

g) Temporale Konjunktionen

när	als, wenn	När Lena kom in på scenen applåderade alla vilt.
tills, till dess att	bis	Vänta på mig tills jag kommer tillbaka!
innan	bevor	Ska vi äta en glass innan vi kör hem?
sedan, alltsedan	seitdem	Jag känner mig lycklig sedan jag bor här.
sedan, efter det att	nachdem	Efter det att Jan slutat studera, fick han jobb på UD (Utrikesdepartementet).
förrän, innan	bevor, ehe	Jag vaknade inte förrän kl. 10. Det dröjde innan jag somnade.
inte ... förrän	erst als/wenn	Musikerna började inte spela förrän alla hade stämt sina instrument.
knappt ... förrän	kaum ... als	Han hade knappt hunnit hem, förrän det började åska.
just som	gerade als	Just som jag öppnade dörren ringde telefonen.
medan	während	Medan Pia dammsuger diskar Ulla.
så snart/fort	så bald	Mejla så fort du är i Stockholm, är du snäll!
så ofta (som)	so oft	Eivor hjälpte sin mor så ofta hon kunde.

8 Das Adverbsuffix -stans

1. Das Adverbsuffix -stans findet man in den Wörtern *någonstans, ingenstans, annanstans, varstans.*

någonstans	(irgend)wo, denn (Verstärkung)	Någonstans måste ju nyckeln ligga! *Irgendwo muss der Schlüssel ja liegen!* Var ligger Lakaträsk någonstans? *Wo liegt denn Lakaträsk?* Vet du var Lakaträsk ligger någonstans? *Weißt du wo (in aller Welt) Lakaträsk liegt?*
ingenstans	nirgendwo	Han har ingenstans att ta vägen. *Er kann nirgendwo hin.*
annanstans	anderswo, sonstwo, woanders	Tänker du resa någon annanstans i år? *Planst du in diesem Jahr woanders hinzufahren?*
(lite) varstans	(fast) überall	Violer kan man hitta lite varstans i Sverige. *Veilchen kann man fast überall in Schweden finden.*

2. Beachten Sie die Aufspaltung:

	Han har ingenstans att ta vägen.
	Han reser ingenstans.
Aber:	Han säger, att han inte har någonstans att ta vägen.
	Han vill inte resa någonstans.

9 *En/ett slags* und *en/ett sorts*

1. In der Konstruktion *en/ett slags* und *en/ett sorts* (eine Art) richten sich *slags* und *sorts* in der Umgangssprache nach dem Hauptwort des Satzes.

   Armfotingen är **ett sorts** djur som kan bli en halvmeter i diameter.
   Spirulina är **en slags** alg som innehåller mycket protein.

2. Alternativ gebraucht man die Wörter *en sorts* und *ett slags*. Diese richten sich nicht nach dem Hauptwort.

   Armfotingen är **en sorts** djur som kan bli en halvmeter i diameter.
   Spirulina är **ett slags** alg som innehåller mycket protein.

10 *Vars*

Vars bedeutet „deren, dessen" und ist ein unveränderliches Relativpronomen. Es leitet einen relativen Nebensatz ein. Es ersetzt häufig die Formen *vilkens, vilkets, vilkas.*

Här lever den gröna skedmasken, vars honor kan bli 1,5 meter långa.
Flickorna, vars föräldrar inte bodde ihop, fick träffa sin pappa då och då.

Avsnitt 10

1) Präpositionen

Präpositionen können:

1. einfach sein, z. B.:	av, på, i
2. zusammengesetzt sein, z. B.:	framför, bredvid, mittemot, omkring
3. Wortgruppen sein, z. B.:	i stället för, med anledning av, till följd av
4. Partizipien sein, die als Präposition fungieren, z. B.:	oavsett (*ungeachtet*), angående, beträffande (*hinsichtlich*)

a) Einige Wortgruppen, die als Präposition fungieren

bortsett från	*abgesehen von*	Showen var bra bortsett från ett urdåligt clownnummer. *Die Show war gut, abgesehen von einer grottenschlechten Clownnummer.*
för ... skull	*wegen, um ... willen*	Jan kom för Emmas skull. *Jan kam wegen Eva.*
på grund av	*aufgrund*	Många omkom på grund av jordbävningen. *Viele starben aufgrund des Erdbebens.*
till följd av	*infolge*	Flygbranschen fick problem till följd av vulkanen Eyjafjallajökulls utbrott. *Die Flugbranche bekam Probleme aufgrund des Ausbruchs des Vulkans Eyjafjallajökull.*
i stället för	*(an)statt*	Johan ville ha te i stället för kaffe. *Johan wollte Tee anstatt Kaffee haben.*
i fråga om	*in Bezug auf*	Det blir inte lätt, särskilt i fråga om skolpolitiken. *Das wird nicht leicht, besonders in Bezug auf die Schulpolitik.*
i och med	*aufgrund*	I och med strejken var gatorna avspärrade. *Aufgrund des Streiks waren die Straßen abgesperrt.*
med anledning av	*anlässlich*	Katarina reste till Lund med anledning av systerns bröllop. *Katarina reiste nach Lund anlässlich der Hochzeit ihrer Schwester.*
med undantag av	*mit Ausnahme von*	Alla kom in på diskot med undantag av Johan som inte hade fyllt 18 än. *Alle kamen in die Disco rein, mit Ausnahme von Johan, der noch nicht 18 war.*
med hänsyn till	*unter Berücksichtigung*	Med hänsyn till kostnaderna måste projektet skjutas upp. *Unter Berücksichtigung der Kosten musste das Projekt aufgeschoben werden.*
tack vare	*dank*	Hon överlevde tack vare säkerhetsbältet. *Dank des Gurtes überlebte sie.*

b) Viele Präpositionen können auch als Konjunktion auftreten

Einige Beispiele zum Vergleich:

på grund av	Präposition	Föreställningen var inställt på grund av sjukdom.
på grund av att	Konjunktion	Föreställningen var inställt på grund av att skådespelarna blivit sjuka.
i stället för	Präposition	Jag drack te i stället för kaffe.
i stället för att	Konjunktion	I stället för att festa på krogen åkte hon hem.
trots	Präposition	Vi var ute trots det dåliga vädret.
trots att	Konjunktion	Trots att det regnade gick vi ut.
med anledning av	Präposition	Anna reste till Kalmar med anlednig av pappans 60-årsdag.
med anledning av att	Konjunktion	Anna reste till Kalmar med anledning av att hennes pappa fyllde 60.
i och med	Präposition	I och med strejken var gatorna avspärrade.
i och med att	Konjunktion	Gatorna var avspärrade i och med att flera hundra personer strejkade.

c) Übersicht über einige einfache Präpositionen

av	Bordet är av trä.	darra av rädsla (*vor Angst zittern*)
	Teckningen är ritad av Mona.	gråta av glädje (*vor Freude weinen*)
	Jag fick/lånade/köpte cd:n av Lotta.	röd av ilska (*rot vor Wut*)
	Han led/dog av sjukdomen.	trött av (*müde von*)
	Vi bor i utkanten av Malmö.	road av (*amüsiert von*)
	Fem av tjugo elever hade mässlingen (*Masern*).	skaka av köld/vrede (*vor Kälte/Wut heftig zittern*)
	Vi njuter av solen.	vänligt/snällt/oförskämt av
	Det är typiskt av henne att inte komma.	bestå av
	Brevet skickades ut av misstag.	av vikt/värde (*von Gewicht/Wert*)
	Hon drabbades av diabetes.	av en händelse (*zufällig*)
		av gammal vana (*aus alter Gewohnheit*)
		gå av stapeln (*vom Stapel gehen*)
i	Han bor i Lund.	klia sig i huvudet (*sich am Kopf kratzen*)
	Micke satte sig i gräset.	vara våt i håret (*nasse Haare haben*)
	Ska vi sitta i soffan?	vara bra/duktig/förtjust/tokig i
	Huset steg i värde.	vara kär i (*verliebt sein in*)
	Jag har ont i huvudet.	i lön (*als Gehalt*)
	Anna stod och darrade i hela kroppen. *Anna zitterte am ganzen Körper.*	i skolan/i affären
	Han delade äpplet i fyra delar.	i början/mitten/slutet av
		i trädet (*im Baum*)
		i trappan (*auf der Treppe*)
		i knät (*auf dem Schoß*)

över	Klockan är kvart över tio. Vi ska inte klaga över vädret. Kyrkan är över 400 år gammal. Kalle bor i lägenheten över oss. Har du en karta över Europa?	glad över förtvivlad/förvånad/ledsen/stolt över hoppa över gå över bord (*über Bord gehen*) bestämma över ngn
om	Jag är så kall om fötterna. *Ich habe kalte Füße.* Lina drömde om sin mamma. Katten slickade sig om nosen. Uppsala ligger norr om Stockholm.	varm/våt/torr/ren/smutsig om handla/berätta om sköta om/höra talas om vara rädd om (*besorgt sein*) till vänster om medveten/övertygad om
för	Jag varnar dig för honom! Vi oroar oss lite för Lena. Mannen blev anklagad för rån. Akta dig för den där hunden! Johan presenterade sig för chefen. Jag är rädd för ormar. Sverige är känt för sina köttbullar. Nu står inget i vägen för vår jorden-runt-resa.	skåla för (*anstoßen auf*) anhållen/dömd/åtalad/misstänkt för (*festgenommen/verurteilt/verklagt/verdächtigt wegen*) råka ut för (*zustoßen*) intressera sig för berätta/förklara för tala om för vara glad för (*sich freuen über*) vara bra/nyttigt/viktigt för vara orolig för (*unruhig sein vor*)
åt	Åt vilket håll gick han? Du kan väl köpa ringen åt henne. Det är rätt åt dig! (*Das schadet dir gar nichts!*) Vi tar tre lådor åt gången. (*Wir nehmen jedes Mal drei Kisten.*) Vi måste göra något åt saken.	skratta åt (*lachen über*) skrika åt (*anschreien*) nicka åt (*zunicken*) ägna sig åt (*sich widmen*) glädja sig åt (*sich freuen über*) lägga ngt åt sidan (*etw. beiseite legen*)
mot	Mot slutet av juni ska vi till stugan. De demonstrerade mot kärnkraft. De bytte bilen mot en husbil. De försvarade sig mot björnen.	i riktning mot (*Richtung*) kämpa/protestera mot vara elak/stygg/sträng mot (*gemein, garstig, streng zu*) vara hövlig/snäll/artig/uppriktig/vänlig/ärlig mot
vid	Åhus ligger vid havet. Vid 30 års ålder blev han president. Hon kom vid ett olämpligt tillfälle. Dra i handtaget vid fara! Hon förälskade sig vid första ögonkastet. *Sie verliebte sich auf den ersten Blick.*	studera vid universitetet vänja sig vid (*sich an ... gewöhnen*) vara van/ovan vid (*gewöhnt/nicht gewöhnt sein an*) vara fäst vid (*an ... hängen*) hålla fast vid (*festhalten an*) vid medvetande (*bei Bewusstsein*)

till	Vad är han till yrket? Vad används den här grejen till? Emma tog tåget till Uppsala. Vad får vi till lunch? Herrgården är till salu. Nils valdes till ordförande.	utvecklas/förvandlas till döpas till (*taufen auf*) till varje pris vara till glädje/nytta/hjälp/bekymmer/skada/fördel/nackdel till bords/sjöss/skänks/fots/sängs en kusin/bekant/vän/släkting/kollega/kompis till
på	Janne bor på Lindgatan. Hon var blind på ena ögat. Jag var säker på saken. Vi har bara fem minuter på oss. Vad heter det på svenska? Tavlan hänger på väggen. Labradoren viftade på svansen. Vi har alltid kunnat lita på vår chef. *Wir haben uns immer auf unseren Chef verlassen können.* Pelle knackade på dörren. Det finns många exempel på prepositioner.	vara svartsjuk på (*eifersüchtig sein auf*) vara osäker/spänd/trött på gå på bio/teater/opera/konsert/restaurang/sammanträde/möte vara arg på (*böse sein auf*) vara rik/fattig på idéer vara döv/blind på (*taub/blind sein auf*) bero på (*an … liegen*) på ett villkor (*unter einer Bedingung*) på hundra meters höjd på bredden/längden/höjden klaga/skaka/rycka/ropa/vissla/svara/ bjuda/vänta/tro på på skämt/allvar (*im Scherz/Ernst*)
med	Han var tillfreds med situationen. Vad sysslar du med?	förlova/gifta sig med prata/tala med vara bekant/förlovad/gift/släkt med
enligt	Enligt min åsikt är det bra med betyg.	
trots	Trots alla personalproblem överlevde företaget finanskrisen. Vi var ut och cyklade trots regnet.	
inom	Du betalar inom 14 dagar. Barnen lekte inom synhåll.	
efter	Vi körde efter traktorn hela vägen. Jag är hemma igen efter klockan fyra. Jag längtar efter dig. Jag har letat efter min ring hela förmiddagen.	
ur	De drack te ur äkta kinesiska koppar. Hissen är ur funktion.	

2 Der Superlativ in der bestimmten Form

1. Die bestimmte Form des Superlativs bekommt immer den freistehenden Artikel *den, det, de* vorangestellt.

En-Wörter	Ett-Wörter	Plural
den finaste	**det** finaste	**de** finaste
den snällaste pojken	**det** vackraste huset	**de** godaste äpplena

2. Die Superlativformen, die auf *-ast* enden, erhalten in der bestimmten Form Singular und Plural ein *-e*. Das Substantiv steht in der bestimmten Form.

Unbestimmte Form	Bestimmte Form
Flickan bredvid Jan är vackrast.	Hon är **den vackraste flickan**.
Museet i Lund är trevligast.	Det är **det trevligaste museet**.
Apelsinerna på ICA är billigast.	ICA har **de billigaste apelsinerna**.

3. Die Superlativformen, die auf *-st* enden, erhalten in der bestimmten Form Singular und Plural ein *-a*. Das Substantiv steht in der bestimmten Form.

Unbestimmte Form	Bestimmte Form
Huset bredvid posten är störst.	Det är **det största huset** i stan.
Pojkarna på lekplatsen var minst.	De var **de minsta barnen** på lekplatsen.

4. Manchmal wird das Maskulinsuffix *-e* statt *-a* an das Adjektiv gehängt (siehe S. 58).

den yngste sonen/den äldste pojken

5. Einige Adjektive, besonders die, die eine Lage oder Reihenfolge bezeichnen, haben keine Positivform.

Positiv	Komparativ		Superlativ	Superlativ best. Form
–	bakre	*hintere*	bakerst	den/det/de bakersta
–	bortre	*hintere*	borterst	den/det/de bortersta
–	främre	*vordere*	främst	den/det/de främsta
–	förra	*vorige*	först	den/det/de första
–	hitre	*nächste*	hiterst	den/det/de hitersta
–	inre	*innere*	innerst	den/det/de innersta
–	nedre	*untere*	nederst	den/det/de nedersta
–	undre	*untere*	underst	den/det/de understa
–	yttre	*äußere*	ytterst	den/det/de yttersta
–	övre	*obere*	överst	den/det/de översta
–	–		mellerst	den/det/de mellersta
–	–		sist	den/det/de sista
<u>Ausnahme:</u> nära	närmare/närmre	*nähere*	närmast/närmst	den/det/de närmaste

3 Artikellose Substantive

1. Im Schwedischen steht das Substantiv artikellos, wenn es von allgemeiner Bedeutung ist. Im Deutschen dagegen gebraucht man einen Artikel:

Han åker tåg.	Er fährt mit der Bahn.
Kent åker buss eller tunnelbana till jobbet.	Kent fährt mit dem Bus oder mit der U-bahn zur Arbeit.
Emma har köpt bil.	Emma hat (sich) ein Auto gekauft.
Lasse tänker köpa hus.	Lasse wird (sich) ein Haus kaufen.
Eva åt smörgås.	Eva aß ein Butterbrot.
De har hund.	Sie haben einen Hund.

Vergleichen Sie:	De har hund/katt/häst.	Man möchte ganz allgemein aussagen, um was für ein Haustier es sich handelt: Hund, Katze, Pferd.
Aber:	De har en hund/en katt/ en häst.	Der Schwerpunkt der Aussage liegt auf der Anzahl: <u>ein</u> Hund.

2. Im Schwedischen entfällt auch in vielen präpositionalen Ausdrücken der Artikel. Auch hier wird im Deutschen der Artikel gebraucht:

Jan ligger på sjukhus.	Jan liegt im Krankenhaus.
Mia och Niklas tänker gå på bio i kväll.	Mia und Niklas wollen morgen ins Kino gehen.
Ska vi gå på konsert i morgon?	Wollen wir morgen ins Konzert gehen?
Hon hade hunden i koppel.	Sie hielt den Hund an der Leine.
Vad blir det till middag/efterrätt?	Was gibt es zum Mittagessen/Nachtisch?
Elsa bjöd oss på lunch.	Elsa lud uns zum Lunch ein.
Ella sa det på skämt.	Ella sagte es im Scherz.
Nu ska ni översätta de här meningarna från tyska till svenska.	Nun sollt ihr diese Sätze aus dem Deutschen ins Schwedische übersetzen.

3. Der Artikel fehlt im Schwedischen immer bei abstrakten Substantiven + Infinitiv, z. B. *ha lust att ..., ha mod att ..., ha hopp om att ... , ha tid att ..., ha hjärta att ..., ha ork att ...* . Meistens wird er im Deutschen gebraucht.

Har du lust att komma på en kopp kaffe?	Hast du Lust, auf eine Tasse Kaffee zu kommen?
Jonte hade mod att satsa på en sångarkarriär.	Jonte hatte den Mut, auf eine Sängerkarriere zu setzen.
Jag har hopp om att snart få ett jobb.	Ich habe die Hoffnung, bald einen Job zu bekommen.
Den här helgen har jag inte tid att hjälpa dig.	Dieses Wochenende habe ich keine Zeit, dir zu helfen.
Pia hade kraft att komma ur knarkträsket.	Pia hatte die Kraft, aus dem Drogensumpf herauszukommen.

4. Der Artikel fehlt bei Werkzeugen, Instrumenten, Ausrüstung und Kleidern. Im Deutschen wird er meistens gebraucht.

De fällde trädet med motorsåg.	*Sie fällten den Baum mit der Motorsäge.*
Ta paraply med dig!	*Nimm dir einen Regenschirm mit!*
Tove spelar piano ganska bra.	*Tove spielt ziemlich gut Klavier.*
Lilla Lotta kunde redan äta med kniv och gaffel.	*Die kleine Lotta konnte schon mit Messer und Gabel essen.*
Huset har tjuvlarm.	*Das Haus hatte eine Alarmanlage.*
Vi lagade tallriken med klister.	*Wir reparierten den Teller mit Klebe.*
Eva har kjol och blus på sig idag.	*Eva hat heute eine Bluse und einen Rock an.*
Anders var klädd i mörk kostym och vit skjorta.	*Anders trug einen dunklen Anzug und ein weißes Hemd.*

5. Keinen Artikel haben Substantive, die Beruf, Nationalität oder eine religiöse, philosophische oder politische Auffassung bezeichnen:

Han är lärare.	Aber: Han är en bra lärare.
Sara är svenska.	Aber: Sara är en svenska som jobbar utomlands.
Per är buddist.	Aber: Per är en riktig buddist.
Hanna är kommunist.	Aber: Hanna är en fanatisk kommunist.

6. Viele Substantive, die Lebensmittel und Materialien bezeichnen, stehen artikellos:

Annika vill ha kaffe.	Aber: Det här var ett gott kaffe!
De köpte mjölk och kött.	Aber: Den här mjölken är sur.
Ska vi dricka vin till middagen?	Aber: Det här var verkligen ett utsökt vin.
Anna skalade potatis.	Aber: Anna skalade en stor potatis.
Ska vi äta tårta i eftermiddag?	Aber: Ska vi köpa en tårta med marsipan?
Bordet är av björk.	Aber: De planterade en björk.
Lennart fiskade lax.	Aber: Lennart drog upp en lax.
Jägaren jagade kanin.	Aber: Hunden jagade en kanin.

7. Der Artikel fehlt auch bei Wörtern, die Sprachen bezeichnen:

Jörgen talar (flytande) spanska.	*Jörgen spricht fließend Spanisch.*
Ryska är svårt.	*Russisch ist schwer.*
Aber: Tyskan konjugerar verbet.	*Die deutsche Sprache konjugiert das Verb.*

8. Viele abstrakte Substantive stehen artikellos:

Barnen kände rädsla.	*Die Kinder fühlten Angst.*
Mannen lyssnade med intresse.	*Der Mann hörte mit Interesse zu.*
Kalle talar alltid sanning.	*Kalle sagt immer die Wahrheit.*
Jag kommer med glädje.	*Ich freue mich, zu kommen.*
Med oro ser jag på utvecklingen.	*Ich bin beunruhigt über die Entwicklung.*
Med skepsis/tvivel mottogs myndighetens beslut.	*Der Beschluss der Behörde wurde mit Skepsis/Zweifeln aufgenommen.*

4 Substantiv auf -an

1. Substantive, die mit einem unbetonten -*an* enden, haben die gleiche Endung in der bestimmten Form Singular.

Singular	best. Form Singular	
en inbjudan	inbjudan	Han fick en inbjudan till Nobelfesten.
		Den där inbjudan var inte tydligt skriven.

2. Möchte man diese Wörter im Plural gebrauchen, verwendet man die synonyme Form auf -*ande/-ende* oder -*n(ing)*.

Han tittade igenom inbjudningarna, så att allt var korrekt.

3. Hier folgen weitere Wörter mit -*an*:

Wort mit unbetontem -*an*	Synonym	Bedeutung
ansökan	ansökning -en -ar	Antrag
antydan	antydning -en -ar	Andeutung
befordran	befordring -en -ar	Beförderung
efterfrågan	efterfrågning -en -ar	Nachfrage
erinran	erinring -en -ar	Erinnerung
fordran	fordring -en -ar	Forderung
förfrågan	förfrågning -en -ar	Anfrage
förmodan	förmodande -t -n	Vermutung
försäkran	försäkring -en -ar	Versicherung
inbjudan	inbjudning -en -ar	Einladung
predikan	predikning -en -ar	Predigt
rannsakan	rannsakning -en -ar	Untersuchung
strävan	strävande -t -n	Bestreben
tävlan	tävling -en -ar	Wettbewerb
önskan	önskning -en -ar	Wunsch
längtan	–	Sehnsucht

Avsnitt 11

1) Reflexive Verben

1. Es gibt Verben, die immer reflexiv sind. Sie sind mit einem Reflexivpronomen verknüpft. Einige von diesen Verben sind im Deutschen nicht reflexiv.

> Jag måste skynda mig till bussen.
> Karin och Johan ska gifta sig.

Weitere reflexive Verben

färga av sig	abfärben	känna sig	sich kennen	sätta sig	sich setzen
förlova sig	sich verloben	lägga sig	sich hinlegen	uppföra sig	sich benehmen
förälska sig	sich verlieben	lära sig	lernen	vila upp sig	sich erholen
ha med sig	mithaben	missta sig	sich irren	vänta sig ngt	etw. erwarten
ha på sig	anhaben	roa sig	sich amüsieren	ångra sig	bereuen
jämra sig	jammern	slå sig ner	sich niederlassen, sich hinsetzen		

2. Einige Verben sind nur manchmal reflexiv. Sie sind mit einem Reflexivpronomen verknüpft, können aber auch mit einem Objekt verbunden sein.

reflexiv	mit Objekt
Jag kammar mig på morgonen.	Jag kammar Lina på morgonen.
Hon klär på sig varje morgon.	Hon klär på lilla Anna varje morgon.

3. Viele reflexive Verben werden mit einer Präposition gebildet.

> Du måste akta dig för hunden.
> Man vänjer sig vid värmen.
> Han förälskade sig i Hanna.
> Linus nöjde sig med sina fickpengar.

Weitere reflexive Verben mit Präposition

beklaga sig över ngt	sich über etw. beklagen	inlåta sig på ngt	sich auf etw. einlassen
bry sig om ngn/ngt	sich um jmdn./etw. kümmern	jämra sig över ngt	über etw. jammern
besluta sig för ngt	sich zu etw. entschließen	koncentrera sig på ngt	sich auf etw. konzentrieren
bestämma sig för ngt	sich für etw. entscheiden	missta sig på ngn/ngt	sich in jmdm./etw. täuschen
förvåna sig över ngt	sich über etw. wundern	nöja sig med ngt	sich mit etw. begnügen
förälska sig i ngn	sich in jmdn. verlieben	oroa sig för ngn/ngt	sich Sorgen um jmdn./etw. machen
glädja sig åt ngt	sich auf/über etw. freuen	vända sig till ngn	sich an jmdn. wenden
hålla sig till ngn/ngt	sich an jmdn./etw. halten	vänja sig vid ngn/ngt	sich an jmdn./etw. gewöhnen
intressera sig för ngn/ngt	sich für jmdn./etw. interessieren	ägna sig åt ngn/ngt	sich jmdn./etw. widmen

2 Transitive und intransitive Verben

1. Transitive Verben sind Verben, die über Tätigkeiten aussagen, die direkt auf einen Gegenstand gerichtet sind. Es sind Verben, die also mit einem Objekt gebildet werden.
Intransitive Verben beinhalten eine Tätigkeit, die nicht direkt auf einen Gegenstand gerichtet ist. Sie werden ohne Objekt gebildet.

Transitiv (mit Objekt):	Olle kastade stenen.	köpa	hjälpa
	Mia bröt tystnaden.	trycka	gräva
		kyssa	
Intransitiv (ohne Objekt):	Eva kommer.	handla	klaga
	Britta dansar.	darra	springa
		ringa	

2. Es gibt viele Verbpaare mit einem gemeinsamen oder verwandten Stamm, bei denen das eine Verb transitiv und das andere intransitiv ist.

Transitiv (mit Objekt)	Intransitiv (ohne Objekt)	Transitiv (mit Objekt)	Intransitiv (ohne Objekt)
bleka	blekna	röka	ryka
bränna	brinna	släcka	slockna
dränka	drunkna	spräcka	spricka
döda	dö	ställa	stå
fälla	falla	sänka	sjunka
fördröja	dröja	sätta	sitta
förmörka	mörkna	söva	sova
kyla	kallna	tysta	tystna
lägga	ligga	väcka	vakna

3 Die Vorsilben *lätt-* und *svår-*

Die Vorsilben *lätt-* und *svår-* werden mit vielen Partizipien und Adjektiven verbunden.

lättläst	svårläst
lättäten	svåråten
lätthanterlig	svårhanterlig
lättpratad	svårpratad

4 Ausdrücke für Häufigkeit

Die Ausdrücke für Häufigkeit geben an, wie oft etwas eintrifft. Sie sind hier in eine Skala von *aldrig* bis *alltid* eingetragen.

aldrig →	→	→	→	→	→	→	alltid
aldrig	nästan aldrig	regelbundet	gång på gång	vanligen	för det mesta	hela tiden	alltid
	undantagsvis	ibland	titt och tätt	vanligtvis	nästan alltid	ständigt	
	i undantagsfall	då och då	ofta	mestadels	ideligen	jämt	
	tillfälligtvis	stundtals		i allmänhet		jämt och	
	sällan	tidvis				ständigt	
	någon gång						

Wortstellung

1) Die Wortstellung im Hauptsatz

a) **Das Subjekt im Vorfeld** (*rak ordföljd*)

Vorfeld	Mittelfeld		Schlussfeld			
Fundament (Subjekt)	Finites Verb	Satzadverb	Infinites Verb	Partikeladverb	Objekt u. a.	Übrige Adverbien
Jag	skriver				ett brev.	
Vi	måste	inte	jobba			på måndag
Vi	tänker	faktiskt	köpa		en bil	i Lund i morgon.
Han	har	nog	skrivit	på	kontraktet	idag
Det	kommer	säkert	bli			bra i morgon.
Han	sätter sig	alltid				i soffan.

b) **Inversion** (*omvänd ordföljd*): Das Subjekt steht nach dem finiten Verb.

Vorfeld	Mittelfeld			Schlussfeld			
Fundament (Adverb/Objekt)	Finites Verb	Subjekt	Satzadverb	Infinites Verb	Partikeladverb	Objekt u. a.	Übrige Adverbien
Igår	jobbade	jag	verkligen				mycket.
Idag	har	hon	nog	skrivit	på	kontraktet	i Stockholm.
Nu	tänker	han	kanske	studera		juridik	nästa år.
Henne	tänker	han		hälsa	på		nästa vecka.
På måndag	syr	hon	säkert		i	knappen.	
Ofta	tar	vi				bussen	till jobbet.
Igår	läste	han	inte			mejlet.	

c) **Wortstellung in Fragesätzen**

Vorfeld	Mittelfeld			Schlussfeld			
Fundament	Finites Verb	Subjekt	Satzadverb	Infinites Verb	Partikeladverb	Objekt u. a.	Übrige Adverbien
Vem	kan			spela	in	musiken?	
När	har	du	egentligen	jobbat	färdigt		idag?
Hur många bullar	har	du		ätit?			
Vilket mej	skickade	du				till henne	i morse?

d) Ja/Nein-Fragen

Ja/Nein-Fragen werden mit dem finiten Verb eingeleitet.

Vorfeld	Mittelfeld		Schlussfeld			
Fundament	Subjekt	Satz-adverb	Infinites Verb	Partikel-adverb	Objekt u. a.	Übrige Adverbien
Måste	han	alltid	skrika			så där?
Lyssnar	ungdomar	ofta			på radio?	
Skulle	ni		vilja resa	bort		över helgen?

e) Finites Verb als Fundament

Wenn ein finites Verb als Fundament dient, muss *göra* als Platzhalter (an der zweiten Stelle) eingesetzt werden.

Vorfeld	Mittelfeld			Schlussfeld			
Fundament	Finites Verb	Subjekt	Satzadverb	Infinites Verb	Partikel-adverb	Objekt u. a.	Übrige Adverbien
Äter	gör	hon	faktiskt aldrig				före sju.
Sjunger	gör	han	bara				i duschen.

2 Die Wortstellung in Nebensätzen

a) Die Wortstellung in Nebensätzen, die mit einer Subjunktion eingeleitet werden

Subjunktion	Subjekt	Satzadverb	finites Verb	Infinites Verb	Rest des Satzes
... som	han	inte	har	skrivit	tidigare.
... även om	solen		sken		hela dagen.
... eftersom	vi	ofta	hade		tid i fjol.
... på grund av att	det	alltid	hade	kommit	för sent.
... för att	Olle		skulle	bli	glad.
... när	hon		hade	bakat	färdigt.

b) Die Wortstellung in Nebensätzen, die nicht mit einer Subjunktion eingeleitet werden

Fundament	Subjekt	Satzadverb	finites Verb	Infinites Verb	Rest des Satzes
... dit	vi	ofta	tänker	köra	över helgen.
... vars	ungar	alltid	lever		i vattnet.
... varför	han	inte	hade	mejlat	tidigare.
... vilkas liv	han		kom	att påverka.	

Starke und unregelmäßige Verben

Infinitiv	Präsens	Präteritum	Supinum	Partizip Perfekt			
be	ber	bad	bett	-bedd*	-bett	-bedda	bitten, beten
binda	binder	band	bundit	bunden	bundet	bundna	binden
bita	biter	bet	bitit	biten	bitet	bitna	beißen
bjuda	bjuder	bjöd	bjudit	bjuden	bjudet	bjudna	einladen
bli	blir	blev	blivit	bliven	blivet	blivna	werden
brinna	brinner	brann	brunnit	brunnen	brunnet	brunna	brennen
brista	brister	brast	brustit	brusten	brustet	brustna	bärsten
bryta	bryter	bröt	brutit	bruten	brutet	brutna	brechen
bära	bär	bar	burit	buren	buret	burna	tragen
böra	bör	borde	bort	–	–	–	sollen
dra	drar	drog	dragit	dragen	draget	dragna	ziehen
dricka	dricker	drack	druckit	drucken	drucket	druckna	trinken
driva	driver	drev	drivit	driven	drivet	drivna	treiben
dö	dör	dog	dött	–	–	–	sterben
dölja	döljer	dolde	dolt	dold	dolt	dolda	verbergen
falla	faller	föll	fallit	-fallen	-fallet	-fallna	fallen
fara	far	for	farit	faren	faret	farna	fahren
finna	finner	fann	funnit	funnen	funnet	funna	finden
finnas	finns	fanns	funnits	–	–	–	da sein
flyga	flyger	flög	flugit	-flugen	-fluget	-flugna	fliegen
flyta	flyter	flöt	flutit	-fluten	-flutet	-flutna	schwimmen, fließen
frysa	fryser	frös	frusit	frusen	fruset	frusna	frieren
få	får	fick	fått	–	–	–	bekommen, dürfen
försvinna	försvinner	försvann	försvunnit	försvunnen	försvunnet	försvunna	verschwinden
gala	gal	gol	galit	–	–	–	krähen
ge (giva)	ger (giver)	gav	gett (givit)	given	givet	givna	geben
glida	glider	gled	glidit	–	–	–	gleiten
glädja	gläder	gladde	glatt	–	–	–	freuen
gripa	griper	grep	gripit	gripen	gripet	gripna	greifen
gråta	gråter	grät	gråtit	-gråten	-gråtet	-gråtna	weinen
gå	går	gick	gått	gången	gånget	gångna	gehen
göra	gör	gjorde	gjort	gjord	gjort	gjorda	machen
ha	har	hade	haft	-havd	-haft	-havda	haben
heta	heter	hette	hetat	–	–	–	heißen
hinna	hinner	hann	hunnit	hunnen	hunnet	hunna	schaffen
hugga	hugger	högg	huggit	huggen	hugget	huggna	hacken
hålla	håller	höll	hållit	hållen	hållet	hållna	halten
knyta	knyter	knöt	knutit	knuten	knutet	knutna	knoten
komma	kommer	kom	kommit	kommen	kommet	komna	kommen
kunna	kan	kunde	kunnat	–	–	–	können
le	ler	log	lett	–	–	–	lächeln
lida	lider	led	lidit	liden	lidet	lidna	leiden
ligga	ligger	låg	legat	-legad	-legat	-legna	liegen
ljuga	ljuger	ljög	ljugit	-ljugen	-ljuget	-ljugna	lügen
lyda	lyder	löd	lytt	-lydd	-lytt	-lydda	gehorchen
låta	låter	lät	låtit	-låten	-låtet	-låtna	lassen
lägga	lägger	la(de)	lagt	lagd	lagt	lagda	legen

* die Formen mit dem Bindestrich werden nur in Verbindung mit einem Präfix gebraucht, z. B. ombedd.

Infinitiv	Präsens	Präteritum	Supinum	Partizip Perfekt			
njuta	njuter	njöt	njutit	njuten	njutet	njutna	genießen
–	måste	måste	måst	–	–	–	müssen
pipa	piper	pep	pipit	–	–	–	piepsen
rida	rider	red	ridit	riden	ridet	ridna	reiten
rinna	rinner	rann	runnit	runnen	runnet	runna	rinnen, fließen
riva	river	rev	rivit	riven	rivet	rivna	zerreißen
se	ser	såg	sett	sedd	sett	sedda	sehen
sitta	sitter	satt	suttit	-sutten	-suttet	-suttna	sitzen
sjunga	sjunger	sjöng	sjungit	sjungen	sjunget	sjungna	singen
sjunka	sjunker	sjönk	sjunkit	sjunken	sjunket	sjunkna	sinken
skina	skiner	sken	skinit	–	–	–	scheinen
skjuta	skjuter	sköt	skjutit	skjuten	skjutet	skjutna	schießen
skola	ska (skall)	skulle	skolat	–	–	–	sollen
skrika	skriker	skrek	skrikit	-skriken	-skriket	-skrikna	schreien
skriva	skriver	skrev	skrivit	skriven	skrivet	skrivna	schreiben
skära	skär	skar	skurit	skuren	skuret	skurna	schneiden
slippa	slipper	slapp	sluppit	-sluppen	-sluppet	-sluppna	etw. nicht machen müssen
slå	slår	slog	slagit	slagen	slaget	slagna	schlagen
slåss	slåss	slogs	slagits	–	–	–	sich prügeln
smyga	smyger	smög	smugit	-smugen	-smuget	-smugna	schleichen
smörja	smörjer	smorde	smort	smord	smort	smorda	schmieren
snyta	snyter	snöt	snutit	snuten	snutet	snutna	schneutzen
sova	sover	sov	sovit	–	–	–	schlafen
spricka	spricker	sprack	spruckit	sprucken	sprucket	spruckna	platzen
sprida	sprider	spred	spridit	spridd	spritt	spridda	verbreiten
springa	springer	sprang	sprungit	sprungen	sprunget	sprungna	laufen
sticka	sticker	stack	stuckit	stucken	stucket	stuckna	stecken
stiga	stiger	steg	stigit	-stigen	-stiget	-stigna	steigen
stjäla	stjäl	stal	stulit	stulen	stulet	stulna	stehlen
strida	strider	stred	stridit	-stridd	-stritt	-stridda	streiten
stryka	stryker	strök	strukit	struken	struket	strukna	bügeln, streichen
stå	står	stod	stått	-stådd	-stått	-stådda	stehen
suga	suger	sög	sugit	-sugen	-suget	-sugna	saugen
svika	sviker	svek	svikit	sviken	sviket	svikna	im Stich lassen
svälja	sväljer	svalde	svalt	svald	svalt	svalda	schlucken
säga	säger	sa(de)	sagt	sagd	sagt	sagda	sagen
sälja	säljer	sålde	sålt	såld	sålt	sålda	verkaufen
sätta	sätter	satte	satt	satt	satt	satta	setzen
ta	tar	tog	tagit	tagen	taget	tagna	nehmen
vara	är	var	varit	–	–	–	sein
veta	vet	visste	vetat	–	–	–	wissen
vika	viker	vek	vik(i)t	vikt	vikt	vikta	falten, nachgeben
vilja	vill	ville	velat	–	–	–	wollen
vinna	vinner	vann	vunnit	vunnen	vunnet	vunna	gewinnen
välja	väljer	valde	valt	vald	valt	valda	wählen
vänja	vänjer	vande	vant	vand	vant	vanda	gewöhnen
växa	växer	växte	växt (vuxit)	vuxen	vuxet	vuxna	wachsen
äta	äter	åt	ätit	äten	ätet	ätna	essen

Literaturverzeichnis

Ramge, Birgitta: Praktische Grammatik der schwedischen Sprache, gottfried egert verlag, Wilhelmsfeld, 2. Aufl. 2007

Holm, Britta/Nylund, Elizabeth: deskriptiv svensk grammatik, Skriptor Förlag AB, Stockholm 1985

Hultman, Tor G.: Svenska Akademiens språklära, Svenska Akademien, Stockholm 2003

Svenska Akademiens ordlista över svenska språket, Svenska Akademien, 13. Aufl., Stockholm 2006

Rebbe, Carl/Gullberg, Helge/Ivan, Nils: Svensk språklära, Esselte Herzogs, Nacka 1977

Svenskt språkbruk, Svenska språknämnden, Norstedts Ordbok, 2003

Svenska skrivregler, Svenska språknämnden, Liber AB, Stockholm, 2000

Bildquellen

Seite 39: © WavebreakMediaMicro – Fotolia.com • Seite 41: © CandyBox Images – Fotolia.com • Seite 43: © Photografee.eu – Fotolia.com • Seite 47: © Kaponia Aliaksei – Fotolia.com • Seite 52: © ARochau – Fotolia.com • Seite 55: © Adam Gregor – Fotolia.com • Seite 61: (1) © anyaberkut – Fotolia.com; (2) © Minerva Studio – Fotolia.com • Seite 63: © Kadmy – Fotolia.com • Seite 65: © belahoche – Fotolia.com • Seite 71: © Francesco83 – Fotolia.com • Seite 80: © Monkey Business – Fotolia.com • Seite 90: © absolut – Fotolia.com